北京师范大学
国际与比较教育研究院
Institute of International and Comparative Education, BNU

U0641333

中国比较教育研究50年

总主编　顾明远　　执行主编　曲恒昌

创新与创业

21世纪教育的新常态

本卷主编　马健生

山东教育出版社

图书在版编目(CIP)数据

创新与创业/马健生主编. —济南:山东教育出版社,
2015
(中国比较教育研究 50 年/顾明远,曲恒昌主编)
ISBN 978－7－5328－9157－3

Ⅰ.①创…　Ⅱ.①马…　Ⅲ.①比较教育学
Ⅳ.①G40-059.3

中国版本图书馆 CIP 数据核字(2015)第 244019 号

创新与创业

21 世纪教育的新常态

本卷主编　马健生

主　管:山东出版传媒股份有限公司
出版者:山东教育出版社
　　　　(济南市纬一路 321 号　邮编:250001)
电　话:(0531)82092664　传真:(0531)82092625
网　址:www.sjs.com.cn
发行者:山东教育出版社
印　刷:济南继东彩艺印刷有限公司
版　次:2015 年 11 月第 1 版第 1 次印刷
规　格:710mm×1000mm　16 开本
印　张:23 印张
字　数:342 千字
书　号:ISBN 978－7－5328－9157－3
定　价:46.00 元

(如印装质量有问题,请与印刷厂联系调换)
印厂电话:0531－87160055

"中国比较教育研究 50 年"丛书编委会

总序

　　我国比较教育研究始于 20 世纪 20 年代,最早的研究著作是 1929 年商务印书馆出版的庄泽宣所著《各国教育比较论》。当时,各师范院校开设了比较教育课程,但新中国成立以后就中断了,外国教育研究只以苏联教育为对象,作为我国教育改革的样板。直到 1964 年,国务院外事办公室批准在高等学校设立外国研究机构,才开始研究其他国家的教育,但仍然没有把比较教育作为一门学科来研究,只是介绍一些外国教育的制度和动向。直到改革开放以后,1980年,教育部邀请美国哥伦比亚大学比较教育学者胡昌度来北京师范大学讲学,比较教育才在我国师范院校开始恢复。

　　1964 年高等学校建立外国研究机构时,北京师范大学外国教育研究室就在原来的基础上扩建,并接受当时中宣部的委托编辑出版《外国教育动态》杂志,供地市级领导干部参阅。该刊经认真筹备于 1965 年正式出版。可惜好景不长,1966 年"文化大革命"开始,杂志被迫停刊,研究人员下放劳动。1972 年在周恩来总理对我国外事工作的关怀下,研究室开始恢复工作,《外国教育动态》以内部资料的形式又编辑了 22 期。改革开放以后,我国在拨乱反正、恢复教育秩序的时候,迫切希望了解世界教育发展的动向和经验,经国务院方毅副总理批准,《外国教育动态》得以复刊并在国内外公开发行,1992 年该刊更名为《比较教育研究》。从 1965 年创刊至今,曲折坎坷地走过了 50 年。

　　应该说,《比较教育研究》及其前身《外国教育动态》在我国比较教育学科的建设以及国家教育改革中作出了不可磨灭的贡献。

改革开放 30 多年来,我国比较教育研究走过了几个阶段:

第一个阶段,1978 年至 1985 年,是描述、介绍外国教育研的阶段。这一时期主要是介绍美、英、法、西德、日、苏 6 个发达国家的教育制度和教育思想。介绍了在国际教育上有较大影响的四大流派,即:以皮亚杰、布鲁纳为代表的结构主义教育思想、布鲁姆的教育目标分类思想、赞可夫的发展教育思想和苏霍姆林斯基的和谐教育思想。1982 年由王承绪、朱勃、顾明远主编的新中国第一本比较教育教材问世。

第二个阶段,1986 年至 1995 年,是国别研究和专题研究阶段。进入 20 世纪 80 年代中期以后,比较教育界认识到,要借鉴外国教育的经验,必须对各个国家的教育发展进行深入系统的研究,才能把握各国教育的本质特点和发展脉络,于是开始了国别研究,对 6 个发达国家的教育作了较为系统的研究。除国别研究外,许多学者开始进行专题研究和专题比较,如各级各类教育比较、课程比较和各种教育思想流派的评介。

第三个阶段,1996 年至本世纪初,是深入和扩展研究的时期。从上个世纪 90 年代中期开始,我国比较教育研究扩展到许多发展中国家,特别是我国周边国家的教育,研究内容也从教育制度发展到课程、教育思想观念、培养模式和方法、国际教育、环境教育、比较教育方法论等诸多方面。同时,比较教育关注到教育与国家发展及国家宏观教育发展战略的比较研究,以及各国民族文化传统关系的研究。如"巴西、俄罗斯、印度、中国四国教育发展与国家竞争力的比较研究"、"民族文化传统与教育现代化研究"等,重视教育与国家发展的研究;随着我国新一轮课程改革,研究介绍了各国课程改革的经验。

第四个阶段从本世纪初至今,进入全球化时代的国际比较教育研究。我国比较教育学者开展了国际问题的研究,关注国际组织有关教育的政策及其对世界教育的影响;开展了各国教育国际化的研究;更加深入地研究各国教育公平的政策和提高教育质量的改革和举措。

我国比较教育发展的这几个阶段的研究成果在《比较教育研究》刊物中均有反映。《比较教育研究》有几个特点:一是最早、最快、最新地反映国际教育改革的动向。例如,较早地介绍美国的《国防教育法》和拉开了世界教育改革序幕的 1983 年美国高质量教育委员会的《国家在危险中,教育改革势在必行》;最早介绍终身教育思想;最早地把文化研究引进比较教育;较早地研究国际组织的教育政策等。这些研究对我国的教育改革都起到了一定的借鉴作用。为此,借《比较教育研究》创刊 50 周年之际,我们选择刊物中的有价值有质量的文章编辑成册,它们是:《定位与发展:比较教育的理论、方法与范式》《博学与慎思:当代教育思想与理论》《均衡与优质:教育公平与质量》《问责与改进:高等教育评估与质量保障》《光荣与梦想:世界一流大学建设》《理念与制度:现代大学治理》《创新与创业:21 世纪教育的新常态》《流动与融合:教育国际化的世界图景》《转型与提升:教师教育的改革与发展》《质量与权益:教师管理政策与实践》《传承与建构:课程与教学理论探索》《效率与公平:择校的理论、政策与实践》。

这既是一种历史的记忆,又为我国今后的教育改革保存一份有价值的遗产。我想,读者可以从中找到世界教育发展的痕迹,并得到某种启发。

是为序。

2015 年 10 月

目 录

｜创业教育｜

创新是国家发展的不竭动力,创新是社会进步的源泉,创新是个人成长和发展的必备条件,创新也是一个永不过时的话题,在各个不同的时期都有很多相应的作者对这个主题进行了探讨。创新是"抛开旧的,产生新的",具有"新"的特征:新理论、新规律、新方法、新设计、新实验、新进展、新解释、新现象、新知识、新思想。但是"新"的东西又是从"旧"的东西上产生的,因此它依赖于创造者本身的知识结构和创新能力。

创新教育是一种能力教育,是一种世界观和方法论,是一种思维方法的教育。创新教育不像具体知识可以通过一些课程来完成,而是潜移默化的结果,是探索实践的结果。创新教育和知识教育是共生的双胞胎,相互联系相互影响,只有在知识教育过程中进行创新教育,通过创新教育的方法进行知识教育。创新教育是素质教育的重要组成部分,是"以人为本"的个性化教育,是依据人的个性发展和知识经济时代的需要,以发掘和发展人的创造力、弘扬人的创新精神、形成学生的创造性个性、全面提高国民创新素质为宗旨,以培养学生的创新意识、创新精神和创新能力为重点,通过对传统教育的改革和创新探索和构建一种新的创新教育理论体系和实践模式,并使之逐渐丰富和完善。[①]

教育部在《面向世纪教育振兴行动计划》中提出,要加强对大学生的创业教育,并在部分高校进行创业教育试点。联合国教科文组织在 1995 年的《关于高等

---

① 陈周见. 大学创新教育评价研究[D]. 中南大学,2003.

教育改革与发展的政策性文件》中提出了比较完整的创业教育的概念,"在学位＝工作这个公式不再成立的时候,人们希望高等教育的毕业者不仅是求职者,而且也是成功的企业家和工作岗位的创造者。"1998 年联合国教科文组织在巴黎召开的首次世界高等教育会议上,在《21 世纪的高等教育:展望与行动世界宣言》中又进一步指出:"为方便毕业生就业,教育应主要培养创业技能和主动精神;毕业生将越来越不再仅仅是求职者,而首先成为工作岗位的创造者"。不仅仅是联合国教科文组织多次强调创业教育的重要性,在世界范围内持续掀起了创业的浪潮,各国也将创业教育提上了其高等教育系统的重要地位。

《比较教育研究》在社会期刊中扮演着非常重要的角色,是比较教育学科发展的重要阵地,在过去的 50 年中,很多学者在《比较教育研究》杂志上发表了相当重要的文献。

(一) 本选文的目的、依据和分类

1. 本选文的目的

在《比较教育研究》创刊 50 周年之际,可以将在过去这段时间里发表的关于创新教育、教育创新和创业教育等方面的文献结集成书,也是对过去 50 年的《比较教育研究》中关于此类主题的总结,也可以看出在过去这段时间里在此领域中学者们关注的重点是哪些,以便为更多学者开展此类研究提供系统的参考。

2. 本选文的依据

《比较教育研究》创刊 50 年,1992 年至今的文献可以在中国知网上获得电子稿;1992 年以前的《外国教育动态》的大部分稿件都保存在北京师范大学的教育学分馆和国际与比较教育研究院的资料室中。在中国知网数据库中以"创新""创业""创新教育""创业教育""创造"等为关键词,将数据来源设定为《比较教育研究》期刊杂志,进行检索。根据论文主题的符合程度,筛选相关文献,再仔细阅读中国知网上获得的文献电子稿,再次筛选文献。针对 1992 年以前的文献,先按照编辑部所提供的各年的总目录,选取其中的相关文章,再到相关的阅览室查阅相关文献,确定创刊至 1992 年以前的文献。最后将 1992 年以前的文献和 1992 年之后的文献汇总,即是本选文所纳入的所有文献。

3. 本选文的分类

为了更好地对这一大主题下的各类文献进行编撰，根据每篇文献的内容，将所有纳入的文献分为创新教育、教育创新和创业教育三大模块。

"创新教育"模块包含帅常恺和胡家笃的《关于创造教育》、柏高的《"创造说明书"和学生的倾向与才能——沃尔科夫开发学生创造才能的经验》、万文涛和余可锋的《从诺贝尔奖得主的成长曲线看其创新教育》、王义高的《创新人才理论初探》、马健生的《比较教育视野中的中国创新教育》和李春生的《美国和俄罗斯关于创新教育的研究》等6篇文章。

"教育创新"模块包含王义高的《伊利英的教育创新》、孟照海的《西方教育创新理论的演变》、黄伟的《课程创新与历险：喧闹之后再沉思——我国"综合实践活动"与日本"综合学习时间"之比较》、王明和邹晓东的《美国加州纳米技术研究院创新运营模式及其启示》、饶燕婷的《美国研究型大学的教育改革与创新——以杜克大学为例》、马健生和孙珂的《美国高等教育创新机制浅析》和《高等教育创新的"保健机制"探析——以美国的经验为例》、蔡敏的《独立研究课：美国高校培养创新型人才的课程形态》、高益民的《创新人才培养与新世纪日本研究生教育改革》和《日本创新人才培养战略中的实践取向——以研究生教育改革政策为例》等10篇文章。

"创业教育"模块包含陈汉聪和邹晓东的《发展中的创业型大学：国际视野与实施策略》、洪成文的《企业家精神与沃里克大学的崛起》、梅伟惠的《美国高校创业教育模式研究》、罗媛的《美国高校创业教育探析》、游振声和徐辉的《多样化推进：美国高等学校创业教育途径探析》、刘军仪的《建立创业型大学——来自美国研究型大学的回应》、刘林青等的《麻省理工学院的创业生态系统探析》、熊华军和岳芩的《斯坦福大学创业教育的内涵及启示》、沈陆娟的《美国社区学院全校性创业教育策略评析》、熊华军的《美国专职创业教育教师队伍建设的经验与启示》、徐小洲和胡瑞的《英国高校创业教育新政策述评》、孙珂的《21世纪英国大学的创业教育》、刘敏的《法国创业教育研究及启示》、李文英和王景坤的《澳大利亚高校创业教育模式探析》、戴维奇的《创业型大学是如何组织创业教育的？——以荷兰特温特大学为例》、李志永的《日本大学创业教育的发展与特点》、张昊民等的《日本创业教育的演进、经典案例及启示》、朴钟鹤的《韩国高校创业教育发展与创新——以五所"创业研究生院"为例》、徐小洲和李娜的《印度高校创业教育发展动因与模式》、施晓光的《印度高校创业教育：发展中国家的个案》等20篇文章。

（二）不同类选文的主要内容与意义

1."创新教育"模块

帅常恺和胡家笃在《关于创造教育》①一文中首先叙述了传统教育在新的社会变革和教育改革浪潮中遇到了全面的挑战，这些挑战主要包括教学内容、教学手段、教学方法、教学制度、教育的功能、教育体制和教育目标等方面。作者认为，针对这一系列的挑战，逐渐孕育出了一些新的教学学科，其中最主要的就是创造教育学。进而，作者对创造教育成长的历史事件进行了系统的整理，发现最早的创造教育起源于美国，以1941年奥斯本的《思考的方法》一书作为起源和开端。不仅是美国，大西洋彼岸的欧洲多个国家（英、法、西德、瑞典）也先后开展了创造学的研究，继而是日本、苏联等国家也在开展相关的研究，这些国家也在不断地将创造教育的运用进行实验，逐步运用到实际的教学之中。最后作者提出了创造型人才的素质结构，即包括知识结构、智能结构和个性结构三个部分。在知识结构方面，一是新，二是博。新，是指要淘汰旧知识、增补新知识，除许多必需的其他知识外，对创造型人才来说，补充一些创造学的、创造心理学的、创造工程的知识是必不可少的。在智能结构方面，一是要注意思维能力的全面发展；二是要注意实践活动能力的发展。思维有形象的、灵感的和逻辑的三种形式，又有发散与聚敛两种路线，特别是灵感思维、发散思维与创造性思维有极密切关系，因此培养思维能力要全面。在个性结构方面，总的来说就是要注意培养创造个性。作者认为只要使三个子结构合理建构，妥善协调它们之间的关系，就可形成创造型人才的素质结构整体，并升华出灿烂的创造力。作者采用的是理论研究，虽然没有创新教育之名，但是却论"创新教育"之实，由传统教育所面临之挑战，论及世界各国应对挑战之做法（创造教育），再进一步阐述创造型人才所必备的素质，使得创造教育可以有的放矢，有针对性地开展

① 帅常恺,胡家笃.关于创造教育[J].外国教育动态,1987,05:6—10.

创造教育。

《"创造说明书"和学生的倾向与才能——沃尔科夫开发学生创造才能的经验》①是柏高编译的前苏联《国民教育》杂志 1987 年第 6 期的一篇文章,该文对学生独立开展创造活动、进行创造证书登记的相关内容展开了叙述。由于学生在学校的学习成绩无法帮助学生在职业选择中做出适合的选择,而学校的主要任务就是帮助学生选择适合自己的职业,只有了解学生的倾向和才能,才能够帮助学生选择合适的职业定向,而学生的倾向和才能只有在创造的具体产品、理论和作品中才能得以显现、形成和发展。创造活动的开展需要教师的积极配合,特别是班主任,还需要建立独立的创造活动室。作者还详细介绍了独立创造活动的指导细则,其中详细介绍了教师对学生的创造活动的作品评价的标准和体系、针对不同的作品的不同评价指标。作者进一步介绍了创造证书的登记指标和规范,并且要求将统一的登记指标和规范公布在显要位置,以使师生都熟悉它们,使教师和学生之间就指标问题达成一致。创造证书上的登记情况可以看出一个学生的倾向,但不能准确衡量他们与职业定向相关的其他品质,因此作者介绍了学生独立创造活动的鉴定指标,主要包括:工作的类别、智力积极程度、工作中的坚毅程度、工作的性质、工作的复杂程度、所耗劳动量等 7 个方面,作者还列举了两个具体的实例来阐述应该如何对学生的创造活动进行评价以及如何对学生作出总鉴定。这篇文章详细地介绍了前苏联关于"创造说明书"的相关内容,这是前苏联在面临世界环境变化中,逐渐重视创造教育并开展创造教育的一些实验,"创造说明书"就是其中之一。

万文涛和余可锋在《从美国诺贝尔奖得主的成长曲线看其创新教育》②一文中,将美国诺贝尔奖得主作为研究对象,并建立相应的数学模型,结果表明,美国诺贝尔奖得主的核心知识随年龄增长呈现 Logistic 曲线变化。他们在 13 岁左右就明显具备了通过自主探究所累积的核心知识,并随着年龄的增长,核心知识的储备量越来越大;核心知识的增长速度按照先慢后快再变慢的规律变

---

① 柏高."创造证明书"和学生的倾向与才能——沃尔科夫开发学生创造才能的经验[J].外国教育动态,1989,05:40—43.

② 万文涛,余可锋.从美国诺贝尔奖得主的成长曲线看其创新教育[J].比较教育研究,2008,07:36—40.

化。美国诺贝尔奖得主的创新能力随年龄增长呈"钟形"曲线变化,在13岁左右就明显具备了一定的自主创新能力且随着年龄的增长,创新能力逐渐增长,至38.17岁左右创新能力达到顶峰,随后创新能力又逐步下降。如果以具备了最高创新能力的20%为评判标准,那么美国诺贝尔奖得主开展创新活动的"黄金时期"长达28年。在此基础上,作者进一步对美国诺贝尔奖得主茁壮成长的原因进行了探析,作者认为美国诺贝尔奖得主表现出创新年龄轻、创新周期长、创新能力强等特点主要是与他们所接受的各式各样的创新教育有着非常密切的关系。作者认为美国的初等教育是鼓励和组织创新活动的起点,这个阶段是孩子们具有好奇心的时期,美国的初等教育就鼓励孩子们去探索未知;在高等教育中,学生可以直接参与到创新活动中去,可以在完成必修课程的基础上有更多选择的余地来进行启发性的学习;在更进一步的学习中,学生可以进入很多高水平科研团队和科研机构,一边研究,一边学习,将"创新与再教育融为一体",把团队的科研事业进一步发扬光大。之后,作者就我国如何开展创新教育、进行创新人才培养提出一些建议。如实现教育转轨、释放学术自由等。作者从美国诺贝尔奖得主的成长曲线出发,论述美国的创新教育的长处,再反思中国需要改进的地方,各部分环环相扣。

王义高在《创新人才理论初探》[1]一文认为,首先,创新是相对于"守旧"来说的,"创"与"守"是继承与发展的扬弃、辩证关系;其次,"创新"与"创造"有着相同的含义,也就是指推陈出新,创新人才的培养包括心理、精神层面的创新,也包括实际操作、动手能力的创新。作者运用母子系统来分析创新、素质和全面发展几者之间的关系,居于最上位的母系统是全面发展教育,居于中间的过渡性的母系统是素质教育,而创新教育则是居于最下位的子系统。作者认为全面发展教育具有历史性、划时代性、相对性和开放性,居于最下位的创新教育则应该符合全面发展教育的要求。作者认为创新人才的成长规律决定了其培养过程的连续性和衔接性,因此在开展创新教育中要保证学生接受的教育在基础教育和高等教育中具有一贯性和连续性,使学生的创新能力可以得到持续的发展。作者根据特定的历史背景对创新教育的问题进行了理论上的分析和探讨,

---

[1] 王义高. 创新人才理论初探[J]. 比较教育研究,2000,01;6—10.

就创新教育的几个问题展开了论述。

马健生在《比较教育视野中的中国创新教育》①一文中，认为创新和创新能力是一个社会问题，而不仅仅是一个教育问题，在讨论创新教育之时，要考虑创新的制度建设。作者在阐述日本教育改革的经验后，提出创新能力是要和社会状态相符合的，不能跨越工业化的社会向知识经济时代的跃进，而是应该考虑具体国情，培养学生具有工业化、现代化所需要的特征。在科层社会中，个性和创新是处于社会科层结构顶端成员的属性，处于科层底端的成员被要求服从和遵守。在德国的教育系统中，中等教育阶段就实行定向教育与分流，这种体制既保证了德国拥有大批熟练的工人，也让德国的精英们在科学技术和学术上取得了世界瞩目的成就。据此，作者认为创新教育并不是每个人生存的基础，不能混淆社会创新与个体创新之间的差别，应该尊重个体之间的差异，分类教学，既满足学生个人的成长和发展的需求，也满足社会对不同人才的需求。作者认为科学教育是创新教育的根本途径，创新不是凭空的捏造和想象，而是有丰富的科学知识作为基础和前提的。作者认为个性培养是创新教育的实质，多样化个性是创新的基础和本质表现，实施创新教育必定以个性培养作为出发点和归宿。作者以比较教育的视角来讨论创新的几个问题并借鉴国际上在创新能力培养方面做得较好的国家的经验，探讨中国的创新教育。

李春生在《美国和俄罗斯关于创新教育的研究》②一文中通过对美国和俄罗斯学者在创新教育的研究中提出的新思想和新措施进行比较分析，发现制定科学的教学大纲是搞好创新教育的前提，培养创新思维能力是搞好创新教育的关键，发展创造能力是搞好创新教育的根本。

通过对这个模块的文献的梳理可以发现，《比较教育研究》自20世纪80年代以来在不同时期都有学者对"创新教育"进行探讨，既有理论上的论述和分析，也有实践中的摸索和反思；既有对外国"创新教育"发展的阐述，也有对我国如何开展"创新教育"进行的思考。总的来说，通过此模块的总结可以了解到不同时期"创新教育"的发展情况，可以让更多对"创新教育"有兴趣的学者有新的

---

① 马健生.比较教育视野中的中国创新教育[J].比较教育研究,2000,03:10—13.
② 李春生.美国和俄罗斯关于创新教育的研究[J].比较教育研究,2002,11:39—43.

启发和思考。

2."教育创新"模块

"教育创新"是行动者面对新情境或新问题,根据已有的经验和知识,以新的方式来实现新的功能,从而更好地适应新情境,解决新问题。[1] 由这个定义可知,当面临新的教育问题或者原来的教育情境发生改变的时候,决策者希望对教育的实践进行创新以适应新情境,解决这些问题,获得更好的成效,改变目前的现状。在这个模块的选文中,既有对"教育创新"理论的探讨,也有对具体实践的阐述和分析。

在《西方教育创新理论的演变》[2]一文中,作者将西方的教育创新理论分为三个阶段,分别是 20 世纪 60 年代鼎盛时期的技术视角、20 世纪 70 年代反思时期的政治视角以及 20 世纪 80 年代以来深化时期的组织文化视角。技术视角下的教育创新理论将重心放在采纳者的理性选择上,认为创新的相对优势、相容性、复杂性、可观察性、可实验性直接影响了创新的采纳;政治视角下的教育创新理论将重点放在学校教育创新的背景下,着重考察权力/权威结构以及利益的分配。学校教育系统是一个"政治的竞技场",教育创新的发起和采纳不过是抱有特定政治目的的利益相关者之间的博弈。组织文化视角下的教育创新理论将重心放在教育系统的内部组成部分上,如教师的实践方式、文化特征等,教育创新开始关注组织特征,并通过个案研究的方法考察学校组织特征与创新采纳和实施的关系。

《伊利英的教育创新》[3]一文描述了前苏联列宁格勒市一所中学的文学教师在具体的教学活动中是如何开展教育创新的,作者将其的教育创新归纳为如下几个方面:把教书和育人紧密结合起来;在文学课上进行公开的伦理教育;进行热爱母亲的教育;利用"细节"来挖掘文学课的教学、教育、发展功能;利用"问题"来激发师生共同思考;文学课应具有艺术特色;吸引学生注意力;激发学生的藏书、读书兴趣;知识的评估、作业的布置和检查要因人而异;教师起主导作用以及师生的平等交往与合作。

---

[1] 项贤明. 论教育创新与教育改革[J]. 高等教育研究,2007,12:1—7.

[2] 孟照海. 西方教育创新理论的演变[J]. 比较教育研究,2010,08:57—61.

[3] 王义高. 伊利英的教育创新[J]. 外国教育动态,1990,05:26—30+19.

　　美国不仅仅是一个政治强国,也同样是一个经济强国,还是一个教育强国。在经济全球化时代,美国的教育对世界各国的教育都产生了非常大的影响,同样也有很多学者对美国的教育创新进行了分析。在《美国高等教育创新机制浅析》①一文中,作者从国家层面、学校层面和课程层面对美国高等教育创新机制进行了分析,国家层面主要包括修订专利制度、制定企业反腐败法和塑造"美国梦"文化;学校层面包括对目标、理念、制度和机构进行定位和设置;课程层面包括对通识教育、领导力教育、创业教育和服务学习进行变革和改造。《高等教育创新的"保健机制"探析——以美国的经验为例》②一文中从组织行为学中"双因素理论"出发,对美国高等教育创新的"保健机制"进行探析,作者认为高等教育创新的"保健机制"是消除高等教育创新活动中不满意情绪的政策、制度安排以及各要素之间的联系和作用方式。美国在宏观层面通过建立完善的社会保障体系、保护知识产权和学术自由权利;在中观层面通过建立终身聘任制度、学术自治制度和合理的教师休假制度;在微观层面通过采用同行评审、形成性评价和多专家评价等评价方式,为高等教育创新活动建立起了较为完善的"保健机制"。《美国加州纳米技术研究院创新运营模式及其启示》③一文对创建于2000年的美国加州纳米技术研究院的创新运营模式进行了非常详细的介绍,作者发现其运营模式的成功正是源于"官产学研"相结合的机制创新。在《美国研究型大学的教育改革与创新——以杜克大学为例》④一文中,作者认为杜克大学在短时间内成功实现从一所地区性大学向全国一流大学的跨越主要源于其教育创新,通过分析,作者发现先进的教育理念、前瞻性的发展规划、完善的资金管理与筹资制度、教学模式和管理体制的创新是杜克大学成功的主要路径,当然也是美国研究型大学实现飞跃的主要路径。在《独立研究课:美国高校

---

① 马健生,孙珂.美国高等教育创新机制浅析[J].比较教育研究,2010,05:58—62.
② 马健生,孙珂.高等教育创新的"保健机制"探析——以美国的经验为例[J].比较教育研究,2011,01:8—13.
③ 王明,邹晓东.美国加州纳米技术研究院创新运营模式及其启示[J].比较教育研究,2005,11:50—53+8.
④ 饶燕婷.美国研究型大学的教育改革与创新——以杜克大学为例[J].比较教育研究,2008,09:35—39.

培养创新型人才的课程形态》①一文中,作者主要介绍了美国课程体系中起着非常重要作用的"独立研究课",分别从该课程的目标定位、过程管理、内容要求、资源保障、成果展示与成绩评定等方面作了详细具体的介绍。

　　另外,也有部分学者比较关注日本的教育创新。在《创新人才培养与新世纪日本研究生教育改革》②一文中,作者从日本 21 世纪开始到现在的研究生教育改革方案出发,分析其培养创新人才的措施,认为"创新人才培养"是 21 世纪日本研究生教育改革的重要目标,具体阐述了日本政府对"创新人才的理解",对创新人才培养的反思以及培养创新人才的思路。在《日本创新人才培养战略中的实践取向——以研究生教育改革政策为例》③一文中,作者基于日本 2011年出台的两份研究生教育改革政策的文本分析,重点揭示日本创新人才培养战略中的实践取向。作者认为,日本的研究生教育改革越来越体现出日本对实践领域创新人才培养的重视,同样也是日本力图尽早摆脱内外各种困境的现实需求。在《课程创新与历险:喧闹之后再沉思——我国"综合实践活动"与日本"综合学习时间"之比较》④一文中,作者从背景、内涵等方面对日本出台的"综合学习时间"和我国出台的"综合实践活动"进行比较,发现此两类活动有着非常相似的地方,两国对课程综合化有着共同的追求。检验课程创新成效的标准就是结果,两国在实施这类综合课程之后都遇到了很多问题,作者也从课程研究方面和课程实施方面进行了反思和总结。

　　3."创业教育"模块

　　"创业教育"模块主要包括对创业型大学和和创业教育实践的探讨。在创业教育实践中涉及的国别较多,主要有美国、英国、法国、澳大利亚、日本、韩国、印度等国家。在《发展中的创业型大学:国际视野与实施策略》⑤一文中,作者认为创业型大学以创业人才培养为基本任务,注重开展具有商业价值的科研活

---

① 蔡敏. 独立研究课:美国高校培养创新型人才的课程形态[J]. 比较教育研究,2011,03;1—4.
② 高益民. 创新人才培养与新世纪日本研究生教育改革[J]. 比较教育研究,2009,11;46—52.
③ 高益民. 创新人才培养与新世纪日本研究生教育改革[J]. 比较教育研究,2009,11;46—52.
④ 黄伟. 课程创新与历险:喧闹之后再沉思——我国"综合实践活动"与日本"综合学习时间"之比较[J]. 比较教育研究,2005,07;12—16.
⑤ 陈汉聪,邹晓东. 发展中的创业型大学:国际视野与实施策略[J]. 比较教育研究,2011,09;32—36+59.

动,积极创办衍生高新科技的企业,并将"促进经济和社会发展"拓展为大学的新职能。在《建立创业型大学——来自美国研究型大学的回应》①一文中,作者对美国的创业型大学展开了系统的分析,作者认为,在美国研究者看来,创业型大学具有强烈的创业精神和丰富的创新研究成果,具有更强的科研实力、团队合作精神、应对外界环境变化和资源获取的能力、教学与研究更注重面向实际问题和更为有效的知识转移运作机制,它们和政府关系密切,直接参与研究成果商业化活动。美国创业型大学崛起的动力机制主要包括如下方面:知识经济和信息社会的时代需求、政府对高等教育投入的削减、经济环境的改变和工业界的期望、政策法规的直接影响以及三螺旋理论的促进作用。作者认为美国创业型大学具有多样化的资金来源、紧密的外部联系、雄厚的科研实力、强烈的竞争意识和整合的创业文化等五个方面的鲜明特征。在《创业型大学是如何组织创业教育的?——以荷兰特温特大学为例》②一文中,通过对荷兰特温特大学的描述来阐释创业型大学是如何组织创业教育的。作者从特温特大学的"创业生态系统"、创业课程体系设计等方面作了详细的介绍。

在《美国高校创业教育模式研究》③一文中,作者对美国高校创业教育的三种模式进行了详细的阐述,三种模式分别是聚焦模式、磁石模式和辐射模式。在其发展过程中呈现了以下特征:以特色为先导,力求多元发展;以校园创业文化建设为枢纽,推进高校整体革新;以创业教育中心为主要组织形式,提倡跨学科发展。在《美国高校创业教育探析》④一文中,作者通过对美国创业教育的概念、组织模式、课程内容以及面临的挑战和问题的梳理,运用学校创业教育的成功案例,探析美国高校创业教育的内涵、特点以及成功的原因。在《美国专职创业教育教师队伍建设的经验与启示》⑤一文中,作者介绍了美国在专职创业教育教师队伍建设方面的经验:创业学博士生项目的开展有助于为高校培养合格的专职创业教育教师;创业学教职的设立有利于高校专职创业教育教师队伍的

① 刘军仪. 建立创业型大学——来自美国研究型大学的回应[J]. 比较教育研究,2009,04:42—46.

② 戴维奇. 创业型大学是如何组织创业教育的?——以荷兰特温特大学为例[J]. 比较教育研究,2014,02:36—41+101.

③ 梅伟惠. 美国高校创业教育模式研究[J]. 比较教育研究,2008,05:52—56.

④ 罗媛. 美国高校创业教育探析[J]. 比较教育研究,2010,10:55—60.

⑤ 熊华军. 美国专职创业教育教师队伍建设的经验与启示[J]. 比较教育研究,2014,02:47—52.

稳定;专业发展方向对创业教育教师专业化成长提出了明确的要求。并且美国社会各界为专职创业教育教师创造了良好的职前和职后发展环境,构建了多渠道的保障体系。在《多样化推进:美国高等学校创业教育途径探析》①一文中,作者对美国高等学校创业教育途径进行探析,发现开设创业教育课程是高校创业教育的基本方式;实施创业教育项目是高校创业教育的重要推手;开展创业教育活动为学生接受创业教育提供实践场所;引入创业教育方法是高校创业教育的隐性支撑。在《美国社区学院全校性创业教育策略评析》②一文中,作者以斯普林菲尔德技术社区学院、约翰逊县社区学院、北爱荷华州社区学院为例,阐述不同类型社区学院全校性创业教育的理念和目标、创业教育实践路径以及外部合作伙伴构建等,比较了美国各类型社区学院全校性创业教育的模式、策略和特色。《斯坦福大学创业教育的内涵及启示》③和《麻省理工学院的创业生态系统探析》④分别介绍了美国斯坦福大学和麻省理工学院的创业教育实践相关情况。

在《企业家精神与沃里克大学的崛起》⑤一文中,作者通过对建校于 1965年的沃里克大学的成长历程的分析,发现缺乏学术传统的"绿地大学"可以通过创业的道路来实现学校自身的成长和发展。在《英国高校创业教育新政策述评》⑥一文中,作者对英国高校创业教育新政策的背景、核心和发展展开论述。作者认为英国高校创业教育政策取得了良好效果,但是新政策没有解决创业教育发展不均衡的现实问题,新政策尚未兼顾各级各类大学生,并且英国非政府创业教育资金来源尚不稳定。在《21 世纪英国大学的创业教育》⑦一文中,作者对英国大学 21 世纪以来的创业教育的背景、内涵、实施情况进行了介绍,作者认为英国大学创业教育开展得比较广泛,实施途径多样,教学方法灵活并且以

① 游振声,徐辉.多样化推进:美国高等学校创业教育途径探析[J].比较教育研究,2010,10:61—66.

② 沈陆娟.美国社区学院全校性创业教育策略评析[J].比较教育研究,2014,02:53—59.

③ 熊华军,岳芩.斯坦福大学创业教育的内涵及启示[J].比较教育研究,2011,11:67—71.

④ 刘林青,施冠群,陈晓霞.麻省理工学院的创业生态系统探析[J].比较教育研究,2009,07:20—24.

⑤ 洪成文.企业家精神与沃里克大学的崛起[J].比较教育研究,2001,02:44—49.

⑥ 徐小洲,胡瑞.英国高校创业教育新政策述评[J].比较教育研究,2010,07:67—71.

⑦ 孙珂.21 世纪英国大学的创业教育[J].比较教育研究,2010,10:67—71.

注重实践为导向。

《法国创业教育研究及启示》①、《澳大利亚高校创业教育模式探析》②、《日本大学创业教育的发展与特点》③和《日本创业教育的演进、经典案例及启示》④、《韩国高校创业教育发展与创新——以五所"创业研究生院"为例》⑤、《印度高校创业教育:发展中国家的个案》⑥和《印度高校创业教育发展动因与模式》⑦等文,分别介绍了法国、澳大利亚、日本、韩国、印度等国家的创业教育实践活动情况。

(三) 相关领域研究的展望

关于创新教育,目前不仅发表了很多学术论文,而且还有很多以创新教育为主题的学位论文。可以发现目前关于创新教育的探讨涵盖了从小学、中学到大学各个不同阶段的创新教育。基础教育阶段的创新教育研究主要是探讨如何在各科课程中进行创新教育,涵盖了语文、数学、物理、化学、音乐等各个不同的科目;大学阶段主要探讨的是高等教育包括研究生教育如何开展创新教育如何培养创新型人才。近年来,关于研究生教育阶段的探讨逐渐增多。总的来说目前在国内不乏对于创新教育研究的文献,但大多是在探讨创新教育的概念,不同的学者对此有不同的分析和解释,但缺少理论的概括和总结,各个观点较为分散。关于创新教育实践的研究比较多,主要是将创新教育的理念融入到具体的教学中进行探讨,或者是对某某学校创新教育模式的探讨。在未来创新教育可以更多地关注理论上的研究,可以进一步开展创新教育与其他方面的关系研究,还可以更多开展地关于创新教育的实证研究。

目前,关于教育创新发表的文献也相当丰富,很多学者都在辨析教育创新

---

① 刘敏. 法国创业教育研究及启示[J]. 比较教育研究,2010,10:72—75.

② 李文英、王景坤. 澳大利亚高校创业教育模式探析[J]比较教育研究,2010,10:76—80.

③ 李志永. 日本大学创业教育的发展与特点[J]. 比较教育研究,2009,03:40—44.

④ 张昊民、陈虹,马君日本创业教育的演进、经典案例及启示[J]. 比较教育研究,2012,11:49—54.

⑤ 朴钟鹤. 韩国高校创业教育发展与创新——以五所"创业研究生院"为例[J]. 比较教育研究,2013,05:63—67.

⑥ 施晓光. 印度高校创业教育:发展中国家的个案[J]. 比较教育研究,2014,02:42—46.

⑦ 徐小洲、李娜. 印度高校创业教育发展动因与模式[J]. 比较教育研究,2013,05:59—62+96.

和创新教育之间的关系以及教育创新与教育改革之间的区别。也有不少学者对教育创新进行理论上的探讨，并对国外的发达国家的教育创新活动进行述评。国人将教育创新放在了非常高的位置，以为可以在借鉴国外成功教育创新实践经验的基础上就可以对国内的教育现状做一些积极改变，而这也是大部分学者采用的研究方式。对于教育创新，可以在未来的研究中进行更多的理论上的概括和分析，结合中国国情，探讨适合中国教育实践的教育创新模式。

马健生　蔡娟

2015 年 10 月

于北京师范大学

创新教育

一、关于创造教育

（一）传统教育遇到了全面的挑战

传统教育这部庞大、沉重的机器,在为社会服务了许多世代之后的今天,已经失去了昔日的活力。尽管也有不少人想更换零件或者做些枝节的改造以唤回它的青春,但收效甚微。放眼世界,汹涌而来的社会变革和教育改革浪潮向它提出了全面的挑战。

1. 教学内容

无数新知识的涌现、新学科的形成(第二次世界大战以来,国内外社会科学的新学科、社会科学与自然科学相互渗透的综合性学科、边缘科学及分支学科中在国内外有较大影响和有利于我国四化建设及学术研究的学科就有 140 门之多),使固守传统内容的大学不能满足学生毕业后对知识的需要。因此更新课程、删除旧内容、增补新内容,大开选修课已是高校改革的特征之一。即使是普通中学,也从 20 世纪五、六十年代开始,在布鲁纳的大声疾呼之后,在全球范围内掀起了轰轰烈烈的课程改革热潮。内容的更新不止于新旧更替,更有意义的还是知识的综合化。作为现代科学整体化趋势的重要表现,一系列横断学科的产生揭示了不同学科领域间的崭新联系,使各门学科有了共同的语言、概念和方法,对各种基本理论问题的探讨有可能使多门学科建立起统一的理论基础。于是,布鲁纳提出的"结构课程论"至今仍是影响颇大的教改宗旨之一,其主要特点就是强调用科学概念、原理、方法来统率纷繁的知识,以形成"原理的、态度的迁移"。作为教学的主要目标——这就革了传统教育重知识记忆的命。

2. 教学手段

书本加粉笔和黑板的传统手段已远不能适应现代教育的需要，教学手段正在迅速地微电子化。可以预见，传统的手段只会在教学过程中占次要的地位。

3. 教学方法

灌输式已经被大多数教育工作者所抛弃。脑生理学的发展，思维科学、心理学的发展孕育出许多形成世界影响的现代教学法：发现法、暗示法、范例法，等等。最近在高校引起关注的"学导式教学法"，就对传统教学法进行了严厉的批判并提出了新教学法的许多原则性建议。在实践中，外语教学中电化教育的大量使用，直接法、情境法的采用，学生自学的大量增加等；理科教学中实验教学的大量增加；社会科学教学中讨论式的推广……凡此种种都预示着教学法的彻底更新，而教学手段的现代化，势必给教学法的现代化提供巨大的动力。

4. 教学制度

忽视个性的班级授课制已经显示出其不足，班级教学、小组教学与个别指导互相集合已经被多数人接受；年级制正在向学分制演进；已有"开放学校"、"无墙学校"的理论与实践，甚至产生了学校消亡、教育家庭化和社会化的观点。

5. 教育的功能

教育已远不是传统教育那样只起传递信息给后代的作用了，它还有着创造新信息、新产品的功能。正因为教育、特别是高等教育不但以其对人才的培养来实现它的教育职能，还通过科研、创造成果的转让、科技咨询等方式来实现它的经济职能，所以世界各国都倾向于把教育投资作为生产投资看待，而《大趋势》的作者约翰·奈斯比特则更将教育列入"信息经济"之中。

6. 教育体制

知识的爆炸性膨胀和日益加速的更新使得一次性完成的传统教育体制正在向学习——工作阶段性转换"回归教育""终身教育"演变。学校正在社会化（内部服务的社会化、与社会的融合，为社会服务），社会则正在教育化（不断承担更多的教育职能）。瑞典大学新生汇总应届高中毕业生所占比例 1972 年是 31.2％，1976 年便降到 26％；斯德哥尔摩大学中 55 岁以上的"学生"占了 20％。封闭的学校体制正在向开放的学校体制演化。

7. 教育目标

科学界、人才学界、教育界一致批判传统教育培养出来的"书生型人才"、知识单调呆板的"专才",而呼吁大力培养"智能型""开拓型""创造型"人才,大力培养一专多能的"博才"。传统教育培养出来的人常常千人一面、缺乏个性,而最突出的弱点则是能力差、独立性和创造性差。人们已逐步认识到:教育改革的关键就在于人才观即教育培养目标的转变。

对上述每一方面的研究,都孕育出教育科学的新分支:教育哲学、教育心理学、教育控制论、教育经济学、教育社会学、教育技术学、教育法、教育行政学等,最值得一提的是创造教育学。从每一个新学科的阵地出发都进行着对传统教育的批判,但我们格外关注创造教育学,因为正是它深入思考教育思想的核心问题——教育培养目标即人才质量规格问题。它宣布,现代教育应培养富有创造力的一代新人。

(二) 创造教育的成长

创造教育是年轻的,它只有一段不长的历史。但通过观察下面提供的一份创造教育成长史的简表,我们可以发现,它有强大的生命力和发展的前途。

时间、地点	事件简介	简评
1941 年,美国	公认的现代创造学奠基人奥斯本出版《思考的方法》,后来还创办了专门教授创造工程的大学。	创造学诞生
1945 年,美国 1948 年,美国 1950 年起,美国	维特还提著《创造性思维》一书,分析创造活动的心理过程及其与教学培养的关系。麻省理工学院开设《创造力开发》课程,创造学正式列入大学教育内容。吉尔福特在美国心理学协会上发表演说,提出创造性思维问题,全美国开始进行发展创造力的教学实验,著名的成功实验有奥斯本使用了《应用想象力》教科书、布法罗大学的创造力开发课程、帕内斯在大学和中学的创造力开发课程、马尔兹曼在加州大学的实验、罗杰斯的实验,等等(至 20 世纪 60 年代,这类研究在美国形成热潮)。	创造教育的萌生,随后进入实验阶段,主要在大学。
1960 年,美国 20 世纪 60 年代,美国	托里斯研究把创造力的原则和方法引入语言课获得成功。杰里·克拉克在查塔努加大学的经济学课程中、哈里·汉森在哈佛大学的市场学课程中渗入创造力培养的原则和方法均获成功。此类事例不限于此,美国有创造力教育学院,内有几百名教师从事把创造方法综合于各科教学大纲的研究,负责人是弗兰克·威廉斯。	从以前只孤立训练创造力,发展到通过各科教学培养创造力。

续表

时间、地点	事件简介	简评
20世纪40年代后，英、法、西德、瑞典（1955年，日本）	都先后开展创造学研究 从西方引进创造学，产业能率短期大学开设《独创力开发训练课程》。从此至20世纪80年代，陆续办起33所"星期日发明学校"。	广泛开展创造学、创造教育的研究与实践。
1988年，日本	在某大学附小进行"旨在开发所有儿童的创造能力"的实验，编出了训练创造力的教材。	小学开始创造教育实验。
1971年，苏联 20世纪70年代，苏联	在阿塞拜疆创办世界第一所发明创造社会大学，中学生、工人、工程师、研究人员都可以去学，并在全国40多个城市设有分校。学习后创造发明互动的效率增加了10倍。赞可夫新教学论体系中6条例第2条是"怎样发展儿童创造性的思维能力"。	
1980年，日本	调查3 531所中小学，就"80年代后所要求的国民素质"，让教育人员答问，结果回答中比例最高的高、初中、小学都是推崇"创造智力与技能"，分别占70%、60%、63%。	创造教育已被公众所期望。
1982年，日本 1984年，日本	首相福田纠夫主持会议，决心把提高创造力作为日本通向21世纪的道路。掀起新教育改革，其根本目的是"面向21世纪"建设一个充满创造力和活力的国家。	人才规格——教育培养目标的根本转变。
1984年，苏联	开展普通中学教育改革，反复强调要全面改革传统教育，要培养富有创造精神、创造能力的新一代。	上述转变的世界性、历史的必然性。

由此，我们无需再多花笔墨来证明这样一个道理：已开发全民特别是新一代的创造力为任务、以培养创造型人才为目标的创造教育，是当代教育改革的大方向。

（三）创造型人才的素质结构

有人认为多样化的当代社会需要的是多样化的人才，而不应只限于创造型人才。这种说法忘记了每一个时代的各类人才总带有时代性。尽管当代社会的多样性允许各类人才自有所长亦难免有所短,即使创造能力也允许有水平的高低和应用在不同领域的差异,但当代社会的各方面人才必须具备的最重要的共同素质就是创造能力,这是与以往任何一个时代所不同的。我们所谓的创造型人才概念,正是在与以往时代相区别、比较的意义上提出的。

当今时代为什么比以往任何时代都更需要人才的创造性,已有很多的著作、文章作了论述,无须赘述。概括起来,根本的原因在于:科学转化为技术,技术再转化为直接生产力的周期大大缩短,因此在生产领域中那种倚仗某一种定型的产品、技术、工艺流程而长期重复生产的方式将导致在竞争中的失败,从而迫使人们更多地运用脑力、运用信息去不断创造,以不断更新产品和技术。生产力的这种历史性进步必然导致经济关系、政治关系及各类文化现象同样性质的历史性进步,从而整个社会生活都多样化、灵活化、动态化起来,对人们在各个社会领域的活动都提出了创造能力的强烈要求。创造教育学于是应运而生。

创造教育的目标既然是培养创造型人才,就必须首先指明怎样的人才算是创造型人才。对此,人才学界、教育界讨论颇多,意见似不统一,关键在于对创造力的理解不同。有人认为创造力等于发散思维能力,并以吉尔福特为依据;有的认为除发散思维外,聚敛思维也是创造型思维不可少的要素;又有人认为创造力是智力各要素(感知、记忆、思维、想象、评价)综合之后升华出来的功能;后来逐渐占优势的意见是,创造力是一种最高层次的综合能力,知识、智能、个性心理特征,都是它的要素。

为了剖析创造力的结构,即剖析创造型人才的结构,有必要先对一般人才成功的条件结构加以命名。我们把它命名为人才的素质结构。因为事实上,政治素质、思想素质、文化素质,专业素质、技术素质、业务素质、身体素质甚至国民素质的说法已屡见不鲜,而素质的本义据词典所载就是"指事物本身的性质"。因此不妨用人才素质结构来包容各种必备的素质并使它们有机地综合为一个指向一定功能的结构。

人才的素质结构内容,多数人都拘于千百年来传统的分类法:德、才、识、学,有的加上体,甚至还有人又加上"胆"。实则这种因袭有两个困难:其一,德主要指思想信仰和道德品质,加上胆亦无法包容人才必备的情感、意志、性格三方面的素质；其二，才、识，难以界定，且实际上都基本包含于心理学的智能含义之中。此外，身体素质似乎无必要进入人才素质结构，因为它是所有人的物质条件。再者成才与身体健壮水平似没有确证的正相关（除体育专业外）。如此而论，我们把人才素质结构如右图所示分为三个子结构。

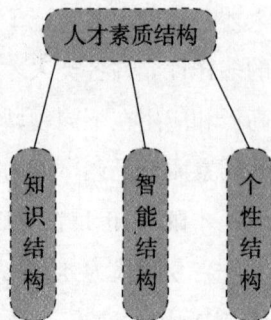

人才素质结构

知识结构　智能结构　个性结构

对于这个一般人才素质结构的框架，有必要解释几个疑虑。其一，德哪儿去了？我们把德列为个性结构内部的一部分要素。思想、信仰、道德、情操、情感特征、意志特征、性格特征，这些都构成了人们各具特色的个性（这里我们对个性作狭义的理解，不包括能力与气质），它们在人才的活动过程中，与知识、智能不同，是动力的源泉，是维持力的源泉，因而被许多人才学研究者称之为成才的"非智力因素"。可见，把它们归于一类是合理的，这样做并没有取消德育，而是意味着拓宽了德育的含义。其二，三个子结构是并列的吗？门里年的《人才学基础》中指出应是纵向贯穿的结构，即知识在基层，智能应贯穿统率知识。创造力又在最光辉的顶层。这种结构分析法有其优点，但不排除我们此处把它们平列的合理性。因为平列的方法强调的是它们的可分性与相对独立性。其三，创造力呢？我们不认为创造力是与前述三个子结构平列的一种因素，创造力是这三个子结构达到高度和谐之后由它们综合所升华出来的人类最高智慧，即创造型人才的素质结构的整体功能。

与以往类型的人才相比，创造型人才素质结构在三个子结构上的独有特点是：

在知识结构方面，一是新，二是博。新，是指要淘汰旧知识、增补新知识，除许多必需的其他知识外，对创造型人才来说，补充一些创造学的、创造心理学的、创造工程的知识是必不可少的。博，是指要成为既精通本行专业，又知识广博、基础扎实、思想活跃的"博才"（或曰"通才""T 型人才""π 型人才"等），以区别于传统的仅局限于本专业知识范围的"专才"。由于本世界以来科技发展的整体趋势，创造的生长点多在各学科的交界处，故往往不是专才取胜，而是博才取胜。

在智能结构方面，一是要注意思维能力的全面发展。二是要注意实践活动能力的发展,思维有形象的、灵感的和逻辑的三种形式,又有发散与聚敛两种路线,特别是灵感思维、发散思维与创造性思维有极密切关系,因此培养思维能力要全面。传统教育只重视逻辑的和聚敛的,这正是它不合时代要求之处。创造是一种活动,必须有成功的作品(或物质的、或意识的)出来,创造力才算是完全出现了。因此对于创造型人才来说,自学能力、表达能力、实际操作能力、社交能力、组织能力是极为重要的。传统教育对它们注意不多。

在个性结构方面,总的说就是要注意培养创造个性。据美国著名心理学家吉尔福特研究表明,创造个性有下述一些主要特征:高度的自主性、独立性与创新精神,强烈的好奇心与求知欲,严谨的思考习惯与刻苦的工作态度,富有幽默感,爱好文艺等。

使三个子结构建构合理,再妥善协调它们之间的关系,以形成正反馈联系,就可形成创造型人才的素质结构整体,并升华出灿烂的创造力,结出丰硕的创造之果。

综上所述,可将创造型人才的素质结构简要图示如下:

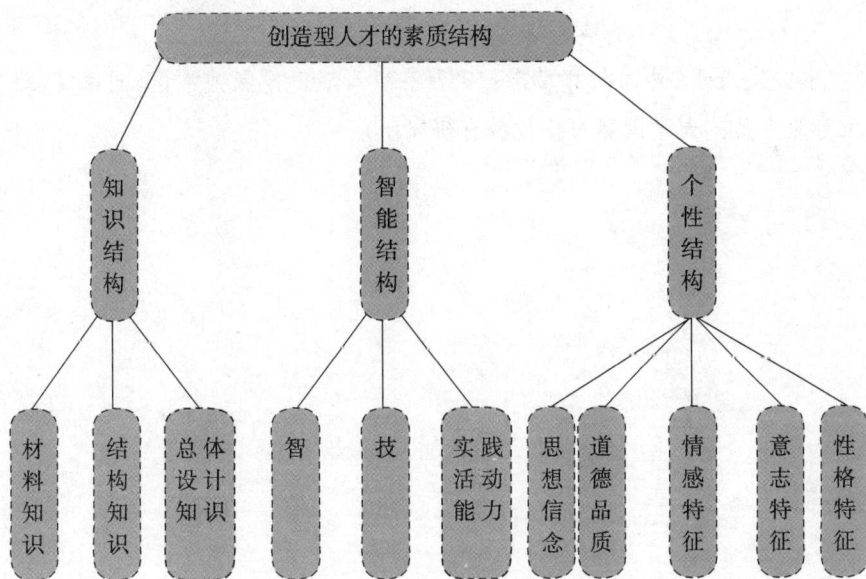

(四) 几点结论

1. 创造教育的重要性,这一点已经比较明确了,不再展开说明。

2. 创造教育决不等于在现存教育之外或之内增加一点创造力开发之类的课程。虽然对一切旧事物的改造都必须从小处着手，创造教育也非得从这种方法或者开办业余性的"创造发明俱乐部"之类的方法着手，但切切不可忘了从大处着眼：既然创造力的产生有赖于人的各方面素质的提高，创造教育就必然是对整个传统教育从内容、方法到体制的全面改造。这就是说，创造教育不是某种新教学法，而是一种新教育。

3. 这个新教育与传统教育的或者突出强调德育或者强调知识传授不同，它突出强调的是智能培养。

4. 与传统教育压制性的"德"（政治思想观念、道德观念）的灌输、管束不同，创造教育为了激发创造力，也为了促进整个社会的和谐（以利于形成创造环境）而完整地尊重、陶冶、培养人的个性。如果我们扩展德育的内涵，使其与和谐个性的培养相一致，岂不更是提高了德育的地位吗？

上述结论，如能给有志于教育事业的同志一点启发，则本文的目的就达到了。

（本文发表于《外国教育动态》1987 年第 5 期。作者帅常恺、胡家笃，时属单位为北京师范大学国际与比较教育研究所）

二、"创造证明书"和学生的倾向与才能
——沃尔科夫开发学生创造才能的经验

苏联教育科学副博士、俄罗斯共和国功勋教师 И·П·沃尔科夫是"合作教育学"的坚持者之一。如果说,"合作教育学"的某些观点引起了异议,那么,沃尔科夫关于开发学生的创造才能的思想和经验则得到了俄联共和国教育部的赞许,并予以广泛宣传和推广。沃尔科夫应苏《国民教育》杂志的约请,曾撰文《显露和发展学生的倾向和才能》,就尽力提供条件、充分显露和发展学生的独立创造性并将学生独出心裁的创造成果记入"创造证明书"、以便与学生的"毕业文凭"相并列、为学生日后的升学或就业提供全面依据的经验进行了总结。本文拟向读者概要介绍这一经验。

(一) 独立创造活动的意义

普通学校的主要任务之一,就是帮助学生自觉选择职业。职业定向问题是复杂的,这关系到显露和发展学生的倾向和才能。大家知道,一个人若不实现对某一活动的倾向和才能,就不可能充分贡献自己的力量,也就不可能取得巨大成就。此外,一个人的职业选择若不符合自己的才能,就会导致干部流动、心情不快、甚至精神创伤。因此,若不考虑一个人的独特品质,就不可能真正解决职业定向问题。个人的才能、倾向和其他品质,只有在活动中,即在创立具体的成果如产品、理论、作品等的活动中,才得以显露、形成和发展。也只有依据这些成果,才可能判定个人的倾向和才能所在。

学校的教学就是在某种程度上使学生的倾向和才能得以显露和发展的一

种活动。光凭学业成绩,还不足以说明学生的职业潜力所在。有不少著名的伟人,学业成绩不一定很好,但通过自己日后的创造性劳动却把科学技术向前推进了十年;相反,学习上的优等生也可能达不到中等以上的技能水平。加之科学、技术、艺术的许多领域仍处于学校的视野之外,因此,很难揭示学生对仿生学、医学、考古学、研究工作、发明活动的倾向。可见,应当尽早开始,甚至从小学一年级开始,给孩子们提供机会,以便在各种活动中,在具体的独立工作中去尝试自己的力量所在。这能使我们不是根据意向调查表,而是按照每个人的活动成果来判断其潜力所在。

(二) 教师在这一活动中的作用

在超越教学大纲的独立创造活动中,尽管其主动性在于学生本身,然而成功与否百分之百地取决于教师,取决于教师对这项工作的态度。教师在课堂上应当做两方面的工作:一方面,经常建议性地提出本人所教科目的创造工作题目,或任何其它范围的题目;另一方面,在课堂上展示由某些学生完成的工作成品,并建议其他学生也来这样做,亦即对独立创造活动加以宣传。

(三) 创造活动场所的提供

为了吸引学生参加独立创造活动,应当广泛利用一切课外活动形式,其总的目标是:让学生完成具体的制作物(模型、标本、机器),创作文学作品、艺术作品、音乐作品,从事发明活动、研究工作。

每个学校都有各门学科的专用教室。这些专用教室都可以在课后当做创造活动室用。学生可以在学年的任何时间到任何一个创造活动室来参加某项工作,不论年龄大小,也不论成绩水平和发展程度如何。例如,沃尔科夫任校长的莫斯科 825 中学设有三个创造活动室,供学生们进行塑造、雕刻、镶嵌、模型制造、文学创作等活动。

(四) 工作的一般组织程序

班主任跟学生进行谈话,即谈根据个人的天资和后天养成的品质去选择职业的重要意义。向所有的学生提出建议,即建议他们去完成科学、技术、艺术和任何一个领域或任何一种劳动的独立工作,不论这些内容在学校里学习与否。同时,不论在题目的选择上,还是在完成的方法和期限上,或是在成年人给予帮助的程度上,都不作任何限制性规定,其主动性完成在于学生。合乎标准的工作成果记入创造证书。创造证书存放在班主任那里,毕业时发给学生。如果说根据毕业证书可以判明科学基础知识的掌握水平,那么根据创造证书就可以了解到:学生有何倾向,其才能发展水平如何。

(五) 独立创造活动指导细则

要指导学生的独立活动,尤其是指导创造活动,便要求教师遵守一定的准则,而哪怕违反其中一条,就可能打击学生的创造积极性。下面列举这些准则:

可以选择科学、技术、艺术的任何一个项目、任何一种劳动作为独立创造工作,不论它们在学校里学习与否,可以在学年内的任何时间完成之。

独立创造工作是超越教学大纲要求的,而不是全体学生必修的。凡必修的不能记入创造证书。只有当学生拥有三起创造成果的时候,才给他建立创造证书。这之前,全都记在教师的笔记本里。

教师应对学生提交的创造成品当即予以审定,并告诉学生是否可以将它登入创造证书。凡符合规定标准、不低于"合格"的创造成品均予登记。对取得初步成果的学生允许把登记标准降低一点,以便激发学生的独立创造积极性。同一类型的创造工作可以登记无限次,但要求后随的每一次比前一次更好些。

所提交的创造作品在未登入创造书之前,严禁列入竞赛评比和会议讨论的对象。最好还是不组织评比、讨论,以妨造成蛊惑宣传、夸夸其谈的习气。

允许钻研以前放弃了的教材、习题和外文翻译材料(学生愿意把放弃了的教材赶上来)。

如果所完成的工作可同时划归科学、技术、艺术几个类别,那就按学生意愿的类别予以登记。例如,古建筑模型可分属于"模型"类、"建筑"类、"历史"类。这里应考虑学生的意愿。

如果教师不曾直接指导,而学生把自己独立完成的作品交上来了,那就不要强迫他加工,尤其不能强迫他重做;只当指出其缺点所在,以免重犯;该作品应予登记,如果水平"合格"的话。

如果发现某项独立工作尚未定出标准,教师就要决定是否对它予以登记。这里的出发点之一,就是有助于激发学生进一步的创造性。如果学生独立完成的某项工作是学校里不学习的课题,因为学校里也没有能对此项工作进行验收的教师专家,那也应当把该项工作有注明地登入创造证书。

对独立学会的教材(某一节或某一课题)进行简短的座谈,或在学年内的任何时间进行考核,合格者可予登记。研究性的工作应当最终有学生的独立结论,哪怕是最简单的结论。

要在创造证书里注明工作名称、工作总量(如图画数量、物件数量、配件数量、页数等)、规格尺寸(按长、宽、高或深注明)。在书画作品中,除页数、图画数、复制品数之外,还要注明写了多少事件、现象、实物以及种类……。创造证书保存在学校里,待到不完全中学或完全中学毕业时,连同毕业证书一起发给学生。基本的尤其是复杂的创造作品,最好拍成照片。照片盖上学校的印章,毕业时附贴在创造证书上。如果学生转学,则把创造证书连同其它文件交给学生。要在鉴定语中指明,创造证书中记录了多少项创造活动。

(六) 创造证书的登记指标及其规范

必须遵守创造证书的统一登记指标及其规范。否则会使工作混乱不堪和杂乱无章,会导致师生之间的磨擦。因此,必须把统一的登记指标和规范公布在显要位置,以使师生都熟悉它们。这些指标和规范是:

书面作业(如提纲、简介、报告稿):标准为 12～15 页。学生应标出作业名称、页数、图画数、复制品数。

口述作业:就某章或某节(教学大纲要求之外的)知识内容通过了口头考查。

翻译作品:外译俄 200 行,俄译外 50 行。

解做数、理、化、制图习题:标准为 20～30 道题。

模型和技术类制作:各台模型应分别注明,指出名称、规格、构件数目。

撰写文艺作品:总页数要求达到 15 页。此类作品包括如下分项:① 撰写抒情诗,数量标准为 2 篇。要指出每篇的行数。② 改童话为诗歌、寓言、叙事长诗,或改民间故事为诗歌。其数量标准为 1 篇。要指出名称、行数。③ 写散文体裁的文学作品,其数量标准为 1 篇。

从事教育工作:当少年队总辅导员,从事该项工作的时间不少于半年者予以登记。其中领导课外小组活动不少于 4 次,领导小学各年级的美工劳作课不少于 4 课时。

铅笔画、彩笔画、墨笔画:数量标准为 5～10 幅。创造性构图(绘制插图),务必遵守教学通用标准,其数量要求为 1～3 幅。

游艺、戏剧:要求单独或合伙演出不少于 10 分钟。

杂技艺术:单独的杂技演出节目,或者穿插在游戏会上的演出节目。

器乐:乐曲演奏时间不少于 10 分钟。

撰写音乐作品:标准数量为 1 份作品。

指导音乐小组:标准是不少于半年。

摄影:不少于 10 幅作品,大小规格不限。

竞试、竞赛、体育比赛:不低于区(市)一级的获奖名次或获得了运动等级称号者才予以登记。

手工艺:各类手工艺品均予登记。

在特科学校或训练班学习:学习期限不少于 1 年者可以登记一次。

(七) 学生独立创造活动的鉴定

从上述创造证书的登记规范中可以看出一个学生的倾向所在,但看不出与职业定向有关的其他品质。为此,还要按如下要点分析每一项工作:

(1) 工作的类别:是实践性地工作,还是理论性的工作(即该工作与运用工具、机床有关,还是脑力性的工作)?

(2) 智力积极程度:积极的——能自己选择题目;消极的——不能自己选择题目,按别人的建议工作。

(3) 工作中的坚毅程度:坚毅的——能稳定而恒久地工作;不坚毅的——工作得不稳定,但尚能把事情做到底。

(4) 工作的性质:创造性工作——具有独出心裁的性质;半创造性工作——只能对样板做部分改变;非创造性工作——只是模仿别人的作品。

(5) 工作的复杂程度:复杂的——高于教学大纲对相应年龄的要求;中等

复杂度的——符合教学大纲的要求;简单的——低于教学大纲的要求。

(6)所耗劳动量:劳动量大的——高于创造证书登记标准;劳动量中等的——符合上述标准;劳动量小的——低于上述标准。

下面举例说明,如何按上列诸要点分析学生的独立工作情况。例如五年级某学生制作了一个飞机模型,同时是亲自来到少年宫并亲自申请题目的,作品是严格按现成图样制成的。我们来分析:这项工作是实践的,因为它要求操作各种工具(于是"实践性"一栏里画一条线来表示);这个学生的工作是积极的,因为他是主动来到少年宫并领取题目的(于是在"积极性"一栏里划一条线来表示);他是坚毅的,因为他的工作持之以恒(于是又在"坚毅性"一栏里标出一条线);他的工作是非创造性的,因为他是按现成图样进行的;这项工作是复杂的,因为它超过了六年级教学大纲的要求;这项工作的劳动量也是大的,工作质量是高的。

再举一个例子:瓦夏在六年级学习。他的同班同学都在创造证书上有好几起登记了,而瓦夏一起也没有。教师鼓励他说:"为啥你什么也不做? 可是你文学成绩很棒呀! 不妨写点什么试试看! 这不马上就要开奥林匹克运动会了吗? 你可以试着写篇关于动物的童话,这些动物曾在森林里举办奥林匹克运动会,熊呀、兔子呀、刺猬呀,他们在运动会上比赛。"过了两个星期,瓦夏交来了一篇童话,题为《森林里的比赛》,共写了82行。我们可作如下分析:这项工作是理论性的,因为它不要求使用各种工具和在机床上干活。由于他自己不能选择题目,而是按教师的建议工作的,所以他是消极的。然而他又是坚毅的,因为他稳定地、持之以恒地工作。这项工作是创造性的,因为它是独出心裁的工作。工作是复杂的,因为它高于六年级教学大纲的要求。工作量也是大的。

从以上两个例子的分析可以看出,学生可能一时处于智力积极状态,但日后完成的工作却可能是非创造性的。相反,智力一时消极者,也可能于后来在很高的水平上创造性地进行工作。把上述每一要点上的材料汇总起来,便是对个人多种品质的鉴定。加上前述一般倾向的登记,便可以用文字表述形式对具体学生的独立创造活动作出总鉴定了。例如:

"该生从六年级起开始独立工作。不论完成理论性的工作,还是完成实践性的工作,都有兴趣(是一位具有理论倾向的多面手)。特别积极——能自己选题并独立完成之。年年都稳定地、持之以恒地进行工作。对生物学很感兴趣，在生物学的钻研上取得了很大成绩：自七年级起，就开始钻研属于中等技术学校和高等学校的植物学教程的材料了。有把所学材料加以系统化的能力，因而说明，该生有从事科研工作的才能。其工作性质基本上属于半创造性和非创造性的。"

被作出上述鉴定的这位姑娘，中学毕业后进了莫斯科大学生物系。26 岁时当了生物科学副博士。

再举一个例子："该生自七年级开始独立工作。是一个消极的实践工作者——仅仅依照教师的提议进行工作。工作中表现坚毅——一旦选择了工作课题，就能持之以恒地工作下去。工作带有非创造性的性质，但工作是复杂的，而所耗劳动量是中等水平的。有对实践性活动的兴趣，但没有明显的职业倾向。"这位青年于 25 岁时当了一级司机。

自然，没有这种独立创造活动及其鉴定工作，也可能于 26 岁时成为科学副博士，于 25 岁时成为一级司机，甚至更早一些；但是问题在于，由于有了这种工作，就能预测到学生在未来职业活动中的作为及其成就，就能使许许多多的学生免于走不正确地选择职业的道路，有助于高效果地利用每个人的倾向和才能。

这项工作对于选择专业学校（职业技术学校、中等专业学校、高等学校）也具有特别重要的意义。因为，活动评语中所提供的资料实际上能用来确定一切职业。职业技术学校可以根据每个专业所需的一组品质目标来明确地录选自己的学员。而高等学校既需要"实践倾向者"，也需要"理论倾向者"；既需要"积极者"，也需要"消极者"，在具备反映个人品质的上述文件的情况下，高等学校就可以高度精确地为每个系录选所需的学员。

资料来源：前苏联《国民教育》杂志，1987，第 6 期。

（本文发表于《外国教育动态》1989 年第 5 期。作者柏高，时属单位为北京师范大学国际与比较教育研究所）

三、从诺贝尔奖得主的成长曲线看其创新教育

2007 年的诺贝尔奖于 10 月份陆续揭晓，四大科学奖（物理、化学、生理学和医学、经济学）得主共 9 名，其中美国 5 名，德国 2 名，法国、英国各 1 名。美国人依然是获奖名单中的霸主，美国为何盛产诺贝尔奖得主？带着这样一个困惑，本人对其作了一番分析和研究，希望能够从中获得若干有益的启示。

（一）美国诺贝尔奖得主的成长曲线

截至 2007 年，美国诺贝尔科学奖得主共 273 名，其中物理学奖得主 86 名，化学奖得主 57 名，生理学或医学奖得主 89 名，经济学奖得主 41 名。这些诺贝尔奖得主在获奖成果诞生时，他们的年龄分布如下表所示。从统计意义上看，这一分布也可以揭示出美国诺贝尔奖得主创新能力随年龄变化的趋势。

表：美国诺贝尔奖得主在获奖成果诞生时的年龄分布

	21～25	26～30	31～35	36～40	41～45	46～50	51～55	56～60	61 以上
物理学	2	15	25	19	15	7	1	2	0
化学	0	5	10	15	12	8	4	1	2
生物和医学	2	3	17	29	18	10	6	2	2
经济学	1	5	5	14	6	4	3	1	2
合计	5	28	57	77	51	29	14	6	6
百分比	1.83%	10.3%	20.9%	28.2%	18.7%	10.6%	5.13%	2.20%	2.20%

鉴于美国诺贝尔奖得主的创新能力随年龄变化呈近似于正态分布的特点，

也基于心理学方面的一些相关研究,我们假定:(1)创新者在某时刻所储备的深刻的、网络化了的核心知识量为 x,并且创新者进行科学检验的逻辑思维能力与 x 成正比。(2)创新者的核心知识储备极限值为 K;创新者拥有的核心知识量 x 与 K 值的差距越大,他的思维就越容易摆脱已有核心知识的束缚,越容易"滑出"常轨,提出问题和假设的能力也就越强;创新者提出问题、假设的混沌思维能力与 $(K-x)$ 呈正比例关系。(3)创新者的知识创新能力 y 是他的混沌思维能力和逻辑思维能力的乘积,也即 $y=mx(K-x)$,其中 m 为知识创新系数。(4)创新者在研究的过程中,通过查阅资料、学术讨论、实验实践等途径所习得的知识是他所创造的知识的 n 倍。根据这些假定,可以得出如下数学模型: $x=\dfrac{K}{1+e^{-at+b}}$ [其中 $a=m(n+1)K$, a 、 b 均为待定系数]

以前表为美国诺贝尔奖得主的创新能力实际变化值进行参数估计和模型检验,结果表明我们的模型假设是完全成立的。计算机搜索发现,当 $a=-0.20935$, $b=7.990875$ 时,模型值与实际值之间的拟合程度最好。此时相关指数 $R^2=0.977414$,平均相对误差 $RPe=6.538\%$,这表明我们的模型具有较高的精度。

根据以上建模研究我们可以得出以下结论:(1)美国诺贝尔奖得主的核心知识随年龄增长呈 Logistic 曲线变化(如下图曲线 1 所示,纵坐标单位为 K)。他们在 13 岁左右就明显具备了通过自主探究所累积的核心知识,且随着年龄的增长,核心知识的储备量越来越大;核心知识的增长速度按照先慢后快再变慢的规律变化。(2)美国诺贝尔奖得主的创新能力随年龄增长呈"钟形"曲线变化(如图曲线 2 所示,纵坐标单位为 $mk^2/4$)。在 13 岁左右就明显具备了一定的自主创新能力,且随着年龄的增长,创新能力逐渐增长,至 38.17 岁左右创新能力达到顶峰,随后创新能力又逐步下降。如果以具备了最高创新能力的 20% 为评判标准,那么美国诺贝尔奖得主开展创新活动的"黄金时期"为 28 年。

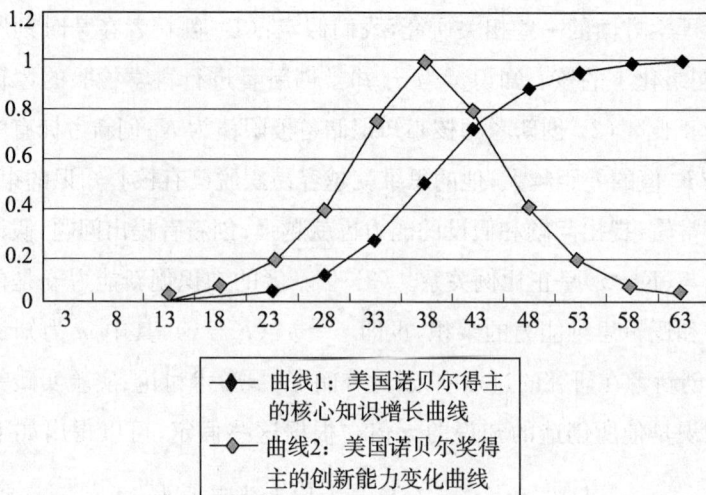

图：美国诺贝尔奖得主核心知识增长和创新能力变化曲线图

（二）美国诺贝尔奖得主茁壮成长的原因探析

截至到 2007 年，美国已经拥有诺贝尔科学奖得主 273 名，占到了有史以来相应奖励总数的 47.2%；美国诺贝尔奖得主在 13 岁之前就开始自主探索，至 13 岁时就已经具备了一定的创新能力，至 38 岁就达到了创新能力的巅峰，创新年纪很轻；美国诺贝尔奖得主开展创新活动的"黄金时期"长达 28 年，创新周期很长。那么，美国的诺贝尔奖得主为什么会表现出创新能力强、创新年纪轻、创新周期长等特点呢？我们认为，这与他们所接受的各级各类的创新教育有着密切的关系。

1. 鼓励和组织创新活动的初等教育

从表面上看，美国的初等教育有点"乱"。小孩上学像玩似的，在课堂里或挤眉弄眼，或摇头晃脑，或窃窃私语，或谈笑自若，或瞎逛乱窜，或直出直入，或自由发言，似乎干什么的都有。但在实质上，美国的初等教育非常注重鼓励学生创新，是最适宜于诺贝尔奖得主诞生的教育摇篮。客观上说，美国的初等教育并没有"病入膏肓"[1]只是与中国人所想象的教育不同罢了。

小孩子都有"打破砂锅问到底"的天性。美国家长非常注重顺应小孩的这种天性，鼓励他们多提问题。在小孩去上学的时候，父母经常叮嘱的一句话不是"乖""听话"，而是"多问老师几个问题噢！"小孩在学校里，随时可以打断老师的话提出这样或者那样的问题,即便是荒谬离奇的问题也没什么关系。在美国有一句名言"没有任何问题是愚蠢的"。老师对学生所提出的任何问题都不会动怒,还会因势利导把学生的提问变成一个开放性的、启发性的问题,并鼓励学生对这个问题发表自己的独特看法。学生只要能提问题,能发表独特的看法,老师都报以微笑,甚至以竖大拇指、鼓掌等方式大加赞赏,而不讥讽或者贬低。

待小孩稍大一些的时候,美国的学校就不仅仅鼓励学生提问,还会组织他们开展课题研究活动。据《素质教育在美国》记载,美国小孩是从小学二年级开始课题研究活动的。尽管这个时候他们还大字不识一斗,加减乘除还要掰指头算,但却丝毫不影响他们在发明创造上的积极表现。到了七、八年级,美国小孩就具备了较强的研究能力,能做出如"音乐(古典音乐、乡村音乐、摇滚乐)对植物生长的影响","色彩对植物生长过程的影响","食物的色彩与消费者的心理","狗靠什么来决定选择玩具","猫是左撇子,还是右撇子","辛辛那提地区的气温与环保"等这些连我国的研究生也感到困难的课题。[2]在研究的过程中,学生们不断提出问题,又不断尝试着解决问题,不断地"try"(试)、"try again"(再试),直至取得他们自己认为满意的"研究成果"。如果学生们提出了什么好的问题、好的方案,老师还经常用他们的名字来命名,比如"杰克问题"、"安娜方案"等等,以示鼓励;如果学生们获得了什么研究成果,还会被附上照片放在学校最醒目的位置予以展示,将"奇思妙想"供同学们分享。

2. 有机会直接参与创新的高等教育

美国高校原本就有自由教育的传统,素来重视培养人的创造性。19世纪下半叶,大批的留德学生又将德国大学重视"科学研究"的成功经验带回了美国,使之在这块崇尚自由的土地上得以进一步发扬光大。时至20世纪中叶,培养具有"批判性思维能力"、"创新能力"的人才,已经成为美国高校的培养目标的核心。例如,美国哈佛大学本科生学院的使命陈述就是:"哈佛致力于创造知识,用这种知识陶冶学生的心智,使学生最大限度地利用他们的教育机会。"[3]

美国的高校为大学生提供的教育机会,具有较大的选择余地。例如,哈佛大学本科基础课程中主干课程占50%,公共课和选修课各占25%。[4]这样既保证了大学生专业基础,又给他们留有了足够的选择空间。这些课程一般都沿袭了"产婆术"式的教学风格,启发性很强,讨论味很浓,是一种典型的探究式教学。在 20 世纪中期以后,美国高校的课程与教学又有了新的发展。1959 年,哈佛大学将过去只在本科高年级和研究生阶段开设的旨在强化探究能力培养的习明纳尔(Seminar,研讨之意)课程,应用到了大学一年级,经过试验取得了成功。到了 20 世纪 70 年代,美国各大学纷纷效仿,使习明纳尔课程贯穿了整个高教历程。2003 年~2004 年,哈佛大学在一年级开设的习明纳尔课程有视觉神经心理学、人类对环境系统的改变、理论宇宙学、基因组与社会、人类的起源与演化、希腊与东方、西方眼中的中国、罗马艺术与社会、当代印度:事实与虚构、科学、技术与良好社会、伊斯兰与现代性、全球化:机遇与挑战等。[5]斯坦福大学目前开设的可供各年级选择的习明纳尔课程有近 200 门。

在美国,不仅仅是研究生有直接参与科研实践的机会,大学本科生也有这种荣幸。美国麻省理工学院从 1969 年就开始实施"本科生研究机会计划"(UROP)。20 世纪 70 年代之后,由学校(或院系)、国家实验室、科学基金会提供资金支持的本科生科研计划越来越多。例如,加州大学伯克利分校设立的类似计划有"本科生科研学徒计划"(U-RAP)、"赫斯学者计划"(HSP)、"校长本科生研究奖学金"(PUP)、"本科生研究经验计划"(REU)。麻省理工学院设立的类似计划有"本科生研究机会计划"、"独立活动期计划"(IAP)、"新生研究指导计划"(FAR)等。[6]通过这些计划,本科生就有机会与名师一起参与科研实践,使他们真正受到了科研文化的熏陶,不仅增进他们对课程学习的理解,而且还提高了他们的科研水平,为进入研究生阶段的学习奠定了良好的基础。

3. 能够促成持续创新的社会再教育

在美国的大学、企业里有许多高水平的科研团队。例如,哈佛大学就有 30 多位诺贝尔奖得主分属于不同的科研团队,美国企业的贝尔实验室也曾诞生过多位诺贝尔奖得主。这些地方可谓是名师云集、人才荟萃。在科研上崭露头角的莘莘学子,完全有可能被吸纳进来,成为高水平科研团队中的生力军。在这样的团队中,新人有机会与顶尖高手为伍,得到顶尖高手的指点和再教育;在这样的团队中,新人有机会与顶尖高手密切配合,在学习中研究,在研究中学习,相互启发共同进步;在这样的团队中,大家拧成一股绳,对外开展激烈的科研竞争。这种"融创新与再教育为一体"的团队在不知不觉中,将一个个新人培养成了新的顶尖高手,将团队的科研事业进一步发扬光大。

在美国,大部分的高水平科研团队都生存在高校里。这里有更为自由的学术环境,保障了顶尖高手不至于受到太多的制度约束和经济条件局限。著名的《1915宣言》明确宣布:教授作为教师和学者有权自由发表言论;除非不称职或有道德缺陷,教师的职位必须得到保证;教授受处分前有申述的权利。[7]为保障教授享有学术自由的权利,给他们营造一个宽松、适宜的教学科研环境,美国的高校普遍实行有条件的终身聘用制。拿科恩伯格(2006年诺贝尔化学奖得主)来说,在终身聘用制的保护下,"他可以10年潜心在自己的领域内钻研,而没有任何压力迫使他出成果"。[8]美国是世界上最富裕的大国之一,政府、非政府组织舍得把钱投到科研上来。相应地,科研人员申请资助也就不是那么困难,很少出现"僧多粥少、撒胡椒面"的情况。课题负责人获得课题资助后,在招募什么人来参与研究、怎么支配科研经费、是否增设子课题或适当转向等问题上,自由度都比较高。政府一般也不对大学和科研机构实行科研上的宏观调控和管理,更不对科研人员实行成果量化考核,尽量避免束缚科学家的手脚,避免制约他们自由思考和探索的空间。

总而言之,美国各阶段的教育都在不同程度上包含了创新教育的成份,且各阶段之间的衔接流畅、自然。从幼教开始一直到走向社会,打基础的成份越来越少,创新之路则越走越宽。在这种教育体系的哺育下,创新人才的成长自然也就"一帆风顺"。

(三) 对我国创新人才培养的几点思考

据统计,巴基斯坦立国后29年便获得了第一个诺贝尔奖,印度是30年,前苏联是39年,捷克是41年,波兰是46年。新中国成立近60年了,为什么还与诺贝尔奖无缘? 我们认为,原因可能是多方面的。中国要想真正建设成为一个创新型国家,要想实现诺贝尔奖零的突破,就必须汲取美国人的成功经验,从根本上改善我国创新人才的培养。

1. 摆脱博弈困境,实现教育转轨

"中国的学生是世界上最勤奋的,在世界上也是起得最早、睡得最晚;他的学习成绩和世界上任何一个国家的同年级的学生比较,都是最好的"。[9]似乎没有理由不赶超美国,可事实却恰恰相反。问题何在? 我们认为,问题的关键在于:我们的教育犯了"路线"错误。

　　所幸的是,我们中国人对自己的教育所犯的方向性错误已经有所醒悟。近年来也明确提出了向"能力培养"路线转向,实施以"创新能力培养"为核心的素质教育的设想,也推出了考试改革、课程改革等等一系列具体举措。可惜的是,所取得的改革成效并不是很明显,改革进入了攻坚阶段。我们认为,"应试教育"是中国人为了争夺有限的优质教育资源所陷入的一种博弈困难。[10] 目前这一困境业已形成,谁不竭尽全力追求高分,谁就很可能与优质教育资源无缘,因此不得不拼命继续坚持,听闻改革举措都不为所动。在这样一种局势面前,我们的政府应设法让国民摆脱博弈困境,或许只有尽快试行"招生指标配额制"等政策措施,让家长和学校真正感觉到提高小孩的创新能力、实践能力才是自己的最佳选择时,政策措施才有可能得到绝大多数人的响应,我们的教育才能发生实质性的转变。

　　2. 更新观念,创新教育从小抓起

　　我国的创新教育推行不下去,除了有体制障碍外,还有观念障碍。因此,我们在肯定"知识就是力量"、倡导读书学习的同时,还有必要肯定"创新才能彰显智慧",倡导做知识的主人而不是奴隶的观念。我们在肯定中国教育在知识传授方面有某些长处的同时,还有必要承认中国教育的确是跑偏方向了,结果是"起跑线上赢得越多,终点线上输得越惨"。我们在肯定教育必须先打好基础的同时,还有必要看到能力也是最重要的基础,不是一天就能培养出来的。

　　美国创新教育的成功经验告诉我们,创新教育不仅可以而且也应当从幼儿园抓起。我国必须改变临近大学毕业才来培养学生创新能力的陋习,顺应学生的创新天性,推行"创新教育前移计划"。幼儿园要鼓励小孩多提问题,小学要从低年级开始组织课题研究,高校要让学生参与科研实践。为保障"前移计划"的实施,从幼儿园到研究生教育的课程体系、教学方法都必须进行配套改革,实现各层次教育之间的顺利衔接,实现创新教育与其他教育之间的相互支持、相得益彰。目前,我们的中小学生白天整天听课,晚上做作业到 11:00 点,周六还得补课,上"奥赛班""特长班",根本就没有自由支配的时间。为保障"前移计划"的实施,中小学必须削减出 1/3 以上的时间,供学生去自主研究和实践。除此之外,我们还得要有学生综合能力强、学得积极主动但"考得并不好"的心理准备。

3. 加强团队建设，释放学术自由

长期以来，我国除了有少数"师生合伙""夫妻开店"式的科研团队外，科研主要还是"单兵作战"。强强联合的高水平科研团队极为少见。从 2004 年开始，我国推行了"长江学者和创新团队发展计划"，将重点实验室、工程研究中心、人文社科基地、重点学科的建设都纳入了团队建设的轨道，团队面貌有了很大的改观。但无论从团队化的比例，还是团队内部的合作程度、团队的发展水平，都不能与美国众多的高层次科研团队相提并论。因此，我国必须继续加强创新团队建设，为科研人员创造更好的接受团队再教育的机会。

科研人员和科研团队都是有生命的主体，对他们的培育必须遵从有生命主体的成长规律。为加强科研团队建设和创新人才培育，我国有必要继续释放学术自由，架起科研与成功体验之间的桥梁。我们的许多大学和科研机构过去曾经高举"建章立制、强化管理"的旗帜，制定出了一些类似于"一年要发表多少篇论文"的规定。这种规定在约束了"懒汉"的同时，也捆住了优秀、拔尖人才的手脚。如今我们必须行动起来，尤其是对高层次人才要释放更多的学术自由；提高对科研项目的支持力度，让他们真正拥有研究人员聘用和经费支配的权力；减少对他们进行定期评估的频率；加大科研奖励的力度，授奖仪式还要热烈、隆重；要将发明所带来的利益更多地让渡给研发人员。总之要让他们在学术之路上走得自由自在，自得其乐，不必改走"官道""商道"，也可以获得成功的体验。

"参天大树"不是一天长成的。我国推进旨在培养创新人才的一系列改革，不能指望单方面举措能"药到病除"，也不能指望短时间内能"立竿见影"见成效，必须系统推进、长期努力才能见成效。

参考文献：

[1][9]马忠圣，马志英.两份错误的预言[N].中国教育报，2004—09—14(5).

[2]黄全愈.素质教育在美国[M].广州：广东教育出版社，1999.164—180.

[3] Harry R Lewis. What is Harvard's mission statement? ［EB/OL］http://www.harvard.edu/siteguite/faqs/faq110.html，2003—12—6.

[4]赵强.美国研究型大学本科生创新教育及启示[J].黑龙江教育学院学

报,2007,(1):50—53.

[5]刘宝存.美国研究型大学的教育创新[D].北京师范大学博士后研究工作报告,2004.159.

[6]刘宝存.美国大学的创新人才培养与本科生科研[J].外国教育研究,2005,(12):39—43.

[7][美]德里克·博克著,徐小洲、陈军译.走出象牙塔——现代大学的社会责任[M].杭州:浙江教育出版社,2001.4.

[8]张镇强.为什么美国盛产诺贝尔奖得主?[J].科学决策月刊,2006,(12):60.

[10]万文涛.博弈论视野中的素质教育政策探究[J].中小学管理,2006(04):11—13.

（本文发表于《比较教育研究》2008 年第 7 期。作者万文涛,时属单位为华中科技大学;作者余可锋,时属单位为江西师范大学）

四、创新人才理论初探

世纪之交的我国,正在迎接知识经济的到来,并在"科教兴国"和"素质教育"大背景下,把培养创新人才及其创新能力摆到了突出位置,这成了整个教育领域的热门话题。口号十分响亮,但如何落实并非简单问题,教育战线的同仁正在探讨和摸索。全国比较教育第十届年会也把其主题定为"新世纪创新人才培养的比较研究"。趁此机会,笔者拟对创新人才培养的几个理论问题发表自己的一孔之见,以供交流和探讨。笔者认为,培养创新人才应解决两个层面的问题:一是理论认识问题,二是实际操作问题。限于篇幅,本文仅就理论层面的问题发表 7 点看法。

1. 关于"创新"的全面理解

首先,"创新"是相对于"守旧"说的,这派生出"创业"与"守业"之别。但"创"与"守"、"新"与"旧"又是继承与发展的扬弃、辩证关系——无"守"无"旧",便谈不上"创"与"新";而无"创"与"新",则也"守"不住"旧";"创"与"新"本身还有"量"与"质"、"渐进"与"飞跃"之别。

其次,"创新"同意于"创造",创造自然就是指推陈出新;"创新"也同意于"革新"——"革"者,"革命""改革"也,只有割除旧事物,方可创出新事物。"创新"还含有"开创""开拓""更新"之意。

再次,就创新人才领域讲:① 有心理、精神层面的创新,包括智力领域的创新(如创造型思维和创造型智力运作能力等),情感领域的创新(如敢于、迷于、乐于创新的情感、心态和精神等),意志领域的创新(如坚强的、迎难而上的、百折不挠的创新意志和毅力等);② 有实际操作、动手能力的创新,这包括物质生产领域、精神生产领域、社会活动领域的创新,含科技、艺术、日常生活等人类活动无所不及的所有大、小环节上的创新,创新应当是随时、随地、无所不在、"无孔不入"的。

此外,"创新人才"与"执行人才"在当前人们的心目中一般是褒贬分明的;但对后者细分起来,还有"创造性地执行"与"机械式地执行"之分;且实践表明,一般情况下都须"创造性地执行",特殊情况下则"机械式地执行"也是必要的。所以不能简单化地、不分青红皂白地褒一、贬一。不可想象,例如,创新者创造出了一套严格的工艺规程,而执行者违此规程是允许的! 实际生活中的此类例子还有很多,法律、制度、规章、规范均属此列。

2. 必须谨防"创新"口号的孤立、片面性

人们还会记忆犹新:早在20世纪五六十年代,美苏等竞争对手,既为了适应方兴未艾的科技革命对人才的需求,也为了各自的强国、称霸目的,于是"开发智力"的口号响彻苏美上空,并扩及世界各国的教育领域。然而日后的实践证明,这个口号是片面的,是孤立于人之整体发展的。小而言之,它重"智"而轻"情"、"意"培养,大而言之,它"唯智"而忽视德智体美等全面素质教育。在此口号下开展的教育改革,不是完全失败,就是以反思和调整告终,美苏当时的教改结局均如此。由此教训使我们警觉起来:不能让"创新"口号再蹈"智力开发"的覆辙。至于如何防止"创新"口号的孤立、片面性,乃是下面一点要论及的。

3. 用母、子系统论来看待和处理"创新""素质""全面发展"的关系

以母、子系统论观之,"创新"教育无疑只是一个子系统,它上面存在一个"素质"教育亚系统,居此亚系统之上的则是"全面发展"教育这个母系统。

"创新"口号之所以于现时在我国突出地提出来,也如"智力开发"于五六十年代突出地提出来一样,是迫于一定的科技(含高科技)、社会、竞争背景之需。关于这种紧迫的需要性,从国家领导人到科技界的学者,再到第一线的教育工作者,都有较深的认识和论证,无不认同"创新"口号的提出是及时的、必要的、具有深远意义的。笔者也绝对认同。

值得注意的是,为了更好地落实"创新"口号,必须同时处理好"创新"能力与其它众多素质的关系。根据从国家元首到普通公民的现有共识,在全民族思想道德素质和科学文化素质这一整个素质体系中,当前有必要突出"创新"素

质。依笔者之见,思想道德素质和科学文化素质属一般素质,而"创新"能力属特殊素质,或曰"特质"。"特"就"特"在,它不仅相对独立存在,而且还渗透在思想道德素质和科学文化素质之中,提升着后两者的"质"的品位——科学文化素质中更应充满"创新"精神。这样,作为相对独立存在的"创新"能力这个子系统,便不仅在量上而且在质上被融入更高一层的整个素质教育的亚系统之中。

最后,"创新"能力子系统及思想道德和科学文化素质亚系统,还合乎逻辑地被纳入"全面发展"这个母系统。

这里须统一认识的是,作为公民的"全面发展",相对于一切子系统、亚系统来说是一个最高层次的母系统。须知人的"全面发展"是自人类社会分立出教育领域以来一切进步教育家所始终追求的最高理想和目的。因而"全面发展"这个范畴必然拥有"四性",即历史性、划时代性、相对性、开放性。

所谓历史性意味着:从古希腊罗马奴隶制国家,到中世纪政教结合的封建制国家,再到有产者居统治地位的资本主义国家,最后到代表无产者和广大劳动人民利益的社会主义国家,几乎无不提出有关人的"全面发展"的教育目的,不同的只是各个历史时期能真正享受"全面发展"权利的是不同的阶级——先后为奴隶主阶级、封建主阶级、资产阶级和社会主义时期的无产阶级及广大劳动人民群众。史实表明,就"全面发展"权利的享受面及其发展程度来说,历史时期越往后,其享受面越宽,其发展程度越高、越充分。这就涉及"全面发展"的划时代性问题。

所谓"划时代性"意味着:社会主义之前的各个历史时期的人的"全面发展"都是在生产力极端低下或相对不发达的阶级社会条件下提出并服务于某个阶级之一己之利的,社会主义社会作为过渡时期开始改变此种状况,而到马克思预言和展望的其生产力高度发达的共产主义时期,则"全面发展"就具有划时代性。马克思曾从拥有高度科技基础的现代大工业的本性及与之相伴的共产主义社会制度的本质两个方面论证了这种划时代性。

"全面发展"还具有"相对性",这就是说,"全面发展"在未达到划时代之前,有一个从量变到质变的辩证前进过程,不能指望"全面发展"能一步到位,它只能依从于客观条件和主观努力而一步一步地留下自己的脚印:从微量变到小量变,从小量变到中量变,从中量变到大量变……最后达到质变,即最终实现完全意义上的"全面发展"。这自然是一个以无数世纪计的积累过程。但"千里之行始于足下",每一步都将相对地接近于总目标一步。因此不能消极等待,不能抛弃"全面发展"这个奋斗目标,不能用别的片面目标来取代它。

最后,"全面发展"还具有开放性,这表现在:第一,"全面发展"的"面"数是开放的,是随时代的前进而不断增加的,显然从亚里士多德时代到卢梭时代,再到马克思时代,"全面发展"的"面"数逐渐增多,马克思除了强调德智体美之外,还把现代生产劳动及应变能力纳入到其中,因此今天我们所说的"全面发展"起码包括德智体美劳等诸多方面。第二,不论哪个"面",其内涵、广度、深度都今非昔比,这也反映出开放性。例如,奴隶时代的"智",蒸汽时代的"智",电子时代的"智",显然一个比一个更广、更深、更高。第三,在每个"面"的内部成分及其关系中,常发生重心转移和调整。以当代美国的"德育"为例,为了克服它当前的三个"压倒",即个性压倒共性,个人利益压倒公共利益,个人主义压倒利他主义,故美国舆论界呼吁把德育的重心向共性、公共利益、利他主义一方倾斜。又如,中国自改革开放以来,由于多种原因,致使爱国主义、集体主义、社会主义受到严重冲击;面对此种挑战,中国目前的德育重心必然突出"主旋律"教育(即爱国主义、集体主义、社会主义教育)。回顾新中国诞生后至今,曾先后突出过"五爱"教育、"五讲四美"教育、"作四有新人"教育、"精神文明"教育、"主旋律"教育,等等。再以当代世界范围的"智育"为例,先是注重"知识",后来提出"智力"和"能力",如今则强调"情感""意志"等非智力因素;还表现为从注重开发"左脑"移向注重开发"右脑",等等。由此可见,或为克服某种倾向,或为适应某种需要,各育内的重心往往发生转移,"全面发展"对此重心转移也是持"开放性"的。第四,"全面发展"中的各个"面"(即各育)之间的权重地位也发生互换和调整。从理论上说,各"面"应当是和谐、协调、平衡发展的。但实践中平衡往往遭到破坏,例如往往出现重智轻德,或重德轻智;或劳动冲击一切,或劳动被完全取消,等等。为了纠偏,允许互换或调整各育的权重地位,但当这样做时,必须防止从一个极端走向另一个极端,总的原则是达到各育的基本平衡,否则就不叫"全面发展",而叫"片面发展"或"畸形发展"。

笔者之所以在这里用较大篇幅论及"全面发展"的"四性"(历史性、划时代性、相对性、开放性),意在证明"全面发展"是一个常说常新、不可取代、位居最高层次的教育母系统,其它一切子、亚系统均宜纳入其内,包括当前我国强调的"精神文明"教育、"主旋律"教育、"素质教育"、乃至眼下强调的"创新能力"教育,均宜纳入"全面发展"教育范畴,用前者扩充、丰富后者,而不能前后两张皮,更不能用前者取代"全面发展"。结论仍如前面的标题所述:必须用母、子系统论来看待和处置"创新"教育、"素质"教育、"全面发展"教育的关系。

4. 必须确保学前、小学、中学、大学各个阶段在培养学生创新能力上的连续性和衔接性

之所以强调这点,是因为人们看问题往往比较短视,即只看结果而不看过程,或只看最后阶段(大学)的作用,而不看全部各个阶段(学前、小学、中学)的作用。实则创新人才的成长规律决定了其培养过程的连续性和衔接性。不可想象,若学前、小学、中学所进行的只是传统的"知能巧"教育、"双基"或"应试"教育,而单靠大学阶段的"创新"教育就能造就出创新人才来;相反亦然,若前一阶段的"创新"教育无后续阶段的接力,那也谈不上、指望不上创新人才的成功培养。

因此当举国上下,尤其是教育工作者在思考如何落实创新人才的培养措施时,不能不考虑上述连续性和衔接性问题。有鉴于此,建议今后的中考和高考应把测试考生的创新能力置于重要位置,并以此既要评估学生的成绩和水平,更要评估各级学校、校长、教师的业绩和水平;还可想出许多制约机制,即发动群众想办法、出主意,以确保创新能力培养上的连续性和衔接性。

5. 学生创新能力的培养,首先以教师的创新意识及其能力为前提条件

想必这个提法的正确性是无须论证的,关键是现实矛盾如何解决。

第一,客观地评价我国现有教师的"创新"意识和能力水平,恐怕至多也只能打个"勉强及格"的平均分。这显然不符"创新"教育之迫在眉睫的要求。怎么办?大概只有两个途径:一是有组织有计划地进行培训、进修和提高,即补"创新"之课;二是每个教师在各自的岗位上就地边干边学,自创、自闯,走出自己的创新之路来。

第二,客观地评价各级师范院校的培养体制和机制状况,恐怕也至多只能打个"平均及格"分。这显然也极不适应培养创新型教师的当前要求。怎么办?别无他法,只能从零起步,大胆改革现行体制和机制,其中包括改革现行的培养

目标、教学内容、教学形式、教学方法、教学手段、教学评估等等，闯出一条新路来。以上两点均与创新型的教育教学新体系联系着，这就是下面要论及的。

6. 创新能力的培养，必须由不同于传统模式的创新型教学教育新体系来保证

这里不由得想起一个先例：当苏联教育家赞科夫标新立异地进行他的"教学与发展"实验时，首先提出了一个先决条件，就是该实验不能利用传统教学体系条件下采来的数据和得出的结论，更不能在传统教学体系的基础上进行他的实验，而必须首先设计和创立一个全新的、"发展型"的实验教学体系，方能不是确证传统教条，而是验证新的"假想"。

这个先例的启发意义在于，当我们寻找、设计、实施创新能力的培养方案时，不能循规蹈矩，而须首先构思和确立一种不同于传统模式的"创新型"教学教育新体系。该新体系应设计成既突出作为子系统的创新能力培养的地位，又把它融于"素质教育"亚系统和"全面发展教育"母系统之中，从而发挥母、子系统的结构效应和整体功能，力争事半功倍，达到多种素质全面发展的创新人才的培养。

7. 宜于面向世界，取来可供"创新教育"借鉴的理论与经验

上面提到的赞科夫的先例说明，若能结合国情和当前"创新"教育的需要而面向世界，从当代人类优秀教育宝库中取来可供借鉴的理论与经验，定然大有裨益。

据笔者所知，在世界范围内，早在二战后的五六十年代，并行于"开发智力"口号的提出，诸如"开发创造力""发展创造性""培养创新能力"之类的口号同样十分普及和响亮；"开发智力"与"开发创造力"几乎被视为"孪生兄弟"，凡锐意改革和建树新体系者，无不视它们为同一过程的两个方面。因此只要愿意选取，当代世界教育遗产库中不乏可供"创新"教育借鉴之"宝"。不过要注意一点，即有的是全功能之宝，有的是部分功能之宝，有的属方法论层次之宝，有的则属微观实施层次之宝，对此要有鉴别才行。考虑到这些方面，笔者提出以下看法：

第一，"创新"教育在选取和借鉴世界教育遗产时，首先应从方法论上着眼。这里所说的方法论，不是具体方法，而是教育哲学层次上的总体构想，或曰总的

指导思想。这么看来,我建议借鉴苏联巴班斯基的系统结构论。巴班斯基借助这个系统结构论首先创立了他的"教学过程最优化"理论,进而推至宏观层面,创立了他的"个性全面发展综合施教论"——这个施教论已超出微观教学过程,扩至学校、家庭、社会整体化的综合施教大系统。"教学教育过程最优化"理论与"个性全面发展综合施教论"加在一起,涵盖了方法论层次上的许多可供借鉴的东西。他的这一理论精华尚未引起我国读者的应有注意,尽管他的中译本著作早已在我国教育界传播。如今若应"创新"教育之需,回头再去从中取其方法论精华,不会没有收益的。

第二,检索当代(二战后)世界教育遗产库,依笔者看,其中堪称"百科全书式教育家"者首推苏霍姆林斯基。因为他一辈子都从业于教育第一线,又逢科技革命方兴未艾之时,苏联的社会变动也给他从事的教育事业带来不少难题,加之他本人勇于突破传统和锐意改革创新,所以他建树的教育学说和施教体系涉及教育领域各个方面的棘手问题,包括个性全面发展方面的,并且解决得较为成功。所以中国同行们读了他的著作,无不产生共鸣并深受启发。他的《和青年校长的谈话》、《给教师的一百条建议》、《把整个心灵献给孩子》、《帕夫雷什中学》、《家长教育学》等著作的中译本,深受我国教育同行的好评。

那么为何苏霍姆林斯基的教育遗产具有如此魅力?依前述巴班斯基的评价,也依笔者本人的看法,苏霍姆林斯基成功的秘密有许多,首先在于他的方法论对头,即他早就通过亲身实践悟出了"最优化"和"综合施教"的真谛,他的教育学说和施教体系充满"最优化"和"系统论"精神。这是我们在进行"创新"教育时可以首先借鉴的瑰宝。其次,凡读过苏霍姆林斯基著作的我国同行,想必会得出与笔者同样的结论:他培养学生创新能力方面的具体经验,也充满在他的遗著之中。这里面拥有不说取之不尽,也是启发众多的珍品。所以笔者建议感兴趣者:当您在寻找"创新"教育之方而又一时无招时,不妨到苏霍姆林斯基的"百科全书"中去求援,比如给您的学生推荐他的《做人的故事》,并亲自研读他的《育人三部曲》以及前述已接触过的著作。

第三,所谓"创新能力",无非是人的发展上的一个必备而突出的特征,因而创新能力的培养离不开发展型教学体系这个"培养基"。当代(二战后)世界教论领域的最大成就之一,就是发展型教学论宝库的创立,世界各国学者和教育家都为此宝库做出了贡献。诸如美国布鲁纳的结构主义教学论、德国瓦·根舍因的范例教学论、保加利亚洛扎诺夫的启发式教学论、苏联赞科夫的教学促发展理论、达维多夫的学习活动理论、马赫穆托夫的问题教学理论，等等，均属发展型教学论宝库的组成部分，它们都为创新能力的培养提供着不同角度的潜在资源。

这里强调"不同角度"是必要的，因为各家理论中确有其不同的侧重点和优势方面。以布鲁纳为例，他的课程结构论及其探索法，对于创新能力的培养不无引进价值；又如赞科夫的全新体系论、发展目的论、"智情意"结合论，都是可供创新教育借鉴的；再如达维多夫突出培养抽象思维、强调"从抽象到具体"（而非传统式的"从具体到抽象"）的一家之说，也是值得"创新"教育参考的；马赫穆托夫的问题教学体系更是培养创新能力时可供采用的一种较为大众化的教学模式。总之，各家发展型教学论体系均各有特色，拿来予以综合、加工、改造，甚至创建一种有引进者自身特色的全新体系，都是推动"创新"教育的有效途径。

参考文献：

[1]《中共中央国务院关于深化教育改革，全面推进素质教育的决定》，载《光明日报》，1999 年 6 月 17 日。

[2]《马克思恩格斯全集》，人民出版社 1960 年版，第 3 卷（《德意志意识形态》），第 295—535 页；1972 年版，第 23 卷（《资本论》）第 400—464 页。

[3] 苏霍姆林斯基、巴班斯基、布鲁纳、赞可夫等人的原著和中译本。

（本文发表于《比较教育研究》2000 年第 1 期。作者王义高，时属单位为北京师范大学国际与比较教育研究所）

五、比较教育视野中的中国创新教育

随着科学技术的突飞猛进,在新世纪的曙光降临之际,知识经济已见端倪,国力竞争日趋激烈。为了在 21 世纪实现强国梦,创新和创新教育已经成为当今中国社会的共识,正如江泽民主席所强调的,"创新是一个民族的灵魂,是一个国家兴旺发达的不竭的动力。"笔者认为,从比较教育的角度思考当前的创新教育思潮,有助于促进和加深我们对于几个重要问题的认识。

(一)创新能力:教育的产品还是制度的产物

创新能力不仅是一个民族、一个社会富有生机和活力的条件,也是一个民族、一个社会文明发展程度的标志,是一个国家综合国力的重要组成部分。问题是,创新能力是教育的产品吗? 或者说"创新教育"能够培养出创新能力或创新人才吗?

事实上,全世界都尊敬我们祖先的创造力,"四大发明"为人类带来了幸福,这是我们民族的骄傲。在还没有大力倡导创新的时代,我们就自力更生地把卫星送上了天,爆炸了"两弹",从而使我们的尊严和安全有了可靠的保障。然而难以理解的是,虽然我们的高等教育在 20 世纪 90 年代有了长足的发展,但是,我们在 90 年代所取得的科学技术方面的重大成就却比 80 年代逊色。与此同时,海外的华人学者却非常活跃,在科学研究的许多领域取得了世人瞩目的成就,有的甚至获得了诺贝尔奖。正如经济学家经常反思"海外的华人为什么能够在经济上取得成功"一样,我们不得不追问:为什么海外的华人能够在学术和科学研究领域获得成功? 是大陆人不如海外的华人聪明,还是我们目前的教育存在严重问题而没有能够培养出具有创新意识和创新能力的人才？或者是其它更为重要的因素在阻碍着中国人创新能力的发挥？

我们没有什么理由相信，一个能够发明火药和造纸术的民族，一个能够把卫星送上天的民族，一个自强不息、充满危机感的民族，是一个缺乏创新能力的民族。在现实生活中，人们经常发现许多人制假售假、腐败贪污、"上有政策、下有对策"，能够创造性地钻法律的空子，显然，在现有的社会用人制度和激励机制下，创新能力被用于人们确实认识到的并且为某些制度安排所强化的最能够获利的方面。尽管这些恰恰不是有益于社会经济、国际竞争和民族生存的科学技术发明、管理制度创新，但也没有理由就此认为中国人创新能力不足，我们现在所感叹的创新不足和创新能力的缺失，其实是创新能力"误用"的问题。那么，有没有根据判断这种状况是由刻板的"应试教育"直接造成的呢？

我们一般承认，在教育与社会的关系中，社会决定教育，教育不过是社会的一架高效的"复制机器"。一方面教育本身就是社会的一个组成部分，不论人们对它寄予多么美好的期望，它的价值观都是要与社会相一致的，它的运作自然遵循社会现存的起作用的规则，它的目的、内容、活动方式都是要满足社会再生产社会成员的需要，即通过教育来"复制"能够与现存社会相适应的社会化的成员；另一方面，从事教育领域活动的人，是现实社会的成员，他们的观念和行为模式不可能超越现实的约束。因此，教育产品（学生）的特性是由社会现存的制度安排决定的，教育只是对社会所决定的学生特性方面起着或大或小的作用。我们与其说创新能力是教育的产品，不如说它是社会制度安排的产物；与其说创新能力不足是教育的问题，不如说它是制度安排导向"偏差"的结果。

这一点一再为世界教育发展的历史所证实。在封建社会，我们的祖先重视伦理纲常，以"信古""好古""述而不作"为准则，培养谦谦君子而非有创造性的人才；正是在市场经济推动下，美国教育才重视培养学生动手的实践能力和主动性；而日本在实现其追赶西方目标的过程中则强调培养学生的团队精神和拼命工作的态度。

可见，创新和创新能力是一个社会问题，而不仅仅是一个教育问题。如果社会没有出现鼓励创新的气氛和环境，创新教育的主体缺乏激励，即教师和教育行政管理人员缺乏实施创新教育的动力，学生感觉不到科学技术是社会至关重要的领域,以及发挥创新能力的必要性,教育在创新能力培养上就难以有大的作为。当社会制度安排强调创新时,教育就会逐步朝这个方面转向,创新教育才可能真正成为教育系统的追求,也只有在这个时候教育改革才会有所作为。因此,在我们讨论创新教育时,不可忽视创新的制度建设,否则,就可能本末倒置而南辕北辙,美好的愿望在旧制度安排的框架内只会落空。

当前,在中国共产党的领导下,我国社会主义市场经济迅速发展,建立了专利制度,采取法律措施有效保护知识产权,正在建立国家创新体系,特别是逐步制定鼓励创新的用人制度、分配制度和激励制度等,所有这些将为创新带来前所未有的巨大动力。正是随着这种重视和鼓励创新的制度安排的建立和完善,如何发挥教育在创新能力培养方面的作用才能真正成为教育改革的重要议程。

(二) 社会状态与教育发展战略:日本教育改革的启示

展望 21 世纪,人们多使用"知识经济"一词,认为这将是一个全新的时代,是以不断创新的知识为主要基础的知识密集型和智慧密集型经济,其核心在于创新。这或许是符合社会发展趋势的。事实上,知识对于社会发展的重要作用,马克思主义经典作家早就认识到了,强调工业社会或机器生产的革命性就在于它是以科学技术为基础的,也就是说,知识对于社会发展的作用并不是所谓知识经济才具有的特点。但是,进入知识社会,新的知识具有了更重要的意义。问题是,所有的国家会同时进入知识经济时代吗? 如果不是,仍然处于工业经济时代的社会是否也必须采取已经进入知识经济时代的国家所采用的教育发展战略呢?

我国政府强调,中国正处于现代化建设之中,我们正在建立社会主义市场经济。显然,我国经济的主体属于工业经济,我们与发达国家还存在巨大的差距。如何赶上甚至超过发达国家呢? 现在流行的观点似乎是采取跨越战略,通过创新而直接达到发达国家的水平。为此,需要教育来培养具有创新意识和创新能力的人才,所以,当前的教育改革必须重视创新教育。不过,在这方面,我们不妨看看日本社会的发展及其教育改革战略。

自明治维新起,日本就确定了赶超欧美的国家发展目标,强调教育要为实现这个目标发挥作用。为了加速西方科学技术和制度的引进与普及,日本十分重视教育的效率性。这导致日本教育内容和方法上的划一性,形成日本教育特别强调对归属社会的忠诚心和埋头于工作的劳动热情,并发展日本人固有的优秀的国民性。虽然战后的教育改革也强调尊重个性与自由,但是这些观念并没有在日本社会牢固树立。因此,在 20 世纪 80 年代初实现赶超目标之前,日本一直以"模仿"为主要特征。

1980 年代,日本宣布已经达到"赶超型"现代化的目标,成为世界瞩目的经济强国、技术大国。这时的日本,正在迈向"首创和领先的文明开拓时代",前方已不再有可模仿的样板,需要自己探索一条不仅在经济上而且在政治上和文化上都保持其世界强国地位的新道路。因此,为迎接知识经济的到来,日本政府才大力推进"科技创新立国",在大力调整科研政策和体制的同时,积极改革教育,要求教育注重个性、创造性和挑战精神的培养,实行教育国际化,这些正是日本当前教育改革的主题。

日本的经验是,直到追赶目标实现之后才能真正培养学生的个性、创造性,在此之前即使存在这样的观念,它也只能是一种观念、一种理想,这些对于我们有哪些启发呢? 显然,只看到日本对于创新的重视而忽视其采取这种变革的背景是不全面的。在追赶西方的过程中,扎扎实实走工业化的道路,努力实现现代化目标,这可能是现实的选择;而跨越战略由于缺乏现实的根基,有可能欲速则不达。这是因为没有工业化的基础,知识经济也就可能是空中楼阁,成为不食人间烟火的经济;不经过工业化的洗礼,人们难以真正树立起适应现代社会要求的观念;而深受传统影响却缺乏现代化文明熏陶的教育系统也不可能培养出真正有个性的具有创新精神的学生,即使能够培养出这样的学生,他们也难以在现实中生存下去。所以,在提倡创新教育时,我们不可忽视我国现代化建设的特征,要注意培养学生具有工业化、现代化所需要的那些特性。

(三) 科层化社会与人才结构:德国的经验

对于社会而言,创新可能是至关重要的,但是就个体而言,这不一定是对每个人的要求。事实上,不论是知识经济,还是工业经济,社会是分层而有一定结构的。根据社会化理论,在科层化社会中,个性和创新是处于社会科层结构顶端成员的属性,处于科层结构底端的成员往往要求具备服从、守纪律的性格。

美国著名心理学家斯登伯格所举三个女助教的例子就是一个很好的说明。A助教学业成绩很好,换句话说,她的智商很高,因此被用为教书的助理;B助教学业成绩平平,但是有很多新的研究主意,换句话说,她的创造力很高,因此被用为研究助理;C助教人际关系很好,社会智慧很高,因此被用为行政助理。这三个助教毕业后,A助教最快找到工作,C助教升迁得最快。这就是所谓"谋事靠智商,升迁靠情商"吧。至于那个富于创造力的B助教如何?她情商可能较低,新主意则不少,她可能遭到解聘的命运。这个故事不是能够给我们很多启示吗?

即使是建立了"微软帝国"的比尔·盖茨,他的事迹也难以说明创新教育的重要性。在经济学家熊彼特所说的"企业家精神"方面,他的事例是有价值的,但是却难以证明创新教育的重要性,因为盖茨本人并没有读完大学,即使他具有高度的创新能力,也很难说是教育的产物。况且盖茨建立"微软帝国"的主要基础不是他在科学技术方面的知识创新,而是他高人一筹的商业头脑或商人的机敏,是他的营销策略和管理天才。

这里,我们不妨简单地回顾一下德国的教育发展情况。在德国,从小学过渡到中学,过去是,现在仍然是决定性的一步跨越。虽然各级各类教育相互沟通,建立了合理的学校教育结构,但是,为了提高教育效率,德国在中等教育阶段实行定向教育与分流。一部分学生进入学术系列,另一部分则接受以双元制为主的职业技术教育。令人惊讶的是,这种体制不仅保证了德国拥有大批熟练的工人,提高了德国产品的竞争力,而且德国的精英们在科学技术和学术的几乎各个领域都取得了举世瞩目的成就。

综上所述,我们在提倡培养创新精神的教育时,需要正视创新并不是每个人生存的基础,非创新性的人也有权利生存而且是社会结构的必要组成部分;不能混淆社会创新与个体创新之间的差别,忽视个体在创新上的差异,把对于社会的创新要求施加到每一个体的身上;应该尊重个体之间的差异,分类因材施教,满足社会发展科层化、人才层次结构化的现实需要,充分发挥分工合作的效率,否则,教育改革往往是没有效率的,难以实现教育改革的目标。

（四）科学教育是创新教育的根本途径：美国的经验

《中共中央国务院关于深化教育改革全面推进素质教育的决定》强调素质教育应该"以培养学生的创新精神和实践能力为重点"，这为我国当前的教育改革指明了方向，在中华大地掀起了创新教育的热潮。人们热切期望，通过创新教育，培养学生的创新意识、创新思维、创新技能以及创新情感与人格，从而造就创新性的人才，使他们能够为社会作出创新性的贡献。那么，创新的基础是什么？

创新需要条件，一是扎实的基础知识，二是创造性思维。虽然我国教育有重视基础知识、基本技能训练的传统，但是，长期以来，我国中小学课程结构本身就不合理，除了数学、物理、化学、生物等自然科学课程外，缺乏培养学生科学思想、科学精神的相关课程，影响了学生科学思维方式和科学探索精神的形成和发展，培养出来的学生普遍科学素养偏低。又由于惟书惟上的传统影响深远，加上"应试教育"的干扰，我们的中小学教材从来不允许引进有争议的内容，教育教学围绕考试转，处处以标准答案为准，通过灌输迫使学生在超负荷状态下强记硬背知识条文，缺乏探讨与交流，使学生无暇接触科学书刊、参加科技活动，而且死记的这些知识条文也不能够反映相关学科的发展，造成学生知识陈旧，迷信科学教条，迷信权威，泯灭了怀疑精神和批判意识，扼杀了创造性思维。

在创新教育方面，美国的做法对我们不无启示。美国在这个世界的许多领域都处于领先的地位，似乎是一个充满创造性的国家。但是，美国人并不满意自己的教育，他们对教育所进行的批判和改革的呼声之高也是"世界水平"的。在我们看来，美国教育似乎能够培养学生的动手能力、主动性和探索精神，但是美国人则认为目前的教育状况是令人难以接受的，教育的低质量，如学生贫乏的基本知识、低水平的读写算能力等等，是导致美国社会经济安全问题的根本原因，因此必须彻底重建美国教育，这一点已经成为美国人的共识。

如何重建教育呢？除了要把市场机制引进教育领域从而激发公立学校的活力之外，美国总统和国会都赞成制定全国性的教育标准，这些标准由各州自愿认同，以保证美国的教育质量能够满足社会与经济发展的需要。此外，更有意义的是，自 1985 年起，享有盛名的美国民间科学团体——美国促进科学协会，在全国科学技术委员会等机构的资助下，聘请了 400 位国内外著名的科学家、教授、教师以及科学、教育机构的负责人,用了近 4 年的时间,于 1989 年完成并公布了题为《2061 计划:为了全体美国人的科学》的文件。这是一份关于科学、数学和技术知识目标的研究报告,详细地论述了全面改革美国初、中等教育体系的设想、步骤、目标和科学依据。这份计划认为,改革的重点不是放在天才学生或哪门特定的科学科目上,而是为使所有青少年儿童都得到基本的科学(包括物理、化学、生物等自然科学,以及社会科学)、数学和技术教育,使他们生活得多姿多彩并富有成果。这种教育应该适应科学知识和技术力量的急剧增长。美国正在有步骤地实施该计划。

显然,一个缺乏科学精神、科学态度和科学方法的人不可能去进行创新。同样地,缺乏科学知识的人也不可能有什么创新。创新是科学的创新,而不是凭空的捏造。因此,我们在大力提倡创新教育时,要注意避免以创新教育而淡化科学教育、削弱科学教育的现象,务必重视科学教育,把科学教育作为创新教育的基础,作为实施创新教育的根本途径,而且我们的科学教育要在科学知识和科学精神、方法两个方面同时进行深刻的改革。只有能够科学进行创新教育,在全面的科学教育的基础上实施创新教育,我们才能在新世纪、新时代高举科学的旗帜,弘扬科学精神,收获创新的果实,促进社会的繁荣和国家的富强,才能根本促进人民的幸福。

(五) 个性培养是创新教育的实质:日本的经验

创新是以主体意识和能力的发挥为前提的,以个性的充分发展为关键。这既是社会发展的根本目的所在,是社会发展到一定阶段的产物和要求,也是人道主义精神在教育上的体现,是创新活动的逻辑要求。但是,我们不能由此得出创新只是某种或某类个性的产物,而是要承认并尊重个性的多样性。

例如,20 世纪 80 年代日本实现了"追赶欧美"的目标,进入"首创和领先的文明开拓时代",为此,日本大张旗鼓地进行第三次教育改革。在此之前,为了维护集团、国家的利益,强调个人对集团、国家的无条件服从和无条件牺牲,造成日本的教育抑制个人的发展、抑制个性。这样的无特色、无思想、无个性的个体没有活力,缺乏创造性,是不能够胜任"首创和领先"任务的,只有个体以自己独特的思想、独特的方式、独特的内容作出独特的贡献,社会才能在综合众多个性的基础上迅速发展。因此,这次日本教育改革的最重要的原则就是重视个性,以便在教育中注意尊重个性、尊重自由和培养学生自律与自我负责的精神,从而对世界的发展作出日本的贡献。这样,个性化成为这次教育改革的基本价值指向,促进每个人的独特个性发展就是其根本目标。

可见,创新是社会需要的产物,而不是为了创新而创新;创新更是适应社会需要而高度发展的多样化个性的张扬,多样化个性是创新的基础和本质表现,实施创新教育必定以个性培养为出发点和归宿。因此,我们在推进创新教育时,不仅要把学生的个性作为培养的对象来按照社会的要求加以塑造,而且我们要把个性作为教育过程的重要因素加以尊重,给予其广阔的发挥的空间,充分尊重个性的多样性,而不是以所谓良好的甚至是完美的模式化的创造性个性来消融个性的多样性。

总而言之,作为对我国社会与经济发展的主动适应,实施创新教育需要切实考虑我国现阶段社会发展的特性,在追赶和超越之间寻求恰当的平衡,扎扎实实地加强科学教育,培养学生多样化的个性。只有这样,我们才能培养出真正的创新人才,才能使中华民族在新的世纪、在知识经济的时代充满创新的活力,实现中华民族新的振兴!

参考文献:

[1] 顾明远.基础教育与创新精神[J].中国教育学刊,1999,02,23.

[2] 阮林.中小学科学教育:亟待加强的支柱[N].中国教育报,1999—06—13(3).

[3] 朱永新,杨树兵.创新教育论纲[J].教育研究,1999,08:8—15.

[4] 梁忠义.战后日本教育研究[M].江西教育出版社,1993.

[5] 李昌劳等.当今德国教育概览[M].河南教育出版社,1994.

[6] 吴中仑等.当今美国教育概览[M].河南教育出版社,1994.

(本文发表于《比较教育研究》2000 年第 3 期。作者马健生,时属单位为辽宁师范大学教育系)

六、美国和俄罗斯关于创新教育的研究

自 20 世纪 80 年代以来,为适应越来越激烈的国际竞争,美国和俄罗斯这两个原本在教育方面比较发达的国家更加重视教育问题。不仅政府颁布教育改革的法令,增拨教育改革的经费,实施教育改革的措施,而且大批教育研究的专家、学者也在扎扎实实地开展旨在培养创新人才的创新教育的研究,并取得了一些可喜的成果。

(一) 制定科学的教学大纲是搞好创新教育的前提

人才培养的规律告诉人们:各级学校的教学大纲不仅是人才培养的依据,而且还确定了人才培养的知识结构和人才培养的规格和方向。培养适合 21 世纪社会发展需要的创新人才,必须抛弃旧有的教学大纲,重新制定针对培养创新人才的新的教学大纲。

美国和俄罗斯两国在这方面的专门研究和学校实践证明,在制定新的教学大纲时,只靠改变教学活动的数量参数是远远不够的。传统的做法是,缩减教学时间,加快教学进度,加大最新的信息量和所谓"丰富教学大纲"的战略,其结果都不是最好的。俄罗斯学者 A. И. 萨维科夫指出,必须把改变教学活动的数量参数同教学内容、教学组织形式、教学方法等方面质的改变结合起来,同时注意教学活动的最大个别化才是最有效的。[1]

美国学者 H. A. 帕索乌提出制定符合培养创新人才的教学大纲应遵循以下原则:

① 发展学生有效思维和运用这些思维的实际技能和技巧;② 有利于学生

吸收经常变化和不断发展的知识以及新的信息和情报;养成学生不断获取知识的兴趣和渴望;③ 促进学生养成和自由利用必要的文献资料的能力;④ 鼓励学生在学习中的创造性和独立性;⑤ 促进学生独立意识的发展,促进学生对自己和其他人、自然界、文化以及其他事物的理解。[2]

美国依利诺依州立大学在制定创新教育的教学大纲方面更是取得了实质性的进展。他们制定的新教学大纲规定:① 熟悉和了解那些通常在旧教学大纲中没有的教材;② 奖励学生深入研究自己感兴趣的题目;③ 教学过程的实施应当按照学生的认识需求,而不是按照预先制定的硬性死板的模式来实施;④ 强调多种形态的活动和高度抽象的思维过程;⑤ 对于学习中所利用的材料、时间和设备要有更大的思维灵活性;⑥ 对在解决问题中的独立性和目的性要有比较高的要求;⑦ 为获得"领袖"地位和表现"领袖"的能力提供广泛的机会;⑧ 培养分析自己和周围人的行为和感情的能力;⑨ 为扩大知识基础和发展语言能力建立有效的先决条件。[3]

从以上美国学者关于制定创新教育教学大纲研究中提出的新颖思想我们看出,科学的教学大纲是实施创新教育的前提条件。只有制定出不同以往的适合创新教育的教学大纲,才能保障创新教育的方向和取得满意的效果。概括起来,符合创新教育要求的新教学大纲有以下 4 个特点:超越以往的人人通用的大纲范围;充分考虑到学生的兴趣特点;与学生掌握知识的能力相符;不限制学生深入探究某些所学题目的本质的积极性。[4]

美国心智发展学者、哲学博士约翰·钱斐进一步提出了培养创新能力的五种方法:对创造性的环境进行全面和深入的探讨;开发脑力资源最佳状态;采取措施促使创造性的思想产生;为创造性思想的酝酿留出时间;当创造性思想一出现就要及时抓住它们,并进行跟踪。找出一个你愿意从事的创造性活动领域——工作中的一个课题、一种人际关系、一种新活力,有意识地运用创造性过程的步骤。当你完全沉浸在这个过程中时,在你的"思考笔记本"上做记录,叙述你从事的创造性活动的每一个步骤和你取得的结果,这个记录可以作为你将来把创造性过程运用到你其它生活领域的一个范例。[5]

从以上美国学者的研究我们还可以看出:制定创新教育的教学大纲必须首先具有创新的意识。要敢于突破旧有教学大纲的框框,在深入研究创新人才应具有的素质、规格、特点的基础上,解放思想,开阔思路,按照人的全面发展的规律和认识规律,综合教育学、心理学和科学学等多学科的理论,通过科学、审慎的实验,最终制定出培养创新人才的教学大纲。

(二) 培养创新思维能力是搞好创新教育的关键

培养人才最基本的和主要的素质是具有高度发展水平的思维能力。因此,培养学生良好的思维能力是培养创新人才的关键。

俄罗斯教育科学院院士巴班斯基和教育专家萨维科夫就培养学生的思维能力提出了自己的见解。他们认为:创新人才在思维能力方面的优秀品质集中到一点主要是有比较高的有效思维发展的水平。这种有效思维的特点是:在思维过程中能理清和抽象出思维对象在相互关系方面的条理性、准确性以及在数量参数方面的超前性。因此,在教学中,教学内容的安排应当具有较高的抽象性和深度,教学活动也应多样化。

需要强调的是,在教学中教材为学生提供的思维发展可能性要比教材的信息丰富程度重要得多。教材内容应当首先考虑学生获取知识能力的进一步完善。第一,教材提供的信息要符合学生的年龄水平;第二,知识是在经常地变化和更新,而只有善于适应这种变化的人才能够在这种急剧发展的信息空间发挥作用;第三,如果把已获得的知识看作目的本身,那么,后果就不是有助于学生获得新的知识,而是限制了学生智力和思维能力发展的可能性。

要根据学生的认识需求,而不是根据事先制定好的逻辑示意图来实施教学活动。要根据每个具体学生的兴趣和需求的不同,来实施个别化的教学。如果不考虑这一点,教师只是不顾实际地按事先制定好的教案机械地教学,那将会影响学生的学习兴趣,他们会极不情愿地中断正在深入思考的活动,而被迫跟着教师转移到其他题目的教学中。

萨维科夫还指出,在教学中,把有效思维发展的水平同实际运用有效思维的技巧结合起来也是十分重要的。在教学中同人们认识其他事物一样,采取的是哲学思想中的认识论。按照认识论,人们有两种主要的认识事物的方式——理论的和经验的。其中,第一种认识事物的方式是最好的。因为它可以有利于培养学生认识事物的理性能力。

在教学中,理性认识事物的方式有利于学生思维能力、思维技巧的培养。理性思维可归纳出规则可适用性的一般范围,而不要求以每一个个别例子为基础的教学。但是,在教学实践中,也要防止教学大纲中理性分析部分的负担过重和过分的"书本性"。因为这样,往往导致学生对学习的兴趣降低。

在培养学生思维能力的过程中,还要注意发散型思维和趋于近似型思维训练习题的比例。趋于近似型思维的习题是合乎逻辑的、单向的思维,而且具有惟一的正确答案。发散型思维则是创新性的、超越形式逻辑的、有分析的思维,可以得出多个正确的答案。

美国和俄罗斯两国十分重视创新教育中批判性思维能力的培养。

1991年,美国《国家教育目标报告》指出:"应培养大量的具有较高批判性思维能力、能有效交流、会解决问题的大学生。""培养学生对学术领域问题和现实生活问题的批判思考能力不仅是教育的重要目标,这对在当前复杂多变的世界,培养会思考的公民和有能力的劳动者,进而维护民主社会都意义深远"。美国学者富尔第经过研究指出,批判性思维能力主要包括明确事件和假设的能力、确定重要关系的能力、运用正确判断的能力、评价数据和权威的能力以及演绎推理的能力。

1989年,美国的一项校际合作研究项目对在教学中不同种类的课程和不同教学形式是如何影响学生的批判性思维能力展开了调查。该研究项目跟踪调查了24 837名1985年入学的新生。结果表明:选修写作、跨学科课程、历史、自然科学、妇女研究、外语人种学课程都与批判性思维能力的发展成正相关(这里所说的批判性思维能力的发展,都是以学生的自我评价为依据的),而且批判性思维能力的发展与教师评改论文、独立研究、小组合作、课堂讲授、论文考试等教学形式也成正相关,与多项选择的考试却成负相关。

俄罗斯学者对培养学生批判性思维能力的研究更深入些。萨维科夫通过研究指出,在培养批判性思维能力的过程中,应十分注意发展学生精细的高度区分的评价能力。思维的批判性和忠实性两者都不可顾此失彼。不能因为培养学生思维能力中的批判性品质而忽视了思维能力中的忠实性品质。萨维科夫本人自20世纪90年代以来的研究表明,随着学生在评价个人思想和个人活动结果的批判性和反省性发展,学生思维的独创性发展水平的指数反而降低了。因为独创性思想被"内心反省和批判"挤出去了。因此,萨维科夫主张,在培养学生思维能力时,必须辩证地把思维的批判性和忠实性结合起来。只有这样才有利于学生思维独创性的发展。

(三) 发展创造能力是搞好创新教育的根本

制定科学的教学大纲是搞好创新教育的前提,注重培养学生的思维能力是搞好创新教育的关键。但是仅有这两点还是不够的。只有同时注意发展学生的创造能力才是抓住了创新教育的根本。

在这方面俄罗斯教育专家 A. Π. 萨维科夫为我们提供了有益的经验。

第一,在教学中注意培养和发展学生的智力活动的主动性是十分重要的。智力活动的主动性是学生在解决各种教学的和研究的任务时独立性的表现,是探索原本必择其一的解决途径和深入研究或按另外的方式解决问题的动力。教育工作者应当经常关心、支持和发展这些能力。

第二,在教学中鼓励学生亲自参加研究的实践比复制性掌握知识更重要。在教学中,不好的教师只是告诉学生事实真相,而好的教师只是教会学生去如何寻找事实真相。遗憾的是,在以往大多数学校的教学活动中,教学往往是作为掌握已发现的规律、规则、原理的复制活动而进行的。这种教学方法是建立在昔日的、在很大程度上是联想心理学的基础上的。它的本质在于:个体的思维能力、创造能力首先依赖于个体过去丰富的经验和多样化,也就是依赖于个人知识的数量。这种观点到目前为止还非常流行。但是,俄罗斯教育专家强调指出,完形心理学家和近年来的一系列研究已经证明,知识本身(包括知识的数量和知识的多样化)并不是有效思维发展的决定性因素,而掌握知识的方法才是决定性因素。这个方法在俄罗斯心理学和教育学的研究中,在问题教学思想的范围内得到深入研究。

在运用问题法教学的实践中,学生们有时可以亲自发现"实际的问题"。这些问题有以下一些特征:① 它们引起学生个人探索的愿望,吸引学生强烈的情绪洋溢的情感(通过积极的智力水平上的作用);② 不能没有解决的出路或惟一的解决办法;③ 解决问题的结果不能是对学生不感兴趣的。

第三,在教学中不能接受保守主义。这个要求是由创造性个性的基本特点决定的。保守主义同创造性是不能并存的。因此,在研究和确定教学活动的内容、组织形式和方法时,必须排除所有保守主义的因素。

第四,把个体的教学和研究活动同集体的教学和研究活动结合起来。必须教会学生不仅个体会从事创造活动,而且会从事集体的创造活动,以利于顺利地解决个性发展的大部分问题。

第五,实物的和空间的环境变化条件的积极化。为了使实物环境和空间环境能促进学生创造积极性的发展,实物环境和空间环境应当有最大限度的多种变化,有时甚至是出乎意外的变化。俄罗斯教育专家指出,这一点在俄罗斯国内只在学前教育机构里能够认识并做得比较好。在幼儿园的情节角色游戏中,鼓励利用不同的实物而不是按实物的直接用途来发展儿童的创造能力。例如:把长沙发当成"轮船",把普通的椅子当成"喷气式飞机驾驶员的座椅"等等。实际上,在各级学校的教学系统中,实物环境和空间环境也存在着多样变化的条件。只要创造这些条件,就可最大限度地增加学生创造性表现的机会和可能性。

第六,在利用时间、设备、材料方面的灵活性。实行这个原则的必要性也是由培养创造能力决定的。当学生对长时间地、深入地研究某个问题感兴趣时,正是发展他们创造能力的好时机,千万不要限制他们。这就需要在利用时间和设备及材料方面具有灵活性。

第七,最大限度地深入研究所要学习的题目。实现这个原则必须以学生高度集中的注意力为前提,必须有坚强的毅力和能力从事长时间不间断的学习。应当把这一原则作为重要的教学思想贯穿教学过程的始终。

第八,学习活动的高度独立性。独立性和创造性是不可分割的。发展学生独立寻找知识的能力、独立研究问题的能力、创造多样化研究对象的能力,这是发展个性创造能力的重要保证。

第九,培养竞争意识。竞争意识、相互关系的竞争形式是创新人才的优秀特点之一。在各种竞争中获得的胜利和失败的经验,对于学生未来的生活尤为重要。缺乏这些经验就不可能指望培养创造性的人才,就不可能有不怕生活中困难的人。在学生们竞争的过程中,形成个人关于自己的可能性的概念,自信心更坚定,学会冒险和获胜。特别重要的是,从失败中获得"有理智的冒险主义的经验"。

第十,"领袖"可能性的实现。对"领袖"地位的向往是同竞争意识紧密相连的。身心发展比较好的学生在这方面,应当特别关注为"大公无私的领袖地位"创造条件。必须鼓励建立在积极的正面动机基础上的(能增加知识的、对社会有价值的)"领袖"表现。反对以个人动机为基础的(自我肯定、自作主张)对"领袖"地位的向往。

美国和俄罗斯专家的学者关于创新教育的研究是发人深省的。在当前世界各国教育改革的浪潮中,发展创新教育、培养创新人才是世人的共同呼声。但是,怎样实现这个目标,多数人竟茫茫然不知所措。美国、俄罗斯专家的研究,提出了关于创新教育的一系列思想、原则和作法,其中有些是新颖的、大胆的、有突破性的,很是耐人寻味,给人以启迪。我国教育理论工作者,特别是教育学家、心理学家应当迎头赶上,走出"书屋",伏下身来,深入到教育教学实践第一线,通过艰苦、细微的调查、实验和研究,在借鉴别国有益经验的基础上,尽快总结出指导我国创新教育的理论、思想、原则和操作性强的教育教学方法来。

参考文献:

〔1〕 А. П. Савенков. Принципы разработки учебных программ для одаренных детей.

〔2〕 Passov, R A. Differentiated Curricula for the Gifted. State Leadership Training Institute on the Gifted and Talented〔M〕, 1982.

〔3〕 Karnes, M. , Shwedel, A. ,Williams, M. . Combining Instructional Models for Young Gifted Children. Teaching Exceptional Children, 1983.

〔4〕 Renzulli, J. S. . The Enrichment Model:A Guide for Developing Defensible Programs for the Gifted and Talented〔M〕. Wethersfield CT: Creative Learning Press,1977.

[5][美]约翰·钱斐著.决定一生的八种能力[M].杜晋丰译.九州出版社.1999.96.

(本文发表于《比较教育研究》2002 年第 11 期。作者李春生,时属单位为北京师范大学国际与比较教育研究所)

教育创新

一、伊利英的教育创新

E·H伊利英,苏联列宁格勒市516中学文学教师。他是一位注重实践、从实践上升为理论的学者型教师。其代表作有:《交往的艺术》《课的诞生》《接近学生的途径》。他自述道:"在不同的时期里,命运曾为我开放着不同的道路:六十年代差点当上记者,七十年代差点成为教育科学副博士。然而我不曾为'名誉和显贵'、生活上和其它方面的打算所诱惑,我哪怕在心烦意乱、精疲力竭的时刻也不曾背叛和离弃孩子们。"有人问:"是什么促使你非去学校不可?"他说:"是想发财!在精神上发财!我喜欢把自己贡献给孩子们,然后从他们那里再得到'自己'……"。他视上课为教师"提高业务水平和进行自修的基本形式",认为"在自己的课堂上会展现出比在进修班里更多的东西"。他的实践还证明,"单纯靠教学方法是什么也得不到的,需要投入心灵"。——以上就是伊利英所遵循的执教原则和教育志向。

作为文学教师的伊利英,其教育创新体现在如下几个方面:

(一) 把教书和育人紧密结合起来

他强调指出,学校不仅要教书,而且要育人。他把教书和育人比作夹克衫上的拉链,通过挪动拉锁而使两面同时紧紧地扣住。他认为科任教师不论教什么科目——数学、物理、制图或其它科目,首先应是一名教育者,语文教师更是如此——其使命是用文学的道德因素来形成学生的道德基础。他甚至把育人置于比教书还重要的地位,他说,"在我看来,道德教育比语文知识更重要:孩子们到我们这里来上课,并不是寻求科学理论基础和文学创作方法,而是寻求生活的不可缺少的知识。"他认为,不知道普通比喻和隐喻的区别,不知道一般史诗和散文诗的区别,这丝毫不妨碍一个人成长为真正的人,可是不知道某段打动人心的情节则可能影响某个学生的前途和命运。他强调,对文学作品进行的分析应该发展成"伦理分析"。他视上课为师生的共同交往和生活,而交往的艺术就在于把教学问题同生活问题紧密地结合起来。他声明:"我以渴求看到并发扬人的优良品质为依据,来决定我同孩子们和书籍进行交往的方式、方法。"

(二) 在文学课上进行公开的伦理教育

基于以上教书育人的指导思想,伊利英在文学课上常常不失时机地进行公开的伦理谈话,直接触动学生,谈人的问题,讲道德问题。他介绍经验说,为了使教书与育人联系得更紧密,有时要在课堂上只留下起教育作用的材料。他把这种做法叫做"公开的伦理教育"。他说,上文学课时,务必要有哪怕是短促的、但能使脑子和心灵明显感受到的道德教育"停留时间",作毫不掩饰的教导性宣讲、号召、劝告,不是"婉转曲折地"、而是开门见山地进行道德谈话。他认为,课中有课才是好课! 提出好建议、愿望、责备……这就是给孩子们主要的"分发材料"。只有把生活、美学、道德三方面不可分地结合在一起时,才能成为起教育作用的一课。有人发表不同看法说:"文学课应当研究文学!"他则说:"也应当研究人! 研究人!"还说:"我很少使用课外个别谈话,我在课堂上什么都谈,在大家面前谈,当然,开诚布公的程度有所不同。"他很重视谈话的针对性,因而强调,他所寻求的不是书本同书本的联系,而是某书本在某个时间、某堂课上同某个学生的联系;书本就是生活的教科书,教师就是学生的领路人。他认为,在文学课上,提供知识并不是目的本身,而是一种条件,用来开始并强烈发挥道德主题。他强调,专业知识可以靠自学获得,道德修养则是共同获得的! 在集体中特别便于进行有关行为的道德原则和人际关系的了解。

例如,当学习《被开垦的处女地》中的一段情节,即拓荒工人达维多夫带着一整套钳工工具以便修好村里的一台拖拉机时,伊利英当即在课堂上领着学生"看一看"这位工人带到村里来的工具箱。为什么浪费几分钟去"看"工具箱呢? 伊利英说:"有人也许就靠这'失去的'几分钟,忽然走向了自己的职业,也像达维多夫一样干一辈子钳工。这种情况难道少吗?"伊利英还说:"教师(就在课堂上)把学习材料同日常生活的操心事结合起来,就好像他在执行班主任的职能,即使他并不是班主任。采取'课外'和'课后'进行教育的方针,就在道德方面削弱了文学课,使语文教师没有机会在孩子们(认识到的和未认识到的)迫切需要中为自己和本节课找到支柱,从而使自己的每一节课都成为他们所需要的课。"

当学习到战斗英雄们的忘我牺牲精神时,伊利英当即提出庄严号召:"索洛科夫们失去了同伴、朋友、亲属和亲爱的人们,在战争的血腥道路上走向永垂不朽……让我们为阵亡的战斗英雄们默哀一分钟!"——为什么采取这种非同寻常的做法呢? 伊利英认为,这样来上课,体现出一种崇高的感情和行动。用行动进行教育,就是"公开的伦理课"的实质。人们说,"学校只为学生投入生活做准备"。伊利英则说,"学校也是生活本身,教育应做到使学生能用双手和头脑把生活变得更加美好"。

为了不使上述这种道德教育效果受损,伊利英从不在一节课结束时打分,因为他认为,这样会完全"擦掉"印象的强烈性和鲜明性,会"捧掉"撤动的情错,这从道德和美学的意义上看,不会留下什么效果。

(三) 进行热爱母亲的教育

贯穿于伊利英的几乎所有文学课的一个特殊题目,就是"母亲"。他说:"我已多年致力于上好这样一课,其题目是一个普通而宝贵的字眼——'母亲';其主旨是培养学生发扬对母亲的热爱和感激之情,以此作为一切的基础,因为正是从这种感情才发展出爱人民、爱祖国的感情的。"本着这个思想,伊利英总是用这样一课来唤起孩子们把对母亲的热爱体现为实际行动、具体行为。

一次,伊利英在文学课上向学生提出这样一个问题:"高尔基曾写道,'拉腊没有母亲……'但怎么没有呢? 这位母亲不是就站在一个长得很漂亮的儿子(拉腊)身旁吗?"经过师生的一番共同讨论,最后伊利英总结说:"背叛社会者、只顾自己者、自私自利者是没有母亲的!"接着,伊利英给学生们布置一份特殊作业:要求孩子们回到家里"仔细地看看自己的母亲"。

伊利英还让学生们从整个文学教程里收集有关"母亲"的材料,汇编成一本特殊的"母亲"之书。伊利英感慨地写道:"我有时想,为什么我的学生大都那么善良? 在这里,难道不是'母亲'这个题目起了特殊作用吗?"

（四）利用"细节"来挖掘文学课的教学、教育、发展功能

马雅可夫斯基常常通过微不足道的小事来说明大事；陀思妥耶夫用拉斯尼科夫"一只有窟窿的靴子露出的血迹脚尖"揭露该人的杀人大罪；西蒙诺夫在其名诗《等着我》中通过多次重复"等着"这一个词以便充分表达忠贞爱情的拯救力，表达战胜法西斯的必胜信心，表达人的精神的伟大；普希金的作品《奥涅金》简直就是这位伟大诗人本人的"百科全书"；高尔基的短篇小说《伊泽尔老婆子》则是了解这位文豪整个一生的镜子……总之，依靠细节——小事、微迹、单词、一本书——能揭示大事、哲理。正是出于上述启发，伊利英充分利用文学的"细节"来挖掘文学课的教学、教育、发展功能。他用亲身经验证明：集中道德注意力的最好方式，不是一批书籍，而是一本书，是一本书中的一章，是一章中的一个情节，是一个情节中的一个细节。

寻找和分析"细节"是师生共同进行的，伊利英把这个过程看作是一种"发现""创造"过程。他和孩子们一起，从原文中"啄出"所需要的细节，在未曾走过的艺术蹊径上迈出最初的步子，做到每节课上都有所"发现"，正是这种"发现"吸引着师生去上课。与此同时，伊利英还允许并鼓励学生发挥想象、创造力，对原作者塑造的形象细节（如涅克拉索夫笔下的玛特列娜的形象细节）加上自己的创造性刻画。伊利英认为，跟随伟大的作家，并不是对他从旁观察，而是在某些地方也有权从事短暂的共同创作。如果孩子们没有想去对文学作品中的主人公哪怕稍加一点"想象"，或是这种愿望被扼杀了，那他们还可能一心关注这个主人公吗？还可能热爱和了解他吗？只有鼓励学生想象和创造，才能使师生双方感到从事创造和合作的乐趣。

伊利英发现，作为"细节"的某些词句的德育效用是明显的，它们往往转化为学生日后生活中的道德、评价标准和通用话。例如，一个学生认为，生活中的一切困难和麻烦都可以用钱来解快，关键是要有钱！针对这种看法，有的学生就讽刺说："咳，瞧你这么一副面孔！"——原来，这句话来自于文学课上对钱币骑士和幻想家乞乞科夫以及类似人物的面孔的多次评价。伊利英认为，这不单是记住了并成了日常用语的句子，而是创造性地领会了书的含义之后得出的道德概念。书之所以在学生记忆中有生命力，靠的不是书的篇章，而是生动的"细

节"。因此,借助这种细节来阅读和分析书,把书中的特写镜头固定在"小事"中,这样做意义非浅。

为了巩固"细节"的德育效果,伊利英还用"细节"来给作文题、辩论会命名,甚至给班会、共青团会议、家长会议命名。例如,一次家长会议的题目被命名为"只求有一个亲切感人的字眼"这次家长会自然就得从马雅可夫斯基坚信语言有"促人奋迹"之力谈起。

(五) 利用"问题"来激发师生共同思考

"问题! 问题! 问题是我的喜爱和嗜好。有问题时,而且有真正的问题时,心里真欢畅! 问题的进攻性思想,向任何消极无为心态发出挑战,并把它加以摧毁!"——伊利英就是本着这个精神,利用问题来激发师生共同思考的。

首先,他在文学课上提出的问题,不仅针对学生,而且也针对自己。例如他提出这样一些问题:"为什么拉斯科利尼科夫还没有拆开母亲的信,就呆头呆脑地吻起信封来了?""为什么在莫扎特说了'天才与残暴是两件不相容的东西'这句话后,萨利里马土就向莫扎特的杯子里投下毒药呢?""卡捷林娜伤心地说:'我没有孩子……'而假若她'有孩子'的话,她会离开人世吗?"——诸如此类的问题既是对学生提的,也是对教师本人提的。伊利英认为,问自己如同问别人,问别人如同问自己,这就是提问的艺术。因为这样获得的知识才是带有个性特点的知识,而失去个性特点的知识是不全面的。他感慨地议论道:"赫尔岑说过的,卢纳察尔斯基说过的,高尔基说过的,所有这些前人说过的当然非常重要和必要,但教师自己作为有个性的人说了什么却往往不多! 不是每个教师都敢于问自己还没有弄清的问题,但冒这种风险被事实证明是正确的做法。当你同学生一起寻求真理时,他们就活跃起来了,这时课堂上往往出现'思考良久的安静场面'!"伊利英最高兴看到这种场面,常常情不自禁地说:"真安静! 谢谢孩子们,因为你们在思考!"伊利英认为,这就是失中有得——失了时间而得了思考!

伊利英的提问艺术还表现在:他针对不同的学生提不同的问题——按他的说法就是:"不是我,而是问题,在'挑选'我要与之一起探讨的学生。"例如针对文学爱好者提出的问题:"莫罗兹卡(《毁灭》中的人物》)和博尔孔斯基(《战争与和平》中的人物)两人在临死前一瞬间都在思考。但为什么前者的思考由作者间接地加以叙述,后者则直接用本人内心独白的手法?"而对读书迷则提问:"地窖客栈里(《在底层》)仅有的一本书在一个女人手里。为什么会这样?"针对喜欢情节突变、具有强烈刺激性的学生则提问:"拉斯科利尼科夫对于已发生的事大为震惊,并说:'我浑身是血'为什么会这样?"伊利英确信,如果向一个学生提出的问题,大概也是他会问自己的问题,这时他的思想活动就会更敏锐、更有成效。

伊利英还竭力鼓励学生向教师提问。他往往是在课的高潮时对孩子们说:"你们问,我回答!"并鼓励说:"谁提问,谁就在思考。谁提问,谁就在形成个性!"伊利英认为,下课时所有学生表示再无问题要问,这并非是好的结局。

在提问艺术上,伊利英还强调三点:第一,问题的性质决定回答的质量,就是说,高水平的问题能引起"在心灵和头脑里留下痕迹的回答"。第二,某个学生一时回答不上来,不要急着找另一个学生回答,而要在该学生本人身上"找另一个",也就是说,要分寸得当地给予启发、帮助。第三,问题不一定一次解决,要有后效——复杂的问题总是留下没有全懂、有待更深理解的成分。例如有这样的问题:塔吉亚娜对奥涅金说了真话"我爱你",也许还是说句假话"我不爱你"对奥涅金更轻松些?——对这个问题,学生的回答是肯定的,即不能说假话。但问题仍然存在:会在各种场合遇到这个问题,甚至日后自己生活中也会遇到同样的问题。所以伊利英认为,问题的事后效用是上课所产生的最显著、最可喜的成果。

(六) 文学课应具有艺术特色

伊利英认为,要使孩子们肯学习,就要有"表情熟练的"文学课。他说:"我心目中的理想,就是要使课桌成为影剧院的池座!因为电影、电视早已不仅是我的盟友,而且是最危险的竞争对手,它们公开地暗示,文学课应该从通常的'教学手段'发展成艺术手段,应有动态场面。"他认为,在中小学里,分析艺术思想时如不作"表演",不创造戏剧情节,就不可能研究艺术思想。他利用艺术手段使孩子们感到文学课是必要而有意思的课。并且伊利英坚信自己能成为这种课的艺术家,也就是成为编剧、导演、表演家,当然也成为文学评论家和研究家。孩子们要看他的话语、手势、语调、面部表情、姿态、停顿等极为有趣和内容丰富的表演。作为艺术教师的伊利英还引导学生一起进入角色,如学习《樱桃园》第三幕结尾时,将课文内容、音乐的气氛(就在课堂上)、教师的"内心音乐"、学生的"内心音乐"融为一体、唤起共鸣——突出女儿热爱母亲、与母亲分忧、对母亲负责这个主题思想。

(七) 吸引学生注意力的办法

为了吸引学生的注意力,伊利英利用"细节"性提问。如:"为什么拉斯科利尼科夫的大衣左边有一个系斧子圈套?""普希金在《阿里翁》这首诗里写道:'船上我们人数不多。'但为什么这位诗人也出现在'乘船者'之中?""卡巴尼哈谈到火车头时说:'哪怕你向我撒金子我也不走!'要是仍然对这个贪婪的商人妻子'撒金子',她会走吗?"——伊利英的经验证明,这样做的结果,连十分"难办"的孩子也一下子被吸引住了。

(八) 激发学生的藏书、读书兴趣

伊利英尽力引导学生拟定自己要读的"书单子"和建立自己的"小书库"。他认为,这个"书单子"不一定很长,但可以用它激发孩子们的读书兴趣,把他们引向一望无际的书籍世界。

伊利英激发学生读书兴趣的通常做法是:先找到一页书,然后对它加以引人入胜的分析或提出问题,以此吸引学生去看全书。例如他向学生提问:"我们知道,乞乞科夫来到某个省城——N城。他的四轮轻便马车走进旅店的大门时,两个庄稼汉谈到他的马车的一个后轮时断定,这车到莫斯科,能到得了,到喀山,则不行! 这个距莫斯科比距喀山近些的 N 城到底是什么城? 根据是什么?"——这个问题便激起学生非去看全书不行! 又如问:"你愿在什么样的家庭里生活和受教育? 在博尔孔斯基夫妇的家庭里吗?"——这个问题也引起学生去《战争与和平》全书中找论据!

(九) 知识的评估、作业的布置和检查

如何评估学生的文学知识? 在这个问题上,伊利英有其独到见解。他说:"判文学分,完全不同于判其它课程(如物理、化学等)的分,每一分我都要用道

德的尺度来校正。我一面听学生说,一面听他自己内心的声音。回答属优等却不属于他本人的,这种回答不受我欢迎。对一个学生在其他学生沉默时能胆怯地试图讲点什么、作点确切的说明、加点补充意见,我甚至评他高分,因为他愿意思考和敢于负责,这已是成绩。"例如伊利英在一次观摩课上,提出了一个特难回答的问题。没有一个学生回答。这时,忽然一个胆小的、平常沉默寡言的小姑娘举起手来。伊利英并没有叫她回答,却给她打了"5 分"。因为他认为,这时举手回答问题就是敢于担负责任,就显示出了她的精神面貌和个性。

留怎样的家庭作业? 伊利英的见解是:留给的作业应能使学生可望有所发现,或促使他提出有争议的解答方法来,留给的作业也可以用新奇之处令学生不安,促使他动脑子。所以伊利英对布置家庭作业是有考究的,例如这样的作业:库图佐夫对安德烈公爵说:"我知道,你走的道路是荣誉之路。"(《战争与和平》)——根据这个情节,每个同学回家后以言简意赅的警句表达自己对"荣誉"的理解。学生带着类似的作业回家,心里高兴,再上学来,也很愉快。

文学教师的一个难题,就是检查作业,特别是批改作文。伊利英的做法是,(1)一般作业检查办法:让高年级学生检查低年级学生的作业,一对一地固定下来。这样做时,要把检查作业的"简单秘密"(即基本要求)告诉高年级学生,给他们以"教师"的权利。结果,高年级学生就乐于并善于当教师的助手;他们利用课前课后 5～10 分钟就能做完这项工作。对此伊利英总结说,把教师的部分职能转交给学生,这并非是教师为寻找出路的异想天开,而是时代的要求,因为年长学生与年幼学生的这种关系,往往发展成友好合作关系;对教师来说,则能扩大同学生的交往领域,以便培养学生们之间的合作精神、创造成熟性、社会成熟性。(2)作文检查办法:测验性作文、吐露真情的作文由教师检查。一般性作文则由教师抽查十来本:优秀生的、后进生的、一般学生的各若干本。其余的由学生互相检查。为此,伊利英给学生提供一份文字依据材料:包括撰写和检查作文时的《注意事项》、《检查程序》、《批改符号一览表》。这样做的结果,不仅互检进度快,而且取得意外的收获:学生们大都"忽然开始"写作得更好、更通顺了,因为他们预先知道了写作标准和要求以及自己可能会犯的毛病所在。

（十）教师的主导作用及师生的平等交往和合作

上述各点，都体现着伊利英作为教师的主导作用以及他与学生的平等交往和合作关系。伊利英认为，教师犹如铁路系统的"扳道岔者"，他要在教育过程中及时地"扳道岔"，因此是责任重大的人物。但教师又绝不是课堂上唯一最主要的人物，而是与他平等的人们中的头一名：是引导者，同时也是被引导者。伊利英尝试过各种与学生交往的方式：有时像博尔孔斯基（小说人物）一样，打着旗帜冲入战斗，而不回头看看士兵是否跟着他跑；有时像列温松（也是小说人物）那样，有回头和停顿，有时像教育大师马卡连科和苏霍姆林斯基那样，有学生围绕着自己；有时则持托尔斯泰的方式，"谁写得最好？我就跟谁一起"——这时，不仅教师，而且学生都有权当"自己的"普希金、涅克拉索夫、勃洛克。伊利英强调：帮助学生在创作上向作家的水平哪怕提高一点也好，这就是培养人才，而不是单纯培养成绩好的学生。

以上十点，就是伊利英的教育创新所在。把这十点归纳起来，就是伊利英自己作出的如下结论："把文学课建立在生动的细节、困难的道德问题、以及创作手法三者的基础上；有个性、现代化、会表演，是对文学教师的三位一体的要求；上课是交往，而不单纯是工作，是艺术，而不仅是教学；是生活，而不是课程表上占若干时间！"

（本文发表于《比较教育研究》1990 年第 5 期。作者王义高，时属单位为北京师范大学国际与比较教育研究所）

二、西方教育创新理论的演变

"'创新'在现代文化中的主题化,是与现代人类生存的内在根基问题相联系的,即在宗教信念瓦解之后,现代人被迫成为内在生存的自我奠基者,因而进入了持续反叛和创新的运动中"。[1]因此,对于创新和保守,人们本能地趋向于前者,认为创新必将带来卓有成效的改进,即便某些结果不尽人意,也会将"创新"的失败归咎于行为者的愚钝。在此种逻辑下,人们通常"只重视那些自上而下、在某一宏大政策理念指导下的教育改革,却忽视了那些自下而上、适应当地教育和实际情况的教育创新"。[2]随着后现代的转向以及复杂性理论的兴起,统一性、普遍性、确定性的思维范式被差异性、特殊性和变异性的认识论取向所取代,因而基于草根层面的教育创新引起了研究者更多的关注。总体而言,按照理论发展的脉络,20 世纪 60 年代以来西方教育创新研究大致经历了三个发展阶段:20 世纪 60 年代鼎盛时期的技术视角;20 世纪 70 年代反思时期的政治视角;20 世纪 80 年代以来深化时期的组织文化视角。

(一) 鼎盛时期——技术视角

20 世纪 60 年代,在民权运动和民族解放运动高涨的背景下,源于学校层面的创新性实践,在政治力量的介入下最终演变为国家层面的教育改革和教育法案。美国 1965 年通过的《初中等教育法》便源于针对弱势群体的补偿教育,并由此开启了教育创新和改革的大门。与此同时,战后兴起的第三次科技革命以其无可比拟的卓越成就使人们对其顶礼膜拜。因而在 20 世纪 60 年代,教育创新的理想主义和乐观主义如日中天,源于技术领域的创新研究也成为了主宰教育创新研究的理论范式。在此期间,人力资本理论和理性选择理论备受推崇,前者确定了人们对改造教育的乐观,后者确定了教育创新的内在动机。二者共同建构了当时教育创新研究的内在逻辑。

鉴于战后的时代氛围和学术背景,一般的创新理论主要关注扩散研究。受此影响,教育创新研究也遵从研究—开发—扩散这一线性模式。此种模式认为新的知识可以通过研究创造出来,借助开发转化为可以应用的形式,并通过扩散渠道传递给教师,最终由教师将其付诸实践。故此,美国联邦相继建立了许多教育研发中心和实验室,负责新技术在教育领域中的研发和应用。可以说,技术视角是 20 世纪 60 年代教育创新研究的主要特征。

1962 年,美国著名传播学家罗杰斯(Everett Rogers)指出,早期的教育创新研究可以追溯至 20 世纪 20 年代和 30 年代哥伦比亚大学莫特(Paul Mort)教授等人关于地方控制与学校创新的关系的研究。1964 年,美国学者迈尔斯(Matthew Miles)主编的《教育中的创新》是教育领域中对创新问题的首次系统总结,众多知名学者以团队教学、程序教学、多媒体教学等创新措施作为案例,阐释了美国教育体制、创新本身、创新者、系统的初始状态等因素对创新采纳的影响。1965 年,美国俄勒冈大学教授卡尔森(Richard Carlson)在《教育创新的采纳》中指出,个人或群体接受某项创新的速度取决于:(1) 采纳者(个人或群体)的特征;(2) 采纳者接触传播渠道和信息来源的方式;(3) 采纳者在同类群体中的社会地位。[3]

概言之,20 世纪 60 年代的教育创新研究采用线性的思维模式,将重心放在采纳者的理性选择上,认为创新的相对优势、相容性、复杂性、可观察性、可试验性直接影响了创新的采纳。然而,此种"理性人"和"经济人"的假定常常有失偏颇,在很多情况下,采纳者的创新决定并非出于提高绩效的目的,而是迫于政治压力或制度规约。

(二) 反思时期——政治视角

20 世纪 70 年代,西方教育创新研究开始从狂热走向反思。面对教育变革和创新的无功而返甚至事与愿违,人力资本理论和理性选择框架受到了质疑。随着西方一批马克思主义激进学者的著书立说,激进的批判理论成为了教育领域中的主导话语。

1. 对"亲创新"①(pro-innovation)和"伪创新"(pseudo-innovation)现象的批判

在理性选择和功能主义的理论框架下,许多研究者将创新视为独立于人类互动的客观存在。然而,教育创新并不是一成不变的,而是随着个体经验的不同而不断地被再界定和再创造。[4]因而对某些人有利的创新对他人未必有利。

"亲创新"的偏见限定了研究者的视域,屏蔽了某些极为重要的问题。不难发现,某些有效的创新(如环保技术)频频遭到拒绝,而某些有害的创新(如香烟制造技术)反倒大行其道。正如英国伦敦大学教授麦卡洛克(Gary Mcculloch)所言,许多政治推动的变革和创新常常一味地贬低旧事物、推崇新事物,从而使人们陷入了无休止地求新的牢笼中。[5]此种状况正如资本主义经济中的消费主义逻辑,即由于广告图腾的唆使,人们对商品的符号性追求已经远远超过其功能性需求,花样翻新和层出不穷的商品使人们产生了永不满足的虚假需求。实际上,许多撑起教育创新大旗的人士实则从事"新瓶装旧酒"的活动。英国阿伯丁大学教授尼斯比(John Nisbet)指出,创新有时会成为人人趋之若鹜的花车。教育管理者和教师都希望博得创新者的头衔。成为创新者就意味着自己与时俱进、能力卓著,比大多数平庸之辈高人一筹。然而事实上,他们并不关心现实,此种创新是一种"没有变革的创新"。[6]对"伪创新"现象的批判,使研究者能够从纷纭复杂的教育创新中洞悉创新者的初衷,在拓宽研究者视域的同时加深了对背景因素的认识。

2. 对教育创新背后权力运作的分析

20 世纪 60 年代以后,大大小小的学校教育变革和创新此起彼伏,然而传统的学校教育体制依旧岿然不动。美国斯坦福大学教授泰亚克(David Tyack)指出,学校变革的失败源于"学校教育法则"(grammar of schooling)的控制,此种法则如同语法对语言意义的约束一样,规定着学校教育的组织形式和意义。它是特殊利益集团在特定时期塑造的,从本质上说具有政治性。[7]通常,参与建

---

① "亲创新"亦即将创新视为一种不言而喻的积极行为,不考虑甚至拒绝承认创新有任何消极影响。

构学校教育法则的是学区督学、政府官员、大学教授和其他政策精英。学校教育创新的运作通常受制于这些人员。

政治视角是20世纪70年代看待学校教育创新的主要视角。在此期间,不少批判教育家指出,传统的学校教育变革的出发点和归宿都是为了满足精英阶层的利益,所谓的教育创新从根本上说是一种"伪创新"。此外,众多教育研究文献表明,在采取教育创新的学校中,学生的成绩并没有显著提高。[8]这一切迫使人们不断地追问"教育创新为何越变越糟"? 美国批判教育家詹克斯(Christopher Jencks)在评述美国20世纪60年代的"反贫计划"(anti-poverty)时说,教育已经成为了处理社会问题的"废纸篓"(waste-paper basket),教育创新的种种方法完全植根于自由主义的政治背景。[9]美国学者伯曼(Paul Berman)则指出,学校管理者"为创新而创新"的活动完全出于行政的目的,使学校显得紧跟潮流,与时俱进。同时,创新可以缓解社区对学校的政治压力,显示学校确实为了它们的特殊利益"有所作为"。但不管此种投机主义创新背后的动机是什么,它们都可能缺乏对教育问题的严肃关切。[10]

政治视角将重点放在学校教育创新的背景下,着重考察权力/权威结构以及利益的分配。在此种视角下,学校教育系统成了一个"政治的竞技场"(political arena),[11]而教育创新的发起和采纳只不过是抱有特定政治目的的利益相关者之间的博弈过程。

(三)深化时期——组织文化的视角

20世纪70年代的理论反思使人们意识到教育变革背后的权力运作。随着研究的深入,控制教育变革的隐性制度和文化成为了研究的重点。而文化的概念与组织研究密切相关,在界定组织的概念中,"文化应该被看作是一个根本隐喻"。[12]

1. 对教师文化的考察

学校教育创新的终极目的是改进课堂教学,促进学生发展,而真正将创新付诸实践的是具有自主性的任课教师。美国学者古德莱德(John Goodlad)等人的研究表明,教师决不是被动地接受创新,而是非常积极地参与改造"凌空而降"的创新。在许多情况下,教师完全无视此种创新,依旧我行我素,种种行为使研发者惊诧不已。[13]而新的教育观念或技术常常会使教师多年来行之有效的实践方式变得一无是处，从而引发了古德森（Ivor Goodson）所言的"教师的乡愁"（nostalgia），即对传统实践方式的怀念和对新教育观念的抵制。[14]

学校教育创新的失败迫使研究者将视角放到教师身上，探讨教师抵制变革和创新的内在原因。美国学者坎珀尔（Barry Kanpol）认为，教师的制度政治抵制（institutional political resistance）和文化政治抵制（cultural political resistance）导致了学校改革的失败，前者是指教师有意违反学校的某些正式规则，后者是指教师对学校教学编码和意义的批判性解读。[15]美国圣迭戈大学教授哈巴德（Lea Hubbard）等人发现，教师的性别角色有时会使他们抵制学校变革，当教育变革"适应"女教师的角色定位时，便会得到她们的支持，反之，则会遭到抵制。[16]美国哈佛大学教授埃尔默（Richard El-more）指出，学校中规范秩序的核心是师生互动，教师的权威在此过程中实现合法化，而当前的教育变革将教师视为被动的接受者或变革的工具，从根本上削弱了教师的合法性权威，从而导致了教师的抵制。[17]英国剑桥大学教授哈格里夫斯（David Hargreaves）认为，教师的个人主义文化抵制了学校变革。美国佐治亚大学教授吉特林（Andrew Gitlin）等人则指出，教师的抵制行为中包含一定的"洞见"（good sense），这体现了他们对现有制度约束的明确认识。[18]

概言之，20 世纪 80 年代以来，随着教育创新研究的深化，教师的实践方式、文化特征对创新的影响日益受到重视，研究者也逐步转变了对教师作为阻力的认识，从课堂教学的微观视角来探讨教师文化对于学校创新的作用。

2. 对教育创新的制度文化的分析

学校教育创新发生于特定的时空结构中，由此形成的客观关系网络限定了学校教育创新的运作。20 世纪 80 年代，在新制度主义理论的影响下，教育创新研究将重点放在创新的制度背景上，着力考察制度的规制、规范和文化认知对于教育创新的影响。新制度主义学者迈耶（John Meyer）和罗文（Brain Rowan）指出，率先进行创新的组织通常是为了提高组织效率，但随着创新的扩散，当达到一定阈限之后，采纳创新就只是为组织提供某种合法性，而非提高效益。[19]学校教育组织通常会按照制度环境的要求采取行动，以获得合法性。就教育创新而言，学校之间的模仿和趋同在所难免。新制度主义的代表人物迪马乔（Paul DiMaggio）和鲍威尔（Walter Powell）指出，组织趋同的三种机制是：强迫机制、模仿机制和规范机制。[20]学校教育创新也正是在这三种力量的推动下得以扩散。美国学者亚伯拉罕森（Eric Abrahamson）指出，创新有时会成为一种时尚，对组织产生负面影响：(1) 盲目跟风，采纳无用的创新；(2) 追求时尚，拒斥有用的创新；(3) 注重形式，崇尚象征的创新。[21]因此，教育创新的扩散过程常常伴随着行政的压力、模仿的倾向或制度的约束。

综上所述，新制度主义对非营利性组织趋同现象的研究为学校教育创新研究提供了重要视角，教育创新的扩散在很大程度上受到了三种趋同机制的影响。

3. 对教育组织特征的分析

组织的视角是认识教育创新的一个重要维度。最初的创新研究将重点放在具有创新精神的个人身上，认为"制度企业家"（institutional entrepreneur）会引领组织实现创新。此种简单化的视角抽离了不同组织的独特属性，忽略了创新和创新者在不同组织中的差异。加拿大教育管理学家格林菲尔德（Thomas Greenfield）指出，组织是一种社会建构的存在，是个人所持有的目标和价值观的总和。[22]因此，组织并不是单一的、目标导向的实体，而是包含了多种目标和价值取向的复杂实体。由于组织特征的不同，创新的发起、采纳和实施将会有所不同。诚如加拿大阿尔伯塔大学教授沃尔夫（Richard A. Wolfe）所言："组织创新研究中最为一致的结论就是研究结果的不一致性"，[23]这迫使研究者将视角投向了具体的组织领域。

作为一个公共机构，教育组织是一个相对保守的组织。美国宾夕法尼亚州立大学教授菲勒（Irwin Feller）认为，公共部门中技术扩散的主要障碍是：(1) 不当的激励体制使组织成员不求有功，但求无过；(2) 缺乏客观的绩效标准；(3) 行政官员短视的政绩观；(4) 预算不足或受限；(5) 缺乏内部评价能力。[24]公立学校中的创新也面临这些障碍。此外，美国兰德公司研究员平卡斯（John Pincus）指出，公立学校是一种自我增殖的科层组织，并认为它们：(1) 目标不明，缺乏共识；(2) 技术不定，教法自由；(3) 无意竞争，生源无忧；(4) 影响多面，难以确定。由于公立学校缺乏创新的激励因素，组织变革相对迟缓。[25]美国学者卡尔森则将学校组织分为"野生"和"圈养"（domesticated）两类。他认为，当学校的生源和经费无忧时，学校就成为"圈养"的组织。而当家长有权为子女择校和实施新的教育经费分配方式时，学校就变成了"野生"组织，必须为生存而斗争。[26]显然,不同的组织特征对学校创新产生了重大影响。英国沃里克大学教授贝尔(L. A. Bell)认为,学校并非一个科层组织,其目标模糊,学校成员之间以及与外部环境的关系通常也难以预测,因而权变理论(contingency theory)可以对学校组织的复杂过程做出解释。[27]美国学者科恩(Michael Cohen)等人也指出,学校是一种有组织的无序(organized anarchy)。学校组织通常是在模糊的条件下,将问题、备选方案和参与者匹配起来,依照"垃圾桶理论"(garbage can theory)的决策模式确定学校教育创新的采纳与否。[28]概言之,20 世纪 80 年代以后教育创新研究开始关注学校的组织特征,并通过个案研究的方法考察学校组织特征与创新采纳和实施的关系。

（四）结语

综上所述,从 20 世纪 60 年代至今,西方教育创新理论从技术创新逐渐转变为对组织文化因素的考察,研究的视角逐步拓展,研究方法也逐步转入对学校组织的个案研究。西方教育创新的理论流变实际上向我们展现了认识学校创新的三种视角,此种理论对于当今的学校教育创新研究具有重要意义。美国学者塞伯(Sam Sieber)等人总结的学校教育变革的三种策略大抵反映了这三种理论视角(见表1)。[29]

表 1　学校教育变革的三种策略一览表

	实践者形象	变革重心	影响渠道	变革主体
理性—经验型	理性人	内部认知	单向沟通	理论家、教育批判家
政治—强制型	惟命是从者	外部结构	指令与制裁（命令、法律、规章）	立法者、行政人员、压力群体
规范—教化型	合作者	内部情感（态度）	双向沟通	咨询专家、公关专家

参考文献：

[1]肖鹰.创新患上"强迫症"[N].社会科学报,2007—02—08(5).

[2]项贤明.论教育创新与教育改革[J].高等教育研究,2007,(12):1—7.

[3]Richard Carlson. Adoption of Educational Innovation[M]. Eugene:

University of Oregon Press,1965. 10.

[4][9]Tom Whiteside. The Sociology of Educational Innovation, London: Methuen & Co. Ltd,1978. 34,26.

[5]Andy Hargreaves and Ivor Goodson. Educational Change over Time? The Sustainability and Nonsustainability of Three Decades of Secondary School. Educational Administration Quarterly,2006,42(1):3—41.

[6]John Nisbet. Innovation:Bandwagon or Hearse? [M]In:Alan Harris, Martin Lawn & William Prescott(ed.). Curriculum Innovation. New York: John Wiley & Sons Inc. ,1975. 1—14.

[7]David Tyack and William Tobin. The"Grammar"of Schooling:Why Has It Been so Hard to Change[J]. American Educational Research Journal, 1994,31(3):453—479.

[8] George Papagiannis, Steven Klees and Robert Bickel. Toward a Political Economy of Educational Innovation [J]. Review of Educational Research,1982,52(2):245—290.

[10] Paul Berman and Milbrey McLaughlin. Federal Programs Supporting Educational Change, Vol. VIII: Implementing and Sustaining Innovations[M]. Santa Monica,CA:Rand,1978. 14.

[11]Henry Mintzberg. The Organization as Political Arena[J]. Journal of Management Studies,1985,22(2):133—155.

[12] Linda Smircich. Concepts of Culture and Organizational Analysis [J]. Administrative Science Quarterly,1983,28(3): 339—358.

[13] Dianne Common. Teacher Power and Setting for Innovation: A Response to Brown and McIntyre's"Influences upon Teachers' Attitudes to Different Types of Innovation" [J]. Curriculum Inquiry, 1983, 13 (4): 435—446.

[14] Ivor Goodson, Shawn Moore and Andy Hargreaves. Teacher Nostalgia and the Sustainability of Reform:the Generation and Degeneration of Teachers'Missions,Memory and Meaning[J]. Educational Administration

Quarterly,2006,42(1):42—61.

[15] Barry Kanpol. Institutional and Cultural Political Resistance: Necessary Conditions for the Transformative Intellectual[J]. The Urban Review,1989,21(3):163—179.

[16] Lea Hubbard and Amanda Datnow. A Gendered Look at Educational Reform[J]. Gender and Education,2000,12(1): 115—129.

[17]Richard Elmore. Reform and the Culture of Authority in Schools, Educational Administration Quarterly[J],1987,23(4):60—78.

[18] Andrew Gitlin and Frank Margonis. The Political Aspect of Reform:Teacher Resistance as Good Sense[J]. American Journal of Education,1995,103(4):377—405.

[19] John Meyer and Brian Rowan. Institutionalized Organizations: Formal Structure as Myth and Ceremony[J]. The American Journal of Sociology,1977,83(2):340—363.

[20] Paul DiMaggio and Walter Powell. The Iron Cage Revisited: Institutional Isomorphism and Collective Rationality in Organizational Fields [J]. American Sociological Review,1983, 48(2):147—160.

[21]Eric Abrahamson. Managerial Fads and Fashions:The Dif—fusion and Rejection of Innovations[J]. Academy of Management Review,1991,16 (3):586—612.

[22]Thomas Greenfield. Organizations as Social Inventions: Rethinking Assumptions about Change[J]. The Journal of Applied Behavioral Science,1973,9(5):551—574.

[23] Richard Wolfe. Organizational Innovation: Review, Critique and Suggested Research Directions[J]. Journal of Management Studies,1994,31 (3):405—431.

[24]Irwin Feller. Innovation Process:A Comparison in Public Schools and Other Public Sector Organizations[J]. Knowledge:Creation,Diffusion, Utilization,1982,4(2):271—291.

[25]John Pincus. Incentives for Innovation in the Public Schools[J]. Review of Educational Research,1974,44(1):113—144.

[26] Richard Carlson. Environmental Constrains and Organizational Consequences:the Public School and Its Clients. In:J. V. Baldridge & T. E. Deal(eds.). Managing Change in Educational Organizations[M]. Berkeley, CA:McCutchan Publishing Corporation,1975. 187—200.

[27]L. A. Bell. The School as Organization:a Reappraisal[J]. British Journal of Sociology of Education,1980,1(2):183—192.

[28]Michael Cohen,James March and Johan Olsen. A Garbage Can Model of Organizational Choice[J]. Administrative Science Quarterly,1972, 17(1):1—25.

[29]Sam Sieber. Images of the Practitioner and Strategies of Educational Change[J]. Sociology of Education,1972,45(4): 362—385.

（本文发表于《比较教育研究》2010 年第 8 期。作者为孟照海,时属单位为北京师范大学经济与工商管理学院）

三、课程创新与历险：喧闹之后再沉思

——我国"综合实践活动"与日本"综合学习时间"之比较

（一）"综合学习时间"与"综合实践活动"的设置背景、内涵

1. 中日两国设置"综合活动课程"的背景

中日两国设置综合活动课程各有其深刻的社会背景。日本教育自明治维新起强调培养"模仿型"人才，服从国家主义的要求；二战后虽然对战前的军国主义和国家主义教育思想进行清算，但仍余留了培养"模仿型"人才这个教育目标。日本教育历史上遗留下来的问题以及战后出现的新问题到 20 世纪 60 年代暴露得更明显、更尖锐，主要表现为划一性和模仿型以及学历主义和学分主义。因此，20 世纪 70 年代的日本，进行了史称"第三次教育改革"。[1]日本中央教育审议会于 1975 年发表一份关于"课程改革报告"，提出课程改革的基准：（1）培养身心协调发展、具有丰富情感的人；（2）安排充实而又愉快的学校生活；（3）既要重视作为国民所必备的基本知识与技能，又要适应学生的个性和能力，实行因人而异的教育。[2]这次改革虽然取得一些成绩和进展，但到 80 年代日本教育仍然暴露出种种问题和局限性：完善人格、尊重个性、教育自由等理念并未能得到充分重视；整齐划一、僵硬和封闭的学校教育制度以及过激的考试竞争妨碍了学生的才能与个性的发展，甚至导致校内暴力、逃学现象的时有发生。对此，日本"临时教育审议会"针对日本教育的现状与问题，在 1987 年所作的咨询报告中，提出了适应时代发展的教育改革指导思想和基本原则：重视个性的原则；向终身学习体系过渡；适应时代变化；国际化原则；信息化原则。[3]可以说，日本 80 年代以来的教育改革，一方面是为了解决教育中的现实问题；

一方面又是为了回应时代与社会发展对日本教育的期求。而设置"综合学习时间"则是为了实现上述两个目标的一项重要举措。

我国设置"综合实践活动"课程,是对 20 世纪 80 年代以来教育改革特别是对课程改革的深化。随着我国现代化建设事业进程的加快和社会的改革转型,随着在科学技术飞速发展大背景下的国际竞争对新型人才素质的要求,我国大一统分科课程结构越来越不适应社会与时代的发展对新型人才规格的要求,同时在这种新的社会与时代背景下,我国现行的课程与教学的弊端也日益凸显,特别是应试教育造成了因学业负担过重而损害了学生身心健康、问题意识谈薄、创造能力较弱、智能结构和人格发展不健全等弊端。80 年代以来我国大力推行素质教育就是对这种弊端的矫正和对时代呼唤的积极回应。随着素质教育改革的深入发展,课程改革也必然成为核心课题和枢纽工程被提上议事日程。我国自 20 世纪 80 年代起把"课外活动"列入教学计划。1981 年颁行的小学课程计划安排了课外活动,其主要内容为:科技文娱活动、体育活动、周会班队活动、自习。在中学课程计划中安排有选修课和劳动技术课。在 1986 年《义务教育法》颁行不久的同年 10 月,颁布了《义务教育全日制小学、初级中学教学计划(试行草案)》。这份教学计划中安排了"活动"课,并与"课外活动"区别开来,其内容包括自习、班队会、体育活动、时事政治、班团队活动,并同时安排有"课外活动"。到 90 年代中后期,在国家颁布的课程计划中,把"国家规定课程"分为两类,一为学科课程,一为活动类课程。1996 年 3 月,颁布了普通高中的课程方案并于 1997 年秋季在两省一市(山西、江西省和天津市)进行试验,2000年起在全国范围内施行。其中活动类课程包括校会、班会、社会实践、体育锻炼、科技、艺术等活动。校会班会、社会实践和体育锻炼是全体学生必须参加的活动课程,科技、艺术等活动是学生自愿选择参加的活动课程。2002 年教育部颁布的《全日制普通高级中学课程计划》将综合实践活动课程列为必修课,与新世纪基础教育课程改革呼应衔接。

2."综合学习时间"与"综合实践活动"的内涵

日本于 1998 年 12 月和 1999 年 3 月颁布的"中小学课程标准(草案)"明确规定,小学三年级以上每个年级平均每周开设两课时的"综合学习时间"。"综合学习时间在课程中只规定主要的领域和课时,不规定具体的内容和教材,这些学习领域主要体现为国际理解教育、信息教育、环境教育和福利·健康教育等现代社会的课题以及学生感兴趣的、学校和社会的课题。活动形式体现为自然体验和义务服务的社会体验，以及观察、实验、参观、调查、发表与讨论、制作与生产活动等的体验性学习、问题解决学习等形式。[4]实施综合性学习是日本教育培养学生"生存力"的一项重要措施，具体地说，有以下几个目标：(1) 培养丰富的人性和社会性，使其自觉地成为在国际社会生存的日本人；(2) 培养自学和自我思考的能力；(3) 在宽松的教育活动中，谋求基础学力的牢固掌握，充分体现个性教育；(4) 推进各校创造性地开展有特色的教育，以期形成特色学校。

2001 年，我国新颁《基础教育课程改革纲要（试行）》明确提出："从小学至高中设置综合实践活动并作为必修课程，其内容主要包括：信息技术教育、研究性学习、社区服务与社会实践以及劳动与技术教育。"开设这一课程，旨在"强调学生通过实践，增强探究和创新意识，学习科学研究的方法，发展综合运用知识的能力。增进学校与社会的密切联系，培养学生的社会责任感。"综合实践活动的目标是：获得亲身参与实践的积极体验和丰富经验；完善对自然、社会、自我之内在联系的整体认识，发展对自然的关爱和对社会、对自我的责任感；形成从自己的周遭生活中主动地发现问题并独立地解决问题的态度和能力；发展实践能力、对知识的综合运用和创新能力；养成合作、分享、积极进取等良好的个性品质。[5]

（二）"综合学习时间"与"综合实践活动"的异同

日本的"综合学习时间"与我国的"综合实践活动"同为"活动课程"，其相近相通之处是显而易见的。这些相近或相通之处体现了两国对课程综合化的共同追求：

1. 课程内容与结构的更新

在课程内容、课程结构的设置上彻底打破了学术中心和学科逻辑结构体系，代之以面向社会、生活与自我的学习领域或课题。日本之所以称之为"综合学习时间"，表明它不是规定学习某门学科，而是对开展"综合性学习"给予课程保障，对于综合性学习内容只确定四个领域。同样，我国的"综合实践活动"也只确定了四个领域。从课程内容和结构上看,这两种综合课程既是对分科课程教学的重大突破,又有别于学科综合课程,均属于综合程度较高的"经验—活动课程"。

2. 课程实施方式的灵活性和选择性

中日两国的综合课程在实施途径、方式上均有较大的灵活性和自由度。日本希望通过综合学习时间的设置来实现生存能力培养的目标,为达到此目标,咨询报告指出:在开展有特色的教育活动中,可以实施超越学科框架的学习,确保综合性学习顺利实施的时间。[6]日本的综合学习时间,无论是学习课题的设计、学习活动的方式、方法,还是学习时间、空间的选择都赋予了学校的课程开发与实施的自主权。我国的综合实践活动方式也是丰富多彩的,主要有:课题探究的研究学习;社会考察、调查、访问、参观的社会体验性学习;设计、制作的应用性学习;社会参与的实践学习。[7]在课程时间的安排上,我国也倡导"分散与集中"的统一,留有较大的弹性空间。给课程实施的学校以课程开发与管理的自主权,是中日两国在课程建设与管理方面对长期以来"课程集权"的解放。

3. 课程评价方法的变革

在课程评价上,两国都主张改变传统的评价模式,特别是更新以笔试卷面评价的常模评价,而侧重于"活动过程评价"和"情意评价",都关注"卷宗评价"或"档案袋评价"方法的运用。其学习结果的呈现也不是整齐划一的,而是丰富多彩的,可以是问题的解决,也可以是报告、成果、作品、演示等。总之,这些相近或相通之处反映了"学生活动课程"的突出特点,同时也表明中日两国综合活动课程具有互参互补性,开展交流与比较是互有启迪并互有助益的。

但是,中日两国的综合活动课程并非雷同,由于两国的社会、经济、文化背景和教育现状不同,在综合课程的教育目标和内容重点上同中有异,各显特色。在教育目标上,两国都关注"发现问题""解决问题""学习方法和思维方法"以及"情感态度价值观"等"资质与能力"的培养,但日本把"培养丰富的人性和社会性,使其自觉地成为在国际社会生存的日本人"作为根本目标,而我国主要是为了谋求学生的和谐全面发展,特别是综合运用知识的能力和创新能力的提高。日本中央教育审议会第一次咨询报告提出了培养学生的生存力,重点要解决好学生的"自我的确立"和"共同生存"之间关系的问题。这一问题是应对日本作为一个岛国同时又是经济强国的国际化追求而提出的。为使日本人在寻求自我确立的过程中,通过和外国人的交流,掌握共同学习、共同生存的能力。这种以寻求建立人类共生关系为目标的学校教育,要为学生创设与人类相互交流、交往的时空环境,通过社区生活和参与社会服务活动习得生存的方法等,这是以共生为目标的课程。"日本综合性学习中强调国际理解教育、福利教育等,也正是从这一点出发,要求学生通过支援者活动广泛地与社会不同类型的人进行交流体验,从中体验到自我与他人的价值,体验到共生的意义。"[8]我国《基础教育课程改革纲要(试行)》指出,"设置综合课程,以适应不同地区和学生发展的需求","强调学生通过实践,增强探究和创新意识,学习科学研究方法,发展综合运用知识的能力。增进学校与社会的密切联系,培养学生的社会责任感。"我国把综合实践活动课程确定为这一目标,无疑是素质教育在课程建设与实施中的具体体现,同时也是对我国长期以来学科主义和应试教育制导下的课程与教学的除弊纠偏。

在课程内容或课题领域的指导上,日本特别注重"国际理解教育",而我国特别关注"研究性学习"。20 世纪 80 年代以来,日本一直把"国际化"当作一项重要的教育改革原则。1987 年日本"临教审"第四次咨询报告(终结报告)认为,"日本所面临的国际形势和所处的国际地位,已不同从前。由于日本已成为世界上最先进的工业发达国家,在世界上已成为有重大影响的经济大国,因此,日本必须从全球性角度出发,在各科领域积极为人类的和平与繁荣贡献力量,履行其国际社会成员的责任。基于这种观点,努力促进整个社会的国际化,并实施新的国际化教育,乃是关系到日本生存与发展的重要课题。"[9]而我国把研究性学习列为综合实践活动课程的重要内容成为新一轮课程改革的一大特色和亮点。在我国传统文化和教育中,有不同程度的重理论轻实践、重概念轻操作、重授受轻探究的偏失,特别是在惟理性主义教育观和应试教育观的误导下,学生学习方式、途径和内涵愈加狭窄而干瘪,死记硬背几乎成为学习的惟一方式,书本成为学习的惟一途径,知识、概念成为学习的惟一内容。这势必导致学生缺乏对知识的质疑、批判精神和主体人格的建构以及解决实际问题的实践能力与创新能力。因此,设置综合实践活动课程以改革原来单一封闭的课程结构,转变学生的学习方式,拓宽学生的学习领域,优化学生的素质结构就十分迫切地成为课程与教学改革的切入点和突破口。总之,由于两国的文化背景、社会发展和现实问题的差别,在综合活动课程设置的内容和目标、重点等方面均表现出各自不同的特色和创新之处。

(三) 问题与思考

综合实践活动课程,作为一种新的课程理念和课程形态的出现,曾极大地激发了课程实施者的热情,加之理论界的大力宣传和渲染,众多学校曾踊跃投入到综合实践活动课程实验之中。但是,从几年来实验结果看,并非尽如人意,不少学校陷入了欲做不能、欲罢不忍的尴尬境地。这些问题的出现不能归咎于课程实施者,其根本原因在于我们的理论准备不足、现实条件不够。我国综合实践活动课程实施(实验)中出现的问题,可以通过比较更加清晰地透视其症结所在,进而引发我们深入反思和认真对待。

1. 课程研究方面的问题

我国在综合实践活动课程研究方面存在的问题有二。第一个问题是片面拔高,人为对立。在课程研究中,有人为了提高综合实践活动课程的地位,推崇综合实践活动课程的价值,极力指责学科课程、分科课程的弊端,似乎学科课程、分科课程是造成片面发展、人格分裂的元凶,而综合实践课程才是全面发展、健全人格的灵丹妙药。也有人虽不否认分科课程、学科课程的价值,但把综合实践活动课程抬高到不适当的高度,实质上构成了对学科课程、分科课程的贬低和轻视。这非常不利于课程改革的健康发展和正确实施。

与我国情形相反,日本的一些专家学者却对"综合学习时间"持有批评质疑的态度,认为综合学习并不是在现有学科范围之外进行的;学科教育存在的知识割裂、脱离现实等等问题不是通过增设"综合学习时间"而能解决的;学科教育是学校教育的支柱,综合学习如果无视学科逻辑,学校教育的结构将会崩溃。有的学者指出,关于综合学习的构想表面看来很先进,打破了教育的现状,推动了教育的发展,但还没有足够的证据表明它具有能取代学科教育系统学习的优势。如果教师自身没有问题意识,"综合学习时间"可能流于形式。[10]

第二个问题是基本概念和内涵尚待澄清。从逻辑上讲,我国综合实践活动课程的四个领域是处在不同层位上的概念,且概念之间相互包容,因而,它们的内涵与外延以及相互关系亟需探明和厘清。这是课程研究的逻辑起点,也是实践、实验得以纵横展开的前提。如果对课程概念的界定尚不清晰,课程实施就很难深入。日本对综合学习时间所规划的四个领域均聚焦于"生存力"的培养,且极具针对性。日本为何提出"信息教育",这与我国一致,已不言而喻。"环境教育"的提出,正是针对日本国土狭小、资源匮乏的工业化国家面临的重大课题。提出"福利、健康教育",亦是针对日本老龄化社会的现实问题。而我国综合实践活动课程所提出的四个领域聚焦何处? 是否瞄准了我国基础教育课程中关键性、根本性问题?

2. 课程实施的问题

战后的日本教育深受美国影响,对"综合课程"的探讨几乎没有间断。日本文部省从 1976 年就开始委托学校开展"废除理科、社会科的分科设置""考虑采取综合学习"的实验与研究。[11]比较而言,我国对综合活动课垃程实验研究要薄弱得多,尤其缺乏教学理论与实践的支持。长期以来,我国实行的是大一统的课程管理,分科课程模式在各级各类学校曾一统天下,模糊了与分科课程相适应的几代教师的教学观念,而这些问题并非短期内可以解决的。在日本,为了适应课程变革的需要,同时确保"基础、基本内容"的系统教学,文部省采取的措施是不打破既有的学科结构,而是精简学科内容,将挤出来的时间用于增设"综合学习时间"。[12]据笔者考察所及,日本综合学习开展得较为成功的学校都是条件较好的学校(开展好综合活动课程是需要一定的学校条件、社会条件和家庭条件支持的)。仅管如此,据日本文部省 2002 年 1～2 月份举行的一项测验结果表明,日本中小学生的学业成绩有所下降。日本教育专家分析,学业成绩下降与日本新课程计划有关。为此,由文部省顾问团草拟的报告已送交文部省大臣,该报告强调,日本中小学教育要回归基础。[13]

而我国课程综合化是多层次同时展开的——有学科内综合、学科间综合、超学科综合(经验活动课程),比日本跨步更大;况且,比起日本来,我国幅员辽阔,经济发展很不平衡,教育条件、水平差距很大,师生生活环境、视野、所关心的问题大不相同,发达的沿海城市与偏远的贫困地区不啻云霄之别:我国有相当多的学校,还普遍存在着特大班现象,有的一个班级学生达 80 人乃至更多。

这样的班级,课堂内的小组活动都难以组织、无法开展,还遑论其他? 如果不问现实条件盲目推行,有可能打乱原本就脆弱的教学机制,导致中小学生学业水平的下降。在日本,对"综合学习时间"的批评之声从未间歇过,这种批评之声表明理论界和实践者对课程选择与实施的理性思考。而在我国,只听到高声叫好、低声叫苦的声音,却极难听到批评和质疑的声音,作为大规模的课程实验,这本身就有些异常。可是,教育主管部门竟以"谁不适应新课程谁就会被淘汰"相要挟,在这种"棒喝"下,课程实验只能蜂拥而上,这必将从根本上消解"实验"的性质,有可能使课程实验成为"争先恐后"的集体历险。借鉴他国经验教训,基于我国的现实状况,笔者认为,对于综合实践课程的实验一要因地制宜、因时制宜,有条件且时机较为成熟了才可展开,不宜急于普及。为此,应制定一个课程实验、实施的"弹性计划表",既要有推行时间上的弹性,也要有目标要求上的弹性。二要以学科综合(尤其是学科内的综合教学)为综合课程建设的重点和突破口,逐步向"经验——活动"类综合课程适度延伸,这是在现有条件下我国综合课程实施的可行路径和务实选择。

参考文献:

[1][2][3][9]王桂主编. 当代外国教育[M]. 北京:人民教育出版社. 1995.
444,447,453—455,455.

[4]钟启泉. 日本综合课程的实验案例及其启示[M]. 上海教育出版社.
2001.1:46—48.

[5]钟启泉、张华主编. 为了中华的复兴,为了每位学生的发展《基础教育课程改革纲要(试行)》解读[C]. 上海:华东师范大学出版社. 2001. 76,78,
85—86.

[6][8]熊梅编著. 当代综合课程的新范式:综合性学习的理论和实践[M].
北京:教育科学出版社. 2001.43,52—53.

[7]郭元祥. 综合实践活动课程设计与实施[M]. 北京:首都师范大学出版社,2001.108.

[10][12]沈晓敏. 综合学习与学科教育—日本关于综合学习的不同倾向

[J].外国教育资料.1999,(4):21—24.

　　[11]钟启泉.日本合科教学的源与流[J].外国教育资料.1995,(3):15—26.

　　[13]过基、钟河.日本中小学生学业成绩下降[J].课程·教材·教法.2003,(4):78.

　　(本文发表于《比较教育研究》2005年第7期。作者黄伟,时属单位为皖西学院教育系)

四、美国加州纳米技术研究院
创新运营模式及其启示

美国加州纳米技术研究院（CNSI）创建于 2000 年 12 月，是美国加州政府为迎接新技术革命、进一步保持加州在科技和经济上的领先地位而成立的科技创新机构，它以加州大学洛杉矶分校（UCLA）和加州大学圣芭芭拉分校（UCSB）为技术支撑。加州政府至今已累计投资 1.8 亿美元用于 CNSI 的发展。经过几年的发展，CNSI 不仅成为美国科研经费最充足、与产业界结合最为紧密的先进技术创新中心之一，还成功地建立了一套成熟的技术研究、成果转化和产业投资有机结合的运营模式。

（一）CNSI 的建设背景

1. 政府的重视

美国政府历来重视技术创新对经济发展的巨大推动作用，1996 年 7 月 25 日，美国总统克林顿在所作的政府报告《为了国家利益的技术》（Technology in the National Interest）中指出，保持技术领先对美国的国家利益从来没有像现在这样重要，在这世纪之交之际，技术实力的掌握和尖端技术突破的能力将在很大程度上决定美国的国家繁荣、国家安全和美国在全球影响力的大小，并由此决定美国人民的生活水平和生活质量。[1]

2000 年 1 月，美国总统克林顿又就美国纳米技术的发展发布了美国纳米技术促进计划（简称 NNI），并由联邦政府投入 20 亿美元，与各州政府及产业界的投资和参与互为推动和补充。[2]

不仅联邦政府重视纳米技术的研究与发展,加州政府也为了保持其在经济、教育和科技上的领先地位而积极促进纳米研究,推动纳米成果的产业化。建立 CNSI 就是加州政府所实施的科技创新计划的一项重要举措。

2. 技术发展的需求

纳米技术与信息技术、生物技术是 21 世纪科技发展的制高点,也是新工业革命的主导技术。在纳米技术的研究及其产业化转移方面占据优势,将为国家和地区经济持续发展提供强大动力。

作为一个新兴的并具有基础性的领域,纳米技术的研究与应用开发需要跨专业的科学家和工程师共同合作,这样才可以开展多学科的研究与产业化的联合。同时,纳米研究具有高投入、高风险、高回报的特点,这也决定了纳米技术的研究及产业化的顺利开展还得依靠政府、产业界、投资界的共同扶持,通过网络式合作推动纳米技术的研究与发展。

3. 产业投资的支持

尽管纳米研究具有基础性的特点,但是工业界对纳米技术已经有了强烈的需求,可以说,谁在产业化方面超前一步,谁就抢占了市场的先机。纳米研究的这一特点也使得投资于纳米技术研究与开发的产业资金和风险资金异常活跃。据专门从事纳米技术投资的风险投资公司拉克斯资本(Luxcapital)预测,2003年全球纳米技术研究开支超过 30 亿美元。[3]

(二) CNSI 的创新运营模式

"为科学创新和产业化建立一种全新的平台和模式",从建立之初,CNSI就将这一目标确定为追求的目标。

1. CNSI 运营模式概述

作为一种创新运营模式,CNSI 是在加州政府、产业界、投资界和专业服务机构的共同支持下建立起来的,它以世界名校 UCLA 和 UCSB 为技术支撑,通过组建产业联盟和投资联盟,构建了纳米技术成果转化平台和投资产业化平台。

CNSI 最具创新之处在于将科学研究、成果转化和产业化投资有机地融合为一体,实现了科技与产业的紧密结合。(其运营模式如图 1)

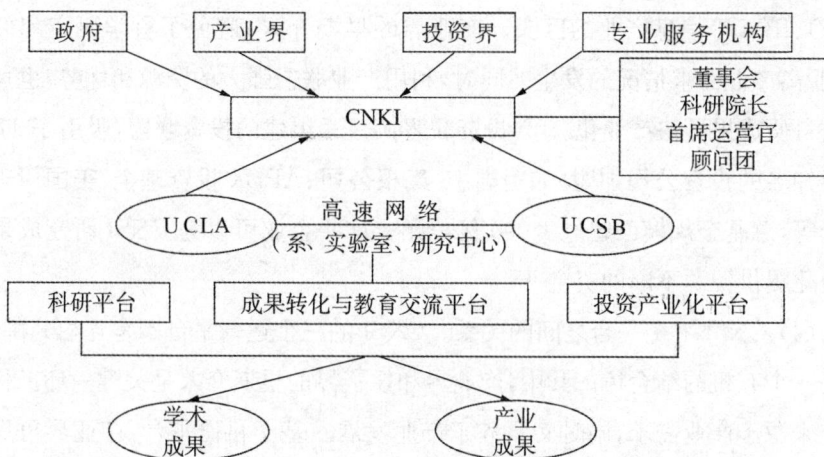

图 1　CNSI 运营模式

2. CNSI 运营平台的功能及其相互关系

CNSI 建立了三个开放式平台,分别是:科研平台、成果转化与教育交流平台和投资产业化平台,三个平台相互联系、不可分割,共同构成一个有机的结合体。

(1) CNSI 的科研平台。CNSI 的科研平台依托 UCLA 和 UCSB,主要从事:① 根据企业需求开展研究,解决企业实际问题;② 和企业合作研究,共同享有研究成果;③ 提供先进的开放实验室,为企业发展创造良好环境。

(2) CNSI 的成果转化与教育交流平台。CNSI 的成果转化与教育交流平台功能主要体现在:① 促进知识产权形成,加强知识产权保护;② 转让知识产权,帮助创办公司,促进科研成果转化;③ 与专业服务机构合作,对初创公司提供金融、法律等方面的咨询和服务;④ 提供世界高水平的科技与教育资源,举行培训、教育和讲座等一系列活动,促进学术交流,培养纳米人才,普及纳米知识。

(3) CNSI 的投资产业化交流平台。投资产业化平台是为了促进科技成果产业化而建立的,主要是与产业界、投资界合作,建立投资基金,对 CNSI 的研究成果进行投资促进其产业化。基于这样的目的,CNSI 组建了强大的产业联盟和投资联盟。① 产业联盟:CNSI 产业联盟吸引了过 31 家世界知名企业加盟,在这些世界知名的企业中,既有像默克(Merck)、安静(Amgen)和凯龙(Chiron)这样的世界级制药企业,也有像英特尔(Intel)、甲骨文(Oracel)、惠普

（HP）、IBM 等信息产业的巨头。产业界的早期介入，避免了科学研究闭门造车、脱离产业需求情况的发生。同时，利用产业联盟强大的资源和优势，也可以促进科研成果尽快产业化。② 投资联盟：CNSI 组建的投资联盟，吸引了 17 家世界知名的投资公司加盟，如美国 JP 摩根公司、APEX 投资基金、美国伊士曼基金等，总基金规模已超过 1 000 亿美元。这些企业可以为 CNSI 研究成果的产业化提供源源不断的资金。[4]

（4）CNSI 三个平台之间的关系。CNSI 的三个运营平台不是互相分割的，而是一个有机的结合体。其中，产业界和投资界的早期介入是关键一环。科学研究来源于产业需求，同时又服务于产业发展。基于科研平台，产业界可以早期介入到研究的选题和立项过程中，使得科学研究导向性更强。科研平台产生的研究成果，由成果转化平台和产业化平台进行知识产权转移和培育、投资产业化，并对技术转移、企业孵化等提供各项服务。成果转化和产业化平台对科研成果产业化所产生的收益按照市场机制部分返回研究平台，用于支持科学研究的顺利开展。CNSI 项目研究—转化—投资流程如图 2 所示。

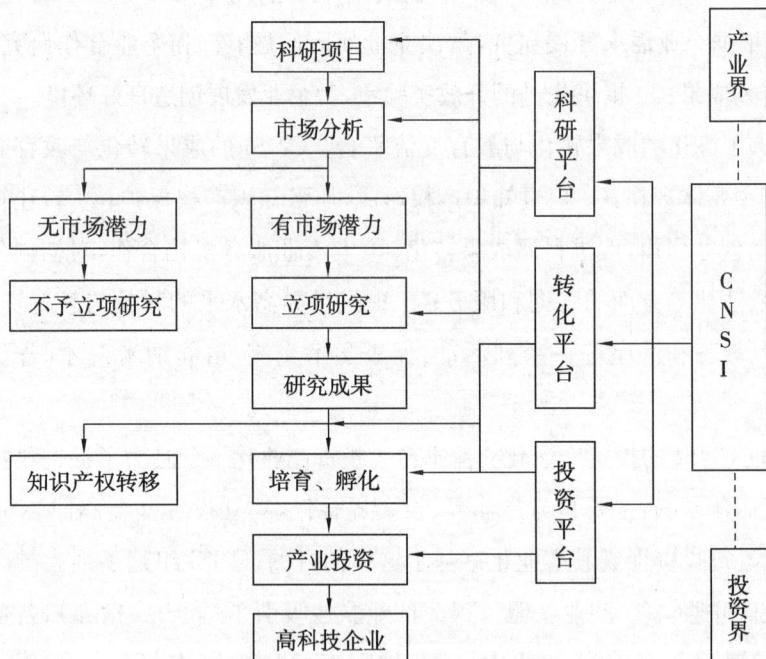

图 2　CNSI 项目研究—转化—投资流程图

3. CNSI 的管理结构

CNSI 的管理结构如图 3 所示。在 CNSI 的管理结构中,董事会负责 CNSI 战略发展方向。科研院长对董事会负责,决定 CNSI 科研方向和项目。首席运营官同样对董事会负责,组织实施 CNSI 战略,并代表董事会进行经营管理和运作,由政府代表、企业代表和外部科学家组成的顾问团对首席运营官的重要决策可以起到非常有效的参谋作用。CNSI 具体的教育、研究、成果转化等工作由科研部、技术部和产业合作部等部门分别负责实施,整个管理结构分工明确、精简高效。

4. CNSI 运营模式的优点

CNSI 运营模式的最大优点就是打破了原来的纯研究模式,使得科学研究可以针对产业需求进行,建立了科研、成果转化与企业孵化、产业投资有机结合的良好机制。科学研究与市场、科学研究与产业、科学研究与投资有机紧密结合,从而有利于实现科技成果的快速转化及产业化。CNSI 的实践表明,这种创新运营模式是成功的。

(1) 建立了科学研究与市场紧密结合的新机制。CNSI 与美国产业界密切合作,专门聘请产业界的专家做顾问,对科研项目做必要的市场分析。这使得科学研究能够针对市场的需求,做到有的放矢,实现了科研与市场的有机结合。

(2) 建立了科研成果快速转化的新机制,起到了"加速器"的作用。CNSI 拥有众多产业界联盟,产业界的早期介入,除了可以增强科学研究的导向性外,同时也为研究成果快速转化准备了条件。在 CNSI 成果转化与教育交流平台的作用下,科研项目与产业能够迅速结合,研究成果能够迅速转化。

(3) 建立了科学研究与投资界有效结合的新机制。CNSI 建立了投资与产业化平台,依靠国际主流风险投资基金对科研项目进行投资,并对项目进行培育、孵化,进而创办孵化企业。因为 CNSI 的研究在立项阶段就有完善的市场分析,只有真正有市场潜力的项目才立项,正是在降低市场风险的前提下,才会吸引到众多风险资金的投入。而有了投资界的不断支持,研究成果的产业化才能有效地实现。

5. CNSI 的科研成果

CNSI 成立至今,无论在学术上还是在技术成果的转化及产业化上,均取得了丰硕的成果。学术成果方面,CNSI 累计获得科研经费近 18 亿美元,2002 年在国际知名刊物(例如 Science、Nature 等)上发表文章 154 篇。同时,CNSI 也已经成功孵化了 35 家高科技公司,如 Nanosys 公司(全球创办最早的纳米技术公司,被誉为纳米技术未来发展的晴雨表)。CNSI 的技术也被众多知名企业广泛采用,例如,2002 年世界 9 大公司(索尼、菲利浦等)采用 CNSI 发明的蓝色激光技术,提出了存储介质蓝光盘(blue-raydisc)的新标准,专家预测其市场规模将可达到 240 亿至 320 亿美元。

(三) CNSI 运营模式对我们的启示

深入分析 CNSI 运营模式的特点,可以发现其成功的背后正是"官产学研"相结合的机制创新。而其创新的基础在于各个主体能够合理分工、各就其位,同时依靠科学合理的合作机制来保证主体间的有效协作。

1. 政府的有所为与有所不为

在国家的创新系统中,政府不能包办一切,但政府也不是无所作为的,什么可为? 什么不可为? 这些问题既需要理论上的思考也离不开实践的探索。一般认为,政府的主要作用应该体现在拟订符合国家和地区战略发展需要的科技创新和发展计划,并在落实中给予政策和资金的配套支持。在这一点上,国内理论界探讨得比较多,并且我国政府在实践中也做得比较好。CNSI 的运营模式给了我们新的启示。在 CNSI 的整个运营过程中,政府的"戏份"很少,完全按照市场化的机制和流程来运作,但是并不能因此而认为政府是无所为的。实际上,整个 CNSI 研究、成果转化和产业化平台的搭建,加州政府是起主导作用的。没有政府的大力推动和组织,是很难把大学、产业界和投资界如此有效地组织到一起的。如果把 CNSI 的运营比作一出大戏的话,可以说,加州政府承担了舞台搭建者的角色。搭建什么样的舞台? 怎么搭建舞台? 是政府需要考虑的,而舞台搭建后的表演,政府这个角色则不应过多涉及了。

2. 产与研如何合作

CNSI 在产与研合作上最成功之处在于产业界的早期介入。产业界早期的介入,保证了科学研究来源于产业需求,同时又服务于产业发展。而产业的早期介入又是以 CNSI 所建立的强大的产业联盟为基础的,正是有目的、有组织地建立了产业联盟,加上 CNSI 科学合理的研究流程,才可以实现产业与研究的良性互动。与 CNSI 的产研合作相比,尽管我国的产研合作也不断发展,但比较多的还是分散的、低层次的,有的甚至表现为教师等研究者的个人行为。能够站在产业角度或者整个研究机构的发展高度来有组织地进行产研合作的还很少,在这方面,CNSI 给我们的启发是很大的。

3. 引入风险投资资金促进科技成果商业化

资金短缺一直是困挠高校等科研机构科技成果转化的头疼问题。基础研究投入有限,并有一定阶段性,许多高水平科技成果刚刚从实验室走出来,进入到小试或中试阶段,此时资金却断了来源,致使科技人员只好忍痛割爱,发表几篇论文转而进行下一专题的研究,这种科研工作前功尽弃的例子在高校是屡见不鲜的。[5]

从国外的经验来看,依靠引入风险投资资金、加快科技成果转化应该是一个趋势。但是在我国,风险投资资金投资于研究成果转化存在两个问题:一是目前我国的风险投资行业还很不成熟,完善的风险投资体系尚未建立;第二个问题存在于研究领域,即目前我国的大多数研究面向市场的意识还很淡薄,在进行某项研究之初,不太考虑研究的产业潜力,使得风险投资的风险过大。如果说前一个问题是由目前的发展现状决定的、需要在发展中不断完善的话,那么后一问题则可以尝试借鉴 CNSI 的经验加以解决。即在研究的立项阶段联合产业界和投资界的专家对研究项目进行市场分析,论证其市场潜力,从研究流程的起点就考虑降低产业化及风险投资的风险。

参考文献:

[1] Science And Technology in The National Interest[EB/OL]. http://www. aaas. org/spp/yearbook/2002/ch5. pdf,2004—10—12.

[2] National nanotechnology initiative[EB/OL]. http://www. ostp. gov/NSTC/html/iwgn. fy01budsuppl/nni. pdf,2004—12—20.

[3]兰泳. 美国纳米技术发展状况[J]. 全球科技经济瞭望,2003,(4): 10—12.

[4]http：//www. cnsi. ucla. edu/alliances/institutealliances. html，2004—11—2.

[5]杨晓西. 21 世纪技术创新的模式探讨[J]. 华南理工大学学报，2002，(11)：17—21.

（本文发表于《比较教育研究》2005 年第 11 期。作者王明，时属单位为浙江大学管理学院；作者邹晓东，时属单位为浙江大学城市学院）

五、美国研究型大学的教育改革与创新
——以杜克大学为例

教育创新是教育的变革。它是指不断地创造、运用先进的思想和科学的方法、新颖的手段和技术,革除传统教育观念和模式中陈腐的东西,在各个领域、各个层次上建立并形成具有生机活力的运作机制和模式,实现教育改革的过程。[1]美国很多研究型大学的发展历程都说明,教育创新是研究型大学的成功之道。本文选取杜克大学(Duke University)作为案例来探讨美国研究型大学的教育创新情况,主要基于以下两个考虑:一是杜克大学作为一所著名的私立研究型大学,是美国高教界的后起之秀,在短时期内成功跻身于全美顶尖的一流学府之列;二是杜克大学对教育改革进行了大胆的探索和革新,在教育理念、学校管理、课程改革和学科建设等方面有许多创新之举。可以说,杜克大学的发展是不断进行教育创新的一个成功例证。

杜克大学创建于 1924 年,其历史可以追溯到 1859 年创立的三一学院或更早的布朗学校。一直以来,杜克大学由于地处南部小城——北卡罗莱纳州的达勒姆市(Durham),建校时间不长,在教学、科研上也未见突出建树,所以在全国范围内声望并不高,只是一所名不见经传的地区性大学。然而,这一情况到 20 世纪 80 年代后发生了根本性的变化,其整体实力和知名度节节上升。在 2006 年《美国新闻与世界报道》的大学排名中,杜克大学位居第五,仅次于哈佛、普林斯顿、耶鲁和宾夕法尼亚大学,实现了从一所地区性本科院校向全国一流研究型大学的跨越。作为美国最年轻的私立研究型大学,杜克大学之所以能在较短时间内实现跨越式发展,其重要原因就在于它的锐意进取、开拓创新。

（一）明确目标定位，革新教育理念

1. 追求卓越的办学目标

一切创新活动都是从确定目标开始的。杜克大学在创建之初，其创建者詹姆士·杜克（James Buchanan Duke）就提出要使杜克大学"真正成为世界教育事业的领路人并促进人类进步……发展我们的资源，增加我们的智慧，并提高人类的幸福"。[2]虽然历经近百年的发展，但其追求卓越的目标与信念始终不变。历任校长和学校管理层在大学的发展战略上始终坚持质量优先和规模控制的原则，正如建校之初三一学院董事会所提出的："这所大学的所有院系关注的都应是优秀而不是规模，目标是质量而不是数量——教师的质量和学生的质量。"[3]"追求卓越"已经成为杜克大学文化的一部分，激励着每一个人去超越、去创新。

2. 革新教育理念

教育创新首先是教育思想、理念的创新，对传统的教育思想、观念进行扬弃，树立新的知识观、人才观、教育观。面对科学技术日新月异的变化，杜克大学认为大学教育要跟上时代的变化，不仅仅是给学生传授固有的知识，为今后的职业生涯做准备，还要使他们能在未来变化莫测的世界中发挥主导作用，迎接我们今天无法预测的挑战。正如现任校长布劳德海德所说的："大学面临的挑战是培养具有创造型思维的全面人才，让他们能在处理今后 10 年、20 年或50 年世界上出现的问题时仍然游刃有余。"[4]在这种教育理念的指导下，杜克大学着力帮助学生增强社会适应能力，培养学生具有从不同视角去看问题、以综合的技能去处理日益支离破碎的知识整合各种信息做出合理选择的能力，尤其是培养他们终身学习的能力。

在杜克大学的教育理念里，有 6 个永恒的主题：国际化、多样化、跨学科、知识服务社会、以人文社会科学为中心和入学机会平等。杜克大学很早就意识到如果不成为一所国际性大学就不可能成为一所伟大的大学，并致力于从全世界吸引优秀的学生和教师，鼓励各种国际合作。多样化是杜克大学校园的一大特色，不同国家、种族、宗教、文化背景的教师和学生聚集在一起，不同思想、观念、文化的碰撞使杜克大学一直保持着学术的活力和创新力。在以往和即将实施的战略计划中,跨学科研究与教学一直是杜克大学教育改革的核心。此外,杜克大学还积极通过社会服务来促进学生智力、技能和责任感的全面发展,强调人文社会科学在人才培养中的基础地位,并努力采取多种资助政策,确保学生不因学费而失去入学的机会。

(二) 实施战略管理,注重全局规划

1. 校长的战略领导作用

领导者就其本质活动来说,就是制定和实施战略,没有战略就没有领导,没有领导就无所谓战略。大学校长是大学战略的策划者、战略决策者、战略执行者和战略执行的监督者,对大学的发展影响巨大。

杜克大学自建校以来,历任 9 位校长,第六任校长特里·桑福德 (TerrySanford)对于杜克大学今天的成就功不可没。在 16 年的任期中,他不畏挑战,勇于变革,大力发展现代高科技、尖端医学、保健研究,引领杜克大学向国际化方向迈进。由于他及早预见到学校管理中可能遇到的问题,制定预算程序,加强财务预算管理,使杜克大学避免了一些大学遇到的财政问题。在任期间,他以交叉学科的形式创建了政策科学与公共事务研究所,以培养未来的政治和商业领袖。该研究所是将杜克大学推上全国性名校位置的一个重要因素,堪与哈佛大学和普林斯顿大学的同类学院媲美。

在杜克大学的发展史上还有一位功勋卓著的校长——格雷费斯 (Graflex),他于 1983 年出任杜克大学主管学术事务的副校长。在对当时美国大学的发展进行深入分析之后,他发现很多大学把注意力都放在自然科学和社会科学的发展上,对人文学科重视不够,这对杜克大学是一个难得的机会。于是从 1984 年起,他相继聘请了一批人文学科的著名学者,重新改造人文各科系,使杜克大学成为美国人文学科的重地。

2. 适时制定学校整体发展规划

制定发展战略和规划,是科学管理的首要任务。大学通过制定战略规划,提出使命和愿景,能够明确办学定位,确定发展重点,集中资源培育核心竞争力。得到学校和社会认同的发展规划是大学改革和发展的航标,是争取社会支持的宣言书。

杜克大学的发展史是一部不断朝规划目标迈进的历史。在不同的时期，管理者们为提高学校的学术地位和办学实力制定了一系列既相互独立又相互衔接的发展计划。这些发展计划是在对学校优势、内外需求、实施计划等进行大量调查研究的基础上制订的，例如，道格拉斯·奈特校长（Douglas M. Knight）1964 年发布的"第五个十年"（The Fifth Decade）报告，是在学校委员会为制订学校发展的长期计划而进行的 6 年研究的基础上制订的。[5]这份报告提出的自由教育、通识教育和职前教育并重、研究生教育和本科生教育并举等 4 个承诺奠定了杜克大学今天的成就，并在 1980 年的"前进的方向"（Directions for Progress）中得到重申，它与"80 年代规划"（Planning for the Eighties）一起为集中资源提高学术质量做出战略选择。

到了 20 世纪 90 年代，为了加强对跨学科研究与教学的支持，明确实现卓越目标面临的机遇和问题，杜克大学相继提出了"跨越壁垒：90 年代跨学科规划"（Crossing Boundaries：Interdisciplinary Planning for the Nineties）、"杜克计划：杜克在 21 世纪的定位"（A Duke Plan：Positioning Duke for the 21st Century）和"规划我们的未来，一所新世纪的年轻大学"（Shaping Our Future：A Young University Faces a New Century）等发展计划。继 2001 年的"铸就卓越"（Building on Excellence）计划之后，目前杜克大学正在实施的是在 2006 年制订的"与众不同"（Making a Difference）计划。这些一个个接踵而至的发展规划为杜克大学的跨越式发展提供了强劲的助推力。

（三）改革课程体系，促进通专结合和跨学科教育

1. 加强通识教育与专业教育的有机结合

大学教育应该是一种整体与均衡的完整教育，除了要培养学生掌握专业知识与技能之外，还要给学生广博的知识基础，使学生具有宽广的视野和独立成熟的人格。广博而精深的知识结构是从事创新研究的基础条件，也是创新型人才的必备素质。

1999 年杜克大学提出了新的课程改革计划——"课程 2000"（Curriculum 2000），目的在于更好地适应世纪之交与未来时代的挑战。"课程 2000"从综合性的教育目的出发，制定了一个课程框架，将知识领域、探究方式、重点探究和

能力培养这 4 个教学目标结合起来,要求所有本科生在文学艺术、社会文明、社会科学、自然科学与教学这 4 个知识领域各学习 3 门课程,同时强调每门课程的教学应该融合以上几个教学目标。这种全新的课程设置建立了通识教育课程与专业课程相互关联的课程结构,将通识教育课程融入专业课程中,实现了通识教育与专业教育的有机结合。

"课程 2000"在通专结合的同时,也实现了知识的广度与深度的平衡。正如该计划中所说的那样:"通过要求学生在通识教育规定的所有知识领域内选课,'课程 2000'为学生提供了知识的广度,同时通过学习专业主修课程继续加强知识的深度。整体结构与个性选择和知识广度与知识深度的结合,确保了杜克大学的本科生能够共享多种教育经验。"[6]

2. 注重开设跨学科课程

当今时代知识高度分化与综合,许多科研成果往往产生在传统学科的交叉边缘之处,人类社会许多重大问题需要各学科的协同解决,跨学科人才的培养日显重要。杜克大学在新一轮课程改革中加强了对跨学科课程的重视,目标是使学生从本科阶段就进行跨学科知识的学习,培养他们掌握综合知识、形成跨学科界限的知识视野、建立受益终身的综合一体化的学习习惯。

"课程 2000"要求所有学生必须学习"交叉文化""科学、技术和社会""伦理研究"方面的 2 门课程。"交叉文化"的探究是以比较的视角对文化的动态和文化的相互作用进行学术探讨。这种探讨是对政治、经济、审美、社会和文化差别进行比较和综合。"科学、技术和社会"的研究主要集中于重大的科学或技术进步与社会之间的相互影响、相互作用问题。"伦理研究"主要培养学生掌握和应用伦理推理的技能、理解伦理和政治问题在塑造人类行为方式中的价值以及对伦理问题进行批判性思考的能力。这些课程模块同时涵盖几个不同的学科领域,综合了以前割裂、破碎的知识,促进学生学习的综合化,使学生的知识结构和知识体系成为一个紧密联系的整体。"课程 2000"实施之后,立即成为美国高校中最为流行的一种课程体系并引来很多学校竞相效仿。

（四）创新管理机制，加强跨学科研究与管理

1. 设置专门的跨学科研究管理机构

跨学科研究是创新性成果的高产出地带。促进跨学科研究与教学是杜克大学提高应对现代学术挑战能力、寻求更多外部研究经费支持的重要战略。为了在管理上给予跨学科研究大力支持，1998年杜克大学成立了跨学科副教务长办公室。旨在改善跨学科机构的管理，激励跨学科研究和培育跨学科研究中心。

跨学科副教务长办公室的主要职责包括组织跨学科管理小组的各项活动，对跨学科中心和机构进行监督与评估等。主管副教务长负责监督跨学科研究中心和机构的成立与评估，并通过网络向教师和学生提供各种跨学科资源和信息。跨学科管理小组成员定期开会，分享管理经验，相互交流学习。此外，跨学科副教务长办公室还参与学校的改革，负责提供建设性的意见和建议，变革阻碍跨学科与跨学院合作的政策、体制和机制。通过设置这种专门的跨学科研究管理机构，杜克大学从组织和人员配备上保证了跨学科研究的顺利实施。

2. 创建跨学科交叉平台

现代大学以院系为单位的组织结构及管理机制是大学进行跨学科研究活动的一个主要障碍。改革现有的大学组织结构和运行机制，超越院系层次，组建跨学科的研究中心或重大科研项目组，可以在更大范围内加强学科间的横向交叉与综合。

杜克大学对建立跨学科研究机构进行了有益的尝试，创建了一种新型的跨学科研究机构的模式：把来自跨学科合作的新颖观点应用于学术机构。以传统学院和院系为"横向网络"，以跨学科机构为"纵向网络"创造一个矩阵结构。这种模式的理念是：对创新研究活动定期投资，结合学校发展战略规划实行每五年一次的跨学科机构评估，评估不合格的项目要求退出。

在2001年"铸就卓越"计划实施期间，杜克大学投资约9 000万美元，成立了13个"跨学科科研创新项目"，这些项目包括：生物生成材料和材料系统中心、儿童与家庭政策研究中心、环境问题研究中心、全球演变研究中心、理工科计算机支持中心等。[7]通过消除组织、管理和人员障碍，加强对教师的引导和激励，杜克大学突破传统学科局限，在跨学科学术研究上成绩斐然。

（五）多渠道筹资，注重提高办学效益

1. 多渠道筹集资金

保证一定数量并保持一定增量的经费投入，是持续推进教育创新的保证。学术经费的多寡，虽然不能直接反映办学的绩效，但没有充裕的经费，只会凸显巧妇难为无米之炊的窘境。

为了争取更多的外部资金，杜克大学鼓励教师和研究机构积极开展跨学科研究，并努力谋求与政府实验室、研究机构的多种新型合作关系。通过技术再投资和小型商业技术转化等项目，加强各种校内外的联合与合作增强获取经费的竞争力。除学费、政府投资和社会捐赠外，服务收入（特别是医院服务收入）是杜克大学的一项重要收入来源。杜克大学的医学中心和附属医院是世界著名的保健中心，通过积极开展社会服务，建立了一系列配套产业，成为杜克大学财政收入的重要来源。

作为一所年轻的私立研究型大学，杜克大学不像哈佛、耶鲁等老牌大学那样有众多的校友捐赠。然而，通过不断开拓新的资金筹集渠道，挖掘资金来源潜力，以贡献求发展，以服务求支持，在过去的 32 年中，杜克大学的年度基金记录每年都在刷新，如今杜克大学已经成为全美校务基金最雄厚的大学之一。

2. 注重提高办学效益

高等教育是一项昂贵的事业，相对需求而言资源总是有限的。大学不仅要善于筹资，还要善于经营，通过合理配置实现有限资源的效益最大化，加强对经费使用的监控，以有效的经费投入和监控体制推进高等教育创新。

杜克大学深深意识到，面对有限的资源，不可能在所有学科上都保持卓越，必须有所为，有所不为。正如它在发展规划中所说的："我们不能为抓住所有的学术机会而建立一个新项目，也不能为满足每一种需求而开创一项新服务。我们必须经常自问什么是基础的、本质的和重要的，我们必须明确什么是最适合我们使命的，什么是最能让杜克大学取得显著成就的。"[8]

在校长资源咨询委员会的建议下，杜克大学从 1991—1992 财政年度开始实行管理中心预算体制，即在学院层面实行分权管理，明确各学院与学校之间的财务关系。这种预算体制可以激励全校进行有效的财务管理，促进各部门进

行成本控制和效益分析,以效益最优化原则指导资源分配,控制管理费用的增长,确保学院管理经费和科研经费的公平分配。另外,杜克大学董事会提出的财政平衡政策,不仅要求达到年度运营预算平衡,而且还要求合理管理学校资产,以便为杜克大学下一代的成功提供资金基础。

纵观杜克大学的发展历程,可以看出,杜克大学的成功是在卓越目标和先进理念的指导下、适时制定具有前瞻性的发展规划、抓住机遇、勇于创新、引领改革的新潮流、集中资源培育核心竞争力而实现的。它的成功再一次证实了,创新是研究型大学发展的必然选择,惟有立足校情、创新教育理念、加强战略管理、深化教育改革、破解发展难题、走创新之路,才能实现研究型大学的跨越式发展。

参考文献:

[1]张立昌.创新、教育创新、创新教育[J].华东师大学报(教育科学版),1999(4):26—33.

[2] Duke University. Building on Excellence[EB/OL]. http://www.provost. duke. edu/pdfs/univupdatell. pdf,2007—06—20.

[3][5][8] Shaping Our Future：A Young University in a New Century [EB/OL]. http://www. provostduke. u/pdfs/shaping. pdf,2008—06—17.

[4]王丹红.布劳德海德:大学创新要从保护好奇心开始[N].科学时报.2008—07—18(3).

[6] Duke University. Curriculum 2000 [EB/OL]. http://aas. duke. edu/admin/curriculum2000/report. html,2008—06—15.

[7] Duke University. Building on Excellence [EB/OL]. http://www.provost. duke. edu/pdfs/univupdatell. pdf. 2008—06—17.

(本文发表于《比较教育研究》2008年第9期。作者饶燕婷,时属单位为北京师范大学国际与比较教育研究所)

六、美国高等教育创新机制浅析

为了更好地推动创新，尤其是为了推动美国高等教育的创新，形成有利于高校创新的内外部环境和机制，从而对高新技术成果的产出和创新型人才的培养起到巨大的推动作用，美国在国家、学校和课程三个层面进行了一系列的制度变革和创新。这里的"创新"是将新的观点、思想、理论具体化为具有实用价值并得到社会承认的成果的一系列复杂活动。"机制"是激发、维持和促进某种事业或活动的政策、制度安排以及各要素之间的联系和作用方式。

（一）国家层面的制度保障

高等教育系统是整个社会系统中的子系统，高等教育的创新不但需要高等教育内部的制度保障，还离不开国家和社会对创新的鼓励和支持。长期以来，美国在法律、制度和文化建设上对高等教育创新方面的促进，主要体现在以下几个方面：

1. 专利制度的修订

美国专利制度的修订对保障创新成果的生产产生了巨大的作用。在 20 世纪 80 年代以前，美国的专利制度逐渐出现了一些与科技发展不相适应的状况。人们普遍认为获得政府资助的大学及实验室的创新和发明是以公共税收为基础的，任何人都可以利用，因此发明人只享有非独占性许可。这导致公司不愿意投资开发新产品和新市场，大学和教授们也缺乏动力去创新。同时，由于美国的司法部门往往从反垄断的角度来处理有关专利方面的问题，把对专利权的独占视为一种不正当竞争，因此，许多对专利的授权都被视为无效。此外，由于

111

美国的专利商标局长期人员不足,使专利审查工作的效率极低,导致专利刚刚获得授权便已过时的现象时有发生。20 世纪 70 年代末 80 年代初,美国的经济发展进入低潮,国际竞争力大大下降,然而此时,一些高新技术产业的发展势头却极其迅猛,这导致了人们对新技术产业的关注,使人们认识到有必要通过专利制度的改革来解放生产力,促进创新成果的生产和创造。

为改造不适应生产发展的专利制度,1980 年,美国最高法院一改其原来的反垄断立场,宣布专利权是对社会无害的合法权利。美国国会也积极响应,于 1982 年通过了《联邦法院改进法》,要求建立联邦巡回上诉法院(Court of Appeal of Federal Circuit,简称 CAFC),统一处理有关专利诉讼的案件,提高了专利制度的稳定性。随着新技术革命的发展,美国政府还将更多的创新成果纳入专利法的保护之下,并且为提高大学和研究机构的科研积极性,于 1980 年出台《拜杜法》(BayhDole Act of 1980),允许大学拥有创新成果的专利产权和向企业进行技术转让,[1] 从而对创新成果的生产起到了有效的保障和促进作用。此外,国会还通过了一系列法律,这些法律继承了《拜杜法》的指导思想,更进一步奖励创新者并促进技术转移。与此同时,各大学和政府实验室相继设立了专门从事专利管理和技术转移的组织机构。至此,以《拜杜法》为核心的新型政府资助研究专利管理制度已经建立起来,并有力地促进了美国技术创新和技术扩散活动。

2. 企业反腐败法的出台

美国企业反腐败法的出台对于保障企业消费创新成果,促进知识创新的良性循环产生了巨大的作用。在整个 20 世纪,美国制定了许多打击企业腐败行为的法律。如 1934 年美国的《证券交易法》(Securities Exchange Act of 1934)规定上市公司不能通过贿赂政府官员来提高自身业绩,误导投资者增加对该企业的投资;《邮政电信反欺诈法》(Mail and Wire Fraud Acts)规定企业禁止使用邮政、电信等手段行贿,为自己谋求利益;《海外反腐败法》(Foreign Corrupt Practices Act 1977,简称 FCPA)规定美国企业不得向外国政府官员行贿[2] 等,这些法律规范了美国企业在国际市场上的行为。

美国反对企业腐败行为不但有利于保证商业系统的有序运行,而且可以使企业难以通过行贿的手段为自己谋取利益,只能转向通过自主创新或购买新的科技成果，来提高自己产品和服务的质量，这就为大学生产的创新成果提供了更加广阔的消费市场，从而有力地推动了高等教育的知识创新和转化。

3."美国梦"文化的塑造

"美国梦"是美国文化的重要组成部分。它的基本含义是，要用一切可能的手段来追求个人目标的实现，而且所有人无论社会地位和家庭出身如何，只要努力，都可以获得成功。作为美国社会特有的文化现象，"美国梦"倡导自由、民主和平等，鼓励努力奋斗和锐意进取，使人们普遍认为只要通过自己的不懈努力有所发明创造，便可以获得金钱和名誉，实现自己建功立业和出人头地的理想。这种文化鼓励人们追求功利，追求金钱，追求成功，因而容忍失败，有利于冒险精神和企业家精神的发展。这种"美国梦"文化的塑造为高等教育的创新营造了有利的文化氛围，为高校师生的创造性活动提供了巨大的精神动力。

（二）学校方面的积极探索

除了国家层面的制度保障外，美国大学本身的目标、理念、制度和机构设置也为高等教育的创新提供了肥沃的土壤，主要表现在以下方面：

1. 大学使命的定位

美国大学虽然普遍重视履行社会服务的使命，但并没有把大学的使命简单地定义为单纯地反映和满足社会的需要。他们认为：大学应该做真理的发现者，为社会的发展提供真知灼见；大学应该做社会正义的守护者，对现有体制的不足提出批判；大学应该成为变革社会的力量，做指引国家和社会发展进步的灯塔。简言之，大学应当追求知识，服务社会。这种明确的使命定位鼓励大学中的学者勇于探索，对高等教育的知识创新进行了价值观上的肯定，确立了思想保障机制。

2. 培养目标的确定

第二次世界大战以前，美国大学与欧洲大学一样，都以培养社会精英为教育目的。随着 1944 年《退伍军人再适应法》的颁布，大量退伍军人涌入高校，美国开启了高等教育大众化的进程。培养社会精英不再是高校的惟一目标，塑造多方面的技术和管理人才也被纳入到大学的培养目标中。然而，大众教育虽然受到重视，却没有取代精英教育的地位。各种高等教育机构处于不同的层级和类型之中,承担着不同的责任。大众教育的承担者主要是社区学院,而一些著名的研究型大学依然坚守着精英教育的传统。这就意味着这些大学不但重视教会学生一些知识和技能,更是把鼓励学生科研摆在了至关重要的地位,从而通过精英教育牢固地把守着科技创新的前沿阵地。

3. 大学精神的坚持

学术自由与学术自治是美国大学的基本精神,这不但是美国高等教育的指导思想,而且还为大学的创新创造了必要的文化环境与条件。按照孟禄主编的《教育百科全书》的说法,学术自由指的是"在具有高深学问的高等教育机构中教学并证明真理的自由或探求真理而不受政治、官僚或宗教权利的干扰的自由"。[3]真理是客观的、中立的,不受任何政治集团和意识形态的左右和限制,学者只有具有学术自由,才能够摆脱任何不合理的干扰进行自由的思考,才能在发现真理的道路上大步前行。为了保障学术自由,美国在 1915 年成立了美国大学教授协会(AAUP),该组织自成立以来,一直倡导学术自由原则,并制定了终身聘任制的相关规定以及大学教师聘用、晋升和解聘的正当程序,使学者的学术自由权利得到了更好的保障。

学术自治是学术自由的基础和保障,只有大学的教师和学者拥有自由地决定自己的学术活动的权利,才能获得更为广阔的创新活动的发展空间。美国大学的学术自治程度比较高,高校的内部事务一般由学校董事会决定,而美国的联邦教育部和州教育行政部门对高等教育只起辅助和协调的作用,并不直接参与高校的管理,这种制度安排在一定程度上保证了高校的办学自主权,使学术自治能够得到一定程度的实现。

4. 学术伦理的保障

美国的大学对学术伦理问题非常重视。所谓学术伦理是指高等教育中的相关人员在从事学术活动时所要遵循的基本道德规范。它以学术自由为前提,是学术自治的必然要求。学术伦理之所以必要,是因为学者享有学术自由权利,享受权利的同时就必须承担责任,即遵守学术伦理。这就要求学者在从事创新活动时,坚持客观中立的立场,不偏袒任何集团和组织的利益,严格按照科学研究的方法和规则来进行研究,并且在研究中不能损害被试或他人的自由和利益。总之,遵循学术伦理不但是学术活动的基本要求,也是维护学术界创新活动有序进行的必要条件。

5. 院系整合的影响

随着科学技术的飞速发展,边缘学科、交叉学科大量涌现,这就导致大学原来的以院系为单位、彼此分离的教学研究模式不能适应科技发展的需要。面对这种情况,美国大学与时俱进,不断进行组织再造,为了实现特定目标、加强院系的整合和院系合作,成立了一大批跨学科研究中心和实验室,将不同院系的资源整合起来,极大地加快了科技创新的步伐。

以美国马里兰大学为例,该校为促进本校科研活动的发展,建立了一大批交叉学科:如全球环境变化;语言、文化和认知;能源;多样性和包容性;纳米生物科技;健康;信息科学等。2008 年 5 月 21 日,该校颁行了最新的《10 年战略发展规划》,该规划指出,在未来,该校将大力发展跨学科研究活动,用来整合现有的科研资源和力量,以解决社会中的重大问题,从而使该校的相关学科领域跻身于世界一流的行列。为了实现这个目标,又有两个新的跨学科研究中心建立起来,它们分别是人文学科中心,该中心有许多重大基金科研项目,吸引着来自全世界的学者,并且已达到了世界一流的科研水平;脑成像科研中心,该中心将通过高水平的神经和认知科学跨学科研究项目,将自身打造成具有世界声誉的科研集群。[4]

6. 科技园区的创建

科技园区最早是在 20 世纪 50 年代初由斯坦福大学开创的。这是一种知识技术密集型的产、学、研联合体,通常以科研实力雄厚的研究性大学为核心,环绕大学设立许多高科技公司,形成一种大学和高新技术企业群共同构成的创新成果生产和产业化中心。[5]一方面,科技园区可以极大地推动高校科研成果的产出,使大学中的教授和学者直面周边企业的生产实际,并在需求和利益的驱使下积极地从事创新活动;另一方面,科技园区还可以保障科研后备力量的培养,为研究生提供良好的实习场所,有效提高他们的科技创新能力,使高等教育的创新链条得以完善和顺利运转。实际上,通过科技园区的创建,大学不仅更好地融入当地社区、服务社区,而且自身也从当地社区获得更多的资源。

(三) 课程层面的变革创新

在大学精神、制度和组织方面做出有利于创新的安排还不够,还需要在课程方面加入有利于培养学生创新精神和创新能力的内容,从而将学生培养成创新型人才。美国大学在课程方面的变革创新主要表现在以下几个方面:

1. 通识教育的变革

通识教育与专业教育相对,旨在通过向学生传授广泛的科学文化知识和技能,使学生能够全面提高自己的能力和素养,而不是单纯为未来从事某种职业做准备。1828 年,耶鲁大学最早在本科生教育中引入了通识教育的课程,之后,这种课程在全美迅速流行。现在,美国大学本科教育的一、二年级,基本上都以通识课程为主,到了三、四年级才开始专业分流,从而保证学生能够掌握基本的语言、文化、历史和科学知识,接受思想品德和公民意识的陶冶,并具备一些不直接与职业相关的能力。[6]在当今社会,人们对创新越来越重视,因此,美国许多大学又在通识教育中加入了培养学生创新精神和创新能力的内容,以期学生能够适应未来从事科研和创造活动的需要。

2009 年 10 月 9 日,美国马里兰大学教务委员会主席正式宣布,2010 年春季,马里兰大学将引入并试验新的"I"系列通识教育课程。该课程因在表述上有多个以"I"打头的单词而得名:通过"I"系列课程,学生将运用想象力(Imagination)和智慧(Intellect)来考察(Investigate)社会上的重大问题(Issues),并且坚信这些课程能够激发(Inspire)进一步的调查研究(Investigation)并提供实践(Implement)创新(Innovative)思想的具体机制。"I"系列课程将开启马里兰大学通识教育改革进程,[7]它将提高学生的批判性思维能力、有效交流技能、媒体和技术的使用能力以及人类理解力。这种课程既包括理论课,又包括实践课,[8]不仅能够促使学生关注当前世界的重大问题,向学生呈现新的研究领域,而且还能激发学生检视自己对待不同文化传统的方式,为学生提供思考现实问题的新思路。

2. 领导力教育的引入

在创新活动中,团队合作是非常必要的。在团队合作过程中,必须有一个领导者来负责组织和协调工作。该领导者必须具备较高的组织能力、人际沟通能力和创造性解决问题的能力,以保证科研项目或创新任务能够顺利完成。当前的美国大学为使学生成为能担任领导工作的合格人才,将领导力教育纳入到通识教育的课程体系当中,以培养学生的领导能力。这种课程主要通过两种方式进行:第一种是将领导力教育渗透到各门学科的课程中去,让学生在教师的行为示范中,或在各种课内外活动中丰富自身有关领导力的知识和技能;第二种是开设专门的领导力课程,让学生系统地学习有关领导力的概念、理论,并在专门安排的活动中掌握领导技能,提高自身的领导能力。这种领导力教育产生了很好的效果,不仅能使学生自身提高领导能力,还能够使参与相关活动的学校和社区提高自己的领导水平,推动组织和机构创新。[9]

3. 创业教育的开展

美国的创业教育是随着经济的发展和小企业的大量涌现而产生的,其目的是培养人们的企业家精神和与创业有关的能力。最早的创业教育课程是1947年哈佛商学院的迈勒斯·迈斯为 MBA 专业开设的"新创企业管理"课程。[10]后来,开设创业教育课程的大学逐渐增多,课程的形式也渐趋多样,既有在大学的工商管理学院开设的专业课程,又有为其他学院和专业的学生提供的选修课程;既有单门课程,又有包括市场管理、金融学、竞争分析、新产品开发和技术管理课程等相关课程的专业;既有本科生课程,又有硕士研究生课程和博士研究生课程;[11]既有关于小企业运营的课程,又有关于创新型大企业管理的课程。企业也借此机会得以进入大学,参与到大学生的培养活动之中。创业教育课程有效地培养了学生的创新精神和创业品质,不但推动了社会上大量创新型企业和高技术企业的产生,而且对工商管理类专业本身,乃至整个大学的课程设置也是一个创新和发展。

4. 服务学习的推广

服务学习是美国大学生实践学习课程的一种重要形式。它通过学生与社区建立联系,让学生在有组织的社会服务活动中培养自己的社会责任意识、创造性思维能力以及分析与解决问题的能力。推动服务学习的重要机构是"校园契约"组织,该组织是一个由大学校长组成的校长联合体,宗旨是通过推动大学与社区合作,促进大学发挥社会服务职能,鼓励大学生从事服务学习,并把基于社区的学习整合进大学的课程中。[12]服务学习课程并不是一个单纯以服务为目的的志愿服务项目,而是通过学生接触真实世界,让他们能够批判性地思考现实世界中的问题,并在解决问题的过程中,充分运用学到的知识和技能,培养自己的创新精神与创造能力。

美国在国家、大学和课程层面进行了许多有利于高等教育创新的安排和变革,这些做法无疑值得我们学习借鉴,以推动我国高校创新机制的建立和发展。高等教育创新机制是一个复杂的系统和过程,它既包括在国家层面上通过法律、制度和文化的塑造为高校创造有利于创新的背景和氛围,又包括大学通过理念、精神和制度方面的探索来推动创新活动,同时还要把创新机制落实到具体的课程中,使有利于创新的课程内容内化为学生的能力和素质,从而使创新人才和创新成果的供给源源不断。如果不能系统思考和设计有关的制度,只是在高校内部做些修修补补,则难以切实调动高校和教师的创新积极性,甚至高校内部的修补也不会真正发生。

参考文献：

[1]包海波,盛世豪.20 世纪 80 年代以来美国专利制度创新及其绩效[J].科技与法律,2002,(4):44—47.

[2]反海外腐败法[EB/OL].http://baike.baidu.com/view/2663779.htm.[2009—10—28].

[3]Paul Monore(ed).A Cyclopedia of Education(Vol. 2)[M]. New York:The Macmillan Company,1925.700.

[4] University of Maryland. Transforming Maryland: Higher Expectations[EB/OL]. http://www.sp07.umd.edu/ Strategic-PlanFinal.pdf. 2008—05—21.

[5]马健生,孔令帅.学习化社会高等教育的使命[M].太原:山西教育出版社,2009.108.

[6]谷建春,潘文利.美国著名大学通识教育与专业教育整合的现状研究[J].黑龙江高教研究,2008,(5):78.

[7]University of Maryland. The "I" Series:Signature Courses for the Pilot for General Education at the University of Maryland,Spring 2010[EB/OL]. http://www.provost.umd.edu/ SP07/Imple-ment/I-Series-Brochure.pdf. 2009—11—03.

［8］Ira Berlin. Announcement of "I"-Series Courses：Request for Proposals［EB/OL］. http：//www. provost. umd. edu/ GenEd 2009/Useful％ 20Information/RFP. I－series％ 20courses. pdf. 2009—09—04.

［9］文茂伟,房欲飞.在通识教育中发展大学生领导力——以美国大学生领导教育为例［J］.比较教育研究,2008,(1):8—9.

［10］张琳琳,张桂春.美国创业教育实施体系及对我国的启示［J］.外国教育研究,2008,(1):80.

［11］李乾文.美国企业家精神教育兴起的背景及成效分析［J］.经济前沿,2003,(9):30—33.

［12］Campus Compact. Our Vision, Mission, and Organizational Statements［EB/OL］. http：//www. compact. org/about-cc/mission. html. 2005—03—24.

（本文发表于《比较教育研究》2010 年第 5 期。作者马健生、孙珂,时属单位为北京师范大学国际与比较教育研究院）

七、高等教育创新的"保健机制"探析

——以美国的经验为例

（一）引言

随着知识经济的到来，人们日益认识到创新在社会发展中的作用，一个国家只有具有较强的创新能力，才能在国际竞争中立于不败之地。然而，我国作为一个在历史上创造出辉煌的"四大发明"的国家，其当代的创新能力又怎样呢？就拿得到世界公认的体现创新实力的最高奖项——诺贝尔奖来说，从该奖设立至今有 1 000 余人获奖，然而其中 6 位获奖的华人却都是美国国籍，而具有中国国籍的公民没有一人。在美国的著名科研机构中，华裔高级科研人员占 10％，而他们在美国总人口中却只有 1％左右。[1]

为什么中国人只有到了国外去才能彰显出卓越的创新能力呢？答案可能是多方面的。但是，作为知识创新前沿阵地的高等教育，我们必须到促进其创新活动的机制中去找原因。反观我国的促进高等教育创新的各种政策、措施和制度安排，较多的是通过资金、荣誉和职称等各种激励和刺激手段，推动高校中的人员"乐于"从事创新活动，而很少考虑如何减少人们的顾虑，帮助规避创新所带来的风险，使人们"安于"创新。因此，本文致力于考察美国这一世界头号发达国家推进高等教育创新的做法，搜寻其构建规避创新风险的"保健机制"的经验，以为我国完善高等教育的创新机制提供借鉴。

（二）高等教育创新"保健机制"的内涵

为了激发和维持组织的某种事业或活动、促使其获得长足发展并达到既定目标,组织内外部的相关部门必然会采取各种措施,制定各种政策和制度来促进组织中的人去从事这种活动。如何才能鼓励人们采取行动以实现目标,管理学有很多相关理论,其中较有影响的是弗雷德里克·赫茨伯格的"双因素理论"。双因素理论将人们工作的动机来源划分为两类,即"激励因素"和"保健因素"。"激励因素"是与工作本身有关的因素,如晋升、认可、责任和个人发展等,它往往与人们成就的取得和自我实现需要的满足有关,对人的行为起到刺激、激发和积极推动的作用,它的存在和改善可以提升职工的工作积极性。"保健因素"则并不直接与工作本身相关,更多的是属于外部环境的因素,如安全的环境、良好的工作条件、福利保障、人际关系等。[2]这种因素满足的是人们较低层次的需要,如生理的需要、安全的需要和归属的需要等,它的存在和改善虽不能直接对工作起激励作用、提升工作积极性,但可以消除职工的疑虑和不满情绪,防止对积极性造成的损害。"保健因素"是"激励因素"发挥作用的基础,人们只有在生活有保障、具有安全感的环境中,才能专心于工作和事业,而不会因为时时担心基本需要得不到满足或受到威胁而影响工作上的投入程度。

高等教育创新活动作为一项社会的重要活动或事业,也需要国家和高校本身建立有效的机制来推动和促进,而推动机制的建立也要从"激励"和"保健"两个方面来进行。一直以来,我国较为重视的是高等教育创新的"激励机制",对建立"保健机制"缺乏重视。所谓高等教育创新的"保健机制",应该是消除人们在高等教育创新活动中的疑虑和不满情绪的政策、制度安排以及各要素之间的联系和作用方式。它往往并不与创新活动本身相关,而是关注如何满足人们从事创新活动时的基本需要,使人们能够拥有宽松的创新环境,减少从事创新活动的后顾之忧。

在这里,高等教育创新的"保健机制"需要涉及两个方面:一是规避创新失败的风险。由于创新活动所要走的是一条前人没有走过的道路,这就必然使创新主体面临着创新失败的风险;二是减少外部的各种权力和利益集团对创新活动的威胁。由于创新活动就是打破常规进行思考和活动,因此它经常会与现存的社会集团或现有管理程序的要求相左,而这些组织或程序在维护自己的利益或运转过程中,很可能会对人们的创新活动造成干扰和威胁。

由于高等教育是一个复杂的系统,因此高等教育创新的"保健机制"根据不同的标准又可以分为不同的类别。首先,高等教育的创新是将高等教育中的新观点、新思想和新理论具体化为具有实用价值并得到社会承认的成果的一系列复杂活动过程,其活动的结果可以仅仅是新的观点和理论,也可以是新方法、新制度或新技术。[3] 所以,根据高等教育创新成果的形式可以将高等教育创新的"保健机制"划分为观念创新的"保健机制"、方法创新的"保健机制"、制度创新的"保健机制"和技术创新的"保健机制"。其次,高等教育具有三大功能,即教学、科研和社会服务。这三个领域创新活动的形式和成果迥然不同,所以根据三大功能的划分,"保健机制"可以分为高等教育教学创新的"保健机制"、高等教育科研创新的"保健机制"和高等教育社会服务创新的"保健机制"。第三,高等教育创新机制所涉及到的各种制度、政策和措施等要素以及各要素的组合方式往往发生在不同的层面,有的涉及到高等教育事业的全局,有的可能只涉及到高等教育的某一组成部分。因此根据层次的不同,"保健机制"又可分为高等教育创新的宏观"保健机制"、高等教育创新的中观"保健机制"和高等教育创新的微观"保健机制"。

(三) 美国高等教育创新"保健机制"的经验

美国的高等教育在全世界处于领先地位,其高等教育的创新水平之高、创新成果之丰富,世界各国无一能比。鉴于此,许多人已经对美国高等教育创新的"激励机制"进行了研究,而本文则将选取另一个视角,探讨其"保健机制"的相关经验以及其在促进高等教育创新方面的巨大作用。

1. 高等教育创新的宏观"保健机制"

所谓高等教育创新的宏观"保健机制"主要是指国家或政府调控高等教育运行,或对高等教育的运行和发展有影响的制度、政策和法律等。这些宏观手段有意无意地对高等教育中创新主体的创新积极性起到了保护的作用,构成了高等教育创新的宏观"保健机制"。

（1）社会保障体系。高等教育创新"保健机制"的一个重要方面就是要提供经济方面的基本保障，使大学教师不用为养家糊口发愁，可以专心致力于创新活动。在这方面，美国主要是建立较为完善的社会保障体系，来保障包括大学教师在内的各行各业劳动者的基本生活需要。美国的社会保障体系分为社会保险和社会福利两部分。前者包括养老保险、残疾人保险、幸存者保险、医疗保险和失业保险等，帮助人们解决生活中的各种经济问题；后者包括抚养未成年子女家庭补助、补充保障收入、医疗补助、食品券、一般援助、社会服务和儿童福利服务、廉租房制度以及教育补助等，主要针对低收入群体，[4]使陷入贫困的人也能满足基本的生活需要。以廉租房制度为例，美国有许多低收入人群买不起自己的房子，为了满足人们"住"的基本需要，联邦政府会提供财政资助，由地方政府建立各种配有基本生活设施的公寓供这些人居住，贫困家庭只需交纳不超过家庭收入 30% 的租金即可入住，[5]从而避免穷人无家可归。美国的社会保障体系覆盖面非常广，使人们各方面的基本需要都有保障，从而使包括大学教师在内的创新主体能够安心地从事创新活动，不用担心创新失败而落至生计不保的境地。

（2）知识产权保护。知识产权是智力成果的创造者对其成果依法享有的权利，其主要形式有著作权、专利权和商标权等。对知识产权的保护是促进经济发展、推动技术创新和吸引投资的重要手段。就高等教育领域来说，如果教师或学生的创新成果可以被人拿来随意使用，必然会使创新者的利益受到损害，打消其从事创新活动的积极性，因此加强知识产权的保护可以被视为高等教育创新的一个重要"保健机制"。美国非常重视知识产权的保护，并出台了知识产权保护法来规范相关行为。早在美国建国之初，即 1789 年开始实施的《宪法》中就明确规定，"保障著作家和发明人对各自的著作和发明在一定的期限内的专有权利，以促进科学和实用艺术的进步"。之后，美国又相继制定了《专利法》《商标法》《版权法》《反不正当竞争法》《互联网法》和《软件专利》等一系列法律，并建立了专利商标局和著作权局等机构来负责知识产权事务的管理，极大地保护了包括高校教师在内的创造发明者的正当权利，对高等教育的创新活动提供了有效的保护。

（3）学术自由保护。学术自由是高等教育领域的一条重要原则，也是高校教师和学生进行创新活动所必须享有的重要权利。美国对于大学学术自由的保护非常重视,其民间和官方也出台了许多文件来确认高校教师和学生的学术自由权利。学术自由原则的正式提出可追溯到美国大学教授协会(AAUP)1915 年提出的关于学术自由的原则声明。该声明主要保护教师的学术自由,任何想要获取公共资助的高校都不能强制教师认同或在教学中传授某一特定观点。此外,由于学者是知识创新的主要承担者,而高校为了很好地发挥教学和科研功能就必须依靠这些学者的创新活动,因此就必须保证人们探求真理并发表其研究成果的自由。[6]

然而,美国大学教授协会只是一个民间组织,其声明并不具有很大的强制力。直到 1967 年凯伊珊(Keyishian)诉纽约州立大学董事会案中,联邦最高法院认为,纽约州公务员法要求教师进行"忠诚宣誓"违反了《宪法》第一修正案关于公民自由权利的规定,因此判决该公务员法违宪,[7]才从法律上正式对学术自由权利给予了确认。美国将学术自由纳入到了法律保护的范围内,使高校教师在进行知识创新时的自由权利得到了基本的保障,为人们探求真理的道路扫除了障碍。

2. 高等教育创新的中观"保健机制"

高等教育创新的中观"保健机制"涉及大学中的各种管理制度,主要包括以下几个方面。

(1) 终身聘任制度。终身聘任制是美国在 20 世纪初期建立起来的一种教师任用制度,现已成为各大学最主要的教师任用制度,并成为贯彻学术自由原则的保障措施。在美国大学教授协会 1915 年提出的有关学术自由的原则声明中,就包含了有关终身聘任制的规定,指出所有教授、副教授和讲师以上职称的教师其任期都是终身制的,即使在那些不具备签订终身合同权利的州立大学中,董事会也要制定并公开针对不同职称教师的续聘合同的政策。

大学教师想要获得终身教职必须经历一段时间的试用期,在试用期间,教师享有与正式教师同样的学术自由。试用期满后被认为是合格的教师就可以被授予终身教职,其任期直到退休或学校出现了重大经济问题时才会终止。在授予终身教职之前,学校要将终身聘任的条件以书面的形式说明,并且学校和教师本人都要各持有一份该项说明。试用期不得超过 7 年,教师在不同高校经历的试用期也都要计算在内。[8]

终身聘任制是高等教育创新的一个有效的"保健机制",它是学术自由原则的具体化,旨在为大学教师提供一个安全、自由的环境,使其不用担心其创新观点或成果与政府或其他利益集团的意见相左而受到威胁或惩罚;使其不用为了追逐眼前的短期目标而浪费时间和精力,对于保护大学教师在从事科研和人才培养活动中的创新积极性起到了非常重要的作用。

(2)学术自治制度。学术自治制度是学术自由原则的另一个具体体现和重要保障,因为想要使教师的创新活动不被外部的消极因素所掣肘,除了需要让他们不必担心被解雇外,还要使他们在工作过程中能够摆脱学校行政部门不合理的干预。在美国大学中,从事学术工作的教师有着较大的学术权利。从他们中产生的学术委员会根据特定的程序决定学科设置、课程安排、教育方法、标准设定、学位颁发、科研活动、教师晋升、工资提升、学生生活等所有与教育活动有关的事务。只有在特殊的情况下,学术事务的决策才能由董事会或校长代劳。即使如此,行政人员也要就相关情况与教师沟通,以听取教师的意见。[9]这一制度主要是在教学和科研领域保障高等教育创新,因为在这两个领域教师是直接参与者,他们最了解两个领域的情况,懂得科研活动和创新人才培养的规律,而实现学术自治可以让他们自行决定学术事务,在一定程度上摆脱行政权力对创新活动的干扰和压力。

(3)教师休假制度。大学教师是高等教育创新活动的主体和学术发展工作的主要承担者。这就使他们的工作与其他行业相比具有一定的特殊性,那就是无法严格划分工作和生活的界限,即使在非工作的时间他们往往也要思考和讨论新问题等。这种全身心投入学术生涯的需要就与他们应承担的家庭责任发生了矛盾。尤其是对于女性教师来说,她们往往在抚养孩子、家务劳动和照顾其他家庭成员方面要承担更多的工作。[10]这使她们在生活的巨大压力下无暇全身心地投入到创新活动中去。为了更好地平衡教师在工作和家庭方面的责任,美国各大学根据国家的相关法律,如 1978 年的《反怀孕歧视法》(Pregnancy Discrimination Act of 1978)和 1993 年的《家庭与病假法》(Family and Medical Leave Act of 1993)制定了各种形式的教师休假制度,减少教师因承担家庭责任而为创新活动带来的后顾之忧。

① 家庭照料与病事假。根据联邦政府的法律,大学作为雇主在教师怀孕、生病、需要照料儿童或其他家庭成员、遇到突发事件时,要为教师提供不同形式的假期。如康奈尔大学(Cornell University)为教师提供两种假期:一种是短期病假(Short-Term Medical Leave),是一种大约持续 8 周的带薪假期。对于怀孕的妇女则是从孩子出生前的 2 周到出生后的 6 周,在该假期阶段,教师不用承担学校的工作;另一种是康奈尔大学学术人员家长假(Cornell Academic Parental Leave),是一种持续一学期的带薪假期,为教师照顾孩子之用。在假期中,教师只需承担部分的学校工作,具体承担哪些工作由教师同本学院的院长或其他学术事务管理者协商决定。另外,对于刚生了孩子的女教师,如果她们还需要更多的假期,则可以在正常假期之后,再休一种持续 12 周的不带薪假期,直到孩子满周岁。[11]

② 在职的准休假形式。家庭照料与病事假是一种针对生病、怀孕或刚刚生产的教师的一种正式的休假形式。为进一步满足教师照料孩子的需要,许多大学还有一种非正式的休假形式,它不是让教师正式离岗,而是适当地减轻教师的教学和科研任务,以更好地平衡教师的学校工作与家庭责任。如加利福尼亚大学(the University of California)允许有 5 岁以下儿童的教师休一种持续 1 学期的准假期。在该阶段,教师可以不承担或只承担部分教学工作,但必须继续承担科研任务和其他任务,以腾出更多的时间照顾孩子。此外,还有一些大学为教师提供持续 1 学期或 1 年的准假期,在该阶段减轻教师的教学任务,同时根据教学任务的减少量只支付教师部分工资。[12]

③ 试用期暂停制度。该制度主要针对处于试用期的教师。处于试用期的教师一般是较为年轻的教师,他们更多地处于生育期或有较小的孩子需要照顾。为了保证他们更好地投入到科研工作中去,不影响他们获得终身教职成为正式教师,许多大学允许这些教师暂停试用期用来休假或减少工作量,并不把这段时间计入试用期,以使他们有足够的时间去准备获得终身教职所需要的科研成果及论文。

3. 高等教育创新的微观“保健机制”

高等教育创新的微观“保健机制”主要涉及高校内部各领域的具体评价方式,以保证在评价过程中减少对人们创新活动的干扰。

（1）同行评审。同行评审是由若干专家组成专家组，根据共同的标准、对相关领域的事务进行评价的活动。在美国，同行评审最初是被科研机构用在对科研项目申请的评审工作中，后来这一制度被推广到了高等教育中的教学、科研等许多领域。以终身教职的评审为例，决定一个大学教师是否有资格获得终身教职主要是通过同行评审来完成的。其程序是先由系主任向校外专家征求评审意见，然后由系内终身教授组成评审委员会对该教师的学术成就进行评审，评审通过后再由学院内的终身教授进行评审，最后送交学校学术委员会审查，由校长做出最终裁决并上报州高等教育委员会审批。[13]在整个评审过程中，同行专家的意见起到了举足轻重的作用。他们直接面对教师的科研成果，利用自己的专业知识对成果进行评判，能更准确地判断其科研成果的水平和教师的科研能力，这比仅仅考察发表论文的数量或核心期刊的引用率要中肯得多。利用同行评审对教师进行评价，而不是仅仅考察教师发表论文的数量，可以避免教师因单纯追求多发文章而发表质量低劣的作品，从而使教师能够更加专心地投入到创新活动之中去。

（2）形成性评价。形成性评价是在某一活动过程中进行的评价，其目的不是为了得出最终的评价结果，而是为了及时了解活动的实施情况，及时给出反馈信息，不断改进活动方案，以改善活动效果。在美国，形成性评价被广泛应用于高等教育的各个领域，其评价对象既可以是高校，也可以是教师，还可以是学生。由于这种评价的目的是帮助被评价者进步，而不像标准化评价那样对其做出优劣的判断，因此它可以消除人们对评价的恐慌，为人们构建安全的心理环境，使人们专心于自己的工作并进行大胆创新。

（3）多专家评价。这种评价方式主要是高等教育教学领域的创新"保健机制"。它一改以往标准化测试的做法，让多位相关领域的专家组成评价小组来评价学生的学习结果。这样，学生就不会因为自己的答案与标准答案不同，而不敢提出不同观点，从而可以将评价内容从考查知识的传授，转向注重学生创新能力的发展，并且还能够考查学生多样化的学习成就，有利于促进创新型人才的培养。

（四）结论与启示

美国高等教育创新的"保健机制"是一种由多种因素构成、具有多层次的复杂体系，它既需要国家从宏观方面保证高校教师、学生等创新主体的基本生存、从事创新活动的自由和对创新成果的享有，还需要高校建立具体的制度来保证教师的创新活动能够不受外部因素的干扰，同时在具体的教学、科研活动中采用合理的评价方式为教师、学生营造安全的心理环境，促进其创新能力的发挥。总之，美国高等教育创新的"保健机制"是在"激励机制"之外的另一个创新活动的促进因素，它旨在为创新主体解决后顾之忧，使其能够没有顾忌地全身心地投入创新活动。鉴于此，我国今后应该健全高等教育创新的"保健机制"，不但要在宏观层面上建立社会范围的经济、文化保障措施，而且在高等教育内部的管理制度和评价方式上也要采取有效的策略，使教师、学生拥有宽松、安全、有保障的创新环境，为国家的创新事业贡献力量。

参考文献：

[1]方瑶女. 创新与创新教育[EB/OL]. http://www. cxjy. net. cn/,2010—09—15.

[2]王延华. 双因素理论在教师管理中的运用[J]. 辽宁教育研究,2006,(2):94.

[3]刘延松. 高等教育创新动力研究[D]. 西安:西安科技大学,2005.2.

[4]张楠. 美国社会保障制度对中国的启示[J]. 理论观察,2009,(1):69.

[5]余丽生. 美国社会福利制度及其借鉴[J]. 中国财政,2009,(18):65.

[6]American Association of University Professors. 1915 Declaration of Principles on Academic Freedom and Academic Tenure[EB/OL]. http://www. aaup. org/AAUP/pubsres/policydocs/contents/1915. htm,1915.

[7]Arval A. Morris. The Constitution and American Education 2nd Edition[M]. St. Paul:West Publishing Co. ,1980. 180.

[8]American Association of University Professors. 1940 Statement of

Principles on Academic Freedom and Tenure[EB/OL]. http://www. aaup. org/AAUP/pubsres/policydocs/ contents/1940statement. htm,1940.

[9] American Association of University Professors. Statement on Government of Colleges and Universities [EB/OL]. http://www. aaup. org/ AAUP/pubsres/policydocs/contents/governancestatement. htm,2010—09—17.

[10] American Association of University Professors. Balancing Family & Academic Work[EB/OL]. http://www. aaup. org/AAUP/issues/WF/, 2008—01.

[11] American Association of University Professors. Leave Policies[R/ OL]. http://www. aaup. org/ NR/ rdonlyres/ 633E 4803—830B—4C8D— 857F—696B2A70E058/0/Cornell. pdf,2003—12—10/2010—09—18.

[12] American Association of University Professors. Statement of Principles on Family Responsibilities and Academic Work[EB/OL]. http:// www. aaup. org/AAUP/pubsres/ policydocs/ contents/workfam—stmt. htm, 2010—09—18.

[13]王春梅. 美国大学教师终身聘任制及其启示[J]. 内蒙古师范大学学报 (教育科学版),2008,(7):103.

（本文发表于《比较教育研究》2011 年第 1 期。作者马健生、孙珂,时属单位为北京师范大学国际与比较教育研究院）

八、独立研究课：美国高校培养创新型人才的课程形态

努力提高大学生从事科学研究的综合能力，培养出具有国际竞争力的拔尖创新人才，一直是美国高等教育竭力追求的办学目标。为了有效地培养学生的探究与创造能力，美国高校推行了许多方法。其中，在课程体系中设置"独立研究课"(independent study course)是最为普遍而且受到广泛赞誉的做法。该课程为优秀大学生进一步发展自主探究精神和提升科学研究能力搭建了平台，提供了强有力的支持。迄今为止，美国高校开设此课程已有 60 多年的历史，无论在管理策略方面还是在实施效果方面，都取得了令人瞩目的成绩。在当前我国力争建设创新型国家、高等学校日益重视创新人才培养的背景下，深入分析美国高校开设这一课程的有益经验，对于深化我国大学的课程改革、探索顺应时代需求的教学模式、提高人才培养的质量，具有重要的现实意义。

(一) 课程的目标定位

按照美国高校的教学理念，具备独立探究和沟通表达能力是一名大学生成为创新人才的重要标志，而其能力的养成必须通过参与丰富的、个性化的研究活动来实现。学校的首要任务就是要为学生提供适宜于个人需要和兴趣的多种科研训练机会，使他们打下坚实的、能够终身开展独立学习与研究的能力基础。[1]正是在这样的教育目标驱使下，美国高校早在 20 世纪 50 年代初就创设了"独立研究课"，直至今日，这门课程仍然受到各校的高度重视。

从美国许多高校对"独立研究课"的描述来看，该课程主要面向学业成绩优

异的高年级本科生,普遍要求学生的专业平均成绩(GPA,grade point average)高于3.0(范围是1.0~4.0,一般计算到小数点后两位)。这样规定的目的是为了有效利用学校各方面的优势资源,让那些具有良好创造潜质的学生获得更为充分的培养和指导,体验其他常规学科课程不能提供的学习内容和研究经历。在这门课程中,学生可以在自己的专业领域中或交叉领域中探索一个全新的课题,也可以对某一已有理论问题进行深入研究,还可以承担一些具有实际应用性的研究任务。这一课程是对传统教学模式和学习方法的有益补充,更是创新人才培养的有机组成部分,使优秀学生能够在指导教师的帮助下,按照自己的意愿和计划去开展有兴趣的探究活动,从而实现潜能的充分发展、探索精神的全面培养和创新能力的成熟发展。[2]

(二)课程的过程管理

虽然"独立研究课"以大学生自主学习为基本形式,用个性化的方式开展研究活动,但这并不意味着学校会对这门课程放松管理上的要求。美国高校从多方面对该课程进行严格的管理和监控,采取的措施主要有:

1. 进行选课资格审查

为了避免课程深度不够或流于形式,学校要求每名准备选课的学生找到一位本专业的、与自己研究兴趣相符合的指导教师,汇报自己在课程学习、课外专业活动或社会实践过程中产生的研究意向,以得到教师的深入指导。经过与指导教师的认真讨论和磋商,双方共同确定出该课程的研究主题。在决定选题之后,大多数学校都要求学生向院办公室上交一份研究计划,研究计划不少于4 000字,并必须有导师的签名。其研究计划通常包含8个部分:① 课题的目标和任务;② 学生的学籍资格、能力和专业背景;③ 已有的研究资料和相关资源;④ 师生共同研讨的问题;⑤ 具体的研究活动和成果形式;⑥ 研究的日程计划;⑦ 学习结果的评价标准;⑧ 学生对于指导教师的期望。[3]这份报告不仅需要院级负责人的仔细检查,还需要经过学校课程管理委员会的严格审核,看其课程的研究内容是否符合专业培养目标、学生是否具备开展独立研究的知识和能力基础(通常要求一些前期相关课程和研究体验)、指导教师是否具备适宜的学术背景和辅导经验。只有经过两级的正式批准之后,学生才能在学校课程管理办公室得到"课程控制号"（course control number），到电子网络系统中进行"独立研究课"的注册。如果学生选择该课程的意图被认定是为了尽快毕业，或者是为了临时填补学期学分的空缺，那么将被拒绝注册这门课程。

2. 建立学分管理制度

由于"独立研究课"属于专业课程的重要组成部分，所以各校对该课程都建立了相应的学分制度，以提高师生对于此门课程的重视程度，保证课题研究的质量。例如，在加州大学伯克利分校，本科高年级学生可以根据自己的学业水平与进度情况，在一个学期内选修 1～3 个学分，但不能超过 3 个学分，以确保开展独立研究的时间和效果。[4]一些高校还对学分所对应的研究时间提出了具体要求。俄克拉何马州中部大学规定：1 学分相当于 45 小时；2 学分相当于 90 小时；3 学分相当于 135 小时。[5]一般情况下，学生在攻读学士学位期间可以通过选修"独立研究课"获得 8～15 个学分，约占专业课程学分的 10％～25％。[6]

3. 规定教师工作方式

为了提高"独立研究课"的教学水平和学习质量，防止由于该课程的灵活性而导致的拖拉或应付现象，学校不仅对教师的专业背景和指导经历进行审查，而且还对他们的教学方式和时间做出严格的规定。从美国许多学校对教师指导的规定来看，每个星期都要与学生会面，解答学生在探究过程中产生的疑问，排解他们遇到的各种困难。除此之外，教师还要对学生的研究进度进行监控和督促，定期审阅研究过程纪录和分析笔记，检查是否按照预定的计划完成了每一项研究任务，并对学生的研究成果给予阶段性和终结性的评定。为保证指导教师有足够的时间和精力用于培养学生，每名教师在一个学期里最多只能承担三个独立研究课题的指导工作。[7]另外，如果学生的选题是跨学科领域的，学院还要根据需要选派多名教师共同参与课题指导。

（三）课程的内容要求

美国高校开设的"独立研究课"以学生自我发现为主要特征，绝大多数的研究课题都是由学生自己选择的。探究的内容可以是某一课程知识的深入或延伸，也可以是在课外广泛阅读中或与教师的交流中感到好奇的问题，还可以是在开展各种社会实践与观察活动时所遇到的实际问题。总之，该课程的研究内容极其丰富,选题是千变万化的,冲破了传统专业课内容的桎梏。同时,课题的研究任务也有很强的挑战性,具有一定的难度,学生必须付出足够的努力才能完成。

为使大学生真正能够在"独立研究课"中得到创新能力的培养和训练,美国高校对学生独立研究的内容属性提出了非常明确的要求,即学生所从事的课程活动必须具有专业性和研究性,能够促进他们在独立研究与创新方面得到最充分的发展。哈佛大学课程管理委员会指出:"学生在'独立研究课'中应最大限度地运用个人的分析、综合与创造能力,必须在指导教师的引导下真正独立承担该课程的研究任务。其他以班级学习、小组合作或校内外工作等形式而开展的学习活动,都不能获得该课程的学分。"[8]例如:学生去考察和研究某个公司的财务系统的管理机制,可以作为一个适宜的独立研究课题,但如果学生只是在那个公司的会计室里工作以取得实践经验,就不能获得"独立研究课"的学分;学生通过在幼儿园中进行观察来研究儿童发展过程中的各种现象,或者运用所学的教育教学理论来研究有效的课堂教学策略,都可以作为合适的研究课题,但如果只是在幼儿园里看管儿童,做一些简单的体力工作,就不能作为课题研究而获得学分;学生去研究某个大型社团组织的人员结构和功能,可以作为符合要求的研究课题,但如果只是去组织或参与那个社团的活动,就不能得到该课程的学分。由此可见,"独立研究课"明显区别于通常的实习、见习和社区服务等实践活动,它的功能主要集中在发展学生的观察能力、分析能力、判断能力和解决问题的能力上,而不在于体现学习收获和经验本身的内在价值与教育作用。

从美国大学生在"独立研究课"中所选择的课题来看,其内容具有非常强的研究性,能够真正将他们带入自由的探究世界。在自然科学领域,学生可以进入实验室开展独立研究,探寻对于某个科学问题的解决方案;在历史学领域,学生可以寻找和利用学校及社区的各种信息资源,去分析和审视一个历史人物或历史事件;在经济学领域,学生可以去访谈当地的政府官员、企业人士和居民,深入研究地方经济的发展状况;在文学领域,学生可以完成一篇文献综述,总结和评论一位知名作家对文学发展和社会文化传承的贡献;在医学领域,学生可以在获得经费资助的情况下,去某个国家开展一项关于公共医疗制度改革的调查研究;在计算机领域,学生可以综合运用已经学过的知识与技术,设计、分析和试用一个电脑程序软件。[9]显而易见,在这门课程中,美国大学生完全可以按照自己的兴趣和志向,充分发挥个人的创造潜能,利用已有的才华和能力,在广阔的研究空间里探索,大胆地攻克那些一直令他们感到好奇但又尚未破解的"科学之谜"。

(四) 课程的资源保障

具备充足的资金和研究条件是大学生能够成功地独立完成研究课题的必要前提,也是美国高校一直高度重视的问题。为帮助学生获得研究必需的资源,斯坦福大学采取了一系列有效的做法。其一,学生可以在指导教师的科研项目中分担一个具体的部分,这样他们就能按照研究的实际需要使用教师的科研经费或仪器设备来开展研究;其二,学生可以向院系提出利用相关资源的申请,在获得支持和批准后,便能自由地使用学校的公共设施,如实验室、电脑房、电教室等;其三,学生可以向学校申请本科生科研基金或项目经费(美国高校都设有此类基金),获得开展研究所需要的资金援助;其四,特别优秀的学生还可以通过学校向联邦政府以及州政府申请科研基金,或者直接向有关企业或国家与地方的基金会提出课题资助申请。[10]通过这些途径,美国大学生能够得到从事研究的资源保障,使研究活动按照既定的目标顺利进行。

(五) 课程的成果展示与成绩评定

美国高校不但非常重视"独立研究课"的选题内容、过程管理和资源保障,而且还对课程的最终成果给予高度的关注,提出严格的要求。在完成该课程之后,学生要向学院递交一项正式的研究成果。由于课题所属的学科不同,成果的呈现形式可以不同,但学生必须选择一种恰当的方式来汇报自己的科研成果,如学术论文、案例研究、调查报告、实验报告、美术作品、音像制品、电脑设计或个人表演等。许多学校还规定,如果学生提交的成果是科研论文,其篇幅要与课程的学分相对应,内容也要充实而且具有重要价值。在加州大学伯克利分校,倘若学生所修的"独立研究课"为 1 个学分,那么至少要完成一篇 10 页的专业论文,并且严格遵守学术写作规范。

对于学生独立完成的研究成果,美国高校表现出十分珍视的态度。一些学校要求学生将个人作品发表在校园网上或存放在学校的图书馆里,供全校师生阅读和欣赏,特别是为同专业低年级的学生提供参考和借鉴。还有一些学校选定春季学期中的某个星期五作为"科研成果交流日"(一般停课一天),在校园中举行特别的庆祝活动,让毕业班的学生宣讲和展示他们的研究成果,同师生一起分享从事科学研究的体会、收获和经验。除了在校园内进行成果汇报以外,学校还鼓励学生将自己的科研成果带到相关领域的全国或地区的学术会议上宣读,与更为广泛的专业人士分享自己的研究发现。其中,一些高质量的研究成果还发表在不同的学术刊物上。[11]

尽管"独立研究课"不同于常规专业课程,具有灵活、弹性和个体化等特点,但美国高校在学生成绩评定方面并没有降低标准,各校都做出了一些具体的规定。波士顿大学的指导教师要根据学生在独立研究过程中的学习态度与努力程度、研究思路与方法创新、科研能力与工作技巧、预期研究目标的实现程度以及最终成果的质量和特色等,对学生的表现及成就给予全面而客观的评价。[12]通常情况下,"独立研究课"的成绩分为 A、B、C、D 四个等级。对于成绩评定的严肃性,许多高校明确指出,不允许任何教师放松对该课程学习结果的要求,坚决杜绝人为抬高学生的分数,将其作为提升平均成绩(GPA)的手段。在评价学生所达到的专业水平时,教师要像评定其他课程的学习结果一样,坚持科学的评分标准,甚至应当更加严格一些。有些学校除了规定学生提交一项正式的研究成果以外,还要求学生参加相应的笔试或口试。在所有评定环节结束之后,指导教师最终要针对学生开展独立研究的总体情况,写一份综合性评语,并且把它与成绩单和研究成果一起存入学生的科研档案。

参考文献:

[1]The College of Wooster. Independent Study[EB/OL]. http://www. wooster. edu/ Academics/ Areas-of-Study/ Chemistry/ Independent-Study, 2010—04—10.

[2]National University. Independent Study[EB/OL]. http://www. nu. edu/OurPrograms/StudentServices/AcademicPoliciesandP/IndependentStudy. html,2010—04—15.

[3][6] The Fairhaven College, Western Washington University. Independent Study in the Fairhaven Curriculum[EB/OL]. http://www.

wwu. edu/fairhaven/academics/isp/,2010—03—28.

［4］University of California at Berkeley. Independent Study and Research Assistantships［EB/OL］. http://www. berkeley. edu/search/index. shtml？ q ＝ independent － study&. cx ＝ 0058199 02514904969462％ 3Ag _ ef7— 0cl6u&cof＝FORID％ 3A11♯880,2010—03—26.

［5］ University of Central Oklahoma. Undergraduate Independent/ Individual Study ［EB/OL］. http://www. busn. uco. edu/students/ independent—study. html,2010—03—29.

［7］Centenary College. Independent Study-Policies and Regulations［EB/ OL］. http://www. centenarycollege. edu/cms/en/prospectivestudents/ undergraduate—studies/ independent—study/,2010—04—16.

［8］Harvard University. Independent Study［EB/OL］. http://webdocs. registrar. fas. harvard. edu/ugrad_handbook/current/ chapter2/credit_without _grades. html,2010—04—12.

［9］Knox College. Independent Study［EB/OL］. https://www. knox. edu/ Academics/ Distinctive—Programs/ Independent—Study. html,2010— 03—28.

［10］Stanford University. How to Get Credit for Research or In— dependent Study［EB/OL］. http://www. stanford. edu/dept/ psychology/ creditforresearch,2010—04—10.

［11］Hanover College. Independent Study ［EB/OL］. http://www. hanover. edu/academics/programs/independent,2010—03—27.

［12］School of Education，Boston University. General Independent Study/Internship/Practicum Guidelines［EB/OL］. http:// emt. bu. edu/— whittier/ people/ htdocs/ Guidelines. html,2010—03—27.

（本文发表于《比较教育研究》2011 年第 3 期。作者蔡敏，时属单位为辽宁师范大学田家炳教育书院暨教育学院）

九、创新人才培养与新世纪
日本研究生教育改革

　　21 年前,"大学审议会"①提交了题为《关于研究生院制度弹性化》的咨询报告,拉开了日本研究生教育新一轮系列改革的帷幕。这场声势浩大的改革内容非常丰富,如迅速扩大了研究生教育的规模,逐步实现了研究生教育机构的多样化,实现了研究生院的重点化,促进了研究生教育的弹性化,建立了专业学位研究生教育制度,等等。我国学界一直密切关注这一改革的动向,并形成了不少有价值的概括与分析。②

　　如此大规模的改革,其遵从的基本逻辑必然不是单一的,如扩大研究生教育的规模、实现研究生教育弹性化,部分起因于对建设终身学习社会要求的回应,以利于进一步保障成人接受研究生教育的机会。如实施专业学位研究生教育,部分理由来自于满足社会对高层次专门职业人才的需要。如促进研究生院重点化,主要是为了实现对研究生院的重点投入,提升人才培养与科学研究水平,等等。因此,要深入了解日本研究生教育改革的战略意图及相关策略,仍需

---

　　① 日本文部大臣的咨询机构,1987 年 9 月成立。1988 年 12 月的《关于研究生院制度弹性化》是该审议会提交的第一份咨询报告。2001 年并入新的中央教育审议会大学分科会。
　　② 代表性论文有:胡建华. 20 世纪末叶日本研究生教育改革述评[J]. 有色金属高教研究. 2001,(2):52—57;熊庆年. 日本研究生教育改革十五年[J]. 学位与研究生教育. 2004,(11):56—59;张秀红. 1990 年以来日本研究生教育改革与发展趋势[J]. 教育与考试. 2008,(5):75—80;高益民. 日本专业学位研究生教育的初步发展[J]. 比较教育研究. 2007,(5):33—37;王威. 20 世纪 80 年代末以来日本研究生教育政策研究[J]. 比较教育研究. 2008,(11):37—41;李振玉. 日本研究生教育的"三化"改革述评[J]. 比较教育研究. 2009,(3):35—39。

要从不同的维度对改革的不同侧面进行更为细致的梳理与分析。

　　本文所关注的焦点是,"创新人才培养"这一重要的时代主题与日本研究生教育改革是如何关联的? 进入 21 世纪前后,日本官方文件中开始较多地出现有关"创新人才"的词汇,而新近出台的研究生教育改革的政策也在较大程度上反映了创新人才培养的要求。这说明,"创新人才培养"正在成为今后日本研究生教育改革的重要指向之一。那么,日本政府对"创新人才"有何理解? 从创新人才培养的角度看,日本对研究生教育的现状有何判断? 在这种判断下,日本还对研究生教育提出了哪些新的改革要求?

　　在篇幅有限的情况下,为对上述问题做出简明的回答,本文所采取的方法是对日本 21 世纪以后公布的与研究生教育改革密切相关的政策文本(主要是最后成为日本政府观点的官方咨询机构的报告)加以分析。本文注意到"创新人才培养"是科技界关注的重大问题,因此在文本的选择上,不仅限于教育政策,而且尤为注重科技界的人才政策。但文本分析的侧重点不在于改革实际上是如何运作的,而在于这些文本所揭示的基本思路。

(一) 日本政府对"创新人才"的基本认识

　　在 20 世纪 90 年代以前,日本教育改革的文件中很少提到"创新人才",但一直强调创造能力的培养。如 1985 年,直属总理大臣的临时教育审议会(以下称"临教审")指出:"面向 21 世纪,能够适应社会变化的需要,所必备的素质和能力就是指创造性独立思考、有主见和进行各种活动的能力。""在未来的社会中,教育不仅仅是单纯获得知识和信息的途径,还必须重视自如地运用各种知识及技能,培养独立思想、创新、活用的能力"。[1]"临教审"在第二个咨询报告中提出的教育目标的第一条就是培养"宽广的胸怀、健康的体魄、丰富的创造力"。[2]这种理念在 21 世纪以后的各种文件中也一直被继承下来。中央教育审议会 2005 年的咨询报告《创造新时代的义务教育》中提到"培养扎实的学力即基础知识技能与思考力和创造力,培养丰富的心灵与健康的体魄,并使这几方面均衡发展"。[3]这些表述所强调的是,创造力是每个人都应具备的重要能力,在新的时代要求下,教育必须提升所有人的创造力,理想的教育应该能够激发每个人身上蕴含的创造力。

但到了 20 世纪末,日本的官方文件中开始较频繁地出现了与"创新人才"有关的概念。① 中央教育审议会 1997 年提出的题为《展望二十一世纪的我国教育》报告中指出,为适应时代的要求,培养"个性化的独创性人才"是不可或缺的。2000 年的教育改革国民会议②报告提出要使教育体系能够"培养各领域富于创造性的领袖"。[4]2001 年重新组建的中央教育审议会(以下称"中教审")的第一项任务就是"接受文部科学大臣的咨询,对以推进教育振兴及终身学习为核心的培养具有丰富人性的创造性人才的重要事项和振兴体育的重要事项进行调查审议,并向文部科学大臣陈述意见"。中央审议会下设 7 个分会(称"分科会""部会"和"特别部会"等),其中"教育制度分科会"的第一项工作是审议"关于旨在培养具有丰富人性的创造性人才的教育改革的重要事项",[5]这里两处明确提到创新人才。中教审 2003 年的咨询报告《关于与新时代相适应的教育基本法与教育振兴基本计划》提出,要"培养领导知识世纪的富于创造性的人";[6]2005 年的咨询报告《我国高等教育的未来愿景》指出,"在各个领域培养和确保富于先见性、创造性、独创性的卓越的领导人才"。[7]除教育界以外,科技界对创新人才的重视更为明显。《科学技术基本法》(1995)制定以后,日本自1996 年开始连续制定了三个科技发展五年规划(称《科学技术基本计划》),从而形成了"科学技术创造立国"的国家战略,人才战略成为其中的重要组成部分。在三个《科学技术基本计划》中,"创造性人才"的培养得到了特别的强调。综合科学技术会议③ 2004 年的报告《关于科学技术相关人才的培养与使用》指出,从学术角度上看,需要"自己发现新的课题并积极开拓新的学术领域的人才,以及在国际科研活动中发挥领导力的人才";从产业的角度看,需要"在研究开发方面能够引领世界的人才,能将研究开发与生产经营进行战略统合的人才"。[8]由此可见,这里所说的"创造性人才""独创性人才""富于创造性的卓越的领导人才""富于创造性的领袖""引领世界的人才"等,与上世纪 80 年代以来

① 日语汉字词汇中,没有"创新"一词,与"创新人才"最相近的词有"创造性人才"(日语表现为"创造的人材"、"创造的な人材"、"创造する人材"等)、独创性人才(日语为"独创的人材")等。
② 直属小渊惠三总理大臣的咨询机构,2000 年 3 月设立,2001 年 4 月解散。
③ 直属内阁府的四个"重要政策会议"之一,是日本科技政策的决策机构,成立于 2001 年,议长为总理大臣。综合科学技术会议主要负责调查审议科学技术基本政策,调查审议科学技术预算与人才的资源分配,实施全国性重要研究开发的评价。

所说的人人身上具有的"创造力"具有了不同的指向,这些可以用中文统称为"创新人才"的概念不包括普通劳动者,甚至也不是指一般的专业技术人员和普通管理者,而是指在各领域和国内外具有卓越创造力和领导力的精英。

但遗憾的是,这些政策文本虽然都强调培养创新人才的重要性,但对"创新人才"的内涵都缺乏系统的阐释,对于这种人才所具备的能力特点的阐发也几乎无处可寻。

不过,一份体现日本科技人才政策的文本从一个侧面为我们提供了日本对"创新人才"的理解,这份文件就是文部科学大臣咨询机构"科学技术·学术审议会"(以下称"学术审议会")的人才委员会(以下称"人才委员会")2002 年发表的第一次建言《面向培养世界顶尖研究人员》。这一政策文本是人才委员会提出的三次建言之一,而三次建言的主要内容均被吸收进第三期《科学技术基本计划》之中,构成了人才战略的主要内容。从后面的分析还可以看到,这份报告以博士生为重点,细致分析了日本研究生教育的现状与问题,它提出的举措也对后来日本研究生教育改革具有明显的影响。

《面向培养世界顶尖研究人员》认为,培养和确保研究人才,是以知识创造贡献于世界的重要课题,也是实现科学技术创造立国的重要课题,而培养世界顶尖的优秀研究人才则是其中"最基本的、重要性很高的课题"。报告认为,世界顶尖的研究人员的卓越创造力的本质,是"以广博知识为基础的高度专业性"。因为要开拓新领域和挑战前沿,经常需要在高水准上将不同领域的研究融合在一起,这就要求研究者经常对其他领域感兴趣并具备相当的对其他领域的知识,而不是仅仅封闭在某一个狭窄的专门领域。在广博的基础上,还必须形成"高度的"专业性。报告提出了"I 型人才""T 型人才"和"π 型人才"的形象划分(如图 1 所示):

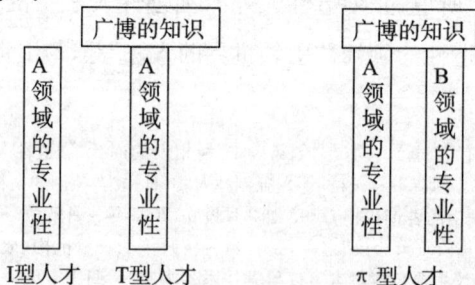

图 1　人才委员会的三种创新人才类型示意图

所谓"I型人才"是指虽仅限于某一领域,但在该领域具有他人无法超越的高度专业性的研究人才;所谓"T型人才"是指在具有广博知识的基础上,在某一领域具有高度专业性的研究人才;所谓"π型人才"是指在具有广博知识的基础上,在复数领域具有高度专业性(其中在某一领域具有更高的专业性)的研究人才。报告认为,日本研究人员与欧美顶尖的研究人员相比,视野与学术兴趣较为狭窄,灵活性不足。报告进而断定,"π型人才"正是引领科技进步的顶尖创新人才,"π型人才"的短缺是日本的一大弱点。[9]

人才委员会所分析的虽然仅限于科技领域的"世界顶尖研究人员",而暂不包括人文社会科学领域的研究者,也不包括技术人员、管理人员和文化领域的杰出工作者,但人才委员会阐释了卓越创新能力的"博""专""高"的特质,这种分析实际上也在相当程度上适用于其他类型的创新人才。更重要的是,这种阐释提供了一个针对研究生教育的分析框架。

(二)日本对研究生教育创新人才培养能力不足的反思

日本的研究生教育是否符合培养创新人才的要求?人才委员会的总体看法是否定的。值得注意的是,人才委员会做出这种判断时,日本的研究生教育改革已经进行了14年。造成这种结果至少有两种可能:第一是在21世纪以前"创新人才培养"(特别是世界顶尖人才的培养)没有成为改革的明确的指导思想;第二种可能则是这种指导思想在改革中落空了。这两种原因哪个是主要的?人才委员会的结论是"前者"。《面向培养世界顶尖研究人员》指出:"尽管提出了多种意见和建议,……但我们认为整体上没有取得理想的成果。究其原因,改革的相关者是在没有形成人才培养愿景的情况下就先进行了制度改革。"[10]

人才委员会以博士研究生教育为例,认为研究生教育存在四大问题:

第一,教学方面的问题。教学方面的问题表现在以下四个方面:1. 教学上缺乏培养人才的意识。博士课程的教学通常是以博士论文的指导为核心,这使它在有体系地提高学生能力方面表现得较为欠缺,教师在观念上也更重视研究而不是教学;2. 博士生的专业领域比较狭窄。博士论文时而将研究题目限定在极为狭窄的领域,时而缺乏对包括其他专业领域的广阔的视野和知识的指导;3. 让学生主动进行研究的意识不足。在博士论文方面,经常让学生承担导师研究题目的一部分,而不是促进学生自己发现和设定研究题目;4. 培养国际精英的意识不足。从培养世界顶尖研究者的角度看,日本研究生在学期间包括留学在内的去海外的机会不够,在青年时期介入国际性研究现场的机会还不充分。

第二,研究生院组织的同质性较高。日本研究生院的教师中,本校出身的教师比例比美国高。根据 1998 年的"学校教员统计调查",研究生院的教师中有 62％出身于本校。而美国加州大学 9 个分校 1994 年至 1998 年新聘用的助理教授中仅有 22％来自本校。虽然就个人角度而言,日本的研究者很优秀,但在同一组织中具有相同研究经历与想法的人较为集中,缺乏国际多样性,这种环境一方面影响了研究者个人能力的提高,同时也使研究者不能成为领跑者。

第三,博士生的经济环境不理想,缺乏充分的经济资助。根据 2000 年度的"学生生活调查",只有 6％的博士生能够得到日本学术振兴会特别研究员项目的充分资助(1997 年,美国相当于这一部分学生的数量占 13％),除此之外,只有 10％的学生可以获得研究助理(Research Assistant)项目的资助,但资助额仅占学费和生活费的 20％;只有 18％的学生可以获得教学助理(Teaching Assistant)项目的资助,但资助额仅占所需费用的 15％;日本育英会的资助较多,可惠及 46％的博士生,但资助额也只占所需费用的 62％,学生读书的费用中,48％需要通过打零工或从事其他工作获得。而 1997 年约 40％的美国理工科博士生可以获得满足生活与学习需要的资助。这表明,日本博士生中的大多数不能专心读书,而且所从事的工作很可能与研究毫无关系。

第四,博士生与博士后人员就业状况不理想。在研究生规模迅速扩大的情况下,博士毕业生的就业率在下降,根据"学校基本调查",1989 年成为研究人员、技术人员、大学教师和从事制造业的博士毕业生占 64％,而到了 2001 年相应的数字却下降到 57％(当然由于博士生规模扩大了 1.4 倍,因此就业的总量还是在增多),而未就业的比例却由 24％增加到 34％(而据全美科学基金会的调查,美国 1997 年未就业的理工科博士仅为 3.8％。)。在其他企业就业的博士生仅在 10％左右(而美国为 30.0％)。相关的企业调查还表明,企业更愿意接受硕士毕业生,因为两者差别不大,一些消极的看法还认为,博士生灵活性差,多数也不具备研究管理的能力。就博士后而言,2000 年仅有 54％的国家资助的博士后人员进入大学、研究所和企业工作,根据"学校教员统计调查",大学在聘用助手时也未向博士后人员倾斜。[11]

报告据此提出了四项基本策略,即加强博士课程的教学、确保研究生院教师的多样性、加强对博士生的经济资助、加强与产业界的合作。这四项基本策略在后来的研究生改革方案中均得到了体现。

如果说人才委员会的报告主要代表了科技界的看法的话,那么教育界也得出了相似性的结论,甚至可以说教育界直接接受了科技界的意见。时隔 3 年后的 2005 年 9 月,中教审发表了题为《新时代的研究生教育——面向构建具有国际魅力的研究生教育》的咨询报告,报告直接提到了学术审议会 2005 年 4 月发表的《面向第三期科学技术基本计划(中间总结)》,对研究生教育改革忽视创新人才培养表达了不满。报告认为,该文件明确表达了"为实现科学技术创造立国,必须从培养优秀的科学技术人才的角度改革研究生教育"的意见。报告继而对 1988 年以来研究生教育改革也进行了反思,承认"既往的改革把重点放在了完善制度和扩大规模方面,今后有必要进一步加强研究生院从事国际水平的教学、科研的职能"。报告表示,中教审认识到"培养能活跃于世界各领域的高级人才和培养在国际社会发挥领导作用的人才的重要性,认为有必要积极发挥研究生院本来具有的培养高级人才的职能"。[12]

(三) 日本提高研究生教育的创新人才培养能力的思路

既然日本科技界和教育界都不同程度地承认了研究生教育未能很好地完成培养创新人才的时代使命,那么在未来的研究生教育改革中力图体现这一考量就是顺理成章的了。2005 年 1 月,中教审发表了题为《我国高等教育的未来愿景》的咨询报告,对包括研究生教育在内的高等教育的整体改革方向进行了描画;同年 9 月,中教审又发表了题为《新时代的研究生教育——面向构建具有国际魅力的研究生教育》的咨询报告；2006 年 3 月 30 日，文部科学省出台了题为《研究生教育振兴施策要纲》(以下称《要纲》)的"2006—2010 年研究生教育发展五年规划"，具体落实新世纪日本研究生教育改革。

《我国高等教育的未来愿景》指出，要把日本研究生教育办成世界高水平，以吸引包括发达国家在内的世界各国优秀的留学生和研究者。[13] 文件强调了硕士课程的三大职能是：培养研究者(第一阶段)、培养高层次专门职业人、回应"21 世纪型市民"的高层次学习需求。文件指出，博士课程的两大人才培养职能是：培养具有丰富创造性的优异研究与开发能力、在产学官等各领域的研究与教育机构中发挥中坚作用的研究者；培养兼具扎实的教育能力与研究能力的大学教员。在这一文件的基础上，《新时代的研究生教育》对研究生院的人才培养机能进行了四个方面的概括：培养具有丰富创造性的优异的研究与开发能力的研究者；培养具有高层次专业知识与能力的高层次专门职业人才；培养兼具扎实的教育能力与研究能力的大学教员；培养具有多方面支撑知识社会的具有高度知识素养的人才。[14] 也就是说，研究生院要培养四种人才，即研究人才、高层次专门职业人才、大学教师和跨领域人才。其中，研究人才和大学教师主要由博士课程培养；高层次专门职业人才由专业学位研究生院培养(通常相当于硕士水平)；而跨领域的人才由硕士课程等各种研究生院培养。

《新时代的研究生教育》提出了两个基本改革思路：一是强化有组织的教育课程(称为"研究生教育的实质化")，主要内容是全面加强课程建设、培养制度建设和学位制度建设，提高课堂教学和研究指导水平，加强产学合作，改善培养环境；二是提高研究生院的国际通用性和国际信誉，主要内容是完善评价制度、促进国际化、建立世界水平的教学科研基地。可以看出，这三大基本思路早在人才委员会的第一次建言中都有了较为清楚的阐述。

2006 年出台的《要纲》在坚持这两个基本思路的同时，把"建立具有国际竞争力的卓越的教学科研基地"单独提出来，并使它成为了第三个基本思路。[15] 由两大思路变为三大思路，也可以看到科技界的影响。《第三期科学技术基本计划》在阐述科技人才政策与研究生教育的关系时有这样一段表述："在研究生教育的改革方面,要综合地实施建立世界性基地、确立研究生院评价、充实财政基础等各个方面,国家在中教审意见的基础上策定未来5年的体系化的集中计划《要纲》。《要纲》固然应从教育的整体定位出发落实研究生院的结构改革,但应考虑到,研究生院是培养高层次科技人才的核心机构,是研究活动的主要承担者,是科技振兴的重要基础,故《要纲》的策定将注意到与科学技术基本计划的整合性。"[16]这一比《要纲》提前两天发布的计划,明确透露了它对研究生教育改革所施加的影响。

《要纲》所提出的研究生改革策略整体上体现了科技界的思路(《要纲》主要内容见表1)。以科技界特别强调的"建立国际水平的教学科研基地"为例,《要纲》与《第三期科学技术基本计划》相互配合、相互补充实施了一些重点基地建设项目。作为"21世纪COE项目"(Center of Excellence)的后续项目,日本于2007年实施"全球化COE项目",以加强对在具有国际引领作用的独创性的年轻科研人才的培养,与"21世纪COE项目"相比,资助的项目基地总量由274个缩减到150个,而每个项目获得的资助金额则增加一倍。同时,根据《第三期科学技术基本计划》和《技术创新综合战略》(2006),日本从2007年度起又推出了"世界领先国际化研究中心建设项目"(World Premier International Research Center,WPI),以加强对世界顶尖科研人员的培养,并探索科研体制改革。目前,除物质与材料研究机构外,只有东京大学、京都大学、东北大学、大阪大学的四个研究基地成为该项目的资助对象。

可以看出,"创新人才培养"已成为21世纪日本研究生教育改革明确而重要的目标指向,这一目标正是日本"科学技术创造立国"国家战略下人才战略的重要目标。正因为如此,新世纪的日本研究生教育改革虽然继承了1988年以后日本研究生教育改革思路(如研究生院重点化)的一面,但在相当大程度上也是对既往改革的扬弃和发展。在这一过程中,科技界的推动起了很大作用。当然,从所提示的教育界的相关政策(表1)可以看出,体现效率原则的"创新人才培养"不是研究生教育改革的惟一主题,满足人民不断增长的学习需要、回应终身学习社会的要求、培养高层次专门职业人才等仍是研究生教育改革的重要维度,但随着"创新人才培养"的重要性的日益增强,其他维度下的改革将在与这一新的维度的协调与平衡中继续推进。

表1 《研究生教育振兴施策要纲》的主要内容一览表

三大思路	主要内容	主要举措
研究生教育实质化	确立符合课程制研究生院制度的教育课程与研究指导	明确人才培养目标:明确并公示各单位人才培养目标;资助探索课程与教学改革的单位,推广经验;探讨不同类型研究生院的关系。
		重新审视教师组织体制:创设"助教"职位,鼓励各校自主改革教师组织;增加大学教师进修规定;明示研究生学业评价标准;限制导师跨专业数量。
		教育课程编制的灵活化:研究主攻专业、辅修专业、联合学位等实施办法;明确学分的计算方法;明确学习成绩的审查办法。
		促进灵活的博士学位授予:通过公布各校相关信息等方式促进各研究生院授予博士学位;明示学业评价标准,实施毕业认定。
	加强学生资助,改善学习环境	加强特别研究员、研究助理、教学助理项目的资助;通过公布各校相关信息等方式促进各研究生院完善学生资助制度;通过公布各校相关信息等方式促进各研究生院积极提供实习类课程。
	改善青年教师教学科研环境	把确保青年教师的空间等作为改善国立大学设施的指标;资助私立大学设备更新,促进青年教师教学科研环境的改善;资助探索培养青年教师独立发挥作用机制的大学;对青年教师加强科学研究费补助金等投入;竞争性资金的获得要以对青年教师的培养为指标。
	加强产学合作,扩大研究生教育规模	资助产学合作教学项目和长期实习项目;资助IT领域人才培养项目;资助尖端交叉研究领域的产学合作项目;资助大学内外合作开发专业学位研究生教育课程项目;探讨面向成人的短期博士课程;调查证明学习成绩的办法;资助探索促进博士毕业生在企业就业等促进职业生涯发展的大学;调查公布各研究生院实施回归教育的情况;大学与产业界联合召开关于研究生培养的研讨会并定期协商。
	各领域的均衡发展	加强在学者比例低的人文社会科学类的研究生教育;促进为解决社会实际问题而进行的人文社会科学与自然科学的协作,重点资助有优质改革构想的人文社会科学类的研究生院。

续表

三大思路	主要内容	主要举措
提升国际通用性与信誉	推进有效的研究生院评价	通过调查公布各校相关信息促进自我检查与评价；研讨分专业领域的第三方评价的方法；明确评价教师组织的角度与方法；改善研究生的设置审查,对设置后的情况加以跟进；研讨研究生教育的国际相对评价基准等。
	国际贡献与交流活动的活力化	资助各大学的国际化战略；调查公布外国学生比例、外国教师比例及接受外国人的经验；完善体系化的留学生支持体制,推动毕业生发挥作用领域的扩大；积极参与跨境高等教育的质量保障方面的国际性框架；促进大学发布信息,完善高校信息网络。
国际水平的基地建设	重点资助高质量人才培养基地	实施"21世纪COE项目"的后续项目；根据各校"21世纪COE项目"及教学科研活力化的状况改善国立大学设施；资助私立大学建立重点基地方面所需的设施设备；研讨国际水平的教学科研基地的评价方法。

参考文献：

[1]教育发展与政策研究中心编.《发达国家教育改革的动向和趋势》[M].人民教育出版社1986.165.

[2]教育发展与政策研究中心编.《发达国家教育改革的动向和趋势》(第2集)[M],人民教育出版社,1987.452.

[3]中央教育審議会.新しい時代の義務教育を創造する.日本文部科学省官方网站[EB/OL]. http://www. mext. go. jp/b_menu/shingi/chukyo/chukyo0/toushin/05102601/all. pdf. 2009—05—31.

[4]教育改革国民会議.教育改革国民会議報告－教育を変える17の提案－.日本首相官邸网站[EB/OL]. http://www. kantei. go. jp/jp/kyouiku/houkoku/1222report. html. 2009—05—21.

[5]生涯学習政策局政策課.中央教育審議会について.日本文部科学省官方网站[EB/OL]. http://www. mext. go. jp/b_menu/shingi/chukyo/chukyo0/gaiyou/010201. htm. 2009—6—2.

[6]中央教育審議会.新しい時代にふさわしい教育基本法と教育振興基本計画の在り方について(答申)[EB/OL]. http://www. mext. go. jp/b_

menu/shingi/chukyo/chukyo0/toushin/030301b. htm. 2009—05—22.

[7]中央教育審議会. 我が国の高等教育の将来像(答申). 日本文部科学省官方网站［EB/OL］. http：//www. mext. go. jp/b_menu/shingi/chukyo/chukyo0/toushin/05013101/004. htm. 2009—05—21.

[8]総合科学技術会議科学技術関係人材の育成と活用について. 日本综合科学技术会议官方网站［EB/OL］. http：//www8. cao. go. jp/cstp/output/iken040723_1. pdf. 2009—06—25.

[9]科学技術・学術審議会人材委員会世界トップレベルの研究者の養成を目指して―科学技術・学術審議会人材委員会第一次提言―. 日本文部科学省官方网站［EB/OL］. http：//www. mext. go. jp/b_menu/shingi/gijyutu/gijyutu10/toushin/020702a. pdf. 2009—06—04.

[10]科学技術・学術審議会人材委員会. 世界トップレベルの研究者の養成を目指して―科学技術・学術審議会人材委員会第一次提言―. 日本文部科学省官方网站［EB/OL］. http：//www. mext. go. jp/b_menu/shingi/gijyutu/gi―jyutu10/toushin/020702a. pdf. 2009—06—04.

[11]科学技術・学術審議会人材委員会. 世界トップレベルの研究者の養成を目指して―科学技術・学術審議会人材委員会第一次提言―. 日本文部科学省官方网站［EB/OL］. http：//www. mext. go. jp/b_menu/shingi/gijyutu/gi―jyutu10/toushin/020702a. pdf. 2009—06—04.

[12]中央教育審議会. 新時代の大学院教育―国際的に魅力ある大学院教育の構築に向けて―［EB/OL］. http：//www. mext. go. jp/b_menu/shingi/chukyo/chukyo0/toushin/05090501/all. pdf. 2009—05—22.

[13]中央教育審議会. 我が国の高等教育の将来像(答申).

日本文部科学省官方网站［EB/OL］. http：//www. mext. go. jp/b_menu/shingi/chukyo/chukyo0/toushin/05013101/004. htm. 2009—05—21.

[14]中央教育審議会. 新時代の大学院教育―国際的に魅力ある大学院教育の構築に向けて―［EB/OL］. http：//www. mext. go. jp/b_menu/shingi/chukyo/chukyo0/toushin/05090 501/all. pdf. 2009—05—22.

[15]文部科学省. 大学院教育振興施策要綱. 日本文部科学省官方网站

［EB/OL］. http：//www. mext. go. jp/b_menu/houdou/18/03/06032916/001. htm. 2009—05—22.

［16］閣議決定. 科学技術基本計画［EB/OL］. http://www8. cao. go. jp/cstp/kihonkeikaku/honbun. pdf. 2009—06—03.

（本文发表于《比较教育研究》2009 年第 11 期。作者高益民，时属单位为北京师范大学国际与比较教育研究院）

十、日本创新人才培养战略中的实践取向

——以研究生教育改革政策为例

正如拥有 16 位自然科学领域诺贝尔奖获得者(含 1970 年移居美国的南部阳一郎)所具有的象征意义那样,日本在科学研究方面确已结出了丰硕的成果。这就不难理解 20 世纪 90 年代日本提出"科学技术创造立国"口号时,其"科学技术创造"在相当程度上指的正是原创性知识生产方面的先驱性工作。但实际上,日本创新人才战略不仅关注学术研究领域,同时也非常注重实践领域。笔者此前曾就日本培养研究领域创新人才的战略进行过若干分析,本文则通过对 2011 年新出台的研究生教育改革政策的分析,探讨日本创新人才培养战略中的实践取向。

(一) 日本创新人才培养战略的两大基本取向

自 20 世纪 90 年代中后期开始,日本科技界和教育界都开始提出创新人才培养的问题,并制定了一系列战略规划。从科技界来看,1995 年日本制定了《科学技术基本法》,1996 年开始又根据该法发表了一系列科技政策报告,并将相关举措具体体现于《科学技术基本计划》(每期计划为 5 年)之中,从而逐步形成了轮廓愈加清晰、内容日益丰富的所谓"科学技术创造立国"战略,促进创新人才成长是这一战略的重要内容。毫无疑问,创新人才首先包括诺贝尔奖获得者所代表的学术研究领域的杰出人才,如文部科学大臣咨询机构"科学技术・学术审议会"(以下称"学术审议会")的人才委员会 2002 年就发表了它的第一次建言《面向培养世界顶尖研究人员》,内容并没有涉及技术人员、管理人员和

文化领域的杰出工作者。[1]但总体上,日本始终强调创新人才不应仅指学术研究领域的,而且应该包括实践领域的。综合科学技术会议 2004 年的《关于科学技术相关人才的培养与使用》就指出,既要培养"自己发现新的课题并积极开拓新的学术领域的人才,以及在国际科研活动中发挥领导力的人才",又要培养"在研究开发方面能够引领世界的人才,能将研究开发与生产经营进行战略统合的人才",[2]这里就提出了"学术"和"产业"两个角度。2005 年,学术审议会还提出要培养"知识创造型人才"和"知识应用型人才"两种类型的人才。可见,研究取向与实践取向是日本创新人才战略的"车之两轮",两者并行不悖。

从教育界来看,日本自 20 世纪末也开始较频繁地提出培养"创新人才"的问题,如中央教育审议会 1997 年提出培养"个性化的独创性人才",2000 年的教育改革国民会议报告提出要使教育体系能够"培养各领域富于创造性的领袖"。[3]2001 年重新组建的中央教育审议会(以下称"中教审")2003 年提出要"培养领导知识世纪的富于创造性的人",[4]2005 年指出"在各个领域培养和确保富于先见性、创造性、独创性的卓越的领导人才"。[5]教育界的这些政策也表明,所谓"创新人才"不仅指杰出的研究者,也指"各个领域"卓越的实践者。

研究生教育作为培养创新人才的重要阶段,也受到"科学技术创造立国"战略的高度重视。[6]2005 年中教审发表的《新时代的研究生教育——面向构建具有国际魅力的研究生教育》明确地指出研究生院主要培养研究人员、高层次专业人士、大学教师以及各领域高素质人才等四类人才。[7]2006 年,文部科学省还出台了《研究生教育振兴施策要纲》(实施期也是 5 年),具体推进研究生教育改革。2011 年是第三期《科学技术基本计划》和《研究生教育振兴施策要纲》的期满之年,为此,科技界又继续制定了第四期《科学技术基本计划》(以下简称《第四期科技计划》),教育界也继续制定了《第二次研究生教育振兴施策要纲》(以下简称"《第二次研究生教育要纲》")。这两份新文件在重视研究领域创新人才培养的基础上,特别强调了实践领域创新人才的培养。

(二)日本研究生阶段培养实践性创新人才的新政策

2011 年出台的《第四期科技计划》和《第二次研究生教育要纲》关于研究生教育改革的最新政策对"创新"的理解较之以往具有更强的实践取向。

　　《第四期科技计划》在前言中表达了这样的观点："科学技术"是"革新"(innovation)的基础,但"科学技术"本身并不是"革新",也不能自发地促进"革新"。要把科学技术的成果通过"革新"与新的价值创造相结合,并在战略性地运用科学技术解决现实问题的过程中把振兴作为"革新"源泉的科学技术,因此今后有必要将"科学技术政策"与"革新政策"密切整合。《第四期科技计划》为此提出了"科学技术革新政策"的概念,认为这里的"科学技术革新"既包括基于科学发现与技术发明等新知的知识性与文化性价值的创造,还包括将知识不断发展并与经济性、社会性、公共性价值的创造相结合的革新。[8]

　　在这一思路下,《第四期科技计划》重点阐述的人才战略主要包括培养可在多种环境下发挥作用的人才(即实践型人才)、培养独创性的优秀研究者(即研究型人才)和培养下一代后备人才(即青少年)。这里,把培养实践型人才放在了第一位,相关的具体措施包括诸如通过国际合作和与产业界的合作,促进建立实施一贯制博士课程教育的卓越领先研究生院(leading graduate school);组建"人才培养协议会"(暂定名称),促进产学对话,促进产学双方对人才培养的共同理解,使企业更容易地参与大学课程开发。《第四期科技计划》特别强调大学必须与产业界合作,培养博士生在企业工作所需的能力,同时促进企业录用博士毕业生;国家、大学以及产业界应不断增加博士毕业生的实习机会,以提高学生的职业能力。由此可见,《第四期科技计划》在人才培养目标上强调要培养较为全面的卓越的实践型人才,在培养方式上强调要吸收产业界的参加与合作,在对毕业生发挥作用的环境创设上要求企业为博士学位获得者提供更多的实践机会,以有利于这些人才发挥实践创新的作用。

　　为了贯彻《第四期科技计划》继续制定新的研究生教育振兴计划的要求,2011 年 1 月,中央教育审议会提交了题为《全球化社会的研究生教育》的咨询报告,[9]报告明确主张要培养在社会各领域中发挥作用的人才。基于这一报告,《第二次研究生教育要纲》同步出台,并提出了五个基本思路:第一,确立以学位课程为基础的研究生教育制度;第二,培养引领社会创造与成长的领军人才;第三,促进教育与社会的对话及合作,构建学生满怀希望的社会环境;第四,促进研究生教育的全球化;第五,提高专业学位研究生教育的质量。[10]在这五个基本思路中,有三个思路都是直接论述实践型人才的培养问题的——第二个思路是指在培养目标上要培养实践领域的领军人物;第三个思路是强调要促进产学合作,促进社会为学生的创业和就业提供更好的机会;第五个思路则是培养高层次、实践型的专业人才。可见,《第二次研究生教育要纲》大大加强了研究生培养中的"应用"和"实践"侧面,强调产学官合作,强调大学与社会的联系,强调在解决社会面临的重大问题上加以创新。

(三) 实践取向研究生教育的实施——以"博士课程教育卓越领先项目"为例

培养实践型创新人才的新政策出台后,日本研究生教育有何体现呢? 这里通过"博士课程教育卓越领先项目"管窥其中的若干变化。

如前所述,新出台的研究生教育改革政策要求打造一批卓越领先研究生院,为此,文部科学省设计了"博士课程教育卓越领先项目",由日本学术振兴会负责选拔,2011 年项目总预算为 39 亿日元,2012 年更猛增至 116 亿日元。项目的主要目的是促进高校进行研究生教育的根本性变革,推动具有国际水准的卓越研究生院的形成。但这种研究生院必须旨在使优秀的学生具有广阔的视野和独创力,并将他们引导为可在产业界、学术界和政界(即"产学官")发挥全球性作用的领导者;必须能集中国内外一流教师和学生,经产学官三方共同策划,超越专业领域框架,实施一贯制的博士学位教育(约相当于我国的硕博连读)。[11]

该项目可分为全面型(all round)、复合领域型和单一领域型(only one)三大类型。"全面型"项目是培养能在国内外的产学官各领域引领全球社会发展的领导者,因此要能够整合人文和社会科学、生命科学、理学和工学等各个专业领域。每个"全面型"项目第一年度资助 3 亿日元。"复合领域型"项目主要是培养能够在解决人类社会所面临问题的过程中统领产学官项目并引领革新的领导者,因此也必须是跨领域的学位教育。但"复合领域型"一般集中在某一主题领域,如 2012 年的六大主题领域是"环境""生命健康""物质""信息""多元文化共生社会"和"安全安心",各校申报时可在 6 个主题领域内申报,也可自行设计横跨这 6 个主题领域的项目。每个"复合领域型"项目第一年度资助2.5亿日元。"单一领域型"项目是为了培养能够开拓新领域的领军人物,要求必须是该校最具国际优势的单一领域博士学位教育。每个"单一领域型"项目第一年度资助 1.5 亿日元。在审查时,特别重视所申报的项目能否构建跨领域、高质量的一贯制博士课程教育;能否为国内外一流学生创设由一流教师密切指导的教育环境;能否实施由产学官三方共同策划的国际性和实践性研究训练;能否建立以校长为中心的管理体制并具有发展性。下面介绍京都大学申报成功的两个具体项目。

2011 年申报成功的"京都大学研究生院思修馆"属于"全面型"项目,该项目提出要通过在国内外丰富的实践性教学,培养具有高度的使命感与伦理观、具有全球领袖应有的责任感、可以忍耐种种压力、既有广博的知识又具艰深的专业性、可以运用灵活的思考聚焦于现有学术与课题领域、具有第一线的精准判断力和扎实行动力的领导性人才。学生毕业后授予"博士(综合学术)"学位,或仍授予所属学科专业的学位但附加思修馆项目认证。所预想的毕业生未来出路是:可就业于跨国公司等多种公司,亦可就业于国际机构、中央部委、地方自治体、研究机构和大学;可以参加国际性的非政府组织(NGO)活动;可以创办新产业为目标,在国内外自主创业。该项目的学生第 1 学年和第 2 学年需要参加三种形式的学习。第一种形式称"专门科目研究",即学习专业课程的同时进行研究,研究主题要在入学时确定,在第 3 学年末提出学位论文草稿。第二种形式是"服务性学习",即第 1 学年在地方政府协助下开展国内志愿者服务,第 2 学年在国际机构的协助下在国外进行服务性学习。第三种形式称"熟议",是指在产业界、政界、财界以及国外机构的一流学者的指导下通过听课与讨论的形式进行的学习,这种一般以课题解决为基础的学习在第 2 学年时将实施几个月的时间。到了第 3 学年,学生将参加综合学术基础课(称为"八思"),即由指导教师针对每个学生进行综合学习指导,学生可在人文·哲学、经济·管理、法律·政治、语言、理工、医药·生命、信息·环境和艺术等 8 个学术领域进行选择。到了第 4 学年,学生将参加"国际实践教育"(也称"海外武者修行"),由学校以向国际机构或海外其他单位派遣"特任研究员"的形式,让学生扎根现场,接受课题发现与解决型的实践教育。到了第 5 学年,学生要进行基于项目的学习,要与校外相关各领域密切合作、通过真实项目的完成深化研究,特别是对研究成果的社会应用性加以完善,最后完成学位论文。由"修思馆"项目可见,它除了跨学科这一特征以外,通过实践性学习培养实践性创新人才是其最为典型的特征。[12]

2011年,京都大学在复合领域型的"安全安心"主题领域(即"建设安全且安心的社会")也申报成功,它是由9个领域的研究生院(教育学、经济学、理学、医学、工学、农学、亚非区域研究、信息情报学、地球环境学)和3个研究所(生存圈研究所、防灾研究所、东南亚研究所)共同策划的"全球生存学(Global Survivability Studies,GSS)研究生院协作项目"。目标是培养具有克服人类所面临的危机、温暖人类社会、为人类社会之安宁做出贡献的崇高使命感和道德感的人才和在自己专业的基础上、具有能以广阔的视野与知识智慧对人类社会的问题采取精准对策所需的判断力和行动力的人才。该项目所预想的毕业生未来出路是:作为一流的研究人员和教育者,能在社会安全体系科学领域发挥作用的学术领导者;能在国际机构等世界舞台发挥作用的国际性危机管理领导者;能准确处理灾害事故和经济危机以使企业稳定持续发展的企业领导者;能在粮食、资源、能源等安全保障政策的制定方面发挥领导力的国家或地区领导人;能传播安心与安全社会构建所需的科学知识和信息的科学沟通者;能在安全安心领域开发新技术与方法的创业性商务领导人。该项目只从已经在参加协作的各单位入学的硕士生中选拔20名项目生。除了56名各领域的专业教师以外,该项目还聘请了44名国际顾问,我国清华大学环境学院的王伟和及中国地震局地球物理研究所所长吴忠良也名列其中。[13]该项目由于基于特定主题,因此研究性似比"修思馆"项目更强,但从项目所宣示的培养目标和毕业生出路等方面来看,其实践取向也相当突出。

"博士课程教育卓越领先项目"在跨学科、跨院系、跨院校、产学合作、国际合作等方面与我国"协同创新"相关计划有相似之处,但不同之处在于其重点不在于创新本身,而是把培养创新人才特别是实践性创新人才置于首要目标。

(四) 注重培养实践型创新人才的原因分析

日本对实践型创新人才培养如此重视,与日本当前面临种种现实问题的大背景有密切关系。

一个不可忽视的事实是,《第四期科技计划》和《第二次研究生教育要纲》这两份重要文件都是在东日本大地震爆发之后颁布的，这场巨大灾难给日本经济和社会造成了巨大损失，特别是东京电力福岛第一原子能发电站的核泄漏事故不仅给经济长期低迷的日本雪上加霜，也对周边国家造成了深刻的影响。两份文件都明确提及这场地震，都认为应将此次灾后重建作为整体性构建日本可持续发展新体制的重要契机。除了东日本大地震以外，日本国内产业不振、人口减少并老化、社会不安情绪增长等问题始终未能有效解决，特别是没有从日本的科学技术发展上明显受益，这使日本科技界加强了对科技政策缺乏与现实联系的反思。另外，从国际上看，国际竞争加剧的态势有增无减，美国的创新能力傲视群雄，而中国、印度等发展中国家的崛起也开始突破现有的世界格局，日本由此感受到的竞争压力也愈加突出。这些虽然更加坚定了日本长期以来特别是20世纪末以来确立的以科学技术优势提升其国际竞争力的战略选择，但也使日本不得不对科学技术优势的内涵做出面向实践的微妙调整。《第四期科技计划》明确指出，以往的计划较为局限于科学研究方面，而没有将科学技术与经济、教育、防灾、外交、安全保障、国际合作等密切地结合起来，缺乏广阔而全面的视野，今后的目标则是要形成更为面向实际和更为综合系统的新战略。

为此，《第四期科技计划》从更为宏观的角度提出了五大国家愿景，即"由震灾后复兴再生到未来可持续性经济成长与社会发展的国家""安全富足与具有高品质国民生活的国家""率先解决大规模自然灾害等全球性问题的国家""拥有作为国家生存基础的高科技的国家""不断创出知识资产，将科学技术作为文化加以培育的国家"。但要实现这些愿景，关键因素是人才，《第四期科技计划》论述道："我国缺少天然资源，今后人口也日渐减少，要强力推动科学技术创新政策，就必须不断地培养和确保担此重任的优秀人才。人才问题正是国家必须特别重点地、整体地解决的问题。"[14]

本来，日本20世纪90年代提出的"科学技术创造立国"是对20世纪80年代提出的"技术立国"的扬弃，是基于对基础研究处于相对弱势的一种危机感，也是对日本擅长模仿而短于独创这一批评的积极回应，但在面临着种种内外困境的时期，把创新的目光投向摆脱困境的现实策略，又成为日本迫不得已的选择，这也许是一种新的扬弃，它无疑是大大加强了包括研究生教育在内的创新人才培养战略实践取向的重要因素。

参考文献：

[1]高益民. 创新人才培养与新世纪日本研究生教育改革[J]. 比较教育研究,2009,(11):46—52.

[2]総合科学技術会議. 科学技術関係人材の育成と活用について[EB/OL]. http://www8. cao. go. jp/cstp/output/iken 040723_1. pdf.

[3]教育改革国民会議. 教育改革国民会議報告—教育を変える17の提案—. 日本首相官邸网站：http://www. kantei. go. jp/jp/kyouiku/houkoku/1222report. html.

[4]中央教育審議会. 新しい時代にふさわしい教育基本法と教育振興基本計画の在り方について（答申）[EB/OL]. http://www. mext. go. jp/b_menu/shingi/chukyo/chukyo0/toushin/030301b. htm.

[5]中央教育審議会. 我が国の高等教育の将来像（答申）[EB/OL]. http://www. mext. go. jp/b_menu/shingi/chukyo/chuky—o0/toushin/05013101/004. htm.

[6]高益民. 日本促进创新人才成长的人才战略[J]. 中国教育政策评论2009. 教育科学出版社,2010,(7):46—59.

[7]中央教育審議会. 新時代の大学院教育—国際的に魅力ある大学院教育の構筑に向けて—[EB/OL]. http://www. mext. go. jp/b_menu/shingi/chukyo/chukyo0/toushin/05090501/all. pdf 访问日期：2009—05—22.

[8]日本内阁府科学技术政策官方网站：http://www8. cao. go. jp/cstp/kihonkeikaku/4honbun. pdf.

[9]中央教育審議会. グローバル化社会の大学院教育～世界の多様な分野で大学院修了者が活躍するために～. 日本文部科学省官方网站：http://www. mext. go. jp/ component/b_menu/shingi/toushin/_icsFiles/afieldfile/2011/03/04/1301932_01. pdf.

[10]文部科学大臣決定. 第2次大学院教育振興要纲. 日本文部科学省官方网站. http://www. mext. go. jp/b_menu/houdou/23/08/attach/1309450. htm.

[11]日本学术振兴会官方网站：http://www. jsps. go. jp/j—hakasekatei/

index. html.

[12]"京都大学研究生院思修馆"官方网站:http://www. sals. kyoto—u. ac. jp/index. html.

[13]"京都大学全球生存学研究生院协作项目"官方网站:http://www. gss. sals. kyoto—u. ac. jp/.

[14]阁议决定.科学技术基本计画(平成 23 年度—平成 27 年度).日本内阁府官方网站 http://www8. cao. go. jp/cstp/kihonkeikaku/4honbun. pdf.

（本文发表于《比较教育研究》2012 年第 12 期。作者高益民，时属单位为北京师范大学国际与比较教育研究院）

创业教育

一、发展中的创业型大学：国际
视野与实施策略

（一）研究背景

关于创业型大学的研究，是 20 世纪末期以来世界范围内高等教育研究的热点之一。1998 年，伯顿·克拉克（Burton R. Clark）出版了《建立创业型大学：组织上转型的途径》一书，对世界范围内的 5 所具有革新精神的大学进行深入研究，并总结出创业型大学的五大特征。几乎与此同时，亨利·埃兹科维茨（Henry Etzkowitz）从学术革命这一宏观视角对创业型大学也进行了研究，发表了一系列的相关研究论著，提出了大学—产业—政府的三螺旋模型（Triple Helix），并结合麻省理工学院（MIT）创业型大学的发展实践，对创业型大学的发展机制进行深入剖析，引起了学术界的极大兴趣和研究热潮。亨利·埃兹科维茨是 1990—2007 年间国外创业型大学研究领域中论文被引频次最高的学者。[1]

国内方面，自从 2002 年张岑发表了第一篇题目中包含"创业型大学"内容的学术论文以来，在此后的 5 年时间里，论文数量一直维持在个位数，

直到 2007 年发表文章数才达到 10 篇，以后的 3 年，关于创业型大学的研究迅速升温，发表文章数分别达到 16、30、38 篇。学位论文方面，国内高校第一篇以创业型大学为主题的论文是由浙江大学王雁于 2005 年完成的博士论文。截至 2010 年，中国期刊网共收录了 11 篇关于创业型大学研究的学位论文，其中 3 篇为博士论文、8 篇为硕士论文。

目前,国内外关于创业型大学的研究越来越多。然而,这些研究存在一个突出的问题,即不同研究者对创业型大学的理解和定义存在着较大的差异,尚没有形成一个可被广泛接受的"创业型大学"概念界定。在学者们的论述中,创业型大学中既有像麻省理工学院(MIT)、斯坦福大学(Le-land Stanford Junior University)这样注重科研成果产业化的世界一流大学,也有像苏格兰的斯特拉斯克莱德大学(The University of Strathclyde)这样获得大学身份仅 15 年的年轻大学。在国内的研究文献中,既有探讨研究型大学如何向创业型大学发展转化的文章,[2]也有将关注点放在高职院校身上,探讨高职院校如何向创业型大学转型的文章。[3]在这种情况下,显然有必要对创业型大学的相关基础问题进行厘清。这些问题包括:"创业型大学"这一概念所指的是哪一类型的大学? 这些大学具备了什么样的共同特征? 目前的教学型或研究型大学如何向创业型大学发展转变? 等等。对这些问题的梳理有助于我们清楚地认识创业型大学的基本内涵,深刻地把握创业型大学的核心特性,从而更好地推进创业型大学的建设与发展。

(二) 创业型大学的概念内涵

通过对已有研究文献的梳理,我们归纳出两种创业型大学的研究路径。一是伯顿·克拉克开创的研究路径,其研究主题是大学的组织转型问题,即在新的历史时期中,大学如何实施组织变革以适应外部环境的变化,研究的对象是那些具有变革精神并着手进行改革实践的高等教育机构。在这一研究路径中,伯顿·克拉克归纳出创业型大学具有五个特征:强有力的驾驭核心、拓宽的发展外围、多元化的资助基地、激活的学术心脏地带和整合的创业文化。[5]

二是以亨利·埃兹科维茨为代表的、在"三螺旋结构"(Triple Helix)的分析框架中提出的创业型大学研究路径。在这一研究路径中,研究的主题是大学如何发挥自身在知识创造和引领科技创新方面的优势,直接服务于经济和社会的发展。其研究对象是麻省理工学院、斯坦福大学等世界一流大学,探讨这些大学是如何在知识经济的时代背景下,将大学的科研成果转化为现实的生产力,利用大学在知识创造和人才聚集方面的优势,进行知识转移、学术创业等。在这一研究路径中,有研究者总结了创业型大学的某些特征,如:开展高水平的研究,能对国家利益和国家目标作出最敏锐的反应,在大学、工业和政府的三螺旋结构中发挥独特的作用;参与创业活动,以创办高新技术企业为典型,直接推动区域经济发展;将创新创业文化融入人才培养过程中,致力于培养有创造性的学术英才和技术创新高手。[5]

通过分析,我们认为这两种不同的研究路径其主要区别在于:在伯顿·克拉克研究路径中,研究关注的重点是大学本身的组织转型问题。这一路径中的创业型大学的基本任务是通过变革组织运作方式以适应外部环境的变化,获取组织生存和发展的必要资源。而在亨利·埃兹科维茨研究路径中,研究关注的重点是大学与政府、产业界的关系。在这一路径中,创业型大学的基本任务是通过创业人才的培养和技术转移来构建区域创新体系,促进区域经济社会的发展。

虽然存在以上区别,两种研究路径中所关注的创业型大学仍然有着诸多共同特征,主要包括以下三个方面:

一是注重创业型人才的培养。创业型人才的培养,是创业型大学区别于传统的研究型大学与教学型大学的一个重要特征。目前,有研究者将我们当前所处及未来面临的社会形态称之为"创业型社会"。[6]在创业型社会中,大学需要培养的人才不仅是掌握某一专业知识和技能的专业人士,而且是具有创新精神和创业能力的高素质综合性人才。创业能力,就最广泛的意义上讲,是一种将理想、创意转化成现实的能力。[7]这种创业型人才能够更好地适应充满不确定性的未来社会的生活。目前,创业教育已经逐步成为创业型大学人才培养、特别是本科生人才培养的重要组织部分,并将在人才培养体系中扮演越来越重要的角色。

二是在科研活动中更加注重科研成果的商用价值。目前,随着科学技术的进一步发展与演化,在多数学科领域里,基础研究与应用研究的界限变得越来越模糊,研究者们发现很难在基础与应用之间画出明确的分界线,也不能把这二者一分为二。[8]当大学的研究者们致力于通过科研活动找出问题的解决方式时,其理想的结果就是通过该成果的广泛运用,真实地改善人们的生活,增进社会的福利,而商业应用就是实现这一目标较为直接、高效的途径。因此,在创业型大学中,科研项目的商业价值与学术价值同样受到重视,甚至逐步成为主流的科研价值取向。

三是大力发展科技园、孵化器、产业园等一系列促进科研成果转化的组织机构,大学的学术人员、学生及校友等相关人士都积极参与创办创新型高科技企业。在创业型大学内部和外围,存在着大量旨在促进科研成果转化和技术转移的组织机构,如技术转移办公室、专利事务办公室、风险投资和创业投资公司等机构,以及科技园、孵化器、产业园等创业平台。大学的学术人员、学生及校友等相关人士通过这些机构和平台的良性互动,能够及时地将科研成果或创意转化为现实,创办大量创新型高科技企业。

在以上分析的基础上,我们可以将创业型大学的基本内涵概括为:以培养创业型人才为基本任务、以开展具有商用价值的科研活动为重要载体、以直接参与创办高科技企业为关键举措的大学组织形态。从大学职能的维度来看,创业型大学在已有的人才培养、科学研究和社会服务等基本职能的基础上,发展出了"促进经济和社会发展"这一新的大学职能。[9]

(三) 创业型大学的发展阶段分析

创业型大学作为全球范围内高等教育发展的一种新的组织形态,目前仍然处于形态完善和制度形塑的过程中。换言之,传统的教学型大学和研究型大学向创业型大学的转化并非是一夜之间能迅速完成的,而是需要一个较长的动态演化过程。传统的大学需要在人才培养、科学研究、组织管理、社会参与等各个维度,逐步获取创业型大学的组织因子,通过这些组织因子的不断累积,最终转变为创业型大学。正是在这一意义上,国外关于创业型大学发展阶段的研究能够更好地帮助我们对创业型大学的理解和认识。在这些研究中,最有代表性的是由亨利·埃兹科维茨提出的"创业型大学发展的三阶段论"和曼纽尔·崔腾伯格(Manuel Trajtenberg)提出的"创业型大学的三类型论"。

亨利·埃兹科维茨在其对创业型大学的系统研究中,区分了创业型大学的三个依次联系的发展阶段,并分别命名为"创业型大学阶段 1"(University Entrepreneur One)、"创业型大学阶段 2"(University Entrepreneur Two)、"创业型大学阶段 3"(University Entrepreneur Three)。在"创业型大学阶段 1"中,大学对自身的发展方向做出战略选择,通过与资源提供者的协调从而使自己获得确定优先权的能力。在"阶段2"中,大学在自身创造的知识产权的产业转化方面扮演积极主动的角色。在"阶段3"中,大学通过与产业界和政策部门的合作,在提升区域创新环境的效能方面扮演着引领者的角色。[10]

在亨利·埃兹科维茨的三阶段分类法中,第一阶段描述的是大学获取办学自主权的阶段,这是大学进行变革的前提条件。在第二阶段中,大学作为与产业界平等互利的合作伙伴,将大学的教师、学生和员工创造的科技成果进行产业转化。在第三阶段,大学扮演的则是先行者和领引者的角色,起到引领区域创新体系构建的作用。亨利·埃兹科维茨的这三阶段的划分法,依次从组织变革过渡到创新引领,具有较强的理论逻辑上的一致性,有助于我们建立统一的分析维度。

以色列学者曼纽尔·崔腾伯格则提出了一个类似的、但又不完全一致的划分方法。在《创业型大学:来自以色列的观点》一文中,曼纽尔·崔腾伯格提出这样一个问题:"当我们说到'创业型大学'时,这个概念到底指的是什么?"为了回答这一问题,曼纽尔·崔腾伯格区别了三种类型的创业型大学:[11]

第一类创业型大学。大学作为一个社会组织,在自我革新方面进行了卓有成效的努力。在这一类型的创业型大学中,变革可能采取了相对保守的方式,与先前的组织形态联系密切;也可能是采取大刀阔斧的激烈方式,从而使大学"展翅高飞"。

第二类创业型大学。大学明显促进了工商业中的创业行为。在这一类型的创业型大学中,大学通过提供新思想、培养创业者、与工商界合作等方面促进经济中的创业活动。按照考夫曼基金会主席卡尔·施拉姆(Carl J. Schramm)的归纳,在这一类型的创业型大学中,"大学所培养的科学家取得了突破性的理论发现,工程师把这些研究发现变成产品,商人则把这些产品推向市场,管理者则经营着这些生意。所有的这些,都是在事先没有规划的情况下实现的。在某些情况下,大学甚至已经成为整个产业链的天才和创意的首要集散地,斯坦福大学与硅谷就是这样的典范"。[12]

第三类创业型大学。大学作为社会变革的代理机构,通过创建企业和衍生公司以及其他一些更广泛的手段,来促进社会的变革。在这一类创业型大学中,大学已经成为技术创新和经济发展的直接领导角色,成为社会变革的中坚力量。如果说在第二类创业型大学中,大学扮演的是经济发展的"助推器"的话,那么第三类创业型大学则与产业界一样,同为经济发展的"发动机",与政府一样,同为社会变革的"推动者"。

综合以上分析,我们不难看出,亨利·埃兹科维茨和曼纽尔·崔腾伯格对于创业型大学并非是从静态特征来对待的,而是从动态演变的角度来探讨的。因此,在他们的分析视野中,"创业"既涵盖了最低层面的大学自身的变化,也涵盖了最广泛意义上的社会变革。这种分析方法,虽然一方面有助于我们打开视野,在一个更加恢弘的格局中理解创业型大学;但从另一方面来看,这种分析方法也掩盖了"创业型大学"作为一种新的组织形态的独特性,模糊了创业型大学与传统的教学型和研究型大学之间的区别。因此,我们认为,有必要对创业型大学的不同层面进行区分,重新进行界定。在我们看来,可以采用三个不同的术语来表述亨利·埃兹科维茨和曼纽尔·崔腾伯格对于创业型大学不同类型的划分,这三个术语分别是:变革型大学、创新型大学和创业型大学。这三类大学的区分,在中文语境上显得尤其重要,这种区分有助于我们更好地把握创业型大学这一新的大学组织形态的关键特征。

1. 变革型大学

变革型大学,或者说是革新型大学,指的是大学作为一个组织,实施变革行为,以应对外界环境的变化,解决自身发展过程中遇到的问题。伯顿·克拉克所研究的创业型大学中,除了麻省理工学院、斯坦福大学等少数学校之外,其他大多数大学都可以归到这一类型当中。而中国的大学,自 20 世纪中后期实施高等教育制度改革以后,一些大学获得了更多的办学自主权,并在大学的人事制度、科研制度和后勤管理制度等方面进行了一系列的改革,因此也可以把这些大学归入"变革型大学"之中。亨利·埃兹科维茨所谓的创业型大学的第一阶段"通过与资源提供者的协调,从而使自己获得确定优先权的能力",事实上也对应了这一类型的中国高校。

2. 创新型大学

创新型大学,主要是指那些致力于从事科学研究并将科研成果进行转化的研究型大学。创新型大学的基本特征就是科研成果的转化,为区域的经济发展和科技进步做出了一定的贡献。另外,创新型大学也开展一定的创业教育,但尚未形成气候。在中国,创新型大学大致可以对应为高级发展阶段的研究型大学。创新型大学从某种意义上而言,可以视为是创业型大学的准备阶段。

3. 创业型大学

正如前面所分析的,在我们的定义中,创业型大学是一种"以培养创业型人才为基本任务、以开展具有商用价值的科研活动为重要载体、以直接参与创办高科技企业为关键举措、以促进经济和社会发展为核心使命"的大学组织形态。在创业型大学中,创业人才的培养已经成为大学人才培养的基本任务。在知识经济的宏观背景下,大学所从事的研究与商业应用之间的联系越来越紧密。与此同时,大学服务地方经济发展的方式已经不限于通过专利转让、技术许可等间接的方式来实现了,而是通过直接参与创办衍生公司和创新型高科技企业来实现。此外,在创业型大学中,围绕着创业教育、创业活动聚集在一起的,有大量的社会组织,如企业论坛、创业家网络等,这些组织在与大学、政府和产业界的密切互动中,共同促进区域创新水平的提升和经济社会的发展。[13]

(四)建设创业型大学的实施策略分析

当前,全球范围内高等教育的实践表明,大学的组织发展将步入一个新的历史阶段,即从研究型大学向创业型大学的发展转变。创业型大学已经不再是一个新潮的学术概念,而是有着坚实的实践基础、其内涵越来越来丰富的一种新兴大学形态。在全球一体化和知识经济的时代背景下,创业型大学的发展拥有十分广阔的社会基础。

全球化背景下,未来社会将面临着越来越多的不确定性,因此,具有创业精神和创业能力的新型人才将成为未来社会的主导力量,创业能力的培养将成为未来大学教育的核心内容,大学人才培养的目标不再定位于拥有一份稳定工作的专业人士或普通白领,而是拥有创业能力的、能够自我雇用,甚至是创造就业机会的创业者。

在知识经济时代,经济和社会的发展越来越依赖于基于知识的创新和发明。而大学作为最主要的知识生产者和传播者,将从社会发展的"助推器"转化为经济和社会发展的"发动机"。大学将通过创办大量的创新型高科技企业,直接参与区域创新体系的构建,直接促进经济和社会的发展。

在这一过程中，中国的大学如何应对？这是摆在当前所有中国大学办学者面前的一个问题。创业型大学的组织形态和发展模式作为大学发展的一种新兴趋势，应当引起人们的足够重视。在本研究中，我们认为，中国大学至少可以从以下四个方面来进行变革，以顺应大学发展的历史潮流。

第一，大力开展创业教育，培养学生的创业精神和创业能力

正如欧盟委员会（European Commission）报告《在非商业教育中开展创业教育》中所指出的，创业能力是一种将理想转化为现实的能力，[14] 在未来社会中，将有越来越多的学生通过非传统的途径实现就业。因此，通过创业教育的开展，帮助学生为未来的社会生活做好准备，将成为创业型大学在人才培养活动中的重要组成部分。

第二，改变科研评价体系，淡化科研成果在评奖和升职方面的作用，注重科研成果的实际应用和商业推广价值

科研成果的社会价值充分体现在改善人们的生活质量、提高社会福利方面，而实现这一价值最直接、最基本的方法就是通过规模化的商业生产来实现。因此，要从逐步改变基本科研管理制度入手，促进科研重心的逐步转移，将科研活动与增进人类知识和增进社会福利有机地结合起来。与此同时，探索合理的知识产权管理制度，通过各种方式鼓励和推动大学的学术人员参与创办高新技术企业，并将校办企业和校友企业作为开展创业教育的重要平台。

第三，设立专门机构，整合创业资源，充分开发大学本身及相关主体的创业潜力

大学应当有意识地创建旨在促进创业行为的组织机构，如创业论坛、产品开发中心、技术转让中心、产权交易及风险投资网络，最终形成类似于麻省理工学院的创业生态系统[15] 或斯坦福大学的创业网络。[16] 这是创业型大学发展的基本组织保障。与此同时，要充分发挥学校教师、校友以及其他社会人士的积极性，调动这些群体的关系资源和信息资源，引导他们通过各种方式在大学设立组织机构，举办活动，开展合作等，从而推动高校创业事业的持续发展。

第四，积极开展创业文化研究，构建勇于创新、宽容失败的创新与创业文化形态

创业文化是促进大学组织变革和功能拓展的重要催化剂。当前，那些积极进取的大学应该利用创业文化来统领学校的各项工作,将创业文化作为组织文化形态的重要组成部分,并对大学的全体师生员工起到切实的激励和促进作用。

参考文献:

[1]彭绪梅.创业型大学的兴起与发展研究[D].大连理工大学博士论文,2008:9.

[2][5]王雁,孔寒冰,王沛民.创业型大学:研究型大学的挑战和机遇[J].高等教育研究,2003,(3):52—56.

[3]顾坤华,赵惠莉.高职院校向创业型大学转型的探索[J].职业技术教育,2010,(19):11—17.

[4]伯顿·克拉克.建立创业型大学:组织上转型的途径[M].王承绪译.北京:人民教育出版社,2003.

[6]卡尔·施拉姆.创业力[M].上海交通大学出版社,2007:3.

[7] European Commission. Entrepreneurship in Higher Education, Especially within Non-business Studies[EB/OL]. http://ec. europa. eu/enterprise/policies/sme/files/support—me asures/training—education/entr_highed_en. pdf,2011—04—02.

[8]希拉·斯劳斯,拉里·莱斯利.学术资本主义:政治、政策和创业型大学[M].北京大学出版社,2008:170.

[9][10] Henry Etzkowitz, The Evolution of the Entrepreneurial University, Technology and Globalisation[M]. Vol. 1. No. 1,2004:64—77.

[11]Manuel Trajtenberg, Entrepreneurial Universities:the View from Israel. The Future of the Research University:Meeting the Global Challenges of the 21st Century[M]. Kauffman Foundation,2008.

[12] Carl J. Schramm, The Future of the University and Public Research for the Entrepreneurial Agel. The Future of the Research University:Meeting the Global Challenges of the 21st Century[M].

Kauffman Foundation，2008．

［13］Henry Etzkowitz，etc. The Future of the University and the University of the Future：Evolution of Ivory Tower to the Entrepreneurial Paradigm［M］，Vol29，2000：313—330．

［14］European Commission. Entrepreneurship in Higher Education，Especially within Non-business Studies［EB/OL］. http：//ec. europa. eu/enterprise/policies/sme/files/support－measures/training－education/entr－highed－en. pdf，2011—04—02．

［15］刘林青，夏清华，周潞. 创业型大学的创业生态系统初探——以麻省理工学院为例［J］. 高等教育研究，2009，(3)：19—26．

［16］施冠群，刘林青，陈晓霞. 创新创业教育与创业型大学的创业网络构建——以斯坦福大学为例［J］. 外国教育研究，2009，(6)：79—83．

（本文发表于《比较教育研究》2011 年第 9 期。作者陈汉聪、邹晓东，时属单位为浙江大学科教发展战略研究中心）

二、企业家精神与沃里克大学的崛起

（一）沃里克——欧洲新大学的明星

楚河汉界、等级分明，历来是英国高等教育的传统。在这分明的等级序列中，牛津和剑桥一直处在峰巅的位置。建立于 19 世纪下半叶的大学（俗称"红砖大学"），虽经百余年的努力，仍动摇不了牛津和剑桥的地位，更何况 20 世纪 60 年代建立起来的新大学（俗称"绿地大学"）。而沃里克大学正是"绿地大学"之一。

沃里克的创业时期十分艰难，1969 年的学生骚乱还险些导致它关门，学生骚乱的直接原因是反对学校的"亲企业的政策"而直接后果就是造成了社会对沃里克的不良印象。一时间，沃里克几乎成为当时高等教育一切负面影响的代名词。

如果说建校后的前 15 年是沃里克的艰难期，那么第二个 15 年却成为沃里克辉煌发展的时期。到 20 世纪 90 年代上半叶，沃里克不仅改变了英国人对它的不良印象，而且还以学术优异与开创性的校企合作赢得了德国"贝尔特曼基金会"颁布的欧洲"最佳进步大学奖"。在英国政府的高等教育评估中，沃里克不仅一跃而进入英国大学"排行榜"前列，而且还以强劲的势头，直逼牛津、剑桥以及伦敦经济学院、帝王学院等几所著名大学，排名第五（1998 年）。在 1996 年的英国大学科研评估中，沃里克有 5 个系名列英国大学榜首，12 个系获得了 5 分，9 个系获得了 4 分；而获得 3 分以下的只有 6 个系。这说明沃里克的科研成就正在快速赶上最优秀的大学。

与其它"绿地大学"相比,沃里克不仅学校规模最大(拥有学生 13 000 名)、学术排名最前,而且还以其良好的自创收入,令其它大学难以望其项背。沃里克大学 1∶10 的新生录取率,更直接地反映了该大学的竞争实力。

沃里克大学何以在如此短的时间内创造奇迹?这些奇迹的背后隐藏着什么?能够给我国的高等院校以哪些启示?我们从中可以得到哪些启迪?

(二)艰难的创业时期(1965—1980 年)

20 世纪 60 年代,英国高等教育需求膨胀,不得不新增一些大学以满足日益高涨的需求。苏塞克斯、约克、兰卡斯特、厄塞克斯、东盎格里亚、肯特和沃里克等七所大学相继建立,成为英国的绿地大学"七姊妹"。

绿地大学建校之初,英国大学拨款委员会希望新大学在规模上不要一味地追求大而全;在学科发展上,不要一味地按既有学科进行设计,而要尽可能向跨学科方向发展;在教学与科研上,不要走研究性大学的发展道路,在大学优先发展的目标"清单"中,把学术研究置于较低的位置。换言之,新大学最好参照美国社区学院的办学模式,向以教学特别是本科生教学为主的目标发展。因而,沃里克建校面临的第一个抉择就是能否突破禁锢,选择自己独立设计的办学方向。在副校长格里菲斯(Griffiths 英国大学的校长是名誉性质的,副校长类似中国的校长)领导下,沃里克大学毅然选择了自己的发展目标——"走规模不断拓展的研究性大学发展之路"。从此,"追求卓越"被沃里克定为大学发展的最基本价值观。

为了实现这一宏伟目标,沃里克首先从吸引人才开始。沃里克吸引人才的措施是:只要愿意加盟沃里克,学者的专业发展完全自主决策。在组织上,学者可以自由组合,新建系级单位,学校对如何组建不作任何规定。但有一点,要想加盟沃里克,学术水平是惟一的条件。虽然沃里克在这次人才引进中并没有什么特殊的优厚待遇和条件,但还是吸引了一批富有新思想的学者。这些学者多在传统大学中任教,但传统大学中那种窒息的学术气氛令他们感到压抑。沃里克所能提供的主要条件就是宽松的环境。当这批学者加盟沃里克时,沃里克实际上已经在打造自己作为一所研究性大学的基础了。

在这一发展时期,沃里克面临的第二个选择是要不要将"相关大学"作为沃里克的未来发展目标。所谓"相关"实质就是与当地的工商界建立紧密联系。"相关大学"的设想一经提出,就得到了当地企业家们的赞同,但在大学内部却很少得到响应。因为"相关大学"与英国高等教育传统中的"多尼思想"(Donnish)格格不入。① "相关大学"政策在校园中一经公布便引起教师的强烈反对,因为这一新政策是对英国大学传统的"公开挑战"。

教授们的抵触不仅可以理解,而且也可以通过时间来逐渐"抹平",但学生们的反对很可能演化为一些过激的行为。1969 年,沃里克的学生因反对学校与工商界联姻而爆发了英国高教史上最严重的一次学生骚乱。学生占领了学校行政大楼,焚烧了学校与工商界签定的所有合同和文件。副校长与其身边的行政管理人员遭到殴打。不仅如此,沃里克还遭到了舆论界的猛烈抨击。一些右派人士认为沃里克被工商界收买了,拜倒在资本家的"石榴裙下"。媒体甚至将大学与工商界的联姻比喻为大学将自己出卖给恶魔。而左派人士则因为沃里克校园中的学生革命和一批极力反对工商界的老学究,而将沃里克贬为"土丘上的克里姆林宫"(意为红色苏维埃)。一句话,媒体关于沃里克的报道,无不是敌意的诋毁。

学生骚乱平息后,几乎被赶下台的副校长格里菲斯又被推到了大学改革的前台。再度上台的格里菲斯继续推行其"亲工商界"的办学政策:首先是转变校园中的敌视工商界的态度;其次是确定了向外拓展的思路;再次是具体落实"相关大学"的办学思想。截至 1980 年,沃里克在原来学科的基础上,新增了工程和工商两个专业。与此同时,沃里克注重发展与当地社区的关系。随着这扇大门的打开,沃里克的办学理念——"企业家精神"开始孕育,而"企业家精神"也逐渐成为沃里克办学指导思想的核心因素。

短短 15 年,沃里克克服了财政上的困难,站稳了脚跟。学生数由 1965 年的 500 人增加到 1980 年的 4 200 人;教师数由 1965 年的 60 人增加到 1980 年的 500 人;学校的各项收入也都有所增加,社会对沃里克的评价开始发生变化,报考沃里克的学生开始增多。

---

① 一种传统大学的办学理念。"多尼思想"过分强调学院派的学术研究,鄙视工商业的需求,因此又被贬称为"学究思想"。尽管时值 20 世纪 60 年代,但英国大学中的"多尼思想"仍然根深蒂固。

（三）将企业家精神熔铸于办学思想中（1980—1995 年）

1979 年,保守党执政。时隔两年,保守党政府提出了三年削减高等教育拨款 17％的一揽子计划。大学拨款委员会对各校的削减幅度不尽一致,最高的多达 25～30％。沃里克的拨款削减比例为 10％,与其它大学相比虽稍感幸运,但对于一所还在为生存而竞争的新大学来说,减少拨款的 10％也是巨大的挑战。

对待政府高教拨款的削减应该作何反应? 各校的反应不尽一致。多数大学对政府仍存有幻想,认为这只是暂时的财政困难。但沃里克却没有这样想,而是出台了一项全新的政策——"节约一半,另赚一半"。也就是说,沃里克要实施"开源节流"以弥补政府拨款的削减。经过三年的努力,沃里克"开了源"创收高达大学收入的 12％。尽管"节约一半"的目标没能完成,但沃里克人仍坚信——学校的发展要依靠不断提高的创收能力。

与此同时,沃里克面临着新的选择:在提高学费、争取募捐和自己挣钱三个方面,谁应为重点? 沃里克基本放弃了前两点。提高学费不可能。因为英国还没有收取学费的先例(直到 1997 年以后才开始象征性地收取学费)。靠募捐,不情愿。因为沃里克人不愿意去"乞讨"。正如当时的学校注册处主任 M·沙托克(Michael Shattock)所言:"我们必须寻找新的创收方式。我们没有任何理由期望任何公司、任何人给我们送钱。钱只有靠自己挣。"于是,沃里克提出"挣得收入的政策"(Earned Income Policy)。这一政策将在全校范围内实行各系财政上的"自负盈亏"。

"挣得收入的政策"是一项带有明显企业运作的措施,必然要带来学校管理和发展的深刻变化。资金收支将按年度核算;校部资金将被纳入系统管理;学校同样需要为一些新机构的建立提供风险投资;很多系级单位(虽然不是全部)的管理也将采用全新的方式。

"挣得收入的政策"没有为各系提供具体的方案,只提出一个方向:要创造性地依靠自己独特的方式取得收支平衡。后来的发展证明了这一政策的正确,虽然沃里克没有希望所有学科和所有的系都能够"创收",但这一"创收"政策所带来的并不仅仅是经济问题的解决,相反它在将大学向另一个方向引导,即大学必须在与社会和企业紧密合作的前提下获得发展。创收要依靠大学专业上的优势,而由此赚得的收入将被投入到下一阶段的科学研究中。同时,更多高质量的研究成果又足以为学校赢得更多的工商业界客户。在与社会和企业紧密合作方面,沃里克制造集团和沃里克商学院表现得最为典型。

沃里克制造集团 "沃里克制造集团"(Warwick Manufacturing Group)由工程系教授 K·巴特查里(Kumar Bhattacharyya)于 1980 年筹建,其母体是沃里克大学工程系,巴特查里亚一开始就将集团建在企业中,并从企业界招募人才。集团的目标是"与公司(特别是工程公司)一起荣辱与共,为它们革新生产过程而开发技术、培养人才。"沃里克制造集团确立了两大目标:一是致力于改造产品和生产操作技术,二是为承担相关工作的经理人员提供培训。培训既注重对企业环境的了解,也重视工程技术本身,因而与商学院的管理培训有很大区别。天才的巴特查里亚为企业提出了数以百计的生产问题解决方案,由此而获得的发明不计其数。各种大小公司与该集团签定了大量量体裁衣式的"研发项目",并派人接受该集团的业务培训。业务的迅速拓展使该集团与 300 多家公司进行技术合作,其中包括 Rolls Royce and Dover 汽车设计公司及英国宇航公司等著名公司。随后"沃里克制造集团"开始将事业向国际市场拓展,在海外建立"卫星公司",从香港、曼谷、吉隆坡到加尔各答、南京和约翰内斯堡,沃里克的教授们往返穿梭,或进行产品技术洽谈或为当地提供 3～4 个星期的面授培训。

随着沃里克制造集团业务的不断拓展,沃里克大学必须具有高级的宾馆和会议中心,才能满足纷纷前来洽谈业务的合作伙伴的需求。在这种情况下,学校投资建立了"高级技术中心"和"国际制造中心"等综合会议中心。这些中心不仅以良好的经营为学校偿还了投资,而且还为学校带来了源源不断的财源。这些设施虽然不是集团的子公司,但却是在集团的刺激下发展起来的。

沃里克制造中心不全是商业性集团,其业务基本上是以学术为本位的。特别值得一提的是,它还是工程系的下属单位。因此,在制造集团的发展过程中,不仅为企业经理提供培训,而且还招收了大量的研究生。随着沃里克研究水平的提高,其学术声誉也如日中天,从而为吸引外国留学生创造了条件。而留学生数的急剧上升,又为大学带来新的收入,因为留学生几乎全部是自费的。

截至 1995 年,"沃里克制造集团"已经发展成为享有世界声誉的"研发中心",拥有研发人员 200 人、博士生 100 人,3 000 余名公司雇员在那里接受文凭课程的培训。《经济学家》载文称沃里克大学是"欧洲最大的工程研发研究生培养基地"。当然,是否最大对于"沃里克制造集团"并不重要,重要的是有无能力将如此之多的公司聚集在自己的身边,而聚集它们的秘密武器就是能够用自己的专业知识为企业解决一个又一个实际问题。为学术而学术,不会受到工商界的欢迎;而脱离学术,只做经营,永远敌不过工商界。

沃里克商学院 该院成立于 1967 年。经过二十年的经营,沃里克商学院已经跻身于全英大学商学院的前列,成为英国最优秀的商学院之一。商学院现有教学研究人员 130 多名,拥有硕士、博士和进修生 3 000 多人,俗称"欧洲哈佛商学院"。

沃里克商学院的成功可以归纳为三个原因:

第一是确立了为中小企业发展服务的方向。由于确立了这一方向,沃里克商学院赢得了大量来自中小企业的研发项目和咨询合同。而这些研发和咨询项目不仅为商学院带来了经济收益,而且锻炼了一批中青年教师。中青年教师的成长,又吸引来了大量优秀的研究生,其中越来越多的学生来自海外。目前,沃里克的留学生已经遍及 25 个国家。

第二是大胆进行课程革新。传统的英国大学研究生培养模式多是"学徒式培训",研究生教育没有正规课程计划,学生主要是跟着导师做研究。鉴于这一传统模式,沃里克进行了大胆的革新,将美国的课程研究生培养模式引进了沃里克,从而成为英国实施课程硕士(例如 MBA)和课程博士计划的先锋。培养计划的转变,方便了大量非脱产和在职人员,使得沃里克商学院的研究生数居于英国各大学商学院的最前列,同时也解决了传统研究生培养模式中导师严重不足的大问题。

第三是用"企业家精神"的办学理念来管理沃里克商学院。在沃里克商学院看来,"企业家精神"不仅表现为"乐观向上、敢冒风险、敢为天下先",而且始终以"追求卓越"为理想。敢于冒险与追求卓越是互为补充的,只有这样才能达到"利益最大化"的目的。卓越首先表现在商学院的教师和课程计划上。没有卓越的教师队伍,没有"敢为天下先"的课程设置,就不可能吸引卓越的学生,更不可能产出"卓越"的研究成果、为企业提供卓越的服务、直至培养出最优秀的人才。

正是有了这三件法宝,沃里克商学院才得以在短短二十年的发展过程中形成发展的良性循环,在强手如林的英国大学中脱颖而出。

(四)沃里克崛起的成功经验

德国一家咨询公司于 1993 年在对瑞士联邦技术学院、沃里克大学等六所欧洲著名技术大学调查后得出结论:堪称公认综合性技术大学的,在欧洲范围内只有沃里克大学。沃里克主要在五个方面区别于一般性技术大学:拥有坚强的核心领导、不断拓展的学术疆界、经费渠道的多元化、充满活力的学术中心和一种以企业家精神为灵魂的校园文化。

1. 强化大学的核心领导

大学要对迅速变化、日益拓展的高教市场作出更迅捷和更灵活的应对,就必须有强有力的领导核心,否则,就没有果断的决策。再者,沃里克大学是一所新大学,没有学术传统,不能像牛津和剑桥等传统大学一样依靠传统声誉得到政府的财政支持。因此,要在市场上立于不败之地,就必须有新的组织结构、新的课程计划以及实现目标的财源保障。而要达到这些目的,都不能缺少强有力的核心领导。

2. 不断拓展的学术疆界

与传统大学不同,沃里克非常注意学术疆界的拓展,这种拓展不同于传统大学那种只限于在大学范围之内、或在学术圈之内的学术拓展,而是要在大学中培育众多的学术拓展的触角。沃里克认为,其它"绿地大学"基本上在跨学科发展思路的指导下建立实体化的院级机构,老牌大学沿用的是校系两级结构,这两种模式都不能脱离严格学科界限的限制,因此不利于学术新触角的滋生。沃里克大学认为,系级单位依然十分重要,但系级单位却不能实现大学的全部理想,不能很好地为学术疆界的拓展服务。因此,沃里克鼓励的是在系级单位下,广泛地建立一些带有跨学科性质的研究中心。这些中心因任务而集结,若其发展势头旺盛,可扩大中心业务范围,也可由中心发展为系;反之,可自生自灭。中心的建立不仅可以避免系级学术单位所固有的问题,而且可以将企业界的需求及时反映进大学。因此,沃里克大学的研究中心在学术疆界的拓展上,功不可没,前文所述的沃里克制造集团就是学术疆界拓展的范例。

3. 不断拓展大学经费来源渠道

在扩大经费来源渠道上,沃里克最值得称道的有三条:一是始终采取积极的财政政策;二是具有超前的意识;三是能够审时度势。在沃里克的发展过程中,其财政政策一直非常积极,无论是 20 世纪 60 年代"节约一半,另赚一半"的政策,还是 80 年代初所采取的"挣得收入的政策"都没有依赖政府的财政拨款。而超前意识在沃里克的发展中体现得更加明显,首创"亲企业"的办学思想以及建立沃里克制造集团等都说明沃里克的创收是建立在独创性之上的。没有想别人之所没想,又怎么能赚别人赚不了的钱呢? 与此同时,良好的经费政策也体现在沃里克的审时度势上。80 年代初,沃里克曾放弃了"募捐",但在 90 年代中期,随着学校声誉的日渐良好和毕业生的增多,沃里克也开始将校友看作是扩大财源的新途径。

沃里克财政政策的实施,为大学带来了良好的财源,同时也扩大了经费的来源渠道。详见下表

沃里克大学经费收入表(单位:百万英镑)

年份	经常性拨款		研究经费		其它渠道		总计	
	数量	%	数量	%	数量	%	数量	%
1970	2.0	69	0.3	10	0.6	21	2.9	100
1975	5.1	69	0.7	9	1.6	22	7.4	100
1980	14.6	70	2.0	10	4.3	20	20.9	100
1985	21.5	60	4.8	13	9.8	27	36.1	100
1990	36.0	43	14.6	31.9	31.9	39	82.5	100
1995	51.3	38	19.7	15	63.0	47	134.0	100

注:表内资料由沃里克大学助理注册官 Paul Anderson 整理。

此表表明:建校之初,沃里克大学的经费来源渠道相对单一,对政府的依赖程度很高。到了 90 年代中期,已经形成经费来源渠道多元化的局面。

4. 充满活力的学术中心

企业家精神在大学中的应用有两种模式:一是离心式的;二是向心式的。所谓离心式,意味着新拓展的疆界将逐步远离大学、远离学术,其最终结果必然是学术的发展得不到投资,而拓展了的疆界也越来越远离学术。远离学术的触角要么变成纯商业性企业,要么逐渐萎缩。沃里克所走的是一条向心式发展模式。发挥拓展大学疆界功能的是大学研究中心,这些中心是从深厚的学术土壤中生长起来的。因此,中心所作的研究,是与学术相关的研究;中心所进行的开发是与学术相关的开发;中心所提供的咨询是与专业知识相关的咨询。这样,大学的学术中心不仅没有因为学术疆界的拓展而削弱,反而由于"触角"的发达而得到进一步的加强。这些在沃里克制造集团和商学院的发展中都得到了验证。一句话,沃里克的成功得益于一种新的价值观——将传统的学术价值观与最新管理理念合为一体。

5. 用企业家精神来熔铸沃里克的校园文化

沃里克的校园文化不是一种"软文化",而是一种渗透于管理制度之中、同时又被管理制度所强化了的校园文化。其特质就是企业家精神。企业家精神的实质是运用企业管理理念于学校的管理实践中,其中,创新占有很重要的成分。沃里克大学很多实践都孕育着创新意识,最典型的是建立研究生院。英国的研究生教育一直采用传统的师傅带徒弟的办法,没有也不赞成设立研究生院。1991年,沃里克模仿美国威斯康星大学,建立起英国大学中的第一所研究生院。其目的有两个:一是满足研究生教育日益增长的需求;二是解决研究生数量增长导致的导师对研究生指导不足的问题。此外,如果将研究生教育放在系里,还有可能被置于本科生教学和教授本人的研究之后,而屈居于次要位置。尽管沃里克的研究生院是从美国取的经,但最终是经过了沃里克人的改造,因此在英国被称为"沃里克模式"。当沃里克的改革获得成功后,很多大学便来模仿,不仅影响整个英国,甚至波及到欧洲大陆。

沃里克的另一项举措是向海内外提供研究奖学金,以此作为选拔人才的手段。1994年春,沃里克在英国大学中第一次提供一种吸引力很强的研究奖学金计划。奖学金的条件是优厚的:可获得连续六年的研究资助;奖学金获得者可集中精力做科研,而将授课量严格限制在普通教师教学工作量的三分之一以下;应聘期间成果优秀者,将获得沃里克大学的终身教授资格。这个决定在互联网上一经宣布,共收到海内外 8 500 多份申请。沃里克最终挑选了 36 位平均年龄只有 32 岁的年轻学者。紧随沃里克之后,英国大学就刮起了抢购优秀年轻学者之风,很多大学都以各种优厚的条件来打这场人才争夺战。但在人才争夺中,沃里克又是捷足先登。

沃里克的生存、发展和成功,与其办学指导思想中的"企业家精神"密不可分。

参考文献:

[1] Burton R. Clark, Creating Entrepreneurial Universities: Organizational Pathways of Transformation[M], Pergaman,1998.

[2]程凤春.英国的哈佛商学院——沃里克商学院 MBA 的成功经验[J].上海高教研究[Z],1995(4).

(本文发表于《比较教育研究》2001 年第 2 期。作者洪成文,时属单位为北京师范大学教育管理学院)

三、美国高校创业教育模式研究

创业革命深刻影响各国政治、经济发展方向,并促使高等教育进行变革。作为识别机会、整合资源、将创意付诸实施并创造价值的代名词——"创业"(entrepreneurship)包括三个层面的含义:首先,任何创业活动都基于一个可能被别人忽视的机会,要求创业者具有敏锐的洞察力和分析力;其次,个人所能掌握的资源总是有限的,在追求目标的过程中,创业者需要突破资源限制,最大程度地创造资源和整合资源;最后,创业活动必须真正付诸实施并创造价值,任何停留在理论层面或者思维层面的创意都不是创业。创业活动既存在于商业领域,也存在于社会的非盈利机构和政府机构。高校创业教育指的是高校培养学生识别机会、整合资源、将创意付诸实施并创造价值的教育。美国高校创业教育的顺利开展,得益于其不断探索与院校性质相匹配的、行之有效的创业教育模式。分析美国成熟的创业教育模式及特点,对我国处于初期的创业教育具有重要的借鉴意义。

(一)创业型经济驱动下的美国高校创业教育新发展

在过去的二三十年中,美国创业型经济快速发展。其中,起着中坚力量的中小企业通过创造工作岗位和提供具有创造性的产品和服务,越来越成为美国经济发展的引擎。有资料表明,自20世纪80年代以来,财富500强已经减少了500万个工作岗位,而中小企业却贡献了3 400万个新的工作岗位;[1]同时,这些中小企业又是美国经济发展中最具活力和创造性的因素。20世纪的重大发明,如空调、飞机、人工合成胰岛素、光纤监测设备、心脏起搏器、热能传感器、个人计算器、光学扫描仪等都是中小企业发明的。[2]创业型经济对提升美国社会整体的创新能力和发展活力、稳固美国在全球化中的地位做出了重要贡献。

创业革命深刻影响高等教育的变革。它是社会经济发展的必然趋势，也是大学自身改革和发展的内在要求。从 1947 年哈佛大学商学院提供第一门创业学课程开始，美国高校的创业教育经历了萌芽、起步与快速发展三个阶段。在萌芽时期和起步时期，由于经济的发展仍旧由大企业发挥主流作用，创业教育仅仅作为商学院的一门边缘课程缓慢发展。20 世纪 70 年代以来，随着美国创业型经济的兴起和科技创新浪潮的到来，美国高校创业教育在课程建设、出版物以及教师培养等方面迅猛发展，掀起了一场被美国创业教育杰出领袖蒂蒙斯（Jeffry A. Timmons）称之为"静悄悄的大变革"。

在课程建设方面，四年制大学和学院在 1968 年仅有 4 所大学提供创业教育课程，到 1993 年增加到 370 所，2001 年增加到 504 所；而如果将两年制的学院也计算在内，1979 年共有 263 所院校提供创业课程，1998 年增加到 1 400 所，几乎每年增加 57 所。[3]无论是学术期刊、会议论文，还是创业教育专著和教材都显著增加。以学术期刊为例，从 1987 年到 1996 年，与创业相关的期刊从 3 本增加到 26 本，几乎每四个月就会产生一本新的创业相关期刊；在捐赠席位（endowed positions）方面，1963 年美国佐治亚州立大学产生了第一个捐赠席位，自此以后，创业教师培养成为创业教育发展的重要任务，捐赠席位快速增长（如表 1 所示）。不仅如此，美国高校还与工商业保持密切联系，聘请有实际创业经验的企业家为兼职教授。到 2000 年，全美 1 600 所高校开设了 2 200 多门创业课程，共有 277 个捐赠席位、44 种创业教育相关学术刊物以及 100 多个创业教育中心，所积累的捐赠数额已经增加到 4.4 亿美元。[4]

表 1　美国与世界其他国家高校创业教育领域捐赠席位增长情况比较

年份	1963	1974	1980	1991	1999	2003
美国	1	5	11	97	237	406
除美国外其他国家	/	/	/	4	34	158
全球	/	/	/	101	271	564

（二）美国高校创业教育发展的三种典型模式

美国高校创业教育的迅猛发展,得益于其不断探索与院校发展目标相一致的、行之有效的创业教育模式。从总体上看,美国高校开展创业教育主要遵循两条轨迹:一是以创业学学科建设为目标的发展路径;二是以提升学生创业素养和创业能力为本位的发展路径。前者主要采用聚焦模式(focused model),教学活动在商学院和管理学院进行,培养专业化的创业人才;后者主要采用辐射模式(radiant-model),教学活动在全校范围内展开,主要培养学生的创业精神和创业意识,为学生从事各种职业打下基础。磁石模式(magnet-model)介于上述两者之间。下面将结合案例阐述这三种典型创业教育模式的运行和管理情况。

1. "聚焦模式"创业教育项目的运行与管理

"聚焦模式"是传统的创业教育模式。在这种模式中,学生经过严格筛选,课程内容呈现出高度系统化和专业化的特征。哈佛大学商学院是采取"聚焦模式"创业教育的典型代表。作为在世界上最早开设创业教育课程的机构,哈佛大学商学院强调申请者的创业特质(personalities),并通过实施相关课程与活动提升学生的创业技能。目前,大约40％的哈佛大学 MBA 毕业生追求一种创业型职业生涯,如创业者、风险资本家或者创业咨询者。[5]在这种模式中,创业教育所需的师资、经费、课程等都由商学院和管理学院负责,学生严格限定在商学院和管理学院内。

"聚焦模式"的创业教育是专业化的创业教育。商学院和管理学院负责创业教育的日常管理、经费筹措、师资培养、课程设置、学生来源等所有环节。这种纯粹性决定了"聚焦模式"创业教育能够系统地进行创业方面的教学,其毕业生真正进行创业的可能性及比例非常高。该模式的创业教育也促使创业学作为一门独立的学科在商学院和管理学院获得发展。

2. "磁石模式"创业教育项目的运行与管理

采用磁石模式的创业教育基于这样一种信念:即非商学院的学生也能从创业教育中获益,具有创造性的创业努力并不仅仅来自商学院学生。麻省理工学院主要采取这种模式,其创业中心的使命就是:"激发、训练以及指导来自麻省理工学院所有不同部门的新一代创业者。"

这种模式的创业教育往往先在商学院和管理学院成立创业教育中心，通过整合所有资源和技术吸引来自全校范围内的、有着不同专业背景的学生。大部分创业教育课程，如创业计划、新创企业等适应各种专业背景的学生。在这种情况下，对创业感兴趣的学生既可以修习创业课程，也可以根据自身情况和兴趣辅修创业课程。整个项目的发展依托商学院和管理学院的资金、师资、校友等因素，创业教育中心负责整个项目的规划和运行。这种模式为商学院和管理学院之外的学生提供创业教育，而不涉及经费、师资等方面的变革。

磁石模式在保证其开放性的同时，也保证了运行的便利性。所有创业教育和活动由统一的创业教育中心负责协调和规划，师资和经费也由创业教育中心统一调配管理。这样的运行模式整合了有限的资源，有利于打造优质的创业教育项目，有利于吸引新教师的参与，也有利于校友募捐的顺利进行。同时，创业教育的开展增加了商学院和管理学院与其他学院的联系，提升了商学院和管理学院在全校的地位。但是磁石模式也面临极大的挑战：如何在其他专业获得创业教育课程的市场和价值？ 如何使教师获得更大程度的发展？ 如何针对不同专业的学生设置课程？ 这些都是必须回答的问题。

3. "辐射模式"创业教育项目的运行与管理

"辐射模式"也是一种全校性的创业教育模式，它的发展基于这样一种理念：不仅要创设良好的氛围为非商学专业学生提供创业教育，还应该鼓励不同学院的教师积极参与创业教育过程。它的实施涉及了管理体制、师资、经费筹集等各方面的改革。在管理体制上，学校层面成立了创业教育委员会，负责协调和指导全校范围创业教育的开展；所有参与的学院负责实质性的创业教育和活动，根据专业特征筹备资金、师资、课程等。这种模式与磁石模式的本质区别是突出了不同学院教师的参与。他们需要根据本专业的特征设置课程，从而保证学生能够结合专业背景进行创业。不同学院之间的学生可以互选创业课程，从而打破学科边界，实现资源共享。康奈尔大学是采取"辐射模式"创业教育的典型代表。

作为在赠地运动中迅速发展起来的公立大学，康奈尔大学特别强调公平的原则。它主张"每一位掌握了创业技能和相关知识的学生，能够对任何工作环境产生重大价值"。[6]这种信念促使康奈尔大学校友、教师、学院院长于 1992 年成立了"创业精神和个人创业项目"(The Entrepreneurship and Personal Enterprise Program,简称 EPE),支持全校学生创业精神的培养和个人创业技能的提升。9 所参与该项目的学院院长组成 EPE 管理委员会,统一协调和指导全校的创业教育活动。委员会主席每两年改选一次,在所有参与学院之间进行轮换。在实施过程中,创业课程与专业紧密结合,如设置"创业精神与化学企业""设计者的创业精神""小型企业与法律"等课程,学生还可以跨学院、跨专业选课。这种全校性的创业教育模式对教师层面提出了更高的要求。为了吸引和培养优秀师资,康奈尔大学设置了"克拉克教授职位"(Clark Professorships),每年奖励对创业教育作出重大贡献的教师。同时,康奈尔大学还通过"康奈尔创业家网络"(Cornell Entrepreneur Network,CEN)与校友保持密切的联系。

"辐射模式"创业教育的优势相当明显。对大学而言,在不同学院开展创业教育项目既可以广泛吸引校友,也可以赢得学生的信任;对教师而言,不同学院的教师以创业教育为平台开展广泛的交流与合作,有利于促进教师能力的提升;对学生而言,结合专业特征学习相关创业教育知识和技能,保证了学习的有效性。当然,"辐射模式"创业教育的运行和管理面临着协调、募捐、课程设计、师资等多方面困难。协调是辐射模式所面临的最大挑战。比如在康奈尔大学,9 个参与学院提供了很多创业课程,虽然这些课程都与学生的专业背景相符合,但是在课程之间缺乏关联性。另外,由于辐射模式利益的本质分散,院校无法为一个集中的创业教育项目募捐。在课程设计上,如何巧妙地将创业知识和技能融入到具体专业中也是对教师很大的考验。最后,由于创业教育师资由参与学院自行解决,如何动员更多优秀教师参与创业教育项目对院校来说也是一个极大的难题。

三种创业教育模式的比较见下页表 2 所示。

表 2　三种创业教育模式的比较、美国高校创业教育模式的特点

	聚焦模式	磁石模式	辐射模式
管理机构与职能	由隶属于商学院和管理学院的创业教育中心管理	由隶属于商学院和管理学院的创业教育中心管理	全校范围内成立创业教育委员会,由所有参与学院共同管理
资源	商学院和管理学院负责	商学院和管理学院负责	所有参与学院分别负责
师资	商学院和管理学院负责	商学院和管理学院负责	所有参与学院分别负责
学生	只针对商学院/管理学院学生	针对全校学生	针对全校学生

(三) 美国创业教育的特点

1. 开放的高等教育体系是创业教育迅速发展的基础

美国拥有独特的高等教育系统。伯顿·克拉克认为,美国高等教育系统规模庞大、高度分权、机构多样性显著、机构间竞争极端激烈。[7]作为天生的创业主义者(genetic entrepreneurialism),美国高校在面对资源紧缺、竞争激烈的外部环境时,必然能够敏锐感知市场变化,并及时寻求有利于自身改革和发展的途径。创业教育的实施符合大学本身发展的需求,也满足了政府、学生、工业界等不同主体的需要。另外,拓展的资助渠道、开放的入学政策、紧密的大学与工业的关系以及产生分支学科的开放性也促成了创业教育项目在美国快速地、独立地发展。[8]这种草根主义的发展路径使得美国高校创业教育能与高校的文化优势和特点紧密结合起来,呈现出旺盛的生命力。

2. 以特色为先导,力求多元发展

美国高校的创业教育得益于市场力量的驱动和高校自下而上的改革。市场化的驱动彰显了无处不在的竞争压力,争取最有潜质的学生、最优秀的师资和基金会的捐赠等成为一个创业项目顺利运行的关键;高校自下而上的改革而

非行政化指令促使美国高校创业项目与自身优势、文化紧密结合起来,并使得创业教育的发展从一开始就具有社会基础、教师基础和学生基础。同时,在各种模式间和模式内部都体现出特色化的发展理念。首先,各高校创业教育模式的发展体现了模式创新与遵循传统的动态平衡。斯特里特教授(Deborah H. Streeter)在考夫曼基金会资助下对美国高校创业教育项目进行研究后发现,排名最靠前的 38 个项目采用不同的创业教育模式[9](各种模式的代表性大学如表 3 所示)。其次,选择同一种创业教育模式的高校也在不同校园文化和学科优势的引领下发展特色项目。美国高校创业教育正是在多样化创业教育模式的推动下,既保证了创业教育的广泛开展,又保持了创业教育项目的较高水准。

表 3   美国主要高校的创业教育模式

模式	代表性大学
聚焦模式	哈佛大学、伊利诺斯大学、宾夕法尼亚大学、西北大学
磁石模式	百森商学院、麻省理工学院、斯坦福大学、贝勒大学、卡内基梅隆大学、马里兰大学
辐射模式	康奈尔大学、仁斯利尔大学

3. 以校园创业文化建设为枢纽,推进高校整体革新

创业教育的成功开展需要有良好的创业氛围和文化。它不仅指向学生创新和创业精神的培养,而且还需要使大学本身也成为创业型机构。美国高校在转变文化价值取向、鼓励大学教员创业以及保持与工商界的密切联系等方面进行了不懈的努力。首先,在文化价值取向上,倡导学生的创业精神与商业潜能和传统的专业技能、学术研究能力具有同等的价值,鼓励学生创业。其次,高校鼓励大学教师将自身的学术技能和研究成果转化为知识产权、市场化的商品,尤其在工程学、生命科学、电脑科学等学科内鼓励大学教员广泛参与创业活动,甚至创办新公司,将新产品和新程序商业化。再次,校友通过资助创业中心的建立、担任高校的兼职教师、参与创业计划大赛(担任评委或者导师)、提供教学案例和思路等途径有效支持创业教育的开展。

4. 以创业教育中心为主要组织形式,提倡跨学科发展

美国目前有 100 多个创业教育中心,它们的发展往往依托传统院系,从而

保证了稳定的师资、经费和课程等供给。创业教育中心能有效地跨越传统的学术边界,成为高校与外界保持联系的重要纽带。这些中心在运行过程中贯彻跨学科发展思路,从而有效调动跨学科资源,并使得培养的学生能够更加灵活地适应不断变化的需求。如麻省理工学院创业中心附属于斯隆管理学院,通过招收具有技术背景的学生来实现商业和技术的结合。这种跨学科的方式使得麻省理工学院毕业生创办的公司中,约 80％能够应对市场的风险并生存下来。[10]斯坦福创业网络(The Stanford Entrepreneurship Network,SEN)的建立保证了斯坦福大学 22 个创业相关项目的交流与合作;同时,它还与商学院合作向学生提供跨学科的课程。

参考文献:

[1] Donald F. Kuratko. The Emergence of Entrepreneurship Education: Development, Trends, and Challenges. Entrepreneurship Theory and Practice[M], 2005, (9): 577—597.

[2] National Commission on Entrepreneurship. American Formula For Growth: Federal Policy & the Entrepreneurial Economy, 1958. 1998 [EB/OL]. http://www. publicforuminstitute. org/nde/sources/reports/americanformula. pdf, 2002—10—5/2007—9—10. 36.

[3] [4]Jerome A Katz, The Chronology and Intellectual Trajectory of American Entrepreneurship Education 1876—1999[J]. Journal of Business Venturing, 2003, (18):283—300.

[5] [10] National Agency for Enterprise and Construction. Entrepreneurship Education at Universities—a Benchmark Study [EB/OL]. http://www. ebst. dk/file/3053/Entrepreneur ship_2004. pdf, 2004—12—10/2007—10—2. 41,19.

[6] University-wide Entrepreneurship @ Cornell. Annual Report by the Entrepreneurship & Personal Enterprise Program [EB/OL]. http://epe. comell. edu/downloads/EPE_Visions_2004. pdf,2004—12—11/2007—9—6,3.

[7] Burton R. Clark. Sustaining Change in Universities：Continuities in Case Studies and Concepts[M]. Open University Press，2004. 133.

[8] John R. Mcintyre & Mathieu Roche. University Education forEntrepreneurs in the United States：A Critical and Retrospective Analysis of Trends in the 1990s [EB/OL]. http：//www. ciber. gatech. edu/ workingpaper/1999/9900—2l. pdf，1999—4—21/2007—8—6，39.

[9] Deborah H. Streeter，John P. Jaquette，Jr.，Kathryn Hovis. University-wide Entrepreneurship Education：Alternative Models and Current Trends [EB/O L]. http：//epe. comell. e du/do wnloads/WP_2002_final. PDF，2002—3—15/2007—10—18，17.

（本文发表于《比较教育研究》2008 年第 5 期。作者梅伟惠，时属单位为浙江大学教育学院）

四、美国高校创业教育探析

正如埃温·马里恩·考夫曼基金会（Ewing Marion Kauffman Foundation）主席卡尔·施拉姆（Carl Schramm）所提到的："美国想要在世界上保持其经济和政治上的领导地位，就必须看到企业家精神是我们的核心竞争优势，任何其他的东西都无法帮助我们保持经济超级大国的地位。"[1]在过去的二三十年间，起着中坚力量的中小企业通过创造工作岗位和提供具有创造性的产品和服务，成为美国经济的发动机，成为美国经济最具活力和创造性的因素。从 20 世纪 90 年代开始，以创办速度快、管理成本低为特征的创业型公司快速发展，标志着经济环境的重大改变，也标志着作为美国价值和美国精神重要元素的创业精神的复苏。创业革命影响美国高等教育的变革，越来越多的美国人，包括那些没有受过专业商学培训的学生选择自我雇用、自主创业。越来越多的本科生和研究生开始学习与创业相关的知识和技能。大学也逐渐将关注点集中到培养社会所需的创业型人才上，不仅培养学生的就业能力，还培养学生的创业能力。在此背景下，美国创业教育迅猛发展，2003 年，美国 1 600 所高校开设了 2 200 多门创业课程，共有 277 个捐赠席位、①44 种相关英语学术刊物以及 100 多个创业研究中心。[2]

（一）创业教育的定义

创业教育（entrepreneurship education）又称"企业家教育"或称"自我雇用

---

① 捐赠席位是指通过捐赠设立的创业学科的教师席位。

式教育"。美国考夫曼企业家精神研究中心（The Kauffman Center for Entrepreneurship Leadership）将创业教育定义为向个体教授理念和技能，以使其能识别被他人所忽略的机会、勇于做他人所犹豫的事情，包括机会认知、风险性的资源整合、开创新企业和新创企业管理等内容。可见，创业教育涉及的不仅是"如何创办企业"，更重要的核心知识还有：(1) 辨别生活中机遇的能力；(2) 通过产生新想法和组合必需资源来寻找机遇的能力；(3) 创业和管理新企业的能力；(4) 富有远见和具备批判思维的能力。在此基础上，创业教育的培养目标是"通过培养创业意识、了解创业知识、体验创业过程，使大学生能像企业家一样行为，具备将来从事职业所需的知识、技能和特质"。[3]

美国创业教育的主要任务是揭示创业的一般规律，传承创业的基本原理与方法，培养学生的企业家素质，目标是使受教育者具有创业意识、创业个性心理品质和创业能力，以适应社会的变革，而不再以岗位职业培训为内涵。[4]创业教育并不以课本为基础，而是让学生融入到现实生活的学习经历之中，使学生能够有机会去经历各种风险，尝试去管理和控制以及从结果中进行学习。创业教育不仅教授学生如何去运营一个企业，它还帮助学生发展创造性思维，培养学生的自我价值感和自我问责感。百森商学院（Babson College）的杰夫里·蒂蒙斯（Jeffrey Timmons）指出："企业家精神是一种从无到有的创造和建立过程，它需要开展行动，需要建立一个企业或者组织而不是在一旁观望、分析或描述一个企业或组织，需要懂得在他人感觉到混乱、矛盾和困惑之时找到机会。企业家精神是一种通过建立一个团队来对自己的技能和才华进行补充的能力，是在寻找、整理和控制资源的同时又能够保证资金充足的能力，是心甘情愿地承担可预见到的风险、竭尽所能地寻找机会的一种精神。"[5]

（二）美国高校创业教育的组织模式

目前美国高校主要有两类创业教育组织模式：一是聚焦模式（focus model）。在这种模式里，所有活动都在商学院/管理学院内部开展，其目标是培养专业化的创业人才以及培养创业教育师资和研究者。实行聚焦模式的大学如哈佛大学、芝加哥大学、西北大学；二是全校性的创业教育模式（university-wide entrepreneurship education），即创业课程和活动针对全校的学生开展,该模式将创业作为一种实践性的工具,培养不同学科背景学生的创业精神和创业意识。实行全校性创业教育模式的如康奈尔大学、麻省理工学院和斯坦福大学。全校性创业教育又分为 3 种不同的模式,即磁石模式(magnet-model)、辐射模式(radiant-model)和混合式(mix-model)。磁石模式如麻省理工学院的斯隆管理学院,招收来自不同学院的学生,但是教学活动只在斯隆管理学院进行。辐射模式如康奈尔大学,教学活动分别在 9 个不同的学院里开展。[6]混合式就是在一所学校内,其创业教育项目的一部分面向全校学生,但另一部分还是集中于商业、工程等专业的学生。

1. 聚焦模式

在聚焦模式中,学生经过严格筛选,课程内容呈现出高度系统化和专业化的特征。[7]哈佛大学商学院是采取"聚焦模式"创业教育的典型代表。1947 年 2 月,迈尔斯—梅斯(Myles Mace)教授在哈佛商学院开设了第一门 MBA 课程"新企业管理",以满足"二战"后商学院毕业生的创业需求,开创了美国乃至世界高校创业教育的先河。1981 年,哈佛商学院开发了一项关于未来创业教育和研究的框架,将创业作为管理的有效途径,而不是仅仅指向创办企业。自此以后,哈佛大学将创业精神定义为"不顾及现有资源限制追逐机会的精神"。到 1999 年,哈佛商学院已经开发了 600 多种教材,哈佛商学院毕业的创业者遍及各个领域。哈佛大学创业教育之所以取得成功,是因为其遵循三大原则:(1)特别强调团队合作和过程意识,强调个人只是运行过程中的一部分,应该关注"我们",而不是"我";(2)使学生相信他们能够成为创业者。哈佛大学最著名的就是"案例教学",它在创业教育案例中引入各种类型和各年龄段的创业者,使学生在创业教育过程中获得认同感;(3)使学生相信创业管理不仅仅来自灵感,它还包含了很多的艰辛。学生必须随时拥有风险意识和警觉性。[8]

2. 全校性的创业教育模式

在全校性的创业教育模式下,学生则来自不同的专业,形成了多样的学生群体。多样性的学生群体在一起学习,有助于不同专业学生之间的交流,拓宽课程参加者的视野。

磁石模式在所有全校性的创业教育模式中最为普遍,其比例为 58%。大部分高校都是单一磁石模式(single magnet),如麻省理工学院。杜克大学和斯坦福大学则是多重磁石模式(multiple magnets)。例如,斯坦福的创业教育在以下 3 个独立的教育中心进行:设在工程学院的斯坦福创业伙伴项目中心、设在商学院的创业研究中心以及法学和科技项目中心。杜克大学也有 3 个独立的创业教育中心,但现在正在试图将这三者协调一致。多重磁石模式容易产生以下两大问题:第一,不同中心之间的协调难度较大;第二,把每个中心的具体职能传达给学生、教师和学校以及社区的难度较大。[9]运用辐射模式的高校数量较少,如康奈尔大学和仁斯利尔理工大学,这也体现出了建立和维护辐射模式的难度。运用混合模式的大学有加州伯克利大学、弗吉尼亚大学、密歇根大学、纽约大学,还包括仅面向本科生的南加州大学和威斯康星大学。[10]

在课程方面,磁石模式提供的课程比较宽泛,如企业策划、新企业创立、全球创业学等,非商学院的学生主要学习有关创业的概论性质的课程。除此之外,学生还可以自己选择主修或者选修创业课程。辐射模式课程突出不同学院教师的参与,教师要根据本专业的特征设置课程,从而保证学生能够结合专业背景进行创业。如康奈尔大学的创业课程包括"创业学和化学企业""设计者创业学""小型商法诊所",因而能够吸引大量非商科专业的学生参加。[11]辐射模式下不同学院之间的学生也可以互选创业课程,这有利于打破学科边界,实现资源共享。

罗文大学(Rowan University)的创业和创新(Entrepreneurship and Innovation,简称 E&I)课程为不同专业学生提供一种通识教育。美国大学和学院联合会以及卡内基基金会的分析发现,传统的通识教育课程以文科概论课程为主,无法促进不同学科思想的交叉传播,而给予 E&I 课程以通识教育课程地位则在此方面有了突破,因为 E&I 课程本身就是交叉学科性质的,能够把不同资源整合到它自身的学科内容之中。E&I 课程涉及六大主要问题:(1) 创业领域:主要关注于小型企业、科技含量高和创新程度高的环境、公司环境、社会企业和跨国企业;(2) 创业思维:强调对于机会理解和机会开发的思考能力;(3) 问题解决:强调战略性的规划,向学生介绍制定战略、战术和开发工具、技能以促进计划实施的方法;(4) 创造力:强调创造力的重要性,传达创造力的可习得性,讲述创造力形成背后的逻辑、具体知识、工具和技能;(5) 机会识别:讲述洞察力的重要性,运用新方式来看问题和听问题以发现和创造独一无二的机会;(6)创业生涯:帮助学生发现任何创业路径都适宜的多种发展道路。[12]因此,E&I课程能够发展学生对创业的理解,帮助他们学习如何运用成功创业者的技能和战略,提高他们在决策方面的知识和技能,并使他们能够识别新产品、新服务和新客户。

(三)美国高校创业教育基地:创业教育中心

在美国很多高校,创业课程与创业项目往往和一个创业中心共存。创业中心是为开展创业教育而成立的中心,它提供创业方面的学术课程,开展外延拓展活动以及进行创业领域的研究,成为美国高校创业教育的基地。创业教育中心作为一个学术中心,能够打破大学传统的组织结构,跨越人为划分的学科边界,有利于整合有限的学术资源,更加灵活地保持与外界的联系和更好地满足跨学科解决现实问题的需要。

目前,美国有 150 个左右的创业教育中心。1996 年,在马里兰大学和考夫曼基金会的努力下,美国成立了全美创业中心联盟(National Consortium for Entrepreneurship Centers,NCEC),旨在提供信息共享的渠道,开发创业教育合作项目,提升创业中心品质,为美国大学创业中心的发展提供合作的平台。[13]

美国高校创业教育中心通常是在明确的理念和目标指引下成立的。如百森商学院创业中心的使命是"帮助学生发展主动性、灵活性、创造力、冒险的意愿、抽象思维的能力以及视变化为机会的能力";[14]麻省理工学院创业教育中心的理念则是"激励、培养、训练来自 MIT 各方的新一代创业者"。[15]美国很多创业中心的诞生都是因为校友或者其他创业者的慷慨捐赠。如哈佛大学商学院的创业中心就是由第 51 届的 MBA 校友阿瑟·罗克资助 2 500 万美元成立的。除此之外,捐赠席位的创办也是筹集资金的主要方式。据统计,当前美国所有创业中心的平均规模达到 389.13 万美元。其中,排名靠前的创业中心平均捐赠高达 1 300 万美元,比一般创业中心的平均捐赠数高 1 040.95 万美元。[16]另一项主要的资金来源是基金会的资助。1966 年,埃温·马里恩·考夫曼基金会(以下简称"考夫曼基金会")成立,该基金会积极资助创业教育项目,促进年轻一代创业精神的培养,试图通过开展世界一流的、创新的、基于研究的项目来提升年轻人的创业精神,使越来越多的儿童和成人认识到创业是他们将来的一种选择,理解创业对于美国和全球经济的作用。考夫曼基金会在学院和大学层次开展创业实习项目,为 26 个学院和大学提供 120 多万美元的实习资助。[17]

麻省理工学院在考夫曼基金会捐助下于 1996 年创办了创业教育中心,尽管自 20 世纪 60 年代开始,MIT 就已经开设创业教育课程。MIT 创业教育中心由成功企业家担任高级讲师,为有创业理想的工程师、科学家和管理专业的学生提供实用的建议。在创业教育中心提供的 E-Lab 课程中,学生每周可以有一天时间在高科技的新公司中工作。MIT 创业中心现有 17 名教授、16 名讲师面向管理学、工程学、科学和其他学科的 1 300 名研究生和本科生讲授 30 门创业教育课程。[18]

斯坦福创业教育中心为研究、课程和商业计划竞争提供赞助。由于大多数人都对创立高科技企业表示兴趣,斯坦福还开设了斯坦福创业网络项目。该中心旨在创办一个创业活动论坛,为工程学院、法学院、商学院提供创业研究会议资助。斯坦福创业教育中心还资助商学院的研究生进入高科技的新公司中担任顾问。2001 年,美国有 100 家公司向斯坦福创业教育中心提出了接收请求。[19]

(四)美国高校创业课程

目前,美国已经有 1 800 多所大学和学院提供不同类型的创业课程。据调查,最受欢迎的课程包括:创业学、小企业管理、新企业创立、小企业融资、小企业咨询、技术/革新、创业营销、风险资本等。最常用的教学方法则主要包括:商业计划、讨论、校外专家讲座以及创业案例研究等。创新的教学方法来自创业者和学生对创业教育的深入理解和领悟。"具有创业思维的学生是独立的个体,不喜欢受到限制,他们有能力进行独创性思考,尤其在模糊和不确定的条件下。他们需要更好地发展沟通技巧,并且需要更好地指导别人如何感知他们的行为"。[20]因此,创业课程不应该严格组织,而是在模糊和有风险的环境下向学生呈现现实的创业问题,从而鼓励学生进行独立思考。大学还需要提出合适的课程评价方法,与创业教育的实践性、灵活性相适应。除了传统上的考试和撰写案例之外，不同大学还开发出了创新性的评价方法。如学生群体的多样化案例竞赛、所筹集到的风险投资数量、真正的创业活动等。这些结果驱动的评价方式为学生提供了具有挑战性的课程组织，能够更好地满足学生的期望。有些学者提出，学生在学习大学或学院课程的同时，应该有机会面临真实的创业情景，与创业者进行交流，发现创业的真正问题。学生应有时间建立自己的企业，体验创业资本的运行，并且能够将课堂上的理论运用于现实生活之中。因此，为了保证充足的学习和实践及灵活性，本科生创业教育项目需要 5 年至 6 年，而不是传统的 4 年。[21]

百森商学院于 1919 年成立，是全球创业管理教育和研究最著名的商学院，在创业学领域有着很强的优势，且始终是创业学领域的领导者。百森商学院为具有创业兴趣和潜质的学生提供全面和综合的创业课程，循序渐进地帮助学生形成创业思维。百森商学院的 MBA 创业课程分为核心课程和选修课程两大类。核心课程包括：① 战略与商业机会。课程目标是培养学生的创业意识，能及时地抓到创业机遇和挖掘创业潜能；② 创业者。课程目标是使学生明白作为创业者所应具有的个性品质，了解一些创业过程中关键性问题的解决方法；③ 资源需求与商业计划。课程目标是使学生初步了解、掌握创业前要获得的创业知识；④ 创业企业融资。课程目标是使学生了解创业过程中有关融资方面的基础知识和方法；⑤ 新创企业的快速成长。课程目标是使学生在创业过程中能遵循创业自身的发展规律，灵活把握不确定因素。百森商学院的选修课程分为三大模块：基础课程——整体性创业技能（覆盖学生的比例为 90％）；专业课程——创业学科内的特定课程（覆盖学生的比例为 63％）；支持课程——一个特定领域的深入了解（覆盖学生的比例为 63％）。其选修课程有：高科技创业、家庭企业的主要改变和增长、管理成长企业、公司创业、收购小企业、社会创业者、家庭创业者、连锁经营、风险资本和增值资本、理论和实践、创业者营销、企业成长战略、筹集资金、对社会负责任的创业、创业者的并购战略、特许经营等。[22]百森商学院还举行多样化的外延拓展活动，如创业计划大赛、企业孵化器、学生社团、"智囊团"的咨询与辅导等。

在教学中，百森商学院采用以"问题为中心"的教学方式，促使学生们积极思考以下问题：在现实创业中怎样有效地进行商业交流与公关交往？怎样提高在创业过程中精确分析和做出正确判断的能力? 怎样激发创业个体与创业团队的创造潜能? 怎样利用各种有效资源和制定商业计划? 等等。采用这种方式使学生在创建企业、发展企业这样动态的学习过程中思考、探索创业的规律,了解一个成功的创业过程所需的因素,引起学生关注与创业相关的一些经济问题或社会问题。案例研究也是一个重要的教学方法。在选择案例时,既有创业成功的案例,也有创业失败的案例。通过对精心选择的案例的分析和实践活动,不仅增加了教学的鲜活性,而且培养了学生对创业问题的分析与判断能力。另外,在教学的过程中也采用虚拟实验演讲、讨论的教学方式。

(五) 美国高校创业教育的影响力

亚利桑那大学的伯杰创业项目(Berger Entrepreneurship Program)是美国最早的创业项目之一。为了了解该项目的实际影响力,查尼和利贝卡(Charney & Libecap)进行了调查,主要研究结论为:[23]第一,创业教育培养了学生的风险意识,促进了学生创业。创业教育毕业生的平均创业比例是非创业教育毕业生的 3 倍。同时,创业教育增加了毕业生自我雇用的倾向,超过 27% 的创业教育毕业生是自我雇用的,而只有 9% 的非创业教育毕业生是自我雇用的;第二,创业教育对毕业生的收入有显著影响。创业教育毕业生的平均年收入比非创业教育毕业生的平均年收入高出 27%,并且创业教育毕业生更有可能获得全职就业岗位。从调查结果看,接受创业教育的毕业生比非创业教育毕业生多出62% 的资产;第三,创业教育促进了公司、尤其是小公司的发展。那些雇用了创业教育毕业生的公司比雇用非创业教育毕业生的公司有着更好的销售业绩,并且发展得更快。由创业教育毕业生创办的公司比那些由非创业教育毕业生创办的公司更大,并有着更好的销售业绩;第四,创业教育促进了大学科技向私立部门转化,促进了以科技为基础的公司发展和产品开发。创业教育毕业生更有可能在拥有技术许可和高科技的公司里任职。在自我雇用的创业教育毕业生中,接近 23% 拥有高科技公司,而在自我雇用的非创业教育毕业生中,低于15% 拥有高科技公司。另外,创业教育毕业生花费更多的时间进行研发,经营生命周期较短的产品,更有可能开发新产品。以上结果表明,成功的创业教育项目能够对学生个人、高校和社会产生积极影响,投资于创业教育项目能够为毕业生和全社会带来巨大的回报。

（六）美国高校创业教育面临的挑战和问题

尽管美国创业教育的历史可以追溯到 60 多年前,但是创业教育还远不是一个成熟的研究领域。创业教育领域缺乏终身教授、创业学在多学科间的扩张、缺乏创业学博士生培养项目以补充教授职位、缺乏相关的学术研究以取得学术合法地位等问题都影响着创业教育的质量,阻碍着创业教育的可持续发展。

1. 创业教育的定位问题

印地安那的库拉特科(Kurateck)教授对创业教育提出了质疑:"目前,美国有多少创业学系? 有多少教师仅仅因为开展创业教育和创业研究而获得了终身教职? 有多少院长是从创业学的教师升上去的? 只能说创业教育在大学仅仅是得到了认可,而成熟还远没有实现。"也有一些学者指出,理论基础的模糊性阻碍了创业教育的进一步发展;萨恩(Saen)等学者认为,创业研究在过去受到的批评具有宽度没有深度。创业研究借用了经济学、心理学、市场营销、战略等其他领域的理论和框架,但是没有明确的边界以及独特的内容,因此,创业学不可能发展成为独立的领域。[24]

2. 师资无法满足创业教育快速发展的需求

创业教育面临的一个非常紧迫的问题是"严重缺乏有资格的创业领域博士生来承担这些职位",目前仅有少数大学提供创业方面的博士课程。创业被认为是一个跨学科领域,因此,创业领域的教师职位往往由其他学科(如战略管理、市场营销、人力资源等)的博士生占据。尽管这对于填充创业教师职位是必要的,从跨学科视角发展创业教师也是有帮助的,但是由于教师并没有接受过创业方面的专业训练,教学质量无法得到保障。而且,很多大学使用没有博士学位的兼职教师,无力促进大学向更好的方向发展。[25]创业学教师流失问题也很严重。创业教育教师在评析创业计划、筹集创业资金等方面的理论基础和实践经验,以及在创业人才网络方面的丰富信息,为其提供了越来越多的企业咨询机会。而且,越来越多的商业机会导致很多学者放弃学术。创业教育教师从学术界向商业界的流失成为困扰美国创业教育发展的一个重要因素。如何保证优秀创业型人才留在高校,是美国高校创业教育进一步发展需要思考的深层次问题。[26]

3. 创业教育的持续发展问题

美国创业教育的早期发展与一些教授的远见卓识和不懈努力是分不开的,这既是创业教育的优势,也是创业教育持续发展的瓶颈。创业过程的风险特征与高校教师学术生涯的稳定特征在一定程度上是矛盾的。风险是创业过程的重要组成部分,培养学生的风险意识应该成为创业教育的重要内容。但矛盾的是,追求稳定的终身教职是高校教师的重要目标,这就形成了一个两难困境:学生必须学会冒风险,而教师却在追求"安全"的学术生涯。[27]

尽管存在上述挑战和问题,但是美国越来越多的高校参与到创业项目之中,创业教育成为了大学战略规划的组成部分,课程种类和数量以及学生的数量不断增加,大学创业活动的水平也得以提升,管理者、学生以及其他利益相关者也越来越重视创业教育的发展。因此,美国的创业教育必将顺应社会需求继续蓬勃发展。

参考文献:

[1][5]The Aspen Institute(2008)Youth Entrepreneurship Education in America:A Policy Maker's Action Guide Guide. [EB/OL]. http://www.aspeninstitute. org/ sites/default/ files/content/docs/pubs/YESG_Policy_Guide. pdf. 2010—05—15.

[2][6][8][13][14][16][17][20][21][23][24][25][26][27]梅伟惠. 美国高校创业教育[M]. 杭州:浙江教育出版社,2010. 18,91,95,98,99,101,75,128,128,141,236—237,237,238,238—239.

[3][4]刘帆,王立军,魏军.美国高校创业教育的目标、模式及其趋势[J].中国青年政治学院学报,2008,(4):98—99.

[7]梅伟惠.美国高校创业模式研究[J].比较教育研究,2008,(5):53.

[9][10][11][15]Deborah H. Streeter,John P. Jaquette,Jr. , Kathryn Hovis (2002) University-wide Entrepreneurship Education: Alternative

Models and Current Trends[EB/OL]. http//epe. cornell. edu/downloads/WP _2002_final. PDF. 2010—05—16.

[12] G. Page West III, Elizabeth J. Gate Wood & Kelly G. Shaver (2009) Handbook of University — Wide Entrepreneurship Education[M]. USA:Edward Elgar. 113—114.

[18][19]Charles R. B. Stowe. Entrepreneurship Education in United States [EB/OL]. http://www. wspiz. pl/—unesco/articles/book3/tekst8. pdf 2010—05—18.

[22]Babson College. MBA Programs[EB/OL]. http://www3. ba-bson. edu/ESHIP/academic/graduate/ 2010—05—18.

（本文发表于《比较教育研究》2010 年第 10 期。作者罗媛，时属单位为北京师范大学国际与比较教育研究院）

五、多样化推进：美国高等学校
创业教育途径探析

创业教育就是旨在增强青年创业意识、传授创业知识、发展创业能力、培养创业心理品质的教育。面对待业人数猛增及就业机会萎缩的局面，许多国家都把目光投向了主张自我雇佣、增强创业能力的创业教育，各高校也日益强调培养学生的创业意识与能力，鼓励学生的创业行为。其中，美国高校的创业教育发展迅猛，也最具特色。今天，美国的创业教育已被逐步纳入国民教育体系之中，成为贯穿于小学、初中、高中、大学本科、研究生的正规教育，形成了一个完整的社会体系和教学研究体系。尤其是 20 世纪 80 年代以后，创业学成为美国大学、尤其是商学院和工程学院发展最快的学科领域。到 2005 年初，美国已有 1 600 多所高等院校开设了创业学课程。本文主要探讨美国高等学校开展多样化创业教育的方式，以期对推进我国高等学校的创业教育提供借鉴和参考。

（一）开设创业教育课程——美国高校创业教育的基本方式

开设专门的创业教育课程是美国高校创业教育的基本方式，但"课程"是许多人耳熟能详但又不知其里的一个概念，每个人都可根据自己的学术背景，根据自己对社会、知识、教育、学校、学生的不同理解，给"课程"一词以不同的界定。本文中，我们将创业教育课程定义为实现创业教育目标而进行的创业教学内容的基本单位，看作是创业教育的基本运行手段。

根据国际劳工组织（International Labor Organization，ILO）的界定，创业教育的目的主要包括培养创业意识、正确认识企业在社会中的作用和自我雇用的益处、提供创办和经营小企业所需的知识和技能、提高就业能力四个方面。[1]
开设专门的创业教育课程无疑是实现这些目标的最有效方式。鉴于人们对课
程有不同的理解,自然对课程内容的看法也存在差异。用诺丁汉大学宾克斯
(Martin Binks)教授的话说,创业教育课程涵盖了"从头脑到市场""从创造性
洞察力到成功创新"的方方面面。[2]如果我们把整个创业过程看成是一个连续
统一体,其一端是创业的创造性和解决问题的有效性,另一端则是实践的创新
性,而创业教育课程的每一个元素都总会在这连续统一体中找到自己的位置。

芝加哥大学布斯商学院(Chicago Booth)的创业教育课程综合所有的商务学
科,包括营销策略、资金募集、运作策略等,注重开放式教学,让学生走出课堂,在
真实的世界、真实的环境中去检验他们的创业点子。设计这些课程的目的是为了
帮助学生创建企业、投资企业、募集资本、评估商务机会的能力,让学生通过课程、
竞赛、实验等获得开办企业、寻求资金支持、管理企业的实践工具和经验。[3]美国
创业卓越行动基金会提供的创业课程包括综合课程及工具课程两类。[4]综合课程
包括创业之旅介绍、机会分析、创办企业、企业成长、收获成果;工具课程包括顾客
介绍、运作与成本介绍、现金与评价介绍、人员管理、募集资金等。

在美国,几乎所有的高等学校都提供创业教育课程,培养创业技能、发展创
业意识或创业思维、鼓励学生们的创业行为。所罗门(George Solomon)对美国
大学创业教育内容所做的邮件调查发现,美国高等学校创业教育课程包括"创
业、小型企业管理、新企业创建、技术创新、风险资本、小型企业咨询、小型企业
策略研讨、特许经销、新产品开发、创业营销、小型企业融资、创造性"等。其中,
最受欢迎的课程是"创业"(53%的受调查者支持)、小型企业管理(36%)、新企
业创建(30%)。[5]据统计,当前美国 37.6%的大学在本科教育中开设了创业学
课程;23%的大学在研究生教育中开设了企业创业课程;美国表现最优秀的股
市专家和高新技术企业主有 86%接受过创业教育。虽然美国群体和机构之间
提供的创业教育课程差异性很大,但总体上呈现出与其他课程相融合的特征,
突出表现在与通识教育课程、学科训练和合作课程的融合。[6]

自 1947 年 2 月迈尔斯—梅斯(Myles Mace)在哈佛大学商学院开设被普遍
认为是美国创业教育课程开端的"新企业管理"以来,美国创业教育课程经历了
60 多年的发展。60 多年来,开设创业教育课程的学校数量大幅增加,到 1998
年有 1 400 所,从最初的大学商学院延伸到大学的多个学院。在层次上,从四
年制大学延伸到各类高等学校及小学、中学、职业学校。创业教育学习科目数

量也大幅增加,涉及创业教育的课程(科目)已近 120 门。[7]这些具有开放性、跨学科性及创造性特征的创业教育课程注重与通识教育和合作课程的融合,呈现出明显的从重教向重学转变的趋势。

(二) 实施创业教育项目——美国高校创业教育的重要推手

创业教育项目是由各高校或社会团体牵头发起、学生通过系统学习达到相关要求进而获得学分和学位或证书等的活动。项目预先规定创业教育的层次、内容、持续时间、深度、广度及学生获得创业证书/学位所需学习的创业课程及达到的标准,推动创业教育在高校的发展并取得实效。

众多学者从不同视角对美国创业教育项目模式进行过研究。恩威克等(B. R. Envick)提出注重教室学习与校外实践平衡的"21 世纪创业教育模式",认为这一模式的独特之处在于其努力克服制约创业的五大障碍,包括孤立无援、时间有限、经验有限、成本花费和全球化的影响。[8]美国康乃尔大学斯特里特(Deborah H. Streeter)则将美国创业教育项目分成两大类——"聚焦式"(focused)项目和"全校开放式"(university-wide)项目(如图 1 所示)。"聚焦式"创业教育项目表示参与项目的教师、学生、员工都在商学院或商学院与工程学院联合的某个区域教学、学习或工作,如美国的哈佛大学、马里兰大学等。"聚焦式"项目还可以根据聚焦的地点进一步划分,如 MBA,MBA & UGB,MBA & ENG,UGB,UGB & ENG,ENG,MBA & UGB& ENG。

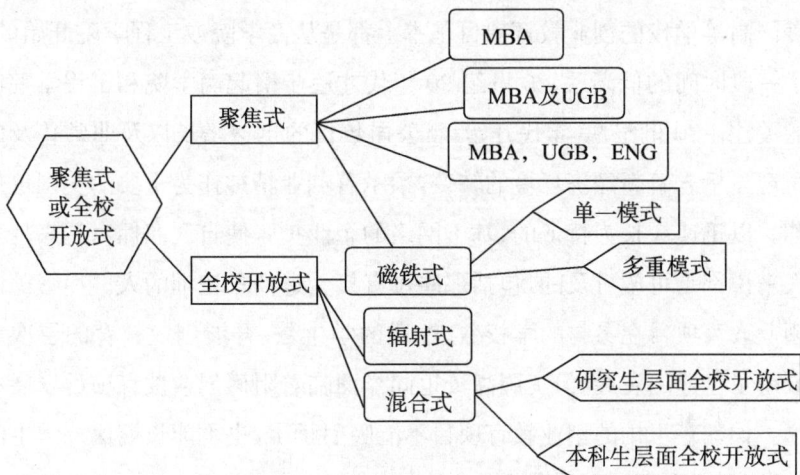

图 1　美国高校的创业教育项目模式示意图

与"聚焦式"对应的"全校开放式"项目将其目标指向超越商务学院和工程学院以外的学生群体,并进一步根据学生来源和授课地点划分为"磁铁式"和"辐射式",如康乃尔大学、MIT、斯坦福大学等。这些模式的有效运用充分体现了美国高等学校创业教育的灵活性和多样性。

从美国高等学校创业教育对象和目标的视角,本文认为美国高等学校创业教育项目存在两种差异显著的模式——侧重培养学生创办企业的意识和能力的"商学院型"创业教育模式(Business-College Centered)和培养学生技术创新能力并实现技术商业化的"工程学院型"创业教育模式(Engineering-College Centered),如美国伊利诺斯大学。在"商学院型"创业教育模式中,资金提供、教师来源、行政管理组织、教学活动(包括课程、实习、系列讲座)、研究活动、校友活动、社会服务等主要集中在商学院,并且教学的目的主要是向学生传授商务知识、发展创业意识或创业思维,使学生转变就业观念、倾向自我雇佣、更好地创造机会和发现机会创办企业,教学的内容主要涉及机会评估、成本核算、人员管理、时间管理、资金筹措、利益分配等。"工程学院型"创业教育模式的教师来源、学生来源、行政管理组织、教学活动(包括课程、实习、系列讲座)、社会服务等主要集中在工程学院,教学的主要目标是提升学生的创业和创新意识,提高技术创新能力,并识别和把握机会将创新的技术和知识财产商业化,实现创新技术经济效益最大化。

美国高等学校的创业教育项目基本上都是从商学院或工程学院开始的,在经历了一段时间的低潮后,20 世纪 90 年代才逐步引起商学院和工程学院以外人们的关注。20 世纪 90 年代开始,新公司数目的迅速增长以及非常普及的网络公司现象标志着新经济环境的转变,预示着创业精神作为重要的美国价值开始复苏。以迅速成长为特征的、基于网络的企业扩张使自我雇佣对越来越多的美国人来说都是可望可及的,包括那些没有接受过商务培训的人。尽管美国高校的创业教育项目在参与的学校数、注册的学生数、开展创业教育的层次等方面都取得了迅速的发展,但美国高校也同样面临着阻碍创业教育项目发展的诸多因素。如教育机构的创业教育项目不能吸引学生,也不能长期保持学生的兴趣,更不能引起人们对创业课程的学术追求。由于许多成功的创业者并没有接受过系统的创业培训,而大量接受过良好创业培训的学生创业反倒没能成功,这无疑大大降低了创业教育的吸引力。[9]

（三）开展创业教育活动——学生接受创业教育的实践场所

创业教育旨在树立创业意识、传授创业知识、发展创业能力、培养创业心理品质。为了实现创业教育目标,美国高等学校教师在课堂内外通过多种教育活动使学生获得创业直接经验,全面提高学生创业能力。总体看,美国高校的创业教育活动包括以下四种类型,即着力培养商务综合能力的商务策划活动、培养创造性思维的问题解决活动、了解企业运行的模拟创办企业活动、体验商品与市场对接的促销活动等,高校为学生接受创业教育提供了现实的实践场所。

商务策划(Business Planning)是帮助学生发现并探索机会的工具,任何层面接受创业教育的学生都可以将准备商务计划看作探索各种创业点子的方法。写作商务计划有很多不同的方法,但基本组成部分都包括描述企业、选择最佳的营销策略、识别管理计划、分析创办企业所需的资金以及获取方法。很多人乐于把自己想象成创业者,梦想着自己的成功,高谈阔论自己的创业点子,可一旦涉及商务策划的具体问题和企业的发展方向就感到茫然。如果没有良好的创业规划,等到企业真正投入日常运转才去思考规划的问题就太晚了,何况银行在考虑贷款支持前也很看重创业规划。因此,美国创业教育教师常将写作商务计划作为一种学习活动贯穿于商务过程的模拟之中。商务策划活动围绕创办企业的一系列问题激发学生思考,从而培养学生商务综合能力,这对学生毕业后实践创业是大有裨益的。

创造和创新需要我们发现别人能发现的东西,思考别人没有思考过的内容,做任何人都未曾敢做的事。创新性思维是成功创业的关键。不管是发明一个新产品,还是靠创造力去发现推销现有产品的新方法,我们都需要学会像发明家一样思考问题。美国创业教育活动就为学生设计了很多像发明家一样思考问题和解决问题的机会。首先,顾客总是创业者最先遇上的、最重要的挑战,创业者需努力从顾客的视角去看待顾客的问题和需求,从顾客的视角去解决问题并达成一致。活动中,学生和终端顾客一起讨论,用虚拟的创业产品和催人奋进的创业点子与顾客一起探讨、学习怎样正确地提出一系列完整的问题。其次,解决问题活动强调学生表达观点的自由,这有利于整个团体中每一个人都尽可能多地、尽可能富有创造性地提出观点。

模拟创办企业活动也是美国创业教育活动中不可或缺的一项内容。整个模拟活动常常需组建三个团队——管理团队、市场营销团队、融资团队,设计任务供所有学生共同参与,以便整合所有团队的意见。在模拟创办企业活动中,教师往往组建多个企业,并让各企业间自由竞争。设计创办企业活动的目的是为学生学习创业技能和规划自己企业提供一次真实的创办企业体验。在模拟过程中,学生们运用学过的市场营销知识、金融知识、法律知识,总结和借鉴创办企业中的经验教训,修正和发展自己的创业规划。

促销活动则提供机会体验商品与市场的对接。促销是企业市场营销策略体系中的一个主要组成部分,是一种劝说形式的沟通交流,也是一种你说服别人按照你的希望行事的手段。在当今竞争激烈的市场中,促销是企业在竞争中胜出的重要策略。为了让学生全面了解创业过程,美国创业教育常常开展促销体验活动,促销方式包括面向大众推销公司产品、公司服务或者推销公司形象等广告活动,与广告和个人销售配合进行的销售活动和在购买点附近陈列产品的展示活动,以及向消费者宣传、说服顾客购买产品的活动。通过创业教育中的促销活动,学生亲身体验商品与市场的对接,认识不同产品和服务与不同促销手段之间的联系,加深对产品和服务性质的认识,为自己创办企业积累宝贵经验。

(四)引入创业教育方法——美国高校创业教育的隐形支撑

创业教育方法并不是单一的,任何一项教育活动都应基于特殊的教学目标、选择恰当的教学方法。但是,我们仍然可以找到当前美国高校创业教育方法上的共同之处。广受支持的教学方法通常更符合基于问题、基于行动、基于权变、基于体验等特征。问题教学、行动教学、权变教学、体验教学广泛应用于美国高校的创业教育中,成为支撑美国高校创业教育的隐形根基。[10]

基于问题的教学方法强调通过运用多元答案的方法解决"真实"世界的问题,激励学生"学会学习",在相互协作的团队中寻求解决现实生活问题。作为一个总体模式,基于问题的教学方法于 20 世纪 70 年代初始用于医学教学领域,后经完善改造应用于商学院、教育学院等。[11]美国创业教育过程中运用的"基于问题教学法"主要有以下三个部分:① 确定学习目标。教师设计一个支持学习者发展认知技能的学习环境,使学生在"真实"的环境中发展创办企业所需要的能力;② 问题生成。问题必须包含与内容领域相关的概念和原则,必须是基于现实社会提出的"真问题";③ 问题陈述。问题陈述中学生必须真正参与解决问题,成为问题的主人。美国学者普遍认为,创业所需要的技能如批判性思维、全面思考问题的能力、容忍不确定性的能力等都能在基于问题的教学中得到发展。[12]

基于行动的教学法主要侧重学习的自主性、探究性,让学生在真实的语境中体验创办企业的过程。在尝试将创业教育理论与实践紧密结合的过程中,美国很多高等学校采用了基于行动的教学法。这种方法强调教师为学生提供相关的课程和项目,由学生选择自己工作的团队和项目,在学校孵化器基础设施内围绕某一项目组建一个有限公司。同时,学校还邀请有经验的商界人士担当董事会成员,围绕各公司面临的实际困难及需要展开教学,公司的运作资金则由大学或其他公共或私立单位提供。[13]通常,基于行动的教学法有以下主要构成要素:① 问题、项目或挑战;② 多元化的团队,团队成员由 4~8 位有着多元背景和经历的问题而不是寻找正确的答案;③ 采取行动的能力。大学层面的创业教育必须支持学生积极实践,培养学生的创业行为、鼓励学生积极反思,基于行动的教学法无疑顺应了这一要求。

创业教育权变模式强调学习者动态累积地学习创业的新方法,并根据自己的认知发展应用这些新方法。创业教育的权变模式认为,创业活动是一个开放的系统,往往有很多变量是我们所不能预见、不能理解、不能掌控的。[14]在创业教育权变模式中,模块设计的初衷不在于解决某个特定的问题,而在于识别潜在的问题是什么;教师不期待学生们面面俱到地参加一系列整套的创业活动,而是期待学生学习和掌握那些鼓励反思性思维和创造性思维的不相关联的评价模式;鼓励学生的发散性思维,鼓励学生基于同样的信息努力发现多个可供选择的替代方案。教师的作用只是就模块的控制问题向学习者提出建议,帮助他们将创业活动融入自己的认知图式,发展和应用新的工具,提高创业者的反思能力和分析能力。

基于体验的教学法主张知识和技能教学要应用于真实的环境,教学的过程就是学生通过感觉器官或身体行为直接感知客观现象,并开动思维机器认识

"现象"本质,即体验、认识、再体验、再认识的循环渐进过程。[15]在创业教育的体验教学法中,教师以一定的理论为指导,有目的地创设创业教学情境,激发学生创业热情,并对学生进行引导,让学生亲自去感知、领悟创业的知识和过程,从而成为真正自由独立、情知合一、实践创新的"完整的人"。舍曼(Peter S. Sherman)等人的研究就发现,在激发学生的创业决策和做创业者方面,体验教学法比阅读教学和看、听、活动的效果都要明显,活动的体验性越强,对学生创业选择的影响越大,学生对创业的兴趣也越浓厚。[16]

(五) 结语

美国小型企业管理局 2001 年调查显示,2/3 的大学生打算创办企业,创业者创办的小型企业每年提供 60％～80％的新工作岗位,创业教育对美国经济的贡献举世公认。我国经济正处在高速发展阶段,就业的压力及市场对创业人才的庞大需求使创业教育成为我国高等学校不可回避的选择。借鉴美国高等学校 60 多年创业教育历程积淀的丰富经验,结合我国学生众多、资源短缺等实际,设计符合我国国情的创业教育课程和培养模式,通过形形色色的创业教育活动和方法途径,向学生传授识别和利用商业机会的知识和技能,培养创业和创新思维,已成为当前我国高校必须之责。

在实施创业教育过程中,我国高等学校也应注重将创业课程与通识课程结合起来,注重提升创业教育课程的学科地位。在开展创业教育项目方面,我们应对不同发展层次和不同目标追求的高校有不同的定位。对于以工科和技术见长的学校,应选择"工程学院型"创业教育模式,侧重培养学生的技术创新意识,通过创业教育向学生传授知识财产商业化的知识,发展学生将创新的技术经济效益最大化的意识和能力。对于商务专业基础好的学校,应选择"商学院型"创业教育模式,向学生传授有关创办和运作企业的知识,如市场风险评估、机会识别、市场调查、资金筹措、成本核算、利润预测及分配等,侧重培养学生的沟通协调能力、团队协作能力、社会网络构建能力等。此外,还应特别关注创业教育活动和教育方法的实践性、体验性、探究性和多样性。

参考文献：

[1]G. Manu et al. Entrepreneurship Education in Schools and Technical Vocational Training Institutions and Higher Education FACILITATOR'S GUIDE[R]. International Labour Office, Geneva International Training Centre of the ILO,2008. 3—4.

[2]Martin Binks. Entrepreneurship Education and Integrative Learning [R]. National Council for Graduate Entrepreneurship, 2005. 1—13.

[3]The University of Chicago Both School of Business. Entrepreneurship Curriculum[EB/OL]. http://www. chicagobooth. edu/entrepreneurship/ curriculum/,2010—05—08.

[4]Action Foundation for Entrepreneurial Excellence. Entrepreneurship —curriculum[EB/OL]. http://www. actonfoundation. org/ entrepreneurship —curriculum/ course—calendar. php, 2010—05—09.

[5]George Solomon. An Examination of Entrepreneurship Education in the United States[J]. Journal of Small Business and Enterprise Development, Vol. 14,No. 2,2007. 168—182.

[6][7]KAUFFMAN. Entrepreneurship in American Higher Education [EB/OL]. http://www. kauffman. org/uploadedfiles/ entrep _ high _ ed _ report. pdf,2010—05—08.

[8]Envick Brooke R;Padmanabhan Prasad. A 21st CenturyModel of Entrepreneurship Education Overcoming Traditional Barriers to Learning[J]. Journal of Entrepreneurship Education, Vol. 9,No. 1,2006. 45—52.

[9]W. J. Baumol. Entrepreneurship and Small Business:toward a Program of Research[J]. Foundations and Trends in Entrepreneurship,Vol. 2,No. 3,2006. 155.

[10]Colin Jones et al. A Contemporary Approach to Entrepreneurship Education[J]. Education and Training,Vol. 46,No. 8,2004:416—423.

[11]John R. Savery,Thomas M. Duffy. Problem Based Learning:An

Instructional Model and Its Constructivist Framework [J]. Educational Technology, Vol. 35, No. 5, 1995. 31—38.

[12]Siok San Tan, C. K. Frank Ng. A Problem-based Learning Approach to Entrepreneurship Education[J]. Education & Training, Vol. 48, No. 6, 2006: 416—428.

[13] Einar A. Rasmussen; Roger Sorheim. Action-based Entrepreneurship Education[J]. Technovation, Vol. 26, No. 2, 2006: 185—194.

[14] Benson Honig. Entrepreneurship Education Toward a Model of Contingency-Based Business Planning[J]. Academy of Management Learning and Education, Vol. 3, No. 3, 2004: 258—273.

[15]Peter Robinson, Sandra Malach. Multi-disciplinary Entrepreneurship Clinic Experiential Education in Theory and Practice. In: Alain Fayolle(ed.). Handbook of Research in Entrepreneurship Education: A General Perspective [R]. Edward Elgar Publishing Ltd, 2007. 173—186.

[16] Peter S. Sherman et al. Experiential Entrepreneurship in the Classroom: Effects of Teaching Methods on Entrepreneurial Career Choice Intentions[J]. Journal of Entrepreneur-ship Education, Vol. 11, 2008: 29—42.

（本文发表于《比较教育研究》2010 年第 10 期。作者游振声、徐辉，时属单位为西南大学教育学院）

六、建立创业型大学——来自美国研究型大学的回应

知识经济作为一种全新的经济形态已经受到世界各国的普遍关注。它的兴起可以说是一场无声的革命,对我们社会生活的方方面面,包括教育活动都产生了重大影响。在这一时代背景下,部分美国研究型大学突破大学的传统职能,向创业型大学转变。美国创业型大学以发展高科技、为知识经济与社会发展服务为目的,与政府、产业界形成良性互动关系,积极促进国家和区域经济的发展。

(一)美国创业型大学的内涵

20 世纪下半叶,一些勇于冒险、富于创新的美国研究型大学运用自己的知识创新成果,吸引外部资金兴办新的产业,加速创新科技成果的转化,为产业和社会发展服务,从而被外界称为"创业型大学"(Entrepreneurial University)。基于不同的研究视角,美国学者对创业型大学的定义存在不同的理解,使得创业型大学的内涵甚为丰富。亨利·埃兹科维茨教授将创业型大学定义为"经常得到政府政策鼓励的大学及其组成人员对从知识中收获资金的日益增强的兴趣正在使学术机构在精神实质上更接近于公司,公司这种组织对知识的兴趣总是与经济应用紧密相连的"。[1]伯顿·克拉克将创业型大学描述为"凭它自己的力量,积极地探索在如何干好它的事业中创新。它寻求在组织的特性上做出实质性的转变,以便为将来取得更有前途的态势"。克拉克认为"创业型"这个概念还带有"事业"的含义——即在需要很多特殊活动和精力的建校工作中的执

著的努力。[2]

总而言之,在美国学者看来,创业型大学具有强烈的创业精神和丰富的创新研究成果。与传统大学相比具有更强的科研实力、团队合作精神、应对外界环境变化和获取资源的能力、教学与研究更注重面向实际问题和更为有效的知识转移运作机制。它们与政府和企业有着十分紧密的联系,更直接地参与研究成果商业化活动,是推动经济与社会发展的不竭动力。

(二) 美国创业型大学崛起的动力机制

组织理论认为,任何组织的生存和发展必须完成两项使命:一是协调组织成员的活动和维持内部系统的运转;二是协调组织与外部系统之间的关系,为组织生存创造良好的外部环境。大学作为学术性组织,其生存和发展同样要完成上述两项使命。[3]在今天的知识经济时代,世界正在经历深刻的社会发展变革,大学不仅需要继续保持原有的价值追求和独立品格,还需要积极回应社会需求。创业型大学的崛起正是研究型大学经过理性思考,主动迎接挑战、超越现实的表现。创业正在成为大学的一项新任务。

1. 知识经济和信息社会的时代需求

知识经济是建立在知识和信息的生产、分配和使用之上的经济。知识经济为全球带来了新机遇,更带来了新挑战,对我们现有的生产、生活,包括教育等活动产生了重大影响。在知识经济条件下,知识将是最重要的生产要素,而集教学、科研和社会服务三项基本功能于一身的大学,特别是那些具有创业精神的创业型大学,将发挥举足轻重的作用。首先,大学是创造、传播和应用知识的场所,在这方面比任何组织机构都更具有优势。其次,大学是培养人才的摇篮。知识的生产、应用需要人才,人才培养需要教育。再次,大学是知识产业和企业的孵化器。美国大学广泛地参与知识产业发展,把知识转变成技术创新的新源泉,兴建科技园区和高科技企业。

2. 政府对高等教育投入的削减

20 世纪 80 年代,美国陷入严重的经济衰退,联邦政府财政紧缩。然而,此时美国高等教育已经实现普及化,庞大的高等教育系统需要更多的政府财政资助来维持不断上涨的高等教育成本。在这样的社会背景之下,联邦政府开始对高等教育财政资助政策的绩效进行审查。与此同时,教育经济学家约翰·斯通首次提出的成本分担理论使人们逐渐接受了教育成本分担和教育付费的观念。联邦政府开始大幅削减对学生的直接资助,对学生的资助逐渐由助学金向学生贷款转变。1980 年前,在政府对学生的资助中,有 80% 是不需要偿还的捐赠和奖学金;20% 是由按利偿还的贷款组成。但是,从 20 世纪 80 年代初开始这个比例就被修改了:25% 的资助是以捐赠和奖学金的形式;75% 是贷款的形式。[4]作为美国高校经费主要来源的政府财政拨款的削减,必然会阻碍高等教育的变革与发展。为解决经费不足问题,大学必须认真寻求其他资金来源,多渠道筹措教育经费,走出一条创新型的创业之道。

3. 经济环境的改变和工业界的期望

在 20 世纪 70 年代和 80 年代,美国制造业的全球竞争力优势正在下降。严峻的竞争环境,迫使许多国内企业进行重组、收购和兼并,企业内部研发经费开支预算不断缩减。而历来美国产业界应对外国竞争的主要策略是通过开发新技术减低成本,恰恰需要高昂的研发经费。因此,如何寻找合适的研发机构替代企业内部研发成为产业界迫切需要解决的难题。1979 年,联邦政策咨询委员会在谈到工业创新时指出,大学与工业界的隔离抑制了私营部门的创新潜力,大学作为集教学、科研和社会服务为一体的组织机构逐渐得到产业界的重视。大学与产业界的合作有助于增强产业竞争力和创建新的专门从事先进技术的公司。1994 年,卡内基梅隆大学做了一个美国研究型大学与工业企业联系方式的调查。研究发现,美国大学与工业的联系非常广泛,其中就包括大学——工业合作建立的研究中心。在 10 年间,美国共有 1 056 个这样的研究中心,总费用是 41.2 亿美元,其中 29 亿美元直接用于研究和开发。[5]

4. 政府政策法规的直接影响

提升国家经济竞争力需要政府、大学和产业界之间建立良性的合作关系。这种合作关系不仅需要创设基于大学和地区的各种研究中心,还要为这些研究中心的工作提供适当的法律保障,激励产业界对研究中心的技术研发进行投资,促进地区经济的增长。美国 20 世纪 80 年代出台的一系列知识产权法,有效地促进了产、学、研一体化的高科技创新活动。其中对创业型大学的发展影响最大的当属 1980 年颁布的《贝耶多尔法》(Bayh-Dole Act)。《贝耶多尔法》

为大学知识产权的出售和转让提供了制度保障,大大促进了技术转移工作,使大学能够利用知识服务于社会。同时它也设立了一种激励机制,鼓励大学积极地将它们的科研成果向产业部门转让,鼓励企业对大学研究成果进行商业化运作。到 1995 年,大学获得了 2 373 项专利和 2.7 亿美元的专利权使用费,仅在加利福尼亚大学就达到 5 700 万美元。[6]

5. 三螺旋理论的促进作用

三螺旋理论是 20 世纪 90 年代由亨利·埃茨科威兹教授和罗伊特·雷德斯多夫教授提出的有关大学、企业和政府在区域经济发展中的互动关系理论。三螺旋的要旨是,大学、企业和政府这三个机构范围每一个都表现出另外两个的一些能力,但同时仍保留着自己原有的作用和独特身份。三螺旋理论的提出,为创业型大学的发展提供了更为坚实的理论基础和实践指南。由于联系与作用,代表这些机构范围的每个螺线都获得更大的能力进一步相互作用与合作,支持在其他螺线里产生的创新,由此形成持续创新流,共同发展。[7]这种相互渗透的关系将具有不同价值体系的大学、企业和政府统一起来,在促进经济和社会发展上形成一种合力,从而为经济与社会发展提供了坚实的基础。在三螺旋理论基础上发展的创业型大学不再是与社会相割裂的象牙塔,而是与社会有密切互动关系的人才库。

(三)美国创业型大学的特征

美国创业型大学赋予大学传统职能以新的内涵,是研究型大学发展的创新模式,体现了美国研究型大学发展的新动向。这种创新型大学模式的成功与其鲜明的本质特征密不可分:多样化的资金来源、紧密的外部联系、雄厚的科研实力、强烈的竞争意识和整合的创业文化。这五个特征相互作用、相互促进,共同为创业型大学的良好发展提供持续的动力和稳定变革的环境。

1. 多样化的资金来源

经费是大学办学最基本的物质条件,世界一流大学之所以能够取得令人瞩目的成就,与他们雄厚的办学经费有着非常密切的关系。创业型大学为了形成其革新特性,更是要求具有比较大的财政资源和资金的自主使用权。一般来说,创业型大学在联邦或州政府传统拨款之外,主要通过以下方式广开财源:

(1) 其他政府拨款,如地区、城市和乡镇等政府部门;(2) 私人支持,如工商业部门、慈善基金会、专业协会的资助;(3) 大学的自主创收,其中包括校友和其他资助者的捐赠、研究合约、学生学费、短期课程、校园服务、校园设施的有偿使用、知识产权的专利税等。例如,密歇根大学的经费来源在1984年至2003年间发生了显著的变化:州政府资助由1.61亿美元增长到3.64亿美元,联邦研究经费由1.08亿美元增长到5.3亿美元,学费由1.3亿美元增长到6亿美元,大学医院收入由2.7亿美元增长到17亿美元,其他外部收入高达2亿美元。[8]这些多样化的资金筹集渠道给大学财政状况带来了巨大的变化,为大学的发展提供了更为自由的空间。

2. 紧密的外部联系

美国社会学家巴克莱认为:"一个系统是开放的,并不仅仅因为其与环境间的相互交换联系,还因为相互交换联系是系统变化的关键要素。"也就是说,组织开放于生存的环境,不仅仅是组织获得生存资源所必须的,而且还是组织发展的动力。[9]创业型大学脱颖而出的一个重要原因在于,大学主动把自己的发展与社会经济发展结合起来。创业型大学通过研究、人才培养和技术转让等方式,加强了大学与产业部门之间基础和应用研究的合作,加强了人才培养中实践操作和应用能力的培养,提高了大学的技术转化能力,从而与以知识为基础的社会之间产生双向流动。这些行为强化了大学与社会的联系,一方面给大学自身的发展带来了经济效益;另一方面也促使大学走出单纯的基础理论研究,将科研成果转化为实际生产力,为经济和社会发展服务。在斯坦福工业园,斯坦福大学与企业之间建立了一个荣誉合作项目,允许附近的电子公司选派雇员到斯坦福攻读在职硕士学位。同时,学校将土地出租给企业,为企业提供雇员,提高了学生的聘任机会,从而与公司之间建立一种持久的联系。[10]然而,大学不是风向标,不能什么流行就迎合什么。大学应不断满足社会的需求,而不是它的欲望。[11]只有秉持这种坚定的观念,大学才能抵制外部社会各种利益的诱惑。创业型大学的成功,正是得益于它们既是建设性的合作伙伴,同时又保持高度的自治权力和正确的价值观。

3. 雄厚的科研实力

知识经济时代,科学的跨学科特性日益凸显,要求改善跨机构的科学管理与合作,以便使物质资源、人力资源与发展之间实现更好的协调,建立推动科学进步的管理方式。研究型大学学科齐全,有着非常强的学科交叉和整合能力,在科学研究和知识创新方面优势显著。创业型大学是在研究型大学的基础上衍生而来的,其创业的目的是为了获得更多的资金以保持和强化其学术位置,并不是以牺牲出色的学术水平来谋求商业化。创业型大学通过建立跨学科研究中心、加大对跨学科平台设施的投资,保证并激发不同领域科学家之间的互动,将出色的学术业绩和创业活动进行了巧妙的融合。以麻省理工学院为例,该校拥有 50 多个跨学科研究实验室和研究中心,可以更便捷地突破学科界限、更好地实现创新。不仅如此,一些创业型大学还为跨学科研究团队提供种子资金,成立专门机构,并在管理上给予大力支持。比如,密歇根大学耗资 2 亿美元建立了生命科学研究所。该研究所设有开放的实验室,并配备了核心基础设施,以促进合作研究。[12]这些跨学科研究中心和研究所将具有不同学科背景的教授汇集在一起,充分发挥各自的聪明才智,不仅为学生和相关学者提供最新的研究成果,也为政府、产业部门提供咨询和相关技术信息服务。

4. 强烈的竞争意识

美国社会是建立在自由市场经济基础上的,这样的社会崇尚和鼓励自由竞争,[13]同时也深深影响了美国高等教育的发展格局。哈佛大学前校长德里克·博克在《美国高等教育》一书中强调,竞争是美国研究型大学发展的主要特征。[14]大学为了确保自身的地位需要在消费市场、劳动力市场、科学研究、经费资助、教师、学生、声誉等各方面展开激烈的竞争。大学不仅在宏观上进行竞争,在学校内部也形成了良好的竞争氛围。创业型大学是富有创业精神、勇于冒险的研究型大学,其竞争意识远远超出了大学的生存概念。竞争是大学创业的动力来源,其目的不是挤压别人,而是使自己处于更为有利的发展位置。在创业型大学管理中,竞争对于大学教授和管理者来说更多的是一种动力。同时,这种积极的竞争机制增加了大学的活动范围,促使大学向社会开放。大学加强与社会之间的良性互动,让社会了解大学的发展目标、既往成就、教育风格和办学特色;让大学了解社会的现实需求和发展态势,为学生提供优质的教学服务,从而处于更有利的发展地位。

5. 整合的创业文化

正如人类学家克利福德·格尔茨所说:"人性不可能脱离文化。"[15]文化环境对于建立创业型大学来说具有举足轻重的作用。整合的创业文化先是作为比较简单的制度上的理念。当开放大学、走向创业的理念表现在大学的每个组织结构和发展过程中并且能够持久时,这些理念就成为大学的信念。这些信念在参与创业活动的机构和成员中广泛传布,逐渐成为一种新的创业文化。硅谷的奇迹离不开斯坦福大学强劲的科研实力和人才优势,但很多类似的大学并没有创造所谓的硅谷神话。显然,斯坦福大学的主要不同之处在于:学校通过鼓励师生创业、给予资金支持和奖励以及加强产、学、研合作,形成了良好的创业文化氛围。整合的创业文化是联结前面四种特征的内在信念和精神象征。一旦大学形成了自己的创业文化,其内部组织成员和机构都会按照既定的创业文化开展自己的活动,并在大学内部形成高凝聚力、统一的信仰,激发大学成员的工作热情和责任感,促使组织成员为同一创业目标而努力。

(四) 美国创业型大学的启示

在知识经济时代,社会对知识、人才的需求急切,建设研究型大学、世界一流大学成为我国振兴科技教育、增强国际竞争力的战略性任务。美国创业型大学模式为我们展示了一种独特、新颖的大学图景与发展路径,对我国研究型大学的建设与发展提供了有益的启示。

1. 变革是大学发展的必要条件

人类社会已经进入 21 世纪,进入一个科学技术高度发达、经济高速发展和社会深刻变革的新时代。新时代需要创新人才,需要创新型的高等教育,需要体制化的变革。虽然,在新时代我国高等教育已经实现大众化,取得了丰硕的成果。然而严峻的社会变革对高等教育的发展提出了新的挑战。变革已成为大学发展之必须,学校必须具有明确的发展目标、形成共同愿景,以一种渐进累积式的发展变革动力,在应对社会需求时激励和指导学校自主发展、自主选择。大学作为知识经济发展的动力站,要摆脱传统大学的象牙塔形象,满足新时代的需求,为经济和社会发展服务。

2. 政府职能的转变是大学发展的必要保障

知识经济时代的大学已走出象牙塔,与社会经济发展、国家综合实力和竞争力紧密地联系在一起,它的兴旺发展需要自由宽松的环境和更多的自主权。这对政府的管理职能提出了新的挑战,要求政府对高等教育管理体制做出相应的调整,进一步转变职能。政府职能的转变并不意味着政府放弃自己应有的责任,而是将对学校的直接行政管理转变为宏观管理,从而实现学术和国家利益的最大化。政府应通过政策支持、资金投入和福利保障等方式,积极鼓励大学与产业部门建立合作伙伴关系,积极协助企业和学校建立技术联合体和技术开发中心。通过这种合作关系将具有不同价值体系的大学、企业和政府统一起来,在促进经济和社会发展上形成一种合力,从而为经济与社会发展提供坚实的基础。

3. 加强与社会的联系是大学发展的必要途径

知识经济时代的大学作为一种引领社会、服务社会的组织机构,应该主动把自己的发展与社会经济发展结合起来,与社会建立良好的合作伙伴关系,在实现创新、促进区域经济发展、提升国家核心竞争力等方面发挥越来越重要的作用,实现其所肩负的社会责任和历史使命。大学必须改变传统的知识转换模式,让大学和产业部门将真知灼见的学术见解与实践相结合,实现知识共享和知识交流,促使双方互惠互利。

参考文献:

[1]亨利·埃兹科维茨等.大学与全球知识经济[M].夏遭源等译.南昌:江西教育出版社,1999.228.

[2]伯顿·克拉克.建立创业型大学:组织上转型的途径[M].王承绪译.北京:人民教育出版社,2003.2.

[3][9]马廷奇.大学转型:以制度建设为中心[M].北京:社会科学文献出版社,2007.143,145.

[6]刘易斯·布兰斯科姆等.知识产业化——美日两国大学与产业界之间的纽带[M].尹宏毅,苏竣译.北京:新华出版社,2003.34—35.

[4]弗兰克·罗德斯.创造未来:美国大学的作用[M].王晓阳等译.北京:清华大学出版社,2007.172.

[5][10]R. Florida and W. Cohen，Engine or Infrastructure? The University Role in Economic Development in Lewis M. Bramscomh etal. (ed.). Industrializing Knowledge：University-lndustry Linkages in Japan and the United States[M]，Cambridge. Mass：The MIT Press，1999.594. 转引自:马万华.从伯克利到北大清华——中美公立研究型大学建设与运行[M].北京:教育科学出版社,2004.66—67.

[7]亨利·埃茨科威兹.三螺旋[M].周春彦译.北京:东方出版社,2005.12.

[8][12]Burton R. Clark. Sustaining Change in University[M]，Society for Research into Higher Education and Open University Press，2004.138,145.

[11]亚伯拉罕·弗莱克斯纳.现代大学论一美英德大学研究[M].徐辉,陈晓菲译.杭州:浙江教育出版社,2001.3.

[13]王英杰.美国高等数育的发展与改革[M].北京:人民教育出版社,1993.143.

[14]Bok，Derek. Higher learning[M]，Cambridge. Mass.：Harvard University Press,1986.

[15]彼得·圣吉等.第五项修炼:创建学习型组织的战略和方法[M].张兴等译.北京:东方出版社,2002.18.

（本文发表于《比较教育研究》2009 年第 4 期。作者刘军仪,时属单位为北京师范大学国际与比较教育研究所）

七、麻省理工学院的创业生态系统探析

(一) 问题的提出

21 世纪伊始,"创业型大学"和"创业教育"作为时髦词汇同时进入中国高等教育研究专家和管理研究专家的视野。这两个概念是否存在着某种联系?麻省理工学院被公认为创业型大学模式和大学创业教育的典范,[1]似乎表明"创业型大学"与"大学创业教育"存在着某种关联,而不仅仅是巧合。不仅如此,麻省理工学院的创业活动与创业教育已紧密地互动着,形成由数十个项目和中心构成的、充满创业氛围的创业生态系统。[2]本文拟对麻省理工学院的创业生态系统展开深入的案例研究。

(二) 麻省理工学院创业生态系统的基本景象

埃兹科维茨认为,麻省理工学院在将教学和科研结合起来以及知识资本化的过程中,正在创造一种新型的大学模式——创业型大学(Entrepreneurial University)。[2]这种模式将基础研究和教学与创业相结合,正逐渐成为学院界的榜样。同时,麻省理工学院也是美国高校中最早开展创业教育的高校之一,早在 1958 年,该校工程学教授鲍曼(Dwight Baumann)在全美第一个开设了创业学课程。[3]《美国新闻与世界报道》的大学排名显示,自 1996 年麻省理工学院在斯隆管理学院内整合资源建立创业中心(MIT Entrepreneurship Center)以来,麻省理工学院从 1997 年的第 35 名直接跃升到 1998 年的第 8 名,并从此保持前 10 名。不仅如此,创业活动与创业教育之间的良性互动已越来越明显,并催生出越来越多的与创业相关的跨学科组织、学生社团和项目,在麻省理工学院校园内形成了具有特色鲜明、创业氛围浓厚的创业生态系统。邓恩用两个在麻省理工学院创业者俱乐部(the MIT Entrepreneurs Club)发言代表的讲述内容描述了麻省理工学院创业生态系统的基本轮廓:[4]

5月初,在麻省理工学院创业者俱乐部周二晚间的会议上,第一个发言的是派特,曾任某公司首席财务官。他在这里是讨论寻找新投资人的方法,因为他正计划将他的攀岩健身馆向第二个地点拓展。派特说,除了他的一个投资人(麻省理工学院的校友,他邀请来参加这次会议的与会者)外,他与麻省理工学院没有多少关系。派特可以被称为是旧式创业者。当旧式创业者试图获得潜在的商业联系时,他们必须依靠他们自己的资源。

麻省理工学院创业模式被当晚的第二个发言者伊恩·麦克唐纳德充分体现出来。麦克唐纳德是"制造业领导者"项目中的一名学生。该项目是斯隆管理学院、工学院和校外产业部门的合作项目,由企业提供资金、实习机会和专业技能,帮助那些正在学习如何成为制造业管理人才的学生。目前,麦克唐纳德正组织团队参加麻省理工学院一年一度的5万美金创业大赛(目前提高到了10万美金)。因此,在创业者俱乐部的会议上,他希望大家为他们的商业计划书提提意见。

这次,麦克唐纳德是向创业者俱乐部的成员求助,之前他和他的团队成员已经利用了麻省理工学院的大量创业资源。麦克唐纳德的5万美金团队——南诺塞尔电力——是在一个叫做"创新团队"的课上组成的。"创新团队"课程是由斯隆创业中心、学生运作的风险资本和私募股权俱乐部以及工学院的德什潘德技术创新中心共同合作开设的。在该课程里,学生尝试着为麻省理工学院的技术提供营销计划。南诺塞尔电力背后的技术是制造一种充电电池关键部件的工序,可以使它们更小、更便宜。机械工程教授杨小鸿在两项德什潘德中心基金的资金支持下开发出了这一技术。参加"创新团队"课程的学生会与教授、发明家和产业界的辅导员定期接触,同时还会联系麻省理工学院著名的技术许可办公室与专利许可专员们见面并了解学院的知识产权规则。一周后,南诺塞尔电力在5万美金创业大赛竞赛中获得亚军。这个团队赢得了1万美金和办公场地。麦克唐纳德和他的项目就是很多人所谓的麻省理工学院"创业生态系统"的一部分。在过去的 10 年中,数十个组织、课程、奖项和研讨会在这所大学中相继出现,使过去偶然性的将发明发现带向市场的路径变成了更正式的程序。

邓恩的描述使我们对麻省理工学院创业生态系统的总体轮廓和运行模式有了比较直观的认识。但遗憾的是,邓恩仅仅提出了创业生态系统的概念,却没有明确的定义。创业生态系统的基本要素有哪些? 成员之间如何分工? 是什么原因推动了麻省理工学院特有的创业生态系统的形成? 我们试图通过案例来回答这些问题。

(三) 麻省理工学院生态系统的基本构成要素

邓恩认为麻省理工学院已经发展出了数十个项目和中心,在校园内培育起浓厚的创业精神。[5]MIT 企业论坛(MIT Enterprise Forum)的网站详细地列举出了麻省理工学院的创业活动,这为我们了解创业生态系统的内部构成提供了便利。按论坛的分类,麻省理工学院的创业相关资源主要分为四个部分:(1) 创业课程和师资;(2) 资源和出版;(3) 项目和中心;(4) 学生社团。本文认为前两部分实际是后面两项活动的产物,因而将调查的重点放在项目中心和学生团体上。为此,按照创业论坛提供的线索,我们首先调查了相关网站并建立了案例数据库,进行编码和内容分析。在此基础上,笔者根据本研究的目的对 MIT 的创新创业课程进行了进一步梳理。

1. 项目和中心

创业生态系统中的"项目与中心",是由学校的教员和职员来负责运作的"官方组织"。通过对 13 个组织的分析,可以归纳出 5 种扮演角色,分别是网络组织者、创业活动中的专业分工者与整合者、专业领域的创新创业者、竞赛组织者和创业教育者(如表 1 所示),具体如下:

表 1　麻省理工学院与"创业"相关的学校组织

序号	组织名称	角色定位
1	MIT 企业论坛 MIT Enterprise Forum http://enterpriseforum. mit. edu/	网络组织
2	MIT 创业中心 E-Center MIT Entrepreneurship Center http:// Entrepreneurship. mit. edu/	创业教育 网络组织
3	德什潘德技术创新中心 The Deshpande Center for Technology Innovation http://web. mit. edu/deshpandecenter/	基金资助 活动整合
4	创业辅导服务中心 MIT Venture Mentoring Service http://web. mit. edu/vms/	创业教育（辅导）
5	莱姆尔森项目 Lemelson-MIT Program http://web. mit. edu/invent/	组织竞赛 树立榜样
6	技术专业办公室，TLO MIT Technology Licensing Office http://web. mit. edu/tlo/www/	IP 管理
7	产业联络计划，ILP Industrial Liaison Program http://ilp-www. mit. edu/	大学产业中介
8	资本网络 The Capital Network http://www. the capital network. org/	资本网络
9	产品开发创新中心 Center for Innovation in Product Development http://web. mit. edu/cipd/	工程创新与创业
10	生物医药创新中心 Sloan Industry Center http://web. mit. edu/cbi/	医药领域创新创业

续表

序号	组织名称	角色定位
11	数字商业中心 MIT Center for Digital Business http://ebusiness.mit.edu/	数字商业创新创业
12	剑桥—麻省理工学院联合研究所 The Cambridge — MIT Institute http://www.cambridge—mit.org/	网络组织
13	本地创新系统项目 The Local Innovation Systems Project http://web.mit.edu/lis/	研究

(1)网络组织者是创业生态系统的核心,扮演着平台搭建的关键角色,主要包括MIT创业俱乐部、MIT创业中心、资本网络和剑桥麻省理工学院联合研究。作为网络组织,他们在创业活动和创业教育方面都发挥着重要作用;与此同时,他们也有着不同的聚焦,占据着自己特有的生态位。作为校友会的重要成员,MIT企业论坛在全球有24个分会,通过以毕业校友为主体的全球商业系统,与在校生紧密相连;MIT创业中心作为管理学院一部分与企业界保持着自然链接,通过发挥自身在创业学科的研究与教学优势,建立由接受创业教育者、创业者和企业人士为主体的、聚焦"创业教育"的创业共同体;资本网络则是以"资本"为主题而建立、将寻求资金的创业者和天使资金等资本投资者结合起来的网络;剑桥-麻省理工学院联合研究所作为两校合作的新学术性事业,则是探索如何将学术、商业和教育家良好地结合起来。

(2)创业活动中专业分工和整合者。在创业活动流程中提供专业服务或活动整合,大多扮演着大学产业中介的角色。产业联络计划主要为产业界联系校园机构提供一站式服务,同时也经常拜访企业,了解企业需求,在产业界与MIT130多个研究机构之间建立起良好的桥梁;技术转移办公室则致力于发明成果的专利申请、商品化(营销)和商业化(授权);德什潘德技术创新中心以提供小额资助创新早期研究为纽带,设计出一个良好的流程来对创业过程整合管理,建立起连接创新缺口的桥梁。

（3）专业领域创新创业者。偏重于工程、数字商业和医疗生物领域的创新和创业，包括产品开发创新中心、数字商业中心和生物医药创新中心。这类组织非常关注特定领域的产业与学术联系，致力于根据产业需求来研究与开发，创业仅是其涉及到的商业活动的一部分。

（4）竞赛组织者。偏重于通过竞赛选拔出优异者，并赋予荣誉和一定资金资助。这不仅可以创造英雄、树立榜样，而且可以吸引各界的专注，提高参与者兴趣，由此有利于良好的、积极向上的创新创业氛围的形成。莱姆尔森项目在激发麻省理工学院的发明热情上功不可没，50 万美元莱姆尔森奖是世界上最大的单项发明现金奖，而其中的子项目"跨越项目"有助于鼓励未来的发明者。

（5）创业教育者。偏重于创业教育与辅导。MIT 创业教育是由多个组织来完成的，主要有 MIT 创业中心、MIT 企业论坛、创业辅导服务中心、德什潘德技术创新中心和产品开发创新中心等。尽管有这么多组织，不过除了创业辅导服务中心外，德什潘德技术创新中心等其他组织的创业相关课程实际上是委托斯隆管理学院和其下设的 MIT 创业中心来提供的，即斯特里特所指的"磁铁模型"（Magnet Model）。[6]

2. 学生社团

与大部分的美国大学一样，学生社团在创业生态系统中扮演着至关重要的角色。正如"科学与工程商业俱乐部"提到的"MIT 为学生提供了非常卓越的科学与工程知识基础；而要成为成功的商人则需要在教室里无法得到的机会和技能"那样，学生社团通过各种各样的课外活动，来填补这个缺口。MIT 与创业相关的学生社团有 10 个，其中以创业者俱乐部和 MIT 10 万美元创业大赛最有名（如表 2 所示）。与"官方组织"相比，这些社团组织的角色定位相对比较单一，主要是网络组织者。通过开展各种各样的活动，他们将对创业感兴趣的、来自不同学科的学生、校友和相关人士聚集在一起，产生创新和创业的火花的同时，也形成良好的创业网络。正如 MIT 10 万美元创业大赛认为的那样，比赛为进入的企业提供对成功创业至关重要的资源，包括：① 世界级的创业者、投资者和潜在伙伴组成的网络；② 已创业成功的专业人士的辅导；③ 特定商业计划技能和一般创业知识的教育；④ 从世界级创业者、投资者和专业服务者提供的内容丰富的信息反馈；⑤ 创造一个团队构建的机会去赢取胜利；⑥ 广泛的媒体曝光,等等。

表 2 MIT 与创业相关的学生团体

序号	组织
1	MIT 10 万美元创业大赛 MIT $100K Entrepreneurship Competition http://www. mit 100k. org/
2	全球创业工作坊 Global startup Workshop http://www. mitgsw. org/
3	创业者俱乐部 E-Club MIT Entrepreneurs Club http://web. mit. edu/e-club/
4	创业社区 MIT Entrepreneurship Society http://entrepreneurship. mit. edu/e society/
5	风险资本和私人权益俱乐部 The MIT Venture Capital & Private Equity Club (VCPE) http://www. mitvcpe. com/
6	MIT TechLink http://techlink. mit. edu/
7	创新俱乐部 The MIT Innovation Club http://web. mit. edu/innovation/
8	MIT 能源俱乐部 MIT Energy Club http://www. mitenergyclub. org/
9	MIT 技术与文化论坛 The Technology and Culture Forum at MIT http://web. mit. edu/tac/
10	科学与工程商业俱乐部 The Science and Engineering Business Club (SEBC) http://web. mit. edu/sebc/

3. 创业教育

MIT 的学生可以自由选修课程，不受主修科系的限制，因此管理学院的学生可以选修工程课程，理工科系的学生可以选修管理课程，以增进学生创新的思考与学习方式。MIT 创业中心提供了 35 门创业相关课程，这些课程主要分为以下五大类：① 以商业计划书为中心的一般性创业课程，如历史最悠久的"新企业"、"商业计划的具体细节"等；② 创业活动的一些专业性、知识性课程，如"创业者管理者法律知识"（法律）、"创业营销"（营销）、"如何开发'突破性'产品"（技术）、"设计和领导创业组织"（组织）和"创业金融"（金融）等；③ 专业技术领域的创业教育，如"软件商业"（软件）、"培养创新精神"（通信）、"能源创业"（能源）、"生物医药企业的战略决策制定"（医药）和"数字创新"（数字商业）；④ 体验性创业课程，如著名的"创业实验"（E-Lab）和"全球创业实验"（G-Lab），就是让组织工程、科学和管理的学生组成的团队，与高科技企业的高层管理团队一起工作，获得实际训练经验，体会如何在美国和美国以外开启和运行一个新企业；⑤ 特殊的创业课程，如"公司创业"和"社会创业"等。

在授课方面，教学方法多种多样，着重经验的传承，邀请校友分享和突出亲身体验等是 MIT 创业突出的特色。例如，"十字路口的公司：CEO 的观点"课程让学生在与一些顶级 CEO 的交流中学习，这些领导人来自信息、能源、金融服务、娱乐等行业；"硅谷创业研究观光"课程则是深度的硅谷团体观光，聚焦于理解一个创业生态系统；"能源创业"课程要求来自管理、工程和科学的学生团队将选择和评价一个能源创新，开发一个计划来创造一个新企业，并执行它直至实现；"数字创新"课程通过电话调查繁荣时代的社会软件。

除了创业中心外，创新辅导服务中心的创业教育非常有特色。该中心是在教务长办公室资助下成立的，其基本信念是：有一个好的思想和商业计划，但创业者没有足够的经营技能和经验相匹配，那么刚会飞的商业是很难成功的。因此该中心将有潜力的创业者与有经验的自愿者顾问匹配起来，由 3～4 个有经验的顾问团队为创业者提供 1 学期的免费辅导。

（四）麻省理工学院创业生态系统的形成动力机制

邓恩将麻省理工学院形成创业生态系统的原因主要归结为"创业已经融入

我们的基因之中"。[7]自该校 1986 年成立以来,学生、教师和校友忠实地遵循其座右铭"动脑动手——将它们——在 MIT 所了解到的运用到现实世界中去"。毫无疑问,悠久和浓郁的创业传统和文化对 MIT 生态系统的形成是至关重要的,但原因应该不仅仅于此,这里本文提供另外一些解释。

首先,跨学科的组织是整个创业生态系统的构成基础,保证了成员之间的联系和互动。在对创业系统的研究中,我们不难发现 MIT 的工程学院和斯隆管理学院是整个创业生态系统的关键推动者,但是并没有成为系统的核心而是处于外围(幕后推动者),相反像创业中心、产品开发创新中心、莱姆尔森项目和生物医药创新中心等相对独立的和多个学院联合形成的组织则发挥着关键作用。跨学科组织在网络组织上有着天然的优势,也非常符合创业需要"技术和商业知识密切相关联"的本质。跨组织特征实际上也是 MIT 的一个重要传统。在二战期间的军事研究中,各学科的理论家和工程师被集合在一起完成一个共同的使命,这改变了战后 MIT 的组织结构和教育政策。[8]

其次,众多的网络组织者是形成创业生态系统的关键。MIT 创业俱乐部、MIT 创业中心、资本网络、剑桥-麻省理工学院联合研究和大多数的学生社团都是这样一类组织。这些致力于网络、形成正式或准正式的组织不仅可以将来自管理、工程和自然科学等不同学科背景的教授、学生和校友联系在一起,更重要的是将学校与产业界的管理层、创业者和风险资本等建立起正式的联系;缺少他们,创业生态系统只能是一盘散沙,而无法建立自组织的良性循环。显然,跨学科的组织传统非常有利于这类组织的形成、运作和发展。

最后,聚焦"科技创业"使生态系统有了凝聚力,这正好与 MIT 的技术大学定位相符合。正如 MIT 创业中心介绍的那样,"中心为创业者提供知识等,使他们能够设计和启动一个基于技术创新的新企业"。[9]因此,从基于商业的创新思想形成,到创新技术和产品的开发,再到知识产权的取得和营销,直至新企业的成立或技术授权,这条技术创业的价值链就成为创业生态系统的脊柱,将方方面面连接在一起;在构建 MIT 创业生态系统的自然边界的同时,也指明各系统成员的发展方向,有助于合力的形成。[10]

(五) 结语

总体来说,MIT 可以被看作一个相对封闭的系统,该系统具有良好的创业氛围。MIT 的基础科学研究产生了大量有商业化潜力的技术,创业教育培养了大批创业人才,各种创业相关的项目、组织机构通过校内信息的沟通使技术与人才以及外部流入的资金有效地结合起来,形成一个创业气氛更浓厚的子系统,该子系统就是各种创业活动集中进行的地点,这些创业活动;另一方面可以为创业教育提供进一步的研究对象;另一方面可以完善基础研究,还可以形成新创企业或适合直接商业化的技术成果输出到 MIT 系统的外部,为社区提供服务,推动其经济发展;同时也从外界获得继续研究和创业的支持资金,使研究和创业能够不断地循环下去,形成真正可持续的创业生态系统。[11]

现在,MIT 的创业生态系统还在不断扩大,MIT 成功的创业经验和雄厚的资金使其可以向全球扩展,信息技术的发展也起到了重要的推动作用。虽然MIT 的创业生态系统还不甚完美,但是它为我们提供了一个行之有效的创业者和创业活动的培养范式,也是优秀的创业型大学的行为模式。

参考文献:

[1][4][5][7] Dunn,K. The Entrepreneurship Ecosystem Technology Review,2005,(9). [EB/OL]. http://www. lechnologyreview. com/article/14761/. 2880—12—3.

[2](美)埃兹科维茨.麻省理工学院与创业科学的兴起[M].王孙禹等译.北京:清华大学出版社,2007.45.

[3]Katz,J. A. The Chronology and Intellectual Trajectory of American Entrepreneurship Education[J], Journal of Business Venturing, 2003, 18(2):283—300.

[6]Streeter; DH. Jaquette,JP. Hovis. K University-wide Entrepreneurship Education: Alterative Models and urrent Trends. Working Paper, Cornell University[EB/OL]. http://epe. comell. edu/main/downloads/ WP_2002_final. PDF, 2008—12—03.

[8]于散杰,陆文娟,玉树民.麻省理工学院教育教学考察报告——基本情况篇[J]电气电子教学学报,2004,(4)7—10.

[9]Mowery，D Nelson，R. Sampat，B. Ziedonis，A Ivory Tower and Industrial Innovation[M]，Stanford University Press，2004. 235.

[10][11]王雁. 创业型大学:美国研究型大学模式变革的研究[D]. 浙江大学,2005. 3.

（本文发表于《比较教育研究》2009年第7期。作者刘林青、施冠群、陈晓霞,时属单位为武汉大学企业战略管理研究所）

八、斯坦福大学创业教育的内涵及启示

1998 年,首届世界高等教育会议发表的《高等教育改革和发展的优先行动框架》强调:"高等教育必须将创业技能和创造性精神作为基本目标,以使高校毕业生不仅仅是求职者,而首先是工作岗位的创造者。"[1]当前,世界各国的大学都很重视创业教育。其中,斯坦福大学(Stanford University)是开展创业教育的成功范例之一。本文拟从创业文化、创业课程、创业资源、创业政策四个方面介绍斯坦福大学的创业教育情况,以期为我国大学开展创业教育提供一些启示。

(一) 以浓厚的创业文化感染学生创业

斯坦福大学创业文化表现在以下三个方面:

1. 学以致用的培养理念

斯坦福大学的创建者利兰·斯坦福(Leland Stanford)是一个实业家,他在学校首次开学典礼上向学生指出:生活归根到底是指向实用的,你们到此是为了让自己谋求一个有用的职业。[3]当其他大学还局限于纯理论研究时,斯坦福大学就提出大学应该把知识转化为技术,把技术转化为生产力。斯坦福大学前工程学院院长弗里德利克·特曼(Frederick Terman)首先提出了学术界与产业界结成伙伴关系的创意,并培养了使这一创意得以现实化的学生,如惠普公司的创始人比尔·休利特(Bill Hewlett)和戴维·帕卡德(David Packard)。

2. 自由、创新的校园文化

斯坦福大学为广大师生营造了一种宽容失败、鼓励创新的宽松自由的校园

231

文化,极大地激发了学生的创业热情。例如,斯坦福大学的校训"让自由之风劲吹"(The Wind of Freedom Blows)衍生出了充满自由风格的"停下"(Stop Outing)校风[3]。这体现在:学校有灵活的休学政策,允许学生在任何时候休学一年,然后接着回来上学。斯坦福大学认为没有必要让学生一口气读完本科四年的学业,鼓励学生在校外多体验生活,多琢磨一些新鲜事物,干自己感兴趣的事,比如创业。这种风气渗透到校园的每个角落,并被提升为一种校园文化。在这种文化的熏陶下,斯坦福学生积极地创业,涌现了一大批创业家,比如惠普、雅虎、思科等公司都是由斯坦福学生创办的。

　　3. 创业教育的独特内涵

　　斯坦福大学对创业教育内涵进行了独特的诠释:[4]一是通过创业教育将创业者的创业经验、创业知识和创业技能,以及他们对创业的理解传递给学生;二是通过对学生进行创业教育,将创业精神内化为学生的精神气质,使创业成为学生的一种生活方式和思维方式。所以斯坦福大学的创业教育不单单是以培养学生成功地开办公司、创办企业为目的,更重要的是培养学生的创业素质和企业家精神,因为不管学生将来是否自创企业,他们都会因为拥有了这种精神气质而使他们的工作更具有开拓性、创新性和进取性。

(二) 以完善的创业课程指导学生创业

　　创业教育课程是落实创业教育思想的重要途径,创业教育课程的内容选择和结构设置对学生创业能力的形成至关重要。斯坦福大学的创业教育课程体系有如下特点:

　　1. 将创业教育渗透到整个课程设置中(主要体现在通识课程中)

　　创业是一个人运用多种知识的创业,没有广博的知识,创业不会坚持太久。基于此,创业教育课程需要渗透进整个课程体系中,同时,通过创业教育,学生可以将法律、经济、政治、文化、教育等知识相互交织,变成综合的知识。斯坦福学生在大学一二年级时是不分专业的,等经过两年的通识教育之后,学生再依据个人兴趣和特长选择专业方向继续学习。斯坦福的学生都有机会接受创业教育课程的训练。

　　在综合课程方面,斯坦福大学增加综合性跨学科课程,课程设置上文、理、工多学科相互渗透,鼓励学生跨学科选修其他领域的课程。例如,《商务与环境》这门课程是由商学院的教师埃里克·普拉姆贝克(Erica Plamberk)、地球学院院长帕梅拉·迈特森(Pamela Matson)和工程学院教师吉姆·斯文尼(Jim Sweeney)共同指导的。所以斯坦福大学的创业教育对不同的专业具有很强的针对性。

2. 开设专门的创业教育课程

斯坦福大学的主要院系都开设了创业方面的课程,其中商学院和工学院的创业教育最为完善,已发展成为非常有特色的课程。

斯坦福商学院将学生的培养目标定为:领导力(Leadership)、创业精(Entrepreneurship)、全球视野(Global awareness)、社会责任心(Social accountability)。为了更好地实现这些目标,斯坦福商学院于1996年发起成立了创业研究中心(Center for the Study of Entrepreneurship)来整合商学院已有的创业课程和研究资源。目前,斯坦福商学院创业研究中心已经开发了21门创业学科领域的课程,特别热门的课程有《创业管理》《创业机会评价》《创业和创业投资》《投资管理和创业财务》《管理成长型企业》《高科技企业的战略管理》等。[5]

斯坦福工学院的技术创业项目(Stanford Technology Venture Program, STVP)的目标是促进高技术创业教育,培养未来工程师和科学家的创业技能。该项目根据不同层次的学生开设了相应的课程,如为本科生开设了《技术创业企业的管理》和《高技术创业入门》等介绍性的课程;为研究生开设了《高技术创业管理》《全球创业营销》《技术创业》等更为深入讨论的课程;为博士生开设了创业学科领域的研讨课。此外,该项目还为全校的本科生、研究生开设了《创业思想领导者讲座》(Entrepreneurial Though Leaders Seminar)。[16]

3. 采取灵活丰富的创业教育教学方式

创业教育课程的教学主要采用的方式有:① 案例教学。教师在课堂上既教授成功的案例,也教授失败的案例,这有利于学生体验创业的整个过程。② 项目教学。项目教学的形式有两种:一是让学生参加与课程内容有关的创业项目;二是请企业有关人员带着企业面临的问题到学校来,或者提供一些委托的实施项目给学生实际运作。③ 讲座。邀请创业者、企业家为学生讲授他们创业的过程、他们在创业时遇到的实际问题及解决的办法，并回答学生提出的问题，提出自己的意见、建议。[7]

4. 具有较完善的创业实践体系

斯坦福大学充分利用与硅谷联系密切的优势，为学生提供各种科研和实践机会。落户硅谷的颇有影响力的技术公司和新建企业，能够为斯坦福大学的学生提供独一无二的创新研究与实践研究方面的资源。由于与全球企业有着广泛联系，特别是与硅谷附近的一流企业联系密切，学校能够邀请这些企业的老总给学生做专题报告或担任客座教师。这些外部工商企业资源对斯坦福毕业生的创业成功做出了不可磨灭的贡献。

（三）以优厚的创业政策吸引学生创业

斯坦福大学支持学生创业主要有以下三种途径：

1. 宽松的政策鼓励学生创业

首先，学校给学生提供了宽松的创业环境。比如，允许学生每周有 1 天到公司兼职，从事开发和经营活动；其次，允许学生有 1～2 年的时间脱离学校到硅谷创办科技公司或到公司兼职；再次，对于创业的学生给予他们两年时间，在这两年时间里他们可以暂停学业全身心投入到创业中去。不论结果成败，学生都可以再回到学校继续学业。这些宽松的鼓励政策，使斯坦福大学的学生成为硅谷中活跃的创业力量。

2. 学校设有孵化资金（亦称"种子基金"），为学生创业提供资金资助

主要有三种形式：一是研究激励基金，即为支持具有创新性的研究想法而设的基金；二是鸟饵基金，即资助已初步成型但尚未获得许可的技术，不过每项技术的资助不会超过 2.5 万美元；三是缺口基金，即资助那些有商业前景但较难获得许可的发明。[8]

3. 设置专门机构为学生创业提供方便条件

斯坦福大学设立了专门的机构——斯坦福大学技术授权办公室（Stanford University Office of Technology Licensing, Stanford OTL），专门负责合同的签署和管理，办理学生的专利申请和许可等相关事宜，以此来保证学生的先进科研项目与技术发明能迅速转变为现实的经济利益。[9]技术授权办公室的成功

运作,使斯坦福大学内部科研成果转化机制呈现出高效率与高回报的优势,同时也为斯坦福的学生创业建立了良好的制度保障,其做法众多高校都在效仿。[10]

4. 专利许可收入分配制度最大限度考虑学生的利益

斯坦福大学的学生在学校获得的科技成果并由学校负责向公司转移的,学校只提取 10%～15%所得的知识产权收益,其余的归学生所有。如果学校在 1 年内未成功地把科技成果转移到企业,学生可自主向企业转移,学校一般不再收取任何费用,所有的收益归学生所有。[11]这样宽松的专利转让政策,促使学生踊跃地将自己的专利成果转化为现实的经济效益,同时也可缓解学生在自主创业初期资金紧缺的状况。

(四) 以丰富的创业资源引领学生创业

斯坦福大学不仅有各种鼓励创业的政策,还有丰富的创业资源。这些资源有依托硅谷的,有网络形态的,还有实体的人力资源。

1. 硅谷带来的资源

提到硅谷和斯坦福大学的关系,有一句话是这样说的,"有了昨天的斯坦福,才成就了今天的硅谷"。硅谷和斯坦福大学的地缘和亲缘关系是任何大学都无法企及的。斯坦福大学利用硅谷工业园区高科技企业的实验室、研究站作为学生的实习基地,可以使学生及时了解企业的技术需求和市场的发展走向,以便于今后的创新与创业。斯坦福大学的毕业生很多都有在硅谷实习的经历,学校还经常邀请硅谷的创业成功者为学生进行各种演讲,向学生传授他们的成功经验。仰仗于硅谷得天独厚的资源优势,斯坦福大学学生的创业与其他人相比多了几许胜算的把握。

2. 网络资源

有关创业的网络资源包括两类:一类是有关创业的教育资源;一类是为创业交流搭建的平台。

斯坦福大学创业中心(Entrepreneurship Corner)是一个实体组织,它为了更好地开展工作,建立了自己的网站。这个网站是一个被国际认可的、为那些教授学生高科技创业的教育者提供资源的一个网站。它主要致力于鼓励教师思考怎样向学生传授创业技能；为有创业意向的学生提供有关高科技创业的资源；发展形成一个数字档案资料库，为进行创业教育的教师提供网上资源。这个网站里面有大量的关于创业的资源，并且这些信息资源是随时更新的，主要可以搜索的信息资源有创业家个人思想的视频剪辑和播客 1 600 多个。这些视频资料包括了创业的方方面面：有革新和创造力，有机会识别，有产品开发、市场销售、风险投资、逆境领导、团队文化、全球化、职业生活平衡等，还有关于创业的参考书目、创业的个案研究以及有关创业的相关会议、基金等资源。[12]

斯坦福创业网（Stanford entrepreneurship network，SEN）是一个关于创业的大型网站，它联合了斯坦福大学的有关创业的 14 个组织，不仅服务于校内的学生，还服务于斯坦福大学社区和硅谷，提供创业论坛并有相关的延伸服务。SEN 承担以下职能：一是为斯坦福大学的创业积极分子提供一个交流的机会和平台；二是组织报道和宣传与创业有关的各种事件；三是承办每年一届的创业活动周；四是为学生提供工业界教授的联系方式以便学生与他们探讨有关创业的问题。[13]

3. 创业中心

斯坦福大学创业中心的主要任务是为学生提供创业教育，组织学生开展创业活动，并通过一些外延拓展活动加强学生与外界的联系。创业中心有一个由当地或国际的创业家组成的智囊团，为学生创业提供咨询并帮助其获得外部联系，为学生提供实习场地、见习工作和资金等。斯坦福大学的创业研究机构组织有 13 个之多，其中比较知名的有商学院的创业俱乐部（GSB Entrepreneur Club）、工学院的 STVP，技术授权办公室（OTL）、斯坦福大学亚太地区科技集团（Stanford Asia Pacific Technology Group）等。

4. 校友资源

斯坦福大学有强大的校友网络（Alumni Network）。斯坦福大学校友会有 12 个部门、100 多名专职工作人员，他们的首要工作目标是"提供最好的服务使校友获得最大满意"；另一目标是"为了学校的发展接触更多的校友"。[14]除了大学校级的校友会外，不少学院还有自己的校友会组织。这些校友会为母校捐赠大量的资金，为在校生提供各种实习和工作的便利。虽然斯坦福大学的毕业生分布在世界的各个地方，但他们还是会通过校友会和学校及校友之间保持密切的联系。通过校友会的人脉资源，斯坦福大学学生可以获得更多的讯息和机会，也可以得到很多关于职业的资源支持，从而获得更大的成功。校友巨大的人脉资源是斯坦福学生创业成功的又一促进因素。

（五）启示

我国高校的创业教育始于 20 世纪末期，1998 年教育部出台的《面向 21 世纪教育振兴行动计划》正式提出了要加强创业教育。之后，清华大学在全国率先开展了大学生创业教育的探索与实践，并举办了全国首届创业计划竞赛。2002 年，教育部正式发文确定清华大学等 9 所高校为创业教育试点大学。自此开始，我国的创业教育才蓬勃开展起来。鉴于我国高校创业教育的开展时间尚短，学习借鉴斯坦福大学的创业教育内涵不无裨益。

首先，目前我国高校的创业教育都是在政府的干预下进行的，缺少创业教育的内生文化环境。大学普遍存在着"学生对创业的认知不够，相较于传统安逸的'铁饭碗'，创业对他们来说是相对较差的工作选择[15]的尴尬情况。"对此，大学应营造浓厚的创业文化氛围，以此感染学生，首先提高学生对创业的认知度，然后逐步培养学生的创业技能。

其次，创业教育课程内容的综合性较强，课程不仅要关注社会与产业界的发展趋势，还要教给学生实际的创业技能，培养他们的创业精神和企业家素质，更要为他们提供熟悉企业运作过程的实践场所。就我国目前开设创业教育的 9 所高校的创业课程内容来看，大多缺少一套完整的创业教育课程体系，各学校都是各有偏重，没有系统地整合课程内容。针对这样的现状，迫切需要建立多层次、多类型的课程体系。

再次，完善的大学生创业服务体系是大学生创业实践成功的保障之一，但我国的大学生创业服务体系尚有明显的缺陷：[16]社会对大学生创业的支持较不稳定，只是一些企业的赞助行为，没有形成稳定的制度支持；大学创业中心建设管理不完善，所以要建立和完善大学生创业服务体系。

参考文献：

[1]赵中建.21 世纪世界高等教育的展望及其行动框架——98 世界高等教

育大会概述[J]上海高教研究,1998,(12):1—8.

[2]徐旭东.斯坦福大学成为世界一流大学形成研究[J].现代教育科学,2005,(1):47—50.

[3]Stanford Facts. The Founding of The University [EB/OL]. http://facts. stanford. Edu/founding. html/. 2010—12—21.

[4]Stanford Graduate School of Business. About the GBS [EB/OL]. stanford. edu/abou/. 2010—12—25.

[5][6][7]张帏,高建.斯坦福大学创业教育体系和特点的研究[J].科学学与科学技术管理,2006,(9):143—147.

[8][11]赵淑梅.斯坦福大学的创业教育及其启示[J].现代教育科学(高教研究),2004(6):17—20.

[9][10]Stanford University office of Technology Licensing About OTL [EB/OL]. http://otl. stanford. edu/. 2010—12—27.

[12]Stanford Technology Venture Program. Entrepreneurship Comer [EB/OL]. http://stvp. stanford. edu/. 2011—02—27.

[13]Stanford university. Stanford Entrepreneurship Network. [EB/OL]. http://sen. stanford. edu/2011—03—20.

[14]Stanford Facts. Stanford Alumni [EB/OL). http://www. stanford. edu/gateways/alumni. html/. 2011—03—22.

[15][16]徐小洲,叶映华.中国高校创业教育[M].杭州:浙江教育出版社,2010. 22. 182.

(本文发表于《比较教育研究》2011 年第 11 期。作者熊华军,时属单位为西北师范大学教育学院;作者岳苓,时属单位为西北少数民族教育发展研究中心)

九、美国社区学院全校性创业
教育策略评析

考夫曼创业基金会于 2003 年 12 月首先在美国 8 所大学发起了"考夫曼校园计划"(Kauffman Campus Initiative,简称 KCI),以发扬"创业精神"、提升学生创业能力和素养为目标——在美国的大学和学院大面积实施全校性创业教育模式,为全校学生提供创业课程,开展创业活动。不同学科背景的学生在创业实践中获得创业技能的提升,规划职业生涯,完善就业技能,为进入劳动力市场作准备。美国社区学院响应考夫曼基金会的号召,并接受其资金资助,开启了全校性创业教育的时代。其中,发展较为完善且极具特色的社区学院有马萨诸塞州斯普林菲尔德技术社区学院(Spring-field Technical Community College)、堪萨斯州约翰逊县社区学院(Johnson County Community College)、北爱荷华州社区学院(North Iowa Area Community College)等。

(一)城市专科型社区学院——斯普林菲尔德技术社区学院的全校性创业教育

1. 创业教育理念和目标

斯普林菲尔德技术社区学院是马萨诸塞州唯一的一所技术社区学院,拥有学生 6 500 名,同时也是美国唯一一所拥有科技园的社区学院,是电信教育和工业创新教育的领航者,被誉为"创业型社区学院"的典范。其创业教育的理念是关注劳动力发展,为区域内企业提供劳动力培训和合同服务,提升雇员竞争力;追求创业,以市场为驱动,多方寻求合作伙伴,推动经济发展;为社区民众提供灵活多样的创新课程,改善社区就业状况,促进社区发展。

斯普林菲尔德技术社区学院的创业教育目标是逐步形成较为完善的创业生态系统,吸引各利益相关者参与。宏观层面,政府、企业、社区学院形成三螺旋互动合作模式;中观层面,社区学院创业协会、虚拟孵化器网络等全面覆盖,使学院获得创业资源的共享和技术援助等;微观层面,通过形式多样的创业教育项目和课程、学院内外组织创业活动和商业援助服务,同时构建强大的合作伙伴体系网络,从而使学院获得创业教育所需的经费,使学生获得创业资助,深化技术工程类专业教育,凸显专业教学与创业能力培养的融合,提升学院办学特色和在区域的影响力。

2. 创业教育实践路径

斯普林菲尔德技术社区学院的创业教育模式是磁石模式(Magnet Model),创业教育由 1996 年创设的创业学院负责,该学院隶属于社区学院的商业及信息技术学院;斯普林菲尔德技术社区学院对全校学生开展创业教育,资源及师资由商业和信息技术学院负责,同时也满足社区各年级学生、与学院合作企业的雇员日益增长的对创业教育的需求。它与大型公司建立合作伙伴关系,成为公司授权并认证的员工培训中心。[1]

创业学院的学分式创业教育项目主要有创业学副学士学位(61 学分)和 22 个具体的创业证书项目。前者主要开设管理学原理、创业入门、创业领域研究等专业课程;后者将创业课程纳入职业技术教育(如多媒体技术、汽车技术)证书项目中,提升学生的商业理念和能力。非学分式创业教育项目主要有"创业荣誉学术讨论会"(Entrepreneur-ship Honors Colloquium)。它不同于一般的讲座,将全校各学科领域致力于创业的学生带入创新氛围,包括讲授商业化知识,帮助学生申请经费,投入实体创业模拟,并可在布雷克学生企业中心(S. Prestley Blake Student Venture Center)孵化下开始创业。[2] 创业学院还为社区青少年提供各类培训项目,包括:"一天的创业者"项目、"MiddleBiz"项目、"青年创业卓越(EYE)"项目、"年轻的创业型学者(YES)"项目。这些项目受众群体较为宽泛,利用国家创业教学基金会开发的学习材料,结合基于项目的实践活动,学院帮助 6~12 年级学生获得金融知识、创业原理和商业计划撰写等技能,并参与商业计划竞赛。[3]

创业学院下的创业中心主要承担外延拓展项目和学生企业孵化项目等,包括劳动力发展培训(如个性化员工培训和认证测试等)、组织视频和音频会议、商业孵化器(为成长中的新创企业提供设施和技术支持)、学生企业孵化器、创业名人堂和"FastTrac"项目等活动,与创业社团组织的系列讲座、网络会议、智囊团服务、创业考察等活动相辅相成。

3. 外部合作伙伴构建

斯普林菲尔德技术社区学院与小企业发展中心(SBDC)、退休工商领袖服务团(SCORE)、州及市政府、商界领袖、大型跨国企业、科技园创业型中小企业、考夫曼基金会等非营利性机构均建立了合作伙伴关系。政企校代表组成了斯普林菲尔德技术社区学院协助公司管理层,共同决策科技园及创业中心的事务。20 世纪 90 年代,斯普林菲尔德技术社区学院成为 IBM 公司高校联盟计划的国内 12 个合作伙伴之一;赢得开发和管理 Verizon 公司"新英国下一步计划"的竞标,培训其员工超过 1 200 名;商业和技术中心(Center for Business and Technology)频繁为区域民众提供计算机培训和研讨会,[4]与科技园内企业的合作使斯普林菲尔德技术社区学院的学生得到了许多宝贵的实习机会。学院、政府官员和企业主共同管理科技园,并通过一些创业项目和活动赢利,获得了"经济发展卓越奖",从而对就业产生了倍增效应。斯普林菲尔德技术社区学院还与政府和小企业局(SBA)合作,为学生企业贷款或贷款担保、合同服务提供支持;与小企业发展中心和退休工商领袖服务团合作解答学生创立企业中的困惑并提供技术援助;与创业教育联盟、创业基金会等机构合作,获得创业项目经费资助、创业教育革新方案和资源共享,等等。

(二) 城市综合型社区学院——约翰逊县社区学院的全校性创业教育

1. 创业教育理念和目标

约翰逊县社区学院位于堪萨斯州欧弗兰帕克市,于 20 世纪 60 年代建立,是美国中西部地区最大的社区学院之一,在校生 36 000 名。该社区学院于1983 年设立了小企业发展中心,1992 年开设了创业学副学士学位,参加了考夫曼基金会组织的一系列革新项目,2007 年又设立了创业中心。[5]其创业教育的理念是为全校学生(高中毕业后进入约翰逊县社区学院学习的学生、双重身份入学者)、广大社区民众(包括公司雇员、青少年、妇女、少数族裔、退伍军人、获得副学士及以上学位但迫切需要创业技能的学生、失业人员等)进行各类学分式创业教育和非学分式创业技能培训。该社区学院的目标是不断优化课程体系和教学形式,提升教学质量,突出规划设计;努力探索将创业教育贯穿于学院人才培养全过程的实施路径;成为整个州乃至全国成功实施创业教育的典范,更多地与其他社区学院交流分享经验;[6]通过各类证书项目、学位项目及课程的课堂教学、创业活动、专业研讨会和咨询会以及其他外延拓展服务,培养所有热衷于创业的创业者,帮助其规划、开创、壮大他们的企业,促进区域经济繁荣。

2. 创业教育实践路径

约翰逊县社区学院的创业教育模式是辐射模式(Radiant Model),由学院内独立的创业中心组织师资来负责,在各专业学院讲授创业课程,凸显不同学院教师的参与,并受相关委员会的监督和管理。其创业教育实践路径明晰,其突出的特色在于学分式创业教育,开设了众多学位和证书项目。创业学副学士学位项目(65 学分)需 4 学期完成,培训有创业意向者如何开创新企业,帮助提升他们的管理和商业技能;创业学证书(34 学分)和商业计划证书(7 学分)始于1994 年,主要为已获得非商业领域副学士以上学位者设计。前者关注创业原理、商业计划、市场营销、财务管理等;后者仅 3 门核心课程:创业入门、机会识别、FastTrac 项目,并突出对学生商业计划书撰写能力的培养。

为了向全校学生推广普及创业教育,该社区学院还将其与职业教育整合,在专业教学中也讲授创业知识,渗透创业思想。约翰逊县社区学院于 2005 年开始陆续创设与专业结合的具体方案创业证书,至今共开发 24 个:汽车技术、时装设计、园艺、多媒体技术、税务筹划、农业企业家等;为已有生涯计划的学生增加商业计划证书的 3 门课程;[7]另外,为了满足不断变化的市场需求,学院2012 年还增设了家族企业证书(14 学分)、特许经营证书(14 学分)和直销证书(15 学分)项目。以上均包含商业计划证书课程,也体现了直销业、特许经营业等在市场的份额,视角倾向于小企业法律问题、人力资源管理、消费者行为和心理、电子营销等方面,项目实行一年来广受学生好评。[8]

创业课程体系构建方面,约翰逊县社区学院将创业入门、机会识别、"FastTrac 创业项目"、小企业财务管理、小企业法律问题、创业营销这些课程从管理学、商学中分离出来,成为独立的创业学科课程体系,2012 年又增设了特许经营、家族企业、直销原理这 3 门课程,故目前创业中心开设了 12 门创业学必修课程。其次,中心还推荐许多院系开设与创业相关的选修课,如商学方面的国际商务入门、商业法、个人理财等;计算机知识方面的电子表格、数据库、互联网等;还有涉及营销、职业核心能力(人际交流)的课程。另外,约翰逊县社区学院还开设了网络课程,对社区学员开放,主要是 SBA 的网络培训和计算机软件操作课程。

创业教育改革方面,约翰逊县社区学院积极参与考夫曼基金会 2003 年的"混合学习"项目和 2010 年的"冰殿创业"项目。"混合学习"项目允许全日制学生和继续教育学生共同参与创业课程教学,从而使立志于创业的学生、为获得创业学分的学生、已经创业的创业者,都有机会学习和交流经验,缩小了学分式和非学分式创业教育的差距,保证了课程生源的充足。"冰殿创业"是一个创新的网上学习项目,通过传统讲授、视频访谈和对成功企业家的案例研究,达到了培养学习者创业心态、创业意识和积累创业经验的目的,并开创了创业学的一门新课程"创业心态"。[9]其课堂教学方式也进行了改革,授课时间灵活,采用互动式教学模式,注重讨论、角色扮演、情景模拟、案例研究、与创业者访谈等形式,有完善的课程评价体系,并增加了 2 学分、共 240 学时的创业实习。教学实施前测与后测评价相结合,以过程性评价为主,通过书面作业和反思反馈报告来进行。[10]约翰逊县社区学院还支持学生创业社团和创业活动,大学创业者组织(CEO)在推动学院创业活动、营造创业氛围方面功不可没,与企业家面对面简单交流、系列讲座、参加年会等形式普遍受到学生的欢迎。

3. 外部合作伙伴构建

约翰逊县社区学院的外部合作伙伴主要有小企业局(SBA)及其下属的小企业发展中心(SBDC)、非营利机构、创业型企业、区域其他教育机构等。从1983 年开始,该社区学院就成为小企业发展中心在堪萨斯州的设点之一,提供各类研讨会,如入门级的"一天的小企业基础"(Small Business Basic in a Day)和高级的"成功始于开始"(Success right from the start);网络市场营销和

QuickBooks 软件培训。[11]学院与 SBA 合作,将其网上培训项目推荐给学员,为社区中小企业主提供领导决策和商业策略,组织 CEO 圆桌会议等。约翰逊县社区学院与区域企业合作,为它们提供定制服务,一年培训企业雇员达 2 500 名以上,为近 500 名创业者提供咨询服务,帮助其开创企业。与非营利机构合作,参与考夫曼基金会倡议的革新项目,参与科尔曼基金会组织的创业竞赛项目,并接受它们的捐赠;参与 Khan 学院开展的多样化的教育活动,如金融、估价和投资、风险资本等;投入直销基金会兴起的改革浪潮,为直销业的繁荣贡献自己的力量,同时该社区学院在获得捐赠后进一步完善了直销证书和课程项目;积极参与全美社区学院创业协会组织的年会和各类商业竞赛活动,使创业导师和学生有更多的互动交流机会,同时一展所长;与区域高中合作,采用双重入学策略,鼓励高中学生进入社区学院学习创业知识。

(三)乡村社区学院——北爱荷华州社区学院的全校性创业教育

1. 创业教育理念和目标

北爱荷华州社区学院创立于 1918 年,是北爱荷华州最早的两年制学院,学科门类较多,是一所综合性的乡村社区学院。1985 年北爱荷华州社区学院设立了全州最早的小企业发展中心,1997 年成立了创业中心。在人口不断减少又遭遇经济危机的艰难时期,创业中心一直致力于发展北爱荷华州区域经济,创设包容、支持和欢迎的创业文化,拓展继续教育项目,使更多的年轻人成为自我雇佣者和企业雇主。其目标是:通过创业教育、机构创业活动和商业支持,多层面建立合作伙伴关系去激励学员创业,培养民众创业能力;通过传统教育、非传统教育和外延拓展服务,巩固和实施学院、乡村区域的经济发展策略计划。[12]

2. 创业教育实践路径

北爱荷华州社区学院的创业教育是混合模式(Mix Model),学分式创业项目主要是创业和小企业管理副学士学位项目以及创业证书项目。学位项目集中于商业和工程等专业,帮助学生获得从识别商业机会到创建、发展自己的企业整个过程所需的创业知识和能力,课程涉及商学、经济学、管理学、市场营销、会计学等多种学科,并添加 3 学分企业实习项目,使理论与实践整合,共 61 学时,分 4 学期讲授,以帮助学生择业、就业和创业。证书项目面向全校学生,课程包括会计学入门和原理、创业入门、成功创业者、创新和机会识别、规划创业型企业、营销原理等,共 16 学分。[13]其中,大多数课程属于商学,而没有形成独立的创业学科。另外,还有面向全体在校生开设的创业选修课。非学分项目包括智能启动研讨会(Smartstart Seminar)、成人教育项目(启动和拓展企业)、终极销售学院和 K—12 年级的创业教育(为 5 年级生设置的"一天的创业者"、为青年设立的"爱荷华州发明"项目、各年级生均可参与的"心灵工坊夏令营"和为高中生设立的"青年创业学术")。[14]

为吸引更多的学生参与各类创业教育项目,北爱荷华州社区学院采取了一系列激励措施。首先,设立了奖学金制度,参与学位项目的学生有资格获得 2 000 美元的奖学金(每学期 500 美元),参与证书项目的全日制学生有资格获得 1 000 美元的奖学金,部分时间制学生奖学金减半;参与创业选修课程的学生有资格获得每学期 500 美元奖学金。[15]其次,创设了商业计划竞赛,帮助学生获得真实实战的经历。最后,该社区学院还创立了大学生创业社团和组织,如帮助学生筹款和运营企业的"CEO 俱乐部",开展"企业家的交流"活动和基于网络的课程等活动。

3. 外部合作伙伴构建

该社区学院创业中心及创业者一直受到农业部、小企业局、小企业发展中心等政府机构的支持和资助,确保了新创企业的资金到位,并给予其他商业援助服务。在农业部 9.9 万美元拨款和地方财政 3.4 万美元配套支持下,创业中心设置了循环贷款基金(Revolving Loan Fund),为企业提供 1～2.5 万美元不等的经费支持,补充其常规融资;帮助企业收购和开发土地,增建建筑物、厂房,修理机器设备,为私人企业提供技术援助和营运资金等。[16]创业中心还设立了小企业发展中心,为创业者提供一对一辅导和多样化的学习机会;商业孵化器和加速器则帮助新创企业成果孵化,成活率在 90% 以上,尤其是对办公场所、技术设备、市场规划、进出口战略等方面给予很大的帮助。

创业中心与创业型企业、金融机构、风投公司、经济发展机构等保持了良好的合作伙伴关系。北爱荷华州"风险资本基金"(Venture Capital Fund)由区域 61 位投资者提供,共计 169 万美元,为创业型企业提供新的筹资机制,用于学生企业早期初创阶段的种子基金,也可用于发展壮大企业以及业务周转等需求；[17]小额贷款"（NanoLoan）项目由金融机构支持，用于企业专利开发、设备购买、运行资本、市场营销和其他启动费用，最多资助 2 500 美元。家族企业也能从项目中获得贷款度过逆境，并参与"FastTrac 创业项目"或企业成长项目，完成季度财务报告，获得商业援助和专家的咨询服务；[18]"天使投资人"（Angel Investors）是北爱荷华州创业投资基金之一，由创业中心管理，最初资金来源于 19 个北爱荷华社区的 68 位投资者；北爱荷华州创业网（Venture Network of Iowa）使创业中心与外部合作伙伴的联系更紧密，创业中心邀请州企业家、投资者和商业顾问参与网络会议，且选择部分企业通过网络展现创立或运营情况，使其获得经费资助和其他投资机会，为新兴和现有企业建立广泛的商业关系。自 2005 年起，创业中心与风险投资公司还合作举办一年一度的商业计划竞赛，使学生有机会向风投公司推销自己的创业理念和计划，前三名将获得 5 000 美元的奖励，并可出售其优秀的商业策划，赢得更多的创业资本。学院还与考夫曼基金会、科尔曼基金会等非营利机构合作，帮助教师和学生的创业革新项目获得资助。

（四）不同类型社区学院全校性创业教育策略的比较分析

基于上述三种不同类型社区学院的全校性创业教育模式的介绍，本部分将分析这几种不同类型社区学院全校性创业教育的模式、创业环境和不同策略。

1. 全校性创业教育模式

本文仅比较不同类型社区学院的全校性创业教育模式，美国社区学院创业教育模式如下图所示。

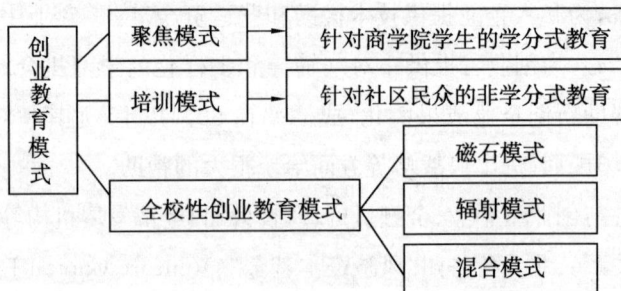

图 1　创业教育模式图

城市专科型社区学院斯普林菲尔德技术社区学院由于在校生人数较少,适合磁石模式,由商学院及其下属的创业学院负责,成立创业中心,创业行动的领导者以及咨询委员会进行战略规划,集中制定决策,整合各学院的资源和技术,鼓励跨学科交叉,设计不同的创业活动,提供给全校的学生。

城市综合型社区学院约翰逊县社区学院由于学分制和非学分制学生混合,则较多采用辐射模式,社区学院成立独立的创业中心,负责协调组织工作,学院教育事务委员会、咨询委员会、学院董事会等负责成立创业教育委员会,指导全校性创业教育的开展,各学院教师负责实质性的创业教育,设置与专业相关的证书项目,结合专业背景实施创业教育、开展课外活动,不同学院的学生可以互选创业课程,破除学科壁垒,实现资源共享。

乡村社区学院北爱荷华州社区学院的地理位置处于劣势,为了吸引更多的青年前来学习和创业,创业教育成为宝贵的催化剂,采用混合模式,既保证了学位项目(学院的特色副学士学位),使其生源具有一定的专业性(商业、工程等),提升了教学质量和学术水平,又使证书项目乃至其他的非学分式项目面向全校学生,在普及创业知识方面迈进了一大步。

2. 创业环境

城市专科型社区学院由于其所设专业大类较少,尤其注重特色专业的发展,如斯普林菲尔德技术社区学院的电信技术、机械工程技术专业,通过不断摸索,形成了政府、企业、学院深入合作,螺旋上升发展衍生新功能的外部互动模式,创业教育、创业活动和创业社团互动合作的内部模式,整合成较为完善的创业生态系统。科技园、创业中心、国家电信技术中心、机械工程技术应用中心、商业孵化器和加速器等为创业者、创业型企业营造了良好的创业氛围,为社区学院塑造了浓厚的创业文化。

城市综合型社区学院的受众群体较为庞大,得到了州政府、地方政府、社区企业和非营利机构的广泛关注。为了吸引学员前来学习创业知识和技能,城市综合型社区学院广开大门,吸纳社会学员,包括青少年和弱势群体(妇女、少数族裔、退休人员、失业人员)等,体现了终身教育和全纳教育的理念。区域商业伦理案例竞赛、商业计划等竞赛的开展和各类基金会的资助,使其全校性创业教育迅猛发展。随着考夫曼"FastTrac创业项目"、"冰殿创业项目"、混合学习等项目的推广,形成了良好的创业大环境。

乡村社区学院的创业教育获得了农业部、州政府、当地政府、社会的层层关注和支持,获得了一系列有利于乡村民众创业的优惠政策。"美国未来农民"计划、循环贷款基金项目、针对小企业的援助等项目的实施,创业中心一站式服务的全面开展,使区域农场主、雇员、企业人员乃至社会闲散人员获得了优良的服务和教育环境。

3. 创业教育优势策略

城市专科型社区学院的创业教育实现了多元化的资源汇聚,创建了行业联盟、政企校联盟和与中介机构的联盟,实现了最大限度的资源利用;城市专科型社区学院还与企业实行价值交换,尤其是在科技园的运营上实现了双赢;城市专科型社区学院抓住经济杠杆,构建平衡调节机制,巩固已有成果,积极寻求进一步发展的机会。其举措是尝试并较好地构建了创业生态系统,并以此为基础,将创业教育、专业教育、就业教育紧密结合起来,不断提升学院特色专业的影响力。

城市综合型社区学院的优势在于学分式创业教育项目和活动。鉴于城市生源较为充足,故各类副学士学位项目和证书项目层出不穷且推陈出新。这些项目内容切合实际,满足市场需求,紧扣大学创业教育的改革步伐,视角投向家族企业,同时也补充了四年制学院和大学较少涉及的特许经营、直销业,深受在校学生的欢迎,也促成了体验式直销、模拟创办企业、学生经营实体企业等创业活动的开展。丰富多彩的创业课程、富有新意的体验式教学、创意颇多的营销理念、公平竞争的创业氛围有助于创业教育在拥有几万人的社区学院得到推广和普及。

乡村社区学院由于地处较为偏远的地区,在创业教育生源和资源获得、技术支持方面处于劣势。学院将创业教育(包括传统的在校生教育和非传统的K—12 年级生教育)、各类创业活动和商业援助服务加以整合,将创业资本的获得与合作伙伴体系构建加以整合,国家层面有全美社区学院创业网络覆盖,区域层面有北爱荷华州创业网,同时北爱荷华州社区学院加入了由 11 个州联合的社区学院虚拟孵化器网络,使民众拥有丰富的创业资源,与发达城市实现了交流与共享。为了突破广大乡村民众创立企业缺乏资金的瓶颈问题,乡村社区学院利用风险资本、银行机构的小额贷款、循环贷款基金、SBA 的贷款及贷款担保等途径为企业架设融资渠道,较城市社区学院更重视对创业者经费方面的资助并运作孵化器实现技术服务功能。

(五)结语

斯普林菲尔德技术社区学院、约翰逊县社区学院和北爱荷华州社区学院这3 所学校并没有列入美国官方公布的社区学院前 100 名排行榜,这是因为评价指标体系的原因。但若仅考量创业教育层面,这 3 所社区学院是美国社区学院协会和社区学院创业协会公认的创业教育开展得最好的学校,是立志于创业的学员的向往之处。创业生态系统的创设、创业教育项目和课程的设置、创业合作伙伴体系的构建、创业融资渠道的多样化、虚拟孵化器网络的建设、创业技能的多元化培训等都体现了它们创业教育、技能教育、就业教育等方面的成功经验,值得我国高职院校创业教育学习和借鉴。

参考文献:

[1]沈陆娟.美国创业型社区学院创业生态系统探析——以马萨诸塞州斯普林菲尔德技术社区学院为例[J].高等工程教育研究,2013,(3):122.

[2][3]John E. Roueche,Barbara R. Jones. The Entrepreneurial Community College[M]. Washington,D. C. :Community College Press,2005:114—115.

[4] Setta McCabe. The Springfield Technical Community College Technology park—A Creative Use of Real Estate:Converting a Derelict Property into an Economic Development Engine[J]. Community College Journal of Research and Practice,2005,29:605.

[5]Using the Ice House project—Johnson County Community College Serving Aspiring and Existing Entrepreneurs[R]. NACCE 9th Annual Conference,Portland,Oregon,2011,10, 11.

[6]Donna Duffey. Entrepreneurship Programming:Today's Top Ten

Student Profiles[J]. Community College Entrepreneur-ship, 2011, winter/spring:18—23.

[7]Donna Duffey. In Support of Program-specific Entrepreneur-ship Certificates[J]. Community College Entrepreneurship, 2007. 11—13.

[8] Donna Duffey. JCCC Discover the Direct Sales Industry: An Opportunity for Our Students[J]. Community College Entrepreneurship, 2013,Spring/summer,18—19.

[9]Donna Duffey. JCCC Joins the Ice House Movement[J]. Community College Entrepreneurship,2011,fall/winter:12.

[10]Donna Duffey. JCCC's Journey with the Ice House Movement[J]. Community College Entrepreneurship,2012, summer/fall:26.

[11]KSBDC Training[EB/OL]. http://www. jccc. edu/ksbdc/train-ing. html. 2012—12—21.

[12] The NIACC John Pappaiohn Entrepreneurial Center[EB/ OL]. http:// www. niacc. edu/pappajohn/. 2012—09—12.

[13]Entrepreneurial Credit Programs [EB/OL]. http://www. ni-acc. edu/pappajohn/credit. html. 2012—09—23.

[14]Cheryl Jahnel. An Early Start For Lifelong Learning,Winter/spring 2010:16[J]. Community College Entrepreneur-ship,Winter/Spring, 2010: 16—17.

[15][17] Tim Putnam. Entrepreneurial Center as Financiers[J]. Community College Entrepreneurship,fall/winter, 2007:20.

[16] NACCE Member NIACC Receives Funding from USDA Rural Development—Developing a Revolving Loan Fund[J]. Community College Entrepreneurship,Summer,2006: 10.

[18]Sethanne DeGabriele. Micro Businesses Bank on NanoLoans[J]. Community College Entrepreneurship,Spring,2008: 9.

（本文发表于《比较教育研究》2014 年第 2 期。作者沈陆娟,时属单位为浙江水利水电学院基础社科部）

十、美国专职创业教育教师队伍建设的经验与启示

"推广创业教育的任何政策举措都必须经过教师这个枢纽付诸实施"。[1]随着创业教育的普及,美国高校急需专职创业教育教师。但美国专职创业教育教师队伍建设面临两个问题:一是数量不够。这表现为申请该职位的教师人数少于各高校的预定职位。例如,2005—2006年职位数与申请数的比例是1∶0.45,2006—2007年的比例是1∶0.68,2007—2008年的比例是1∶0.65。[2]二是质量不高。罗伯特·辛格(Robert Singh)认为,当前美国出现了博士学位的专职创业教育教师和资深研究人员短缺的问题。[3]为此,美国采取强有力措施,有效地缓解了专职创业教育教师数量不够、质量不高的问题。专职创业教育教师队伍薄弱也成为制约我国创业教育发展的关键。[4]因此,研究美国专职创业教育教师队伍建设的经验,能为我国在促进专职创业教育教师队伍建设方面提供相应的启示。

(一)实施创业学博士生项目

美国实施创业学博士生项目主要是为高校培养专职创业教育教师的后备人才。1997年,宾夕法尼亚大学和佐治亚大学开始实施创业学博士生项目(PHD Program)。目前,印第安纳大学、科罗拉多大学、锡拉丘兹大学的创业学博士生项目受到社会好评。① 当前,美国创业学博士生项目大多由商学院实

---

① 1997年,全球共有5个机构提供创业学博士生项目,分别是美国的宾夕法尼亚大学和佐治亚大学、加拿大的卡尔加里大学、瑞士的约翰戈平国际商学院以及欧洲创业国际商学院。参见:梅伟惠.美国高校创业教育[M].杭州:浙江教育出版社,2010.115.

施。坎迪达·布拉什(Candida Brush)的调查表明,美国 8% 的商学院已开展了创业学博士生项目。[5]

申请创业学博士生项目要达到如下要求:[6](1) 有经济学学科背景;(2) 拥有美国认证的学位;(3) 具有定量分析能力;(4) 有较强的领导力、较好的科研潜力以及独立思考的能力。

"创业学"是一门培养博士生创业精神、创业能力的课程。博士生需要接受三大核心课程的训练[7]:(1) 基本理论知识课程侧重对创业过程的认知以及创业案例的分析;(2) 经济领域类课程致力于让博士生熟悉现代经济理论和市场运作规律,激发博士生预测和把握创业机遇并进行创业的能力;(3) 社会科学领域类课程引导博士生从心理学、社会学、人类学、管理学等学科的视角进行研究。

"创业学"教学一般采用如下教学方法:(1) 案例分析法,即以创业的实际情况为切入点,将案例分析贯穿到整个教学过程中;(2) 模拟情景法,即在教学活动中,通过运用模拟软件、现场教学等方式,使博士生在真实的创业环境中学习知识;(3) 基于现实问题的教学法,即根据企业、公司的现状,引导博士生发现问题和解决问题;(4) 实践教学法,即为博士生提供实习、访学、参观等机会,增强博士生的创业体验。

创业学博士学位至少要修习三年,博士生需在不同阶段提交不同的论文。第一学年结束后要提交一篇与创业学研究领域相关的论文;第二学年结束后要提交课程论文。课程考核通过后,博士生方可进入博士论文写作。通过答辩后,博士生方能获得博士学位,才有机会成为专职创业教育教师。

拥有大批接受过系统和严格训练的创业学博士,是美国创业教育处于全球领先地位的原因之一。

(二) 设立创业学教职

为了吸引更多的人才进入专职创业教育教师队伍,美国高校专门设置了创业学教职这一岗位。例如,百森商学院阿瑟·布莱克创业中心(The Arthur Blank Center for Entrepreneurship)有 14 名专职创业教育教师;麻省理工学院马丁·特鲁斯特创业中心(The Martin Trust Center for Entrepreneur-ship)有 24 名;哈佛大学阿瑟·洛克创业中心(Arthur Rock Center for

Entrepreneurship)有 30 名。① 专职创业教育教师的职称有讲师、助教、副教授和教授。例如杰罗姆·卡茨(Jerome Katz)对 177 名专职创业教育教师的调查显示,他们中有 117 名为教授,40 名为副教授,11 名为助教,9 名为讲师。[8]

专职创业教育教师的学科构成是多样的。例如,斯坦福大学的"创业角"(Entrepreneurship Corner)专职创业教育教师包括教育家、创业者、工程师和设计师。[9]

从分布看,专职创业教育教师要么隶属于某个院系,如斯坦福大学的"创业角"教师隶属于斯坦福大学商学院;要么隶属于学校,如阿瑟·布莱克创业中心隶属于百森商学院。但不论隶属于何种机构,专职创业教育教师都要从事教学、科研和服务工作。

设立创业学教职让专职创业教育教师有了学科归属感和机构归属感。双重归属感有利于专职创业教育教师队伍的稳定与发展。

(三) 明确专业发展方向

因为专职教师是创业课程的开发者、学生创业实践的指导者、创业学的研究者,所以创业教育教师的专业发展关系到创业教育的质量。一名合格的专职创业教育教师,需在如下方面进行发展:②创业精神、创业知识、职业能力、教学能力和研究能力。

创业精神。斯坦福大学认为,"创业精神是一种思维,它内化到行动中,不仅指向工作,而且渗透到生活的所有方面"。[10]因此,专职创业教育教师不仅要有敢为人先的意识,敢担风险的品质,更要有"引导学生将创意转化为行动的信念和意志"。[11]

创业知识。专职创业教育教师需要掌握如下创业知识:[12]理论知识、实践知识、创新知识。理论知识包括有关创业的信息(information)和操作(know how)的知识。前者涉及创业的基本原理和方法,后者涉及创业者、创业团队、创业机会、创业资源、企业管理等方面的知识。实践知识包括引导学生创业所

---

① 根据各高校创业中心的 Faculty & Research 条目整理。
② 根据各高校创业中心的 Mission 和 Program 条目整理。

需要的实际操作的知识,这些知识有助于培养学生识别机会、防范风险、采取行动的创业能力。创新知识指教师具备对创新机会或机遇把握的显性知识,具备商业意识敏锐、对顾客的需求有良好感受力等隐性知识。

职业能力。凯伦·达姆(Karen Dam)认为,专职创业教育教师需要具备两种职业能力:[13]一是与创业者有关的能力,如规避和防范创业风险、整合和管理资源等;二是与教师有关的能力,如适应力、实施力、创造力、社交力、协作力。适应力指教师掌握创业计划撰写的方法,熟悉新企业的开办流程等能力;实施力指教师能成功地让学生去创业的能力;创造力指教师在遇到问题时能够用新角度去思考并解决的能力;社交力是教师保持与同行和企业界人士密切关系的能力;协作力指教师与同事合作,积极地调整教学行为的能力。

教学能力。创业教育强调理论讲授与案例分析相结合、经验传授与创业实践相结合,这要求教师具备如下教学能力:① 运用多种教学方法的能力,如集体讨论、案例分析、模拟情景、角色扮演,以此实现从以知识传授为主向以能力培养为主的转变。② 挖掘学生创业潜力的能力,教师不仅要拥有专业知识,更要具有较好的洞察力,如面对学生的学习特征和学习环境等因素开展因材施教的能力。③ 实训实践的能力,如组织学生开展灵活多样的创业讲座、创业训练、创业模拟、创业大赛、企业创办等活动。实训实践能力的大小直接影响学生创业活动的开展。④ 创业指导能力,如指导学生项目设计、机会识别、创业设计和风险承受与防范等方面的能力。

研究能力。1947 年,哈佛大学商学院开始对创业进行研究,这标志着创业学开始成为一门独立学科。2003 年至 2013 年,哈佛大学阿瑟·洛克创业中心的教师共发表 400 篇论文,出版 104 本书籍。[14]目前,美国已经有 4 份有关创业学学术期刊被 SSCI 索引—《创业学杂志》(Journal of Business Venturing)、《小企业管理杂志》(The Journal of Small Business Management)、《小企业经济学》(Small Business Economic)、《创业与地区发展》(Entrepreneurship and Regional Development)。这些期刊有助于人们认可创业学的学科地位,扩大创业学作为一个研究领域的影响力。

专业发展不仅是创业教育教师获得社会认可的标识,也是高校评聘创业教育教师的指标。一名创业教育教师要想成为一名专职教师,需要有创新的精神、丰富的知识、高超的能力。

（四）打造成长平台

美国高校为专职创业教育教师专业发展打造了如下平台：

专家指导（experts guidance），即经验丰富的专业人员对新教师进行指导。例如，马里兰大学丁曼创业中心（Dingman Entrepreneurship Center）请创业者、政府高官和经验丰富的教师给青年教师提供指导。

工作坊（workshop），即针对创业教育相关议题，将一些教师聚集起来，让他们发表意见和想法。例如，华盛顿大学创业办公室（Office of Entrepreneurship）2012 年的工作坊主题包括：[15]写一份成功的商业计划（Writing a Successful Business Plan）、产品开发策略（Product Development Strategies）、想出金点子（Coming up with the Killer Idea）、市场研究（Market Research）、追求最好的经营理念（On a Quest for the Best Business Idea）等。

习明纳（seminar），即专门针对某一具体问题进行讨论的活动。例如，百森商学院通过举办"创业教育者研讨会"（Symposium for Entrepreneurship Educator），为教师提供讨论的场所和机会。

圆桌会谈，即教师围圆桌而坐的会谈。例如，斯坦福大学的"创业教育圆桌会议"（Roundtable on Entrepreneurship Education）主题包括：[16]交流最佳的创业时机；探索最新的创业经验；提高与领导和同行合作的能力；创业课程开发的资源。

会议，即为解决创业教育出现的问题而聚集在一起进行讨论、交流的活动。例如，美国小企业与创业协会（The United States Association for Small Business and Entrepreneurship，简称 USASBE）的年会是创业者和教师共同探讨创业教育教学问题的盛会。

讲座，即请一些专家来校做报告。例如，哈佛大学的创业教育论坛（The HBS Entrepreneurship Forum）定期邀请成功的创业者来校作报告。

合作研究，即通过与他人或小组一起开展创业教育研究。卡耐基·梅隆大学唐纳德·琼斯创业研究中心（The Donald Jones Center for Entrepreneurship）促成专职创业教育教师与研究生、校友联合进行高质量的创业教育研究。

实地考察,即通过访学、参观访问、旅行考察等形式开展创业教育研究。例如,百森商学院的创业项目(The Babson Entrepreneurship Program)为教师提供参观公司和考察企业的机会。

网络平台,即通过网络为教师提供各种教学和研究的资源。例如,斯坦福大学"创业角"提供超过 2 000 个创业讲座视频。[17]

可见,这些平台对专职创业教育教师有两方面的好处:一方面深化创业理论的认识;另一方面提升创业实践的感知。

(五) 构建多渠道支持体系

专职创业教育教师的成长平台的打造,离不开美国政府、社会、学会以及高校这四方的努力。

1. 政府重视

美国联邦政府专门设立全国创业教学基金,在经费上大力支持专职创业教育教师队伍建设。例如,美国国家自然科学委员会支持百森商学院和欧林工学院(Franklin Olin College of Engineering)合作开展"工科类专职创业教育教师培训项目",旨在为工科类专职创业教育教师提供相应的培训。全美创业教学基金会(National Foundation for Teaching Entrepreneurship)通过网络教学、专家指导、工作坊、会议、论坛等形式对全美专职创业教育教师开展培训,2008年培训了 806 名教师,2009 年培训了 384 名新入职教师。[18]

2. 社会支持

社会支持表现为创业教育席位的捐赠和各种基金会的资助。

捐赠席位(endowed positions)是企业或者私人捐赠的某一学术职位。自1963 年佐治亚州立大学产生第一个创业教育捐赠教席以来,到 2003 年,捐赠席位数量已经达到了 406 个。[19]创业教育捐赠教席的设立反映了美国社会对创业教育的支持,也为高校引进更多的创业教育教师提供了经费保障。各种创业基金会也参与到专职创业教育教师的培养中,比较著名的是考夫曼基金会(Kauffman Foundation)。[20]考夫曼基金会为创业学成为一门独立学科做出了卓越贡献,例如,每年有 8 所高校获得考夫曼校园创新计划(Kauffman Campus Initiative)的 4 000 万美元的奖励。另外,考夫曼基金会设置"考夫曼博士论文奖学金""考夫曼青年教师创业教育研究奖助金"等项目,专门资助创业学的博士生和教师的科研,每个获奖者可获得 2 万美元的资助。考夫曼基金会在专职创业教育教师培训方面也做了大量的工作。例如,它与百森商学院合作,打造专职创业教育教师职后培训的平台——"创业教育者终身学习计划"。

3. 学会推动

USASBE 除了为专职创业教育教师提供培训和资源外,还设置 5 个创业奖项,[21]奖励过去一年在创业领域取得卓越成就的人士,其中包括"年度创业教育教师奖"(USASBE Entrepreneurship Educator of the Year)等。

美国国际创业协会(The USA International Entrepreneurship Association,简称 UIEA)每年与一些国际组织合作,组织创业教育研讨会。同时,UIEA 会给教师提供一周的创业实践体验活动,如店面设计、地址选择、商店命名、营销策略、融资、广告投放等。

自 1987 年以来,创业教学网络协会(Network For Teaching Entrepreneurship)培训了 3 200 多名教师。2013 年,该协会准备通过"四日密集训练项目",致力于为教师提供创业体验,并且为教师提供教学技能和方法的指导。[22]

雷古纳创业与创新学会(The Regnier Institute of Entrepreneurship and Innovation)正着力推进创业学博士生项目,通过让博士生参加创业教育研讨会,提高他们研究、教学及课程开发的能力。2013 年该学会计划招收 20 名创业学博士生。[23]

4. 高校执行

第一,各高校非常重视专职创业教育教师的选拔和专门培训,确保其能掌握创业教育知识和技能。例如,斯坦福大学设立创业教育教师激励基金,鼓励创业教育中心选聘一些卓越教师。

第二,高校注意吸纳企业家、创业者等担任兼职教师,让他们引导教师成长。例如,斯坦福大学自聘任英特尔公司前首席执行官安德鲁·格罗夫(Andrew Grove)为兼职教师后,带动了一些教师开发创业教育课程的热情。

第三,高校经常组织模拟创业活动,提高教师对创业的感性认识,如在校内组建创业协会、创业俱乐部等社团,激励教师创业。

第四,设立创业孵化器。孵化器是高校为教师创业提供一系列资源和服务的专业化场所,如知识产权办公室,专门负责合同的签署和管理、专利申请和许可等相关事宜。

第五,设置创业中心,为创业教育教学和研究提供完备的支持,如创业模拟实验室、模拟教学软件、创业信息资源等。

第六,提供学术休假(Sabbatical Leave)和创业休假的机会。例如,明尼苏达大学给专职创业教育教师提供一到两个学期学术休假机会,让这些教师更好地从事课程开发、研究和写作。[24]

可见,美国政府、社会、学会为专职创业教育教师提供了良好的外部发展环境,高校则提供了操作性很强的内部机制。这两方面的结合,为专职创业教育教师的专业化成长"插上了腾飞的翅膀"。

(六) 启示

综上所述,创业学博士生项目的实施有助于为高校培养合格的专职创业教育教师;创业学教职的设立有利于高校专职创业教育教师队伍的稳定;明确专业发展方向有利于专职创业教育教师拥有社会地位和身份;打造成长平台让专职创业教育教师有了理想的成长环境。不过,这四方面的顺利进行离不开多渠道的支持体系。可见,美国专职创业教育教师的数量增长和质量提升是一个有机系统。它一方面涉及专职创业教育教师的职前发展和职后发展;另一方面涉及社会各界的分工协作。前者是后者的目标,后者是前者的手段。这两者不可分离。"配备足够数量和较高质量的专任教师"[25],是我国专职创业教育教师队伍建设的目标。根据美国专职创业教育教师队伍建设的经验,我们可得到下述启示:

努力充实并扩大创业教育教师队伍。教育部 2012 年明确指出,"各高校应创造条件,面向全体学生单独开设'创业基础'必修课"。[26]由于我国专职创业教育教师队伍严重不足,创业教育课程的开设势必给高校带来极大的挑战。因此,我们可以借鉴美国的经验:① 在已有的学位中增列创业教育研究方向,鼓励高校培养创业学博士;② 积极聘请企业家、创业人士、政府官员担任兼职教师;③ 将创业教育教师作为一类专门岗位,并核定专任教师编制;④ 构建创业学学科体系,吸引更多的教师开展创业教育教学和研究工作。

明确创业教育教师具备的专业素养,造就一支业务过硬的队伍。我国专职创业教育教师队伍专业化程度非常低,[27]许多创业教育课程的教师是从经济类和管理类专业临时抽调的,还有些是高校就业指导中心的管理人员。这些教师不仅没有接受过系统的创业教育,而且普遍缺乏创业经历。为此,我国高校可以借鉴美国的经验,将创业教育教师的专业素质建设纳入学校中长期规划,从创业精神、创业知识、职业能力、教学能力和研究能力等方面对教师进行考核。

完善专职创业教育教师成长平台。我国还没有完善的专职创业教育教师成长平台。为此,高校要构建"请进来、送出去、沉下来"的发展模式。"请进来"指邀请创业教育专家来校对教师进行培训。"送出去"一指送教师到国内外高校进修、学习等;二指送教师到企业挂职锻炼、参与企业的生产和管理,鼓励教师参与社会行业的创业实践;"沉下来"指高校要创造各种条件,建立教师之间的交流合作机制。

为专职创业教育教师的发展提供坚实有力的保障体系。社会各界要积极参与到专职创业教育教师队伍建设中:① 各级政府应尽快建立专职创业教育教师职前、职后培养体系,定期定点开展系列培训活动;② 教育部门应充分利用国外一些成熟的教育资源,进行科学化的培训;③ 落实"校企合作"机制,加快创业园区和创业实训基地的建设,为教师提供创业体验机会;④ 成立创业学专业协会,为教师专业发展提供组织保障。促进专职创业教育教师的发展主要靠高校,因此:① 高校要充分认识到创业教育的重要性,设置专门的创业教育教师岗位,制定有效的激励政策和管理制度,提升教师参与创业教育的积极性;② 高校应加大创业教育教学工作经费投入,设立创业教育教师专项资金,并纳入学校预算;③ 各高校应建立类似于"创业中心"的机构,为专职创业教育教师的教学和研究提供支持;④ 高校应加强创业教育基础设施建设,如校内外创业实习基地、图书资料、师生创业孵化基地等。

参考文献:

[1]教师是创业教育的关键[N].中国教育报,2013—05—03,(3).

[2]Todd Finkle. Entrepreneurship Education Trends[EB/OL]. http://

www. aabri. com/manuscripts/08034. pdf/,2013—04—08.

[3]Robert Singh,Bobby Magee. Entrepreneurship Education:Is There a Growing Crisis? [EB/OL]. http://www. celee. edu/pub-lications/♯Dig04/, 2013—03—21.

[4]朱晓芸等.高校创业教育师资队伍建设的困境与策略[J]. 中国高教研 究,2012,(9):82—85.

[5][7] Candida Brush. Doctoral Education in the Field of Entrepreneurship[J]. Journal of Management,2003,29(3):309—331.

[6]Application Eligbility[EB/OL]. http://www. gsb. stanford. edu/phd/ admissions/apply/eligibility. html/,2013—05—20.

[8][19] Jerome Katz. 2004 Survey of Endowed Positions in Entrepreneurship and Related Fields in the United States[EB/OL]. http:// www. kauffman. org/uploadedfiles/survey_endowed_chairs_04. pdf/,2013— 03—21.

[9] About History [EB/OL]. http://ecorner. stanford. edu/about. html/,2013—05—29.

[10]About the GSB[EB/OL]. http://www. gsb. stanford. edu/about/, 2012—09—19.

[11]Paul Reynolds. Entrepreneurship Research Innovator,Coordinator, and Disseminator [EB/OL]. http://ideas. repec. org/ a/kap/sbusec/ v24y2005i4p351—358. html/,2012—04—28.

[12] Fostering Entrepreneurship Through University Education and Training:Lessons from Massachusetts Institute of Technology[EB/OL]. http://www. doc88. com/p-615600686085. html/,2013—04—23.

[13]Karen Dam,etc. Developing a Competency-based Frame-work for Teachers' Entrepreneurial Behavior[J]. Teaching and Teacher Education, 2010,26(4):965—971.

[14]Faculty & Research Resources[EB/OL]. http://www. hbs. edu/ entrepreneurship/facresearch/,2013—05—18.

[15]Office of Entrepreneurship in GW-Workshops & Seminars [EB/OL]. http://entrepreneurship. research. gwu. edu/work-shops-seminars/, 2013—05—18.

[16]REE-Invent Entrepreneurship Education in 2012[EB/OL]. http://www. stanford. edu/group/ree/,2013—05—06.

[17]STVP Entrepreneurship Corner[EB/OL]. http://ecorner. stanford. edu/about. html/,2013—05—06.

[18]National Foundation for Teaching Entrepreneurship Overview[EB/OL]. http://www. docin. com/p—374108143. html/,2013—05—08.

[20]Kauffman Campus Initiative[EB/OL]. http://www. kauffman. org/entrepreneurship/kauffman-campuses. aspx/,2013—04—16.

[21]Entrepreneurship Achievement and Advocacy[EB/OL]. http://www. usasbe. org/? page=EAA/,2013—05—02.

[22]National Foundation for Teaching Entrepreneurship[EB/ OL]. http://www. ideafinder. com/guest/madlist/amd-nfte. htm/,2013—05—23

[23]Ph. D. In Entrepreneurship and Innovation[EB/OL]. http://www. entrepreneurship. bloch. umkc. edu/academic _ pro-grams/entrepreneurship_phd. asp/,2013—05—27.

[24]University of Minnesota-Faculty Development Leaves [EB/OL]. http ://policy. umn. edu/Policies/hr/Leaves/FA-CLEAVES. html/,2013—05—07.

[25][26]教育部办公厅关于印发《普通本科学校创业教育教学基本要求（试行）》的通知[EB/OL]. http://www. moe. edu. cn/publicfiles/business/htmlfiles/moe/s5672/201208/140455. html/,2013—05—27.

[27]梅伟惠.美国高校创业教育[M].杭州:浙江教育出版社,2010:251.

（本文发表于《比较教育研究》2014年第2期。作者熊华军,时属单位为西北师范大学西北少数民族教育发展研究中心）

十一、英国高校创业教育新政策述评

创业教育对提升国家创新能力,促进政府、社会与大学的相互联系,缓解大学生就业压力具有重要意义。英国政府自 1987 年提出并实施"高等教育创业"计划(Enterprise in Higher Education Initiative,EHE)以来,历经 20 多年的发展,已基本形成了相对完善的创业教育体系,将创业精神培养作为教育的总体目标和策略。随着经济社会变化及其与高等教育相互关系的变迁,英国大学生创业教育面临一系列新形势与新问题。本文主要讨论 2007 年以来英国政府推动大学创业教育的政策变化。

(一) 英国大学生创业教育政策的背景

随着英国经济社会变迁及其与高等教育的相互博弈,创业教育发展和创业教育政策环境产生了相应变化。高等教育大众化、失业率偏高、大学生创业能力低下,特别是自 2006 年英国大学学费制度改革以后,在校大学生经济压力增大,创业教育需求进一步扩大,而英国创业教育现状还不能满足这一需求的变化。伦敦商学院 2007 年发布的《全球创业教育监控行政报告》(Global Entrepreneurship Monitor)显示,英国早期创业活动参与比例(Early-Stage Entrepreneurial Activity TEA Rates)为 2.9%,美国、挪威和香港分别为 6.5%、3.9% 和 5.7%,均高于英国;而总体创业活动参与率(Rate of Over-all Entrepreneurial Activity)美国、挪威和香港分别为 14.1%、12.0% 和 15%,而英国则为 10.5%。[1]因此,英国创业教育依然需要面对新形势、出台新政策、解决新问题。

首先,高等教育大众化带来了就业压力。20世纪80年代到90年代初,英国高等教育经历了大众化发展阶段。2004—2005年度,英国大学生人数达到230万,其中,本科生170万、研究生53万。1999—2000年度到2005—2006年度,学生人数增长近51万人,增长率达到35%。[2]大众化进程引发了大学毕业生人数攀升与市场所提供的有限就业岗位之间的矛盾。英国1992至1994年失业率均达到10%,直至1999年才降到6%,但仍然高于美国的4%和日本的5%。[3]2008年失业率为5.7%,2009年6月失业率为7.8%,失业人口244万,为1995年以来最高水平。大力发展创业教育,培育创业者,以缓解就业压力、促进经济发展,成为英国政府出台大学生创业教育政策的重要动力。

其次,大学生创业能力低下影响英国经济发展。人们广泛认同的是英国未来经济竞争力和繁荣程度依赖于知识的运用、创新和创业。[4]据调查,导致英国经济不景气的原因是创业参与率偏低、自我雇佣意向不明显以及创业活力不足等。美国2000年的自我雇佣率已达到67%,而英国2002年的自我雇佣率为45%,[5]明显低于美国。英国创业水平低于其主要竞争者的原因是,英国社会缺乏敢于冒险、勇于创新的文化氛围。因此,必须提高大学生创业能力、构建创业文化氛围,共同对英国创业教育政策提出新的挑战。

再次,学费政策变化引发大学生债务加重,刺激创业热情。英国自2006年引入大学收费制度以来,学生负债状况不断增加,1996年每个大学毕业生平均负债水平为3 400英镑,而2006年已达到12 000英镑,预计还会继续增加。[6]然而,英国学生负债问题并未影响学生的创业热情。英国大学生创业委员会(NCGE)2005年执行报告显示,负债问题主要减少了进一步深造的学生总量,近1/3的学生将就业作为最紧要的目标,其中有4%的学生打算毕业后尽快就业或创业。2005年,NCGE对2005名英国大学生展开调查访谈,发现对目前经济状况担忧的大学生,绝大部分会认真考虑今后创业的问题。[7]英国大学生创业热情随着负债水平的增加也有所提升,接受创业教育、提高创业能力的要求不断增加。

(二) 英国大学生创业教育政策的新发展

为适应大学生创业教育环境的变化、在全国范围内形成创业文化、在高收入国家群体中争取创业教育比较优势,英国政府近 3 年来出台了包括《全国大学生创业教育黄皮书》(NCGE Yellow Paper 2009)在内的政策文件、执行报告、调查评估报告近 20 余项,其核心内容包括如下 5 个方面:

1. 扩大创业教育资金来源、控制流向的经费策略

在英国大学创业教育发展的头 20 年里,80% 的经费来源于政府的高等教育创新基金(Higher Education Innovation Fund)和科学创业挑战基金(The Science Enterprise Challenge Fund)等,政府支撑成为创业教育资金的主要来源,提高私人捐助水平将成为今后的发展方向。[8]依据(NCGE)2007 年统计数据,创业教育资金投入主体明显增加,以资助额度的大小为序,主要有如下 6 大渠道:高等教育创新基金(Higher Education Innovation Fund,HEIF)占资助比例的 31%、大学(University)占 15%、区域发展机构基金(Regional Development Agency Funds)占 13%、欧盟基金(EU Funding)、资助(Sponsorship)和捐赠(Endowments)经费来源均低于 10%。除了以上 6 类主要的资金来源主体,原有的科学挑战基金(The Science Enterprise Challenge Fund)、新创业奖学金(New Entrepreneurship Scholarship)、教与学优异中心基金(Centre of Excellence for Teaching and Learning Funds,CETLF)等也成为创业教育投资的重要补充。

英国政府对创业资金使用的政策导向是使其流向所有学校的所有专业。鼓励企业、社会团体和大学依据不同资金来源设立创业项目,促进资金使用流向的多元化。以学科领域为例,以往英国大学工商专业占总体创业资金的 80% 以上,2007 年这一比例降到 61%,逐步向多学科共同享有创业基金方向发展。近年来,已逐步扩展到工程、艺术、设计、数学、医学、健康、计算机科学领域。创业资金来源及使用流向多元化格局初步形成。

2. 启动各类创业项目,推进创业教育

设立项目是各国吸纳创业教育资金的重要途径。英国政府推动建立的各类创业教育项目可大致分为 3 个层次:一是旨在吸引大学生参与创业活动的项目。这一类型当中,最早的是 1998 年启动的"大学生创业项目"(The Graduate Enterprise Programme),它仅启动 5 年就吸引了大量学生和高等教育机构参与。2004 年,由工贸部下属"小企业服务"(Small Bussiness Service,SBS)开展

的融创业项目和创业活动为一体的投资项目,在英国全国范围内形成了浓厚的创业文化与创业认同感。

二是以评估国家创业政策为特点的创业研究项目。其中,以"全球创业观察项目"(Globe Entrepreneurship Monitor Project,GEMP)最具代表性。1997年,由英国伦敦商学院(London Business School)发起 GEM 研究项目,旨在研究不同国家的创业活动及其影响因素,探索促进国家创业发展的政策,评估创业实施效果优劣。GEM 研究项目在大范围调研及数据收集的基础上,于 2007年提出了英国创业教育的基本框架,[9]该框架基于分析创业教育与英国宏观经济发展的相互关系,提出英国创业教育发展的基本策略。

三是设立旨在提高创业教育教师技能的项目。2007 年,由英国高等教育学院(UK Higher Education Academy)和美国考夫曼基金会(US Marion Kauffmann Foundation)共同资助,设立了"国际创业教育者项目"(International Entrepreneurship Educators' Programme, IEEP)。该项目由NCGE 和英国创业教育者机构(Enterprise Educators UK)共同管理,项目针对英国创业教育发展的新形势,以及创业教育师资所面临的系列理论及实践问题展开研究,吸引了大量英国创业教育机构,创业管理者以及创业教育者共同参与,分析创业教育过程中学生需要习得的技能以及与之相适应的教师教育教学方法。[10]IEEP 研究成果在英国被广为接受,牛津商学院的学者认为 IEEP 是大学创业研究项目与 NCGE 建立研究伙伴关系的典范。[11]

3. 构建创业型大学(Entrepreneurial University)建设模式

英国 2007 年公布了由 NCGE 学术顾问艾伦·吉伯教授起草的"朝着创业型大学发展"(Towards the Entrepreneurial University)的政策文件。该文件指出,对那些能够鼓励学生创业,并为在校生和毕业生创业提供创业机遇、创业实践以及创业文化环境的大学给予界定。[12]

目前,英国的许多大学在实施创业教育、开展创业活动等方面做出积极努力且经验丰富,但存在的问题是,尚未明确哪一种机构模式或途径能够催生创业型大学并使其可持续发展。[13]"朝着创业型大学发展"提出创业型大学发展模式包含两类:传统商业模式(The Traditional Business Model)和互动模式(An Alternative Model)。前者注重在创业教育过程中教什么,以及在教学过程中何者会显著地受到经济学家传统思维以及公司业务的影响,这种模式注重运用专有的商业管理范式。[14]而互动模式将创业角色纳入社会系统加以考虑,能够为个人、组织以及社会各界人士提供所有技能,强调在复杂的社会背景下学会创业行为、创业技能和创业特性。互动模式对英国大学所有学科领域开放,提倡通过发挥个人优势自我开办公司、参与创业设计组织等方式,进一步激发创业热情与创业精神。通过互动模式发展创业型大学将成为未来英国大学发展的重要方向。

4. 提出创业教育目标和教学方法的基本框架

创业教育教学及其组织模式始终是实施创业教育的关键环节。如前所述,"国际创业教育者项目"(IEEP)的重要目的是将创业教育贯穿所有英国大学的全部课程当中。通过 IEEP 的研究,NCGE 将创业教育目标分为逐步递进的 8 个层次:一是学生的核心创业行为和态度得到发展;二是学生能够理解并感受创业行为;三是能够自我解释创业教育核心价值;四是发展创业型职业动力;五是掌握创立公司的步骤及需求;六是培养企业家素质;七是掌握与创业过程相关的商业知识;八是熟悉与利益相关者的关系。[15]

在上述创业教育目标框架下,英国创业教育要求将洞察力、情感因素以及把握外界机会等因素,融入创业教育实践,通过选择恰当的创业教育方法,取得良好的创业教育效果。英国大学传统的创业教育教学主要是讲授、案例教学、研究项目和信息技术。[16]依据 IEEP 研究结果,NCGE 2007 年发布的文件《革新范式下适应创业教育者发展的挑战》中明确提出,大学创业教育教学方法将应对的挑战主要来自创业教育发展技能、实践行为和自身特性 3 个方面。如图 1 所示:[17]

新的创业教育方法要培养学生在压力下做出决定,支持团队建设,提高对创业角色的总体认识,探索看待事物的方式,发展创造力,提高交流、劝导能力等。文件要求英国大学创业教育方法要注重从知(Cognitive)、情(Affective)、意(Conative)3 个方面提高学生创业能力。

发展技能	实践行为	支撑特性
谈判	寻找机会	成就导向
劝导	抓住机会	自我效能
销售	联络与交流	创造力
建议	主动性	自主权
工程项目	战略思考	努力工作
管理		承担义务
		决心

基于学生背景、价值观、生活方式以及行为方式差异性给教学方法带来的挑战

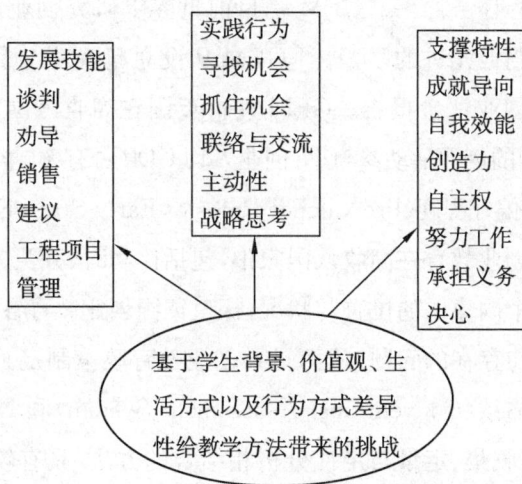

图 1 大学创业教育教学方法应对的挑战示意图

5. 建立多维创业教育评价体系,提高政策制定的科学性

英国传统创业教育评价(Conventional Assessment System)重视学生对所学知识的运用,评价目标涵盖 3 方面:一是学生接受创业教育是否取得明显效果;二是促使学生对自我学习效果作出判断;三是形成评判学生创业学习等级的认定标准。[18]传统创业教育评价主要由教师实施,且评价内容主要围绕考试、论文和报告写作方法等。这一评价模式存在的主要问题是,忽略了学生的自主权,不利于激发学生运用知识的动力和自信。[19]

近年来,英国实施了大学创业教育评价新举措:第一,拓展学生创业学习效果评价模式。评价内容基于 NCGE 公布的 2007 年执行报告,即以创业教育教学方法的挑战为依据,建立基于发展技能、实践行为和支撑特性为基础的三维评判体系,同时融入自我评价和同行评价模式。创业教育评价过程需要包含所有总结性和形成性评价过程。[20]评价框架应该在任何项目开始设计时就进行考虑,以便建立创业教育成绩、内容、教学方法以及管理的目标与标准。[21]但是,要使创业教育者从传统文化模式中适应这一转变,仍然具有挑战性。[22]

第二,在国际视域下评价英国的大学创业教育,并将测评结果作为创业教育政策制定的重要依据。如前所述,"全球创业观察项目"(GEM)将评估国家

创业政策作为核心任务之一。GEM 是目前世界上研究创业活动及其与经济增长相互关系问题最先进的联盟。[23] GEM 从设立起就基于多国研究,并每年提供一系列国家创业评价报告。GEM 评价英国在高收入国家(High-Income Countries)群体中的创业活动参与率、创业人均 GDP 占有率、早期创业活动情况(TEA)、早期创业偏好程度(Pre-valence Rates of Early-Stage Entrepreneurs)等指标。分析英国创业教育在高收入国家中,包括比利时、芬兰、法国、瑞典、澳大利亚、美国等 22 个国家中的位置与状况,探讨英国创业教育各项政策在实践过程中的实施效果与存在的问题,从而指导创业教育政策制定。GEM 评价体系不同于传统评价体系(Conventional Assessment System)和 NCGE 评价系统,它运用调研、数据收集、定量与定性分析相结合的方法,具有较强的客观性、国际性和政策导向性。

(三) 英国大学生创业教育政策评析

1. 新政策的成效

近 3 年来,英国大学创业教育政策调整与执行收到良好效果,主要表现在如下 3 个方面:首先,政策促进了创业活动参与率。2007 年 NCGE 报告《英国高等教育中的企业与创业》(Enterprise and Entrepreneurship in Higher Education)显示,2007 年英国大学生创业活动参与创业活动的人数已逾 20 万人,占学生总数的 11%,高于 2006 年 7%参与率 4 个百分点,且男女比例趋于均衡。其中,男生占参与创业活动总人数的 53%,女生占 47%。[24] 以 2005 年在伦敦的一项调查为例,50%拥有大学学历的毕业生愿意自我创业,而未获得高校学位者这一比例仅为 30%;伦敦 50%的新企业由在校大学生创建,[25] 调查表明大学生的创业热情、创业能力不断提高。

其次,政策鼓励参与形式多元化,改变了通过创业课程参与创业的单一形式。2007 年,通过课程以外多种形式参与创业活动的比例提高到 64%,课程内参与创业活动的占 36%,海外学生参与比例为 18%。此外,英国创业教育主要由商业学院主导的现象得以改观,非商业学院逐步融入到创业教育当中,工程领域的创业教育发展势头良好,人文社科领域的创业资金占有量不到 1%。[26] 随着政策的不断调整,多元化参与创业教育的趋势逐步形成。

最后,政策通过鼓励参与主体多元化,广泛吸纳各种社会力量,包括各级政府、企业、各类创业协会、民间力量等支持大学生创业。工贸部下属的"商业连接"组织在过去的几年当中有力地支持了大学生创业活动,NCGE、全球创业研究协会(The Global Entrepreneurship Research Association GERA)等对创业教育实施了有效的组织与管理。多方参与有利于不同部门的沟通与协作,形成创业文化环境。

2. 新政策尚未解决的问题

首先,新政策尚未解决创业教育发展不均衡现象。2007 年,NCGE 分区域调查了英国 127 所高等教育机构,结果显示英国创业教育白人学生占总参与比例的 67%,非白人则为 33%。就不同区域而言,伦敦在校大学生占英国的 21%,参与率仅为 8%,低于平均水平。与之形成鲜明对比的是,英国西南部及中东部地区,大学生总量均占英国的 9%,而参与率则分别为 18% 和 17%,[27] 远高于平均水平。如何提高经济发达地区大学生的创业热情与创业能力、促进创业教育均衡发展是未来英国创业教育政策面临的难题。

其次,政策尚未兼顾各级各类大学生。2007 年,英国创业教育资金 80% 用于本科生教育阶段,87% 用于全日制学生。虽然研究生及非全日制学生更具有接近市场的机会,具有较好的创业参与能力,但目前政府尚未出台成熟的、意在加强和鼓励研究生和非全日制学生的创业政策。[28]

再次,英国非政府创业教育资金来源尚不稳固。现行的许多创业项目主要依靠短期投入完成。

参考文献:

[1] NCGE. Global Entrepreneurship Monitor 2007 Executive Report[R]. 2.

[2] Ron Botham and Colin Mason. Good Practice in Enterprise Development in UK Higher Education. March 2007,5.

[3] Worldnk [EB/OL]. http://ddp-ext. worldbank. org/tex/DDPQQ/member. do? method=getMembers/2008—06—13.

[4] W. J Baumol. Education for Innovation: Entrepreneurial Breakthroughs

Versus Corporate Incremental Improvements［J］. Innovation Policy and the Economy,2005,Vol 5. 33—56.

［5］ States ［EB/OL］. http://www. efer. eu/web2010/pdf/RP-Entrepreneurship Education&Funding2000. pdf,6.

［6］［7］Barclays Bank. A National Council for Graduate Entrepreneurship (NCGE)Report 2005［R］. Nascent Graduate Entrepreneurs:2—4.

［8］Enterprise and Entrepreneurship in Higher Education［R］. A report by The National Council for Graduate Entrepreneur-ship. 6—7.

［9］Global Entrepreneurship Monitor 2007 Executive Report［R］. 7.

［10］［15］［17］［18］Allan Gibb. Meeting the Challenge of Development of Entrepreneurship Educators around an Innovative Paradigm［R］. Published Paper of NCGE 2008. 15—18.

［11］ Allan Gibb and Gay Haskins. Leading the Entrepreneurial University Meeting the Entrepreneurial Development Needs of Higher Education Institutions［R］. 2009,(10):2—3.

［12］［13］［14］Allan Gibb. Towards the Entrepreneurial University-entrepreneurship Education as a Lever for Change［R］. NCGE:2—4.

［16］efmd. Brussels European Forum for Management Development (efmd)A Survey of Entrepreneurship Activities of European Universities and Business schools［R］,2004. 21.

［19］［23］［26］Global Entrepreneurship Monitor 2007 Executive Report ［R］. 5—8.

［20］Gibb,A. A. A Developmental Appraisal from the Management Viewpoint of the Use of Cost-benefit Analysis in Incompany Training Situations PhD Thesis University of Durham England［R］. 1977. 23—25.

［21］Gibb,A. A. Entrepreneurship and Enterprise Education in Schools and Colleges. Insights from UK Practice. International Journal of Entrepreneurship Education ［R］. Forthcoming Senate Hall Academic Publishing. 2008,6(2).

[22] Orsmond, Paul. Self and Peer Assessment [R], Higher Education Academy Centre for Bioscience. 2004. 11—12.

[24] [27] [28] NCGE. Enterprise and Entrepreneurship in Higher Education-A report by The National Council for Graduate Entrepreneurship [R]. 7—9.

[25] R. Botham. Young People and Enterprise in London [R]. Report for the London Development Agency. 2005. 22.

（本文发表于《比较教育研究》2010 年第 7 期。作者徐小洲，时属单位为浙江大学教育学院；作者胡瑞，时属单位为华中农业大学高等教育研究所）

十二、21 世纪英国大学的创业教育

在当今的知识经济时代,科学技术飞速发展,社会的变化让人目不暇接。在这种情况下,青年人必须具备高度的创新能力和创业能力,才能够满足社会对创新人才的需要,也才能应付未来的种种不确定因素。因此,大学不能只培养学生为将来到某一企业或单位就业做准备,而是要使他们具有创业的技能和态度,创造出自己的事业和企业,更好地为经济和社会的发展作贡献。为了满足这一需要,许多国家的高校都大力发展创业教育,英国就是重视并积极实践大学创业教育的国家。了解英国创业教育的开展情况,对我国创业教育的发展可以提供有益的借鉴。

(一) 英国大学创业教育的背景

20 世纪末,随着全球化趋势的发展,英国人的经济生活也发生了极大的变化。据统计,在英国的全部劳动力中有 13% 都是自我雇佣者,而在英国的创造性行业中,34% 的人都是在自主创业的基础上工作。[1]人们就业性质和工作方式的变革,使社会对人们的创业精神和创业能力提出了新的要求。为了适应这种要求,英国社会对创业教育日益重视起来。2003 年 12 月 4 日,理查德·兰伯特(Richard Lambert)向英国政府提交了《兰伯特校企合作评论》(The Lambert Review of Business-University Collaboration),[2]文中强调,要想保证毕业生有较高的就业能力,就必须使学生具备创业技能和创新能力,而想要有效地培养这些能力,就必须让企业更多地参与到大学课程的设计和教学过程中去,给予对于自我雇佣和自主创业感兴趣的学生更多的帮助和支持。报告的出台使如何通过校企合作来推进大学创业教育成为人们关注的话题。鉴于此,英国的教育与技能部(the Department for Education and Skills)与小企业服务中心(the Small Business Service)联合成立了毕业生创业委员会(Council for Graduate Entrepreneurship),以加强大学与地方商业协会的联系,促进大学创业教育的发展。2008 年 3 月,英格兰的创新、大学与技能部(Department for Innovation, Universities & Skills)向议会提交了一份白皮书《创新国度》(Innovation Nation),从创新的角度强调了创业能力在经济发展中的作用,并要求大学与企业合作开展创业教育活动,共同促进学生企业经营与创业能力的提高。[3] 正是在英国政府上述一系列政策和措施的驱动下,英国大学的创业教育才蓬勃发展起来。

(二) 大学创业教育的内涵

为了更好地理解英国大学的创业教育,我们首先要理解大学创业教育的内涵,这就不可避免地涉及到"创业"的概念。1734 年,法国经济学家坎狄龙(Cantillon)最先提出"创业家"的概念,指出"创业家"就是在盈利和亏损方面承担风险的人,并且具有任何背景的人都可以成为这种人。这里的"创业"概念包含几个要点,即强调创新或制造变化的机会;强调创造有价值的产品或服务;具有或发展成功所必需的素养;具有创造的主动性。可见,"创业"活动可以产生于社会的各个部门,而不仅仅是经济领域。因此,自 20 世纪 90 年代起,"政策创业家""社会创业者""少数民族和女性主义创业者"以及"生态创业者"等与社会事业有关的创业概念也相继出现。

随着社会创业活动的增多,人们开始意识到有必要通过高等教育来培养人们具有创业者所具有的素质,因此大学创业教育便应运而生。最早的创业教育出现在大学的经济类学院,旨在培养学生创办新企业和自我雇佣所需要的开办企业与管理企业的能力。后来,如何使学生具有现有企业所需要的创新精神和创造能力也被纳入了大学创业教育的范畴。现在,大学创业教育的内涵进一步扩大,扩展为要使学生形成一种做事情、看问题以及感受和交流经验的方式和能力,其核心在于使大学生具有一种创业精神与创新能力。它的实施也不再局限于经济学院,而是涉及到了所有的专业领域。总的来说,大学创业教育就是使学生形成创业素养,掌握创造新企业或新事业所需要的具体知识和技能的教育。而所谓的创业素养则是指一系列与创业有关的态度和能力,包括创业观念、创新精神与能力、自主性与独立工作能力、团队精神与合作能力、自信心、在压力中工作的能力、分析能力、交流技能、时间管理能力、风险管理能力、问题解决能力、适应能力、关注细节的能力、承担责任与决策能力、计划及组织与协调能力等。[4]

(三) 英国大学创业教育的实施

1. 专门的创业教育课程

2005 年,英国的兰卡斯特大学(Lancaster University)推出了一门创业教育课程——企业家与创业。这是一门公共选修课,主要面对的是本科三年级的学生,旨在用创新教学方法来培养学生的创新能力和创业能力,并将其与自己的经验和外部的商业社会联系起来。课程由企业家和大学教师联合开设,包含了一系列相互联系的活动,并且将网络学习活动融入到了课程理念和设计之中,使其成为整个课程的一个有机组成部分,而不是一个辅助性的附属品。

该课程主要由四个部分组成,它们是:① 3 次讲座,1 次在课程的开始,1 次是邀请企业家进行客座演讲,还有 1 次是课程结束后的总结讲座;② 每周 1 次历时 2 小时的小组研讨活动;③ 学生通过网上博客交流,并每周在网上提交 1 次作业;④ 学生要坚持写纸版的创新日志,追踪相关的商业新闻,把有用的文章带到小组研讨活动中去。

实践证明,该课程的实施效果非常好,所有的学生在听完课程开始时的讲座后,都会每周登陆网上博客进行交流。此外,每个小组对每周问题的回应还可以使指导教师掌握学生对该问题的反应情况,而网上博客不但可以让指导教师了解学生的学习进展情况,还可以帮助了解他们对团队合作的思考。通过这一课程的学习,学生能够自觉地把理论和实践联系起来,[5]有关创业的态度和能力也得到了有效的培养和发展。

2. 其他课程中的创业教育

除了专门的创业教育课程,英国大学还将创业教育广泛渗透在其他各专业课程中。以伦敦城市大学(London Metropolitan University)的游戏技术学士学位课程为例,该学位课程是 2005 年由计算机学院与其他国内和跨国公司合作推出的,旨在在教授学生电子开发技术的同时,培养学生的就业技能和创业能力。该学位课程利用真实的游戏开发项目来发展学生的相关知识和技能,并为学生设置了实习岗位,投资了游戏实验室,以使学生能够在实际的工作过程中来提高自己的专业水平。该课程创造了一个合作型的环境,通过真实的游戏开发项目,将本科生、研究生、教师和工业部门的合作者和实践工作者聚集在一起,使他们通过合作,共同致力于游戏、教育软件、电影和残疾人应用软件等电子产品的开发和研究,以促进学生专业技能的发展。[6]此外,由于学生在工作中有大量的机会接触企业界的人员,并且在真实的商业项目中进行学习和研究,所以这非常有利于他们了解商业领域的真实要求,发展其创业意向,提高创业能力。

3. 课程之外的创业教育活动

为了推进创业教育,英国的谢菲尔德·哈勒姆大学(Sheffield Hallam University)的企业经营与管理改革学院(Department for Business Enterprise and Regulatory Reform)2008 年开发了一个创业模块(Venture Matrix)。该模块是一个创新型创业教学环境,旨在吸收各门学科的学生开展合作,通过多样化的学习形式,支持他们形成真实的企业经营和创业经验。它不是仅仅让学生提出创业方案或让学生从事虚拟的创业活动,而是让学生真正创造自己的公司或其他社会事业,并在一个安全的环境中相互之间进行交换和贸易。

从 2007 年 9 月起,创业模块经历了 1 年的试行期。在这段时间内学生企业的贸易活动仅限于学校内部,由 23 个学校教师监督,并且根据学生学习的进展情况对他们进行评价。从 2008 年开始,创业模块进入了正式实施阶段,该模块吸引了更多的教师和学生参与,并开始致力于超越学校的范畴,劝说当地的大型企业、中小企业和其他地区组织为学生提供真实的项目和学习机会,帮助学生发展创业能力。创业模块的实施效果非常好,根据学生在试行阶段的反馈,该模块的参与者在未来的工作中更倾向于创业,因为他们在创业模块中获得了支持,所以并不惧怕冒险。即使一个学生在创业模块中并没有获得成功经验,他也会有所收获,因为模块会为学生提供反思和自我评价的机会,进一步提高学生的就业技能和自信心。[7]

4. 外部资源与支持活动

为了保证大学创业教育的顺利开展,英国政府以及各协会组织还通过提供资金、教学资源和召开学术会议等形式支持创业教育实践,以保证大学生的创业能力能够真正获得提高。

(1) 资金支持。自世纪之交起,英国政府就开始通过持续不断的投资鼓励大学开展创业教育,如 2001 年、2004 年和 2006/2007 年的"高等教育创新基金"(the Higher Education Innovation Funds)以及 1999 年和 2001 年的"科学创业挑战基金"(the Science Enterprise Challenge Fund)等。这些投资极大地影响了高校的行为,对于支持大学开展创业活动和进行创业教育课程创新起到了巨大的推动作用。[8] 除了正式的拨款,英国政府还设立了很多创业奖金来鼓励大学的创业教育。如 2009 年 11 月 19 日,英国高等教育基金委员会与社会事业慈善基金会(Unltd)合作,在伦敦和伯明翰发起了一项"社会创业奖金"(Social Entrepreneurship Awards)计划,旨在鼓励大学中的人员从事创业活动,创造性地解决社会问题,从而提高师生从事社会创业活动的能力。[9]

(2) 教学资源支持。英国高等教育学会是促进英国大学课程教学发展的一个重要的专业协会组织,该组织围绕高校的专业设置,成立了各种学科中心,专门负责为相应的学科和专业提供教学方面的支持。在创业教育方面,许多学科中心都根据本学科的实际情况,提供了一些有关创业教育的教学资源,如其地理、地球与环境学科中心(GEES Subject Centre)就开发了一个企业、技能与创业资源包(Enterprise, Skills& Entrepreneurship Resource Pack),专门用来促进地理、地球与环境学科课程中的创业教育。这个资源包包含了大量信息、观点、教育实践案例与案例研究,旨在帮助大学地理、地球与环境学科的教师在自己的课程中融入创业教育的要素。[10]

(3) 组织学术会议。为了促进创业教育的发展,英国教育领域的各种协会组织以及高校还经常组织一些以创业教育为议题的国内或国际学术会议,为致力于创业教育工作的教师和学者提供互相交流的机会,并积极传播相关研究成果,以促进创业教育实践水平的提高。如 2009 年 4 月,英国高等教育学会的商业、管理、会计和金融学科中心(BMAF)在卡迪夫举办了第 4 届年会,会议的主题是"关注雇主",具体内容就涉及企业经营与创业问题;[11]2009 年 9 月,爱丁堡的赫瑞—瓦特大学举办了第 4 届国际创业教育者年会,会议的主题是"加强创业教育",具体包括四个问题,即"提高认识""创业教育的教学方法""行动策略"和"学习途径"等;[12] 2009 年 9 月,英国工读交替制教育与培训协会(ASET)在兰卡斯特大学会议中心举办了一次年会,会议的主题是对于工作和学习的评价,主要内容也包括企业经营与创业问题;[13] 2009 年 10 月,英国的小企业与创业研究所在利物浦举办了第 32 届年会,邀请研究者、教育工作者、实践工作者和政策制定者共同讨论有关小企业和创业的问题,以应对当前经济危机的挑战。[14]

(四) 评价与启示

随着全球化进程的深入,各国政府对大学创业教育都非常重视。进入 21 世纪后,英国大学的创业教育在英国政府和各社会组织的大力推动下,取得了很大的成就,表现为:

第一,大学创业教育广泛开展。英国政府对高等教育持续不断地投资,极大地影响了大学创业教育的开展和相关课程的开发,据 2008 年的估计,英国 95％的高等教育机构都设置了不同形式的创业教育,创业教育发展迅速。

第二,大学创业教育实施途径多样。据 2007 年的英国高等教育创业调查显示,英国大学的创业教育活动有 36％都是融入课程中的,其中既有专门的创业教育课程,又有渗透在各专业,如经济、工程、艺术与设计、数学与计算机、自然科学和医疗保健课程中的创业教育。另有 64％的创业教育活动是在课程之外的,这里既有大型的创业教育模块,又有小型的创业教育活动,创业教育活动形式多样。

第三,大学创业教育教学方法灵活。英国大学的创业教育除了采用传统的课堂讲授方式之外,还注重小组讨论、讲习班、案例教学、网络教学和基于问题的学习等方法的利用。在教学过程中,大学还重视邀请校外专业人士或企业家进行客座演讲,积极吸收社会力量参与课程的教学。

第四,大学创业教育重视以实践为导向。欧盟有关创业教育的专家小组制定了一个"良好创业教育标准",其中之一就是强调创业教育要以实践为导向,通过与当地企业或社区建立合作关系,让学生在具体的项目中获得创业的直接经验,支持学生真正创立自己的企业、事业或新产品。英国大学的创业教育符合这一标准,无论是在相关课程中还是在课外创业教育活动中,都强调为学生提供支持,让学生通过真实的项目或创业活动,创造出真实的企业或产品。

然而,英国大学的创业教育在发展过程中也出现出了一些问题,其中之一就是不同专业之间的发展不平衡。据 2007 年英国高等教育创业调查显示,在大学的各门课程中,经济专业的创业教育活动占总数的 61%,工程专业占 9%,艺术与设计专业占 8%,而自然科学专业只占 4%。可见,经济专业课程中的创业教育内容要远远多于其他专业,造成这种状况的原因一方面固然是创业教育最早发源于经济类学科,与经济专业有着天然的联系;另一方面则是其他专业的学生更侧重于某种专业技术或人文领域的学习,其商业技能和对市场的敏感性较弱。事实上,现在有很多人质疑商学院是否是实施创业教育的最理想场所,因为创新产品和各种商业创意更可能出自于技术、科学或其他创造性学科。[15]但无论如何,加强非商业专业的创业教育都是非常必要的,因为创业教育的本质是培养创新能力,这种教育应该面向所有的学生。

近些年来,我国也日益重视大学创业教育,这一方面是因为创业教育对于学生创业精神和创新能力的培养可以发挥积极的作用,适应我国当前参与国际竞争的需要;另一方面则是因为随着我国高等教育大众化的发展,拥有大学毕业文凭的人不断增多,使年轻人面临着巨大的就业压力,而创业教育鼓励人们自主创业可以为大学生就业开辟新的途径。然而,由于我国的大学创业教育才刚刚起步,各方面的发展还不完善,不但教育教学形式单一,还缺乏足够的资金和教学资源支持,因此我国应该在考察英国的经验和问题的基础上,创造多样化的创业教育方式方法,注重对非经济专业学生的创业教育,加大资金和教学资源的支持力度,以推进创业教育更快、更好地发展。

参考文献:

[1]The Higher Education Academy. "Mapping Dance" Study Published by PALATINE[EB/OL]. http://www. heacademy. ac. uk/news/detail/2007/palatine_mapping_dance_july2007. 2007—07—10.

[2]Richard Lambert. The Lambert Review of Business University

Collaboration[EB/OL]. http://www. hm-treasury. gov. uk/ d/lambert_review_final_450. pdf. 2003—12—04.

[3]Department for Innovation, Universities& Skills. Innovation Nation [R/OL]. http://www. bis. gov. uk/assets/biscore/corpo-rate/migratedD/ec_group/18-08-C_b. 2008—03.

[4] The Higher Education Academy. Student Employability Tools—Entrepreneurship Tool[EB/OL]. http://www. heacademy. ac. uk/resources/detail/ourwork/employability/employ-ability _ tool _ entrepreneurship _ tool. 2010.

[5]Mary Rose& Mike Parsons. LEAP Case Study: Number 18: April 2005: Collaborating with Communities[R/OL]. http://www. heacademy. ac. uk/resources/detail/resource_ database/ id577_ leap_ casestudy18. 2005—04—29.

[6] The Higher Education Academy. Gamelab-a "model" Apprenticeship? Developing Entrepreneurship and Professional-ism Through the Undergraduate Curriculum[EB/OL]. http:// www. heacademy. ac. uk/ resources/detail/resources/casestudies/cs_056. 2005—04—01.

[7]Dr. Sue North-Bates. The Sheffield Hallam University Venture Matrix: Transforming the Student Experience of Enterprise Education[R/OL]. http:// www. heacademy. ac. uk/resources/detail/events/annualconference/2008/Ann_conf _Sue_ North—Bates. 2008—07—02.

[8]Allan Gibb. Towards the Entrepreneurial University? [R/OL].

https://webspace. utexas. edu/cherwitz/www/articles/gibb _ ha —nnon. pdf.

[9]HEFCE. Social Entrepreneurship Awards [EB/OL]. http://www. hefce. ac. uk/econsoc/buscom/ socent/. 2010—01—20.

[10] GEES Subject Centre. Enterprise, Skills& Entrepreneurship Resource Pack [EB/OL]. http://www. gees. ac. uk/projtheme/ entrep/ entrepres. htm.

［11］BMAF. BMAF Annual Conference［EB/OL］. http：//www. heacademy. ac. uk/events/detail/2009/BMAF_annual_confer－ence. 2009.

［12］The Higher Education Academy. 4th Annual International Entrepreneurship Educators Conference［EB/OL］. http：// www. heacademy. ac. uk/events/detail/2009/4th ＿ annual ＿ international ＿ entrepreneurship_educators_conference. 2009.

［13］ASET. ASET Conference［EB/OL］. http：//www. heacademy. ac. uk/events/detail/2009/aset_ conference. 2009.

［14］ISBE. ISBE Take Registrations for Their Annual Conference［EB/OL］. http：//www. ncge. com/ communities/education/newsreader/ showarticle/630. 2009—10—12.

［15］European Commission. Entrepreneurship in Higher Education，Especially within Non－business studies［R/OL］. http：//ec. europa. eu/ enterprise/policies/sme/files/support_measu-res/ training_education/entr_ highed_ en. pdf. 2008—03.

（本文发表于《比较教育研究》2010 年第 10 期。作者孙珂，时属单位为北京师范大学国际与比较教育研究院）

十三、法国创业教育研究及启示

（一）法国创业政策与创业教育的发展

"创业"即以企业为依托进行创新与发展的事业。"创业"起初常常被看作是一件顺其自然的事情，并未作为一门专业被人研究。大卫·欧德里士（David Audretsh）在研究 20 世纪下半叶经济发展时，曾将 1990 年之后定义为"创业经济时代"，此前的社会状态则分别为 20 世纪 80 年代之前大规模生产的"资本经济时代"和 20 世纪 80 年代之后知识与资本并行的"知识经济时代"。1947 年，美国哈佛大学率先开设了与创业相关的课程。随着这种商业模式风靡全球，今天全美已有 1 600 多家机构开设了 2 200 门创业课，拥有 277 个相关教职及 100 多个创业中心。[1]

法国的创业教育起步较晚，第一所开设创业教育的法国高等学府是巴黎高等商学院（1976 年），此后仅有几所大学在硕士研究生阶段开设了管理课程，直到 20 世纪 90 年代创业教育才开始在法国真正崭露头角。1997 年，创业教育领域的教师和研究人员共同组建了创业学院（Académie de l'entrepreneuriat）。该机构设立在法国国家企业管理教育基金会（FNEGE）旗下，有五条重要的工作原则：一是在教育的各个层次及终身教育领域鼓励创业；二是开发并推广创业教育的教学法；三是促进科技发展及其成果转化；四是促进国际创业教育机构之间的交流；五是促进各类教育机构开设创业课程，刺激政府出台相关的公共政策。1999 年，法国政府颁布了《创新与科技法》，鼓励大学教师、研究员、博士生及技术人员积极参与科技创新，将研究成果转化为生产力。2001 年，为了继续促进"创业",法国研究与工业部成立了创业教育实践观察站（OPPE）。今天这一机构已经成了为大学教师及学生创业进行服务并提供资源的重要机构,还在比利时、加拿大等法语国家设立了分站点。2002 年,罗纳—阿尔卑斯行政大区的大学合作创办了"创业之家"（Maison de l'Entrepreneuriat）,该机构旨在沟通地方各个大学,培养学生的创业精神和创业意识,大学教师或学生都可以在"创业之家"学到有关开公司以及项目运作的各类知识,同时还可以与企业界人士交流,获得创业建议。随后,法国利穆赞、加莱海峡、卢瓦尔河地区、普瓦图—夏朗德、普罗旺斯以及阿尔卑斯—蓝色海岸大区也相继建立了"创业之家",国家每年为它们提供 15 000 到 20 000 欧元的资助,与其合作的企业还可以享受国家在政策上提供的优惠。

政府对于创业行为的支持还表现在其他公共政策中。比如,1999 年设立了"年度全国创新技术性企业规划设计比赛"。这一项目类似我国的大学生创业大赛,参赛者要向专家组成的评委会介绍其项目计划、可行性及市场远景等,获奖人员可获得政府提供的资金和技术支持。2000 年,政府还出资支持 1 000 多个大学与企业合作的孵化器,参与的企业共 800 多家。为了促进就业、鼓励居民增加个人收入,2008 年 8 月 4 日法国公布了新的《经济现代法》。法律规定自 2009 年 1 月 1 日起,国家允许个人,包括工薪阶层、失业退休人员及在校大学生从事营业活动,成为个体经营者（au-to-entrepreneur）,其申请手续简便,并且可以享受国家相应的税收优惠。① 同年 8 月 10 月,法国议会通过了《大学自治与责任法》,该法在重新定义大学职能时,要求大学对学生进行职业导向和入职教育,并发展创新教育,促进科研成果转化为生产力。据统计,2009 年共有 32 万人注册为个体经营户。[2] 2009 年 11 月 12 日和 13 日,法国高等教育与研究部通过电话就大学生的创业态度进行了访问调研,结果表明:有 55％的大学生都认同个体经营,其中 81％认为这一政策有助于大学生创业;另外,68％的"大学校"学生希望学校能够开设创业课程,而这个数字在综合大学的学生中仅为 21％;56％"大学校"的学生可以找到提供创业信息的人,而这个数字在综

---

① 从事商业活动的个体经营者年营业额不得超过 8 万欧元,服务行业的个体经营者年营业额不超过 3.2 万欧元,否则应该注册为公司。个体经营者未获得营业额可免税,否则按照 13％（商业）或 23％（服务业）的比例,每月缴税。

合大学的学生中只占 25%。

2009 年 11 月,欧洲商学院承办了第一届法国"创业日",法国高等教育与研究部部长贝克莱斯及负责工商手工业、中小企业及消费领域的国务秘书埃尔维·诺维里出席了开幕典礼。他们指出,法国的发展需要愿意投身于中小企业发展的高等教育人才,不管他们是自主创业还是在现有的中小企业中工作,这些年轻人可以把创新力带到企业中去,从而改变整个经济的面貌。法国政府希望到 2012 年,所有高等教育机构都能够将创业精神、创业课程和创业服务融入到教学生活中。为此,法国政府提出五条措施:[3]

① 高等教育与研究部和法国经济、工业与就业部共同投资 20 万欧元用于建立大学生创业中心,特别是设立在高等教育与研究中心①内的创业中心。这一中心应该由高等教育机构(大学或"大学校")及地方企业网络(公司网络、公立或私立的孵化器、咨询企业、金融企业等)共同组建,负责引导学生进行创业,包括组织创业活动、支持创业课程、提供创业咨询等;② 每所高校创立一份《创业参考》,引导学生进行创业规划;③ 将全国大学生创业竞赛"一起来创业!"(Innovons ensemble)作为一项长久措施保持下来,2010 年,该项赛事由法国孵化器网络(RETIS)、法国大学校校长理事会、法国大学校长委员会共同组织,共有 1 000 名大学生参赛;[4] ④ 由国家青年公司联盟(CNJE)支持在每所大学内建立一家"青年公司",由学生和校友共同运营;⑤ 国家将派专职人员来协调各地创业教育组织。该负责人将与法国大学校长理事会、法国大学校长委员会、工程师教育委员会共同促进创业教育的发展。另外,高等教育与研究部还设立了专门网站(www.apce.com)为大学生提供创业信息。

总之,"创业"是一种行为模式,是一种可以被鼓励的态度,创业行为和精神是可以通过教育而习得的。当然由于受众不同,教育目的各异,不同的教育机构对于创业教育的定义和模式也有所不同。下面以法国巴黎中央理工大学为例,简要说明法国创业教育的具体模式。

---

① 2006 年 4 月,法国议会通过一项高等教育规划法案决议,设立了"高等教育与研究中心"(PRES),通过"中心"将各类公立、私立高等教育机构聚合在一起,合并业务,共享资源,建立一个协调一致的系统,增强法国高等教育的国际竞争力。截至 2010 年年初,法国已有 40 多所大学组成了十几个"中心"。

（二）创业教育的内涵与创业课程——以巴黎中央理工大学为例

法国高等教育主要是由大学和"大学校"（Grandes Ecoles）两轨组成。"大学校"在建立之初即为满足当时工业社会的发展对人才的需求，具有很强的职业性，因此，"大学校"，特别是商校和工程师学校中创业教育的模式和课程较之大学更为成熟。巴黎中央理工大学创办于 1829 年，是法国排名前 5 位的工程师学院，致力于国际范围内企业管理精英的培养。新的经济时代对于工程师人才的需求不减反增，巴黎中央理工大学也将其人才培养定位于具有高科技素质的通用人才、能够领导创新项目的专家以及具有广阔文化视野的"国际人"。其培养模式的特性之一就是与经济界密切合作。"企业"几乎出现在工程师教育的各个维度。首先，企业可以直接参与教学，法国工程师文凭认证委员会（CTI）规定 20％工程师阶段的课程要由"职业人员"承担，即校外的执业工程师来承担；其次，企业接纳学生实习；第三，企业参与校委会，与校行政委员会、学术和研究委员会共同承担学校的管理工作。巴黎中央理工大学除了将创业教育融入日常教学之中，还设立了专门的创业课程引导学生进行创业实践，比如第 2 学年开设的"主题"课和第 3 学年开设的创业课。创业课是巴黎中央理工大学的特色课程，旨在帮助有创业计划的学生能够在毕业后开创自己的公司，开课时间为每年 9 月和 4 月，每次持续两周。教学内容包括从创办公司和公司管理的角度对战略决策、市场财务进行综合性讲解，培养学生的创业者气质和能力，比如全盘地考虑问题，质疑接收到的信息，学会创新性思维，树立自信，学会如何说服别人，学会团队管理，进行挫折教育等。创业课会特别聘请一些企业总裁，特别是企业的创始人亲自传授经验。课程结束时学生要向专家评审团陈述其创业计划，1 年之内每个计划都会有 1 名专家跟踪指导。参与该课程的学生往往有三类职业走向：自己创业、在创业型企业工作或者在传统企业的研发部门工作。课程开展 7 年以来已经帮助本校学生在国内外开设了几十个公司，[5]其中 90％目前运转良好。2001 年，巴黎中央理工大学成立了自己的孵化器，旨在支持本校教师、研究人员、学生及校友的创业计划，孵化器的企业配合学校的创业教育，为学生创业计划提供支持。目前已经有 5 家公司入驻孵化器。

2007 年,巴黎中央理工大学对其教学大纲进行了修改,①进一步明确了其教学培养目标:让学生能够迎接新挑战、具备可持续发展观和社会责任感;接触各国文化;为进入工业界做好准备,在学习中积极参与项目,培养处理具体问题的能力,能够学以致用,尽快进入工作状态。学校非常重视对学生创业与创新能力以及执业能力的培养,并开展了一系列教育创新。例如,新生入学之后并不是马上开课,而是要参加两个星期的研讨会,充分认识当今世界的一些"挑战",并了解自己的兴趣所在。2007 年,"挑战"课共有 7 个主题,分别是能源、环境、信息与知识、健康与生物技术、城市化、交通与流动、经济变动。基于通用工程师的培养理念,学生在第 1 年只学习通识课程,自第 2 年才开始个性化学习,但即便如此学生在第 1 学年也会被随机分成小组参加实验室或公司的项目,以培养团队精神,学生还可以参加职业发展与领导小组,第 1 学期授课 51 小时,第 2 学期授课 34 小时。另外,所有学生在毕业前都应参加公司实习。

正如欧洲委员会对创业教育的开展所做的定义:"只有少数人生来就是创业家,但是教育却可以激发年轻人的创业理想。应该让那些愿意自主创业的年轻人掌握基本的技术和市场能力,以帮助他们实现这一愿望。创业不应仅仅看作是自己开公司,事实上,创业是每个公民日常生活和职业生涯取得成功所应具备的一种普遍素质"。法国"大学校"的实践为创业教育在大学内的开展提供了有益的借鉴。另外,法国高等教育与研究部部长贝克莱斯指出,创业教育不应仅限于某些学校或某类专业,而应成为整个高等教育的一部分。大学应该与企业合作,实现教育与就业之间的协调,人文与社会科学同样可以带来价值的创新。博士生培养中的选题、质疑、发掘问题、深入思考以及艰难决策同样是创业精神的体现。

(三) 几点启示

创业型经济是全球经济可持续发展的新动力,高等院校具有人才优势和多学科的基础,高等教育与企业结合为企业的发展提供了新的契机。创业教育不

---

① 法国公立大学隶属于教育部,由国家统一制定教学大纲,而大部分"大学校"则可自主制定其教学大纲。

是一个新鲜的概念,然而在目前大学生就业率低、市场缺乏实体基础的"后危机时代",各国政府又重新发现了创业教育的特殊意义。2000 年,法国大学校长委员会(CPU)在年会中就指出,法国国家经济、社会和文化的发展特别依赖于创新创业能力、开发新产品和新的服务类型的能力。[6]

法国创业教育起步虽晚,但由于受到中央政府的高度重视和政策支持,创业教育在高等教育机构中推广迅速。很多优秀学校的教育实践对于我国创业教育的发展亦可提供一些有益的借鉴。

首先,创业教育不应只局限于创办公司,而应该更多地强调对学生创业创新精神和创新素质的培养。可以说,启发大学生、教师及研究人员的创新创业精神是一场文化革命。

其次,应该重视创业教育组织及创业基地的作用,政府、学校以及经济界要密切合作,发展企业孵化器,支持创业项目基地的建设。

再者,高校应该重视创业教育教学法的开发和研究,通过讨论、模拟、现场实习等方式激发学生的创业热情,锻炼学生的创业能力,鼓励企业,特别是地方企业参与高校的创业课程。同时,政府应该赋予高校更多的自主权,让创业教育成为校本文化的一部分。

最后,就是鼓励社会对创业精神和创业行为的认可,出台相关政策鼓励高素质人才的创业行为。事实上在我国,关于大学开展创业教育的提法和实践早就存在。1999 年浙江大学就创办了高科技创新创业强化班,且 10 年之间,清华大学、南开大学、中山大学相继建立了创业教育团队,并进行了有益的探索。2002 年,顾明远教授在谈到解决我国大学生就业问题时再次强调对大学生进行创业教育,他指出,"所谓创业教育,就是教育学生不是消极地等待单位招聘就业,而是在没有就业机会的情况下勇于自己创业"。[7]面对近年来我国大学生就业的严峻态势有增无减(2009 年中国内地应届毕业生 610 万,而与此相对的却是国际经济形势的持续不景气,国内就业市场的萎靡不振),2010 年 4 月,温家宝总理在《求是》杂志撰文指出,为了保持就业形势稳定,要支持和鼓励劳动者自主创业和自谋职业。5 月初,教育部下发了《关于大力推进高等学校创业教育和大学生自主创业工作的意见》。5 月 13 日,教育部高等学校创业教育指导委员会成立大会暨高等学校创业教育工作经验交流会在京召开。创业教育再次被提上我国政府的工作日程,成为深化高等教育教学改革、落实以创业带动就业的重要举措。在这一大的背景下,我们完全可以在借鉴国外经验的同时,结合本国的实际发展情况,让创业教育更有作为。

参考文献:

[1] Alain Fayotte, La formation des enseignants et des formateurs en entrepreneuriat:il est urgent d'agir. Le Carrefour des pratiques entrepreneuriales de la Francophonie,2008. 5.

[2]http://www. auto-entrepreneur. fr/2010—05—20.

[3] http://www. enseignementsup-recherche. gouv. fr/cid49635/developper-envie-entreprendre-des-etudiants. html 2010—05—27.

[4]http://www. innovons-ensemble. com.

[5]http://www. ecp. fr/fr/B_formations/B1_formation_ingenieur/ B1c _3emeAnnee. htm? filiere_id=filiere_fce.

[6] Conférence des Présidents d'université, La sensibilisation des étudiants à l'entrepreneuriat:recueil d'expérience d' université,2000. 11.

[7]顾明远. 高等学校要向学生进行创业教育[J]. 中国大学教育,2002,(10).

(本文发表于《比较教育研究》2010 年第 10 期。作者刘敏,时属单位为北京师范大学国际与比较教育研究院)

十四、澳大利亚高校创业教育模式探析

创业教育作为世界教育发展的一个新理念正在受到日益广泛的重视。创业在促进就业、发展经济、推动技术创新方面发挥了重要作用,尤其是高校学生的创业活动已经成为推动世界经济发展的巨大动力。澳大利亚是世界上较早开展创业教育的国家,其高校创业教育序幕的拉开可从"二战"后为解决毕业生就业压力各高校针对个人创办小企业开展培训算起,迄今已走过了 60 余年的历程。目前,澳大利亚高校已经形成了较为完善的创业教育体系。

(一) 澳大利亚高校创业教育的模式

从总体上看,澳大利亚高校开展创业教育主要遵循三条路径:一是以普通大学创业学学科建设为目标的发展路径;二是以提升普通大学学生创业素养和创业能力为本位的发展路径;三是以拓展技术与继续教育学院学生的就业面为中心的发展路径。第一种路径主要采用专业模式,培养专业化的创业型人才,教学活动一般安排在商学院内进行;第二种路径主要采用普及模式,注重培养学生的创业意识和创业精神,教学活动在全校范围内展开;第三种路径主要采用培训模式,注重培养技术与继续教育学院学生的创业能力,通过模块化的创业教育课程教学,使学生对创业和自谋职业有更明确的认识。

1. 专业模式

专业模式一般是在商学院开展的创业教育模式,以培养专业的创业型人才为目标,其课程内容高度系统化和专业化。在这种创业教育模式下,毕业生的创业学理论知识扎实,创业意识浓厚,创业实践能力强。可以说,正是专业模式创业教育的产生,促使创业学作为一门独立的学科在澳大利亚高校获得了突飞猛进的发展。

澳大利亚的普通大学创业学专业课程体系,可以归纳为 4 个部分,即专业基础课程、专业核心课程、专业内选修课程和公共选修课程。其中,专业基础课程设置以经济学、管理学、法学等基础课程为主;专业核心课程内容丰富,不仅向学生传授创业所需的理论知识,而且注重培养学生的创业实践能力;专业内选修课程的开设,以拓宽学生的创业学知识面、增强实际操作能力为主要目标;而对于公共选修课程,学生可以根据自己的知识结构和兴趣爱好在校内相应水平的公共课目表中选择 5—9 门课程。莫道克大学(Murdoch University)本科阶段创业学专业课程体系包含 4 个组成部分,分别是基础单元、核心单元、专业内选修和专业外选修。其中,基础单元包含管理学原理、商业法原理、市场学原理、金融与银行学原理;核心单元包含市场管理学、创业的可行性分析与经营理念、市场与广告法;专业内选修课程包含技术与法律、组织内部创业、组织发展和人力资源管理、创业与可持续发展;专业外选修可在全校范围内选修 6~9 门课程。[1]

创业学专业教学方法的选择依所教课程内容而定。首先,针对创业学基础课程,各高校一般采用小班授课以及分组讨论的形式组织教学。学生在接受创业学基础知识的同时可以与授课教师和同学开展互动交流,以加深和帮助对新知识的理解和掌握。墨尔本皇家理工大学(RMIT University)本科阶段的创业学专业基础课程中的 2/3 为小班授课,班级人数一般控制在 20 人左右,其余的课程则是安排学生开展分组讨论。[2]其次,对于创业实践类课程,各高校普遍采用启发式案例组织教学,学生可以模拟案例中的角色,尝试虚拟创业。教师在这一过程中仅担任引导者的角色,鼓励学生合理解决模拟创业中遇到的困难,帮助学生最终实现在模拟情境中的成功创业。最后,在创业实践类课程中,学校聘请行业内有一定实力的企业家担当兼职教师或者创业顾问,学生提供创业可行性报告,有创业意愿及创业实力的学生可以在企业家的指导下开展创业实践。

2. 普及模式

普及模式的创业教育基于这样一种理念,即非商学院的学生也能从创业教育中受益,做出具有创造性的创业努力。这种模式的创业教育一般情况下是通过整合全校范围内的创业教育资源,吸引来自不同专业背景的学生参与。

澳大利亚普通大学开展的普及性创业教育的培养目标,是使拥有专业知识的在校大学生具备开办小企业的能力,成为潜在的小企业家。在阳光海岸大学(University of the Sunshine Coast),任何一个学院的学生都可以选修创业教育课程,其培养目标为"通过对新创企业全过程的学习,培养学生的创造与创新能力,激发学生的创业激情,挖掘学生的个人潜能,使学生具备开办小企业的能力"。[3]

普及性创业教育课程分为环环相扣的 4～5 个单元,学生按照课程安排顺序修习完成各个单元后,才能完成整个普及性创业教育课程的学习任务。阳光海岸大学普及性创业教育课程体系就包含新创企业的发展、成长、建立和运营 4 个课程单元。它们彼此衔接,课程内容逐步深入,组成了一个完整的课程体系。[4]此种模式的创业教育教学方法以课堂讲授为主,启发式案例教学为辅,并为有创业意愿的学生提供实践机会。堪培拉大学(University of Canberra)对于创业学基础课程的教学,主要采用课堂讲授的形式,教学过程中穿插启发式案例,组织学生对案例进行分析与探讨。另外,该校还为有创业意愿的学生提供到相关领域小企业观摩或者实践的机会。学生通过亲身参与,可以深入了解创业与企业经营的详细流程。[5]

澳大利亚高校对从事创业教育的教师开展的培训主要由高校内部的教育学院负责,学院对创业教育的课堂教学指导与教师专业深造提供系统服务,具体包括学术发展、教育教学研究、在职教师专业培训、教师岗前培训等。[6]

3. 培训模式

培训模式是一种在技术与继续教育学院展开的创业教育模式,以培养学生的创业意识为中心,使学生充分了解创业与自谋职业,具备一定的创业知识和技能。斯文本科技大学技术与继续教育学院(Swinburne University of Technology,TAFE Division)的创业学培养目标为"注重培养学生的创业意识以及实用的创业技能,帮助学生在激烈的市场竞争中把握机会,成功开创小企业"。[7]

澳大利亚技术与继续教育学院的创业教育课程体系是一种在国家框架体

系下,以能力为基础的、灵活的模块化课程体系。阿得莱德技术与继续教育学院(Adelaide Institute of TAFE)的创业学课程体系完备,注重培养大学生新创小企业的能力。课程分为6个模块,依次是小企业管理技能、小企业的建立计划、小企业的建立、小企业的管理和经营、小企业的评估、小企业的经营管理实践。其中,模块2至模块6相互衔接,讲授顺序不能颠倒,但是由于模块1具有通用性,可以置其于首位或者与其他模块融合。[8]培训模式的创业教育课程体系模块化,增强了教学实践的灵活性,使创业教育的教与学均可有所侧重。

澳大利亚技术与继续教育学院创业教育的教学方法多样化。学院采取灵活的模块化课程开展教学,教学过程着重于实际演示和现场观摩。与企业经营者会谈、听小企业家讲座、到企业实地参观等也都是课堂传授的重要途径。

(二)澳大利亚高校创业教育的特点

澳大利亚高校创业教育已经走过了漫长的发展历程,这一过程既是由感性到理性的深化过程,也是由点到面的普及化与系统化的过程,在形成模式的同时更创出了特色。

1. 层次与模块并存的课程体系

澳大利亚高校创业教育课程体系完善、特色鲜明,大多采用分层次、灵活的模块化课程。一方面,澳大利亚高校创业教育课程体系可以分为初级、中级、高级3个层次。学生在初级阶段主要学习创业教育课程体系中的基础课程,为进一步学习创业教育核心课程打下坚实基础;在中级阶段,学生需要学习创业教育核心课程,并且可以根据自身的学习特点及兴趣在专业内选修课程中选择学习3~4门课程;在高级阶段,学生可以根据实际情况开展模拟创业,学校聘请拥有丰富创业经验的企业家担任学生创业实践的指导教师。有创业意愿的学生可以在教师的指导下成功完成模拟创业,还可以在相关行业企业家的指导下实现创业梦想;另一方面,澳大利亚高校创业教育课程是极具灵活性的模块化课程。这一特点主要体现在技术与继续教育学院的课程体系中。该课程体系把创业教育的相关课程安排为多个灵活的模块,各个模块之间相互联系同时又可以融合或挪动。教师可以根据学生特点和教学要求适当调整教学顺序,改变课程模块安排,以达到教与学的最佳效果。[9]

2. 善用启发式案例的课堂教学

澳大利亚高校创业教育普遍采用较为成熟的启发式案例开展教学。这种教学方式不以讲授单一的专业知识或者传授简单的操作技能为目的，而是结合本地经济发展的实际情况采用启发式案例开展教学。尤其是在创业实践类课程的教学过程中，教师向学生介绍大量成功创业的真实案例，在激发学生创业激情的同时，使学生对新创小企业的流程以及企业的运营有更加深刻的体会与理解。教师针对案例中出现的问题，教会学生如何分析和研究市场、设计创业方案、评价市场潜力等。在开展启发式案例教学的过程中，学生收获的不仅是实用性很强的创业知识和创业技能，而且更重要的是学生的创业意识逐渐增强，创业动机也日趋强烈。[10]

3. 兼具理论与实践经验的师资

在澳大利亚，普通大学从事创业教育的教师专兼职比例约为 4：6。其中，绝大多数教师是具有高等教育背景的企业家，他们兼具理论知识和实践经验，懂得如何通过努力成功创办自己的企业。澳大利亚高校创业教育教师专业性强这一特点不仅适用于普通大学，而且也是技术与继续教育学院的重要特征。学院对创业教育的教师任用极为慎重，只有不仅具备良好的专业知识，而且有一定实践经验的教师才可以被聘用。全职教师要求具备相应的学位和证书，还要有 3 年以上的实践经验；兼职教师比例较大，约占教师总数的 60%，兼职教师必须经过学院评定并获得培训证书。技术与继续教育学院的创业学教师不分理论课教师和实践指导课教师，是一种一体化的身份，他们大部分为行业协会的会员，从而确保了教师教学不脱离企业实际。为了提高非兼职教师的创业实践能力，学院还要求教师定期去新创企业进行实践。与此同时，学院还有计划地聘用优秀企业家到学院担任创业教育顾问，在指导学生开展创业教育实践的同时，也促进教师与企业家之间的交流，提高教师素质。[11]

4. 注重发掘学生的创业潜能

澳大利亚高校创业教育高度重视学生创业潜能的挖掘。普通大学的创业学课程安排始终把发掘学生的创业潜能放在重要位置。莫道克大学创业学专业核心课程中的市场管理这门课就在向学生传授市场管理基本知识的同时，大量融入了激发学生创业潜能的内容。[12] 在技术与继续教育学院的创业学课程体系中,有关学生个人创业潜能挖掘的课程也受到重视。阿得莱德技术与继续教育学院的教师通过对学生个人素质的评估、探索与开发,增强了学生的创新与创造能力,使学生在较为客观和全面了解自己的前提下,能够根据市场需求在创业活动中正确确立自己的位置,逐步完善自我,最终实现成功创业。[13]

(三) 澳大利亚高校创业教育的借鉴

我国高校创业教育经过十几年的发展,虽然取得了一定进展,但还存在很多问题。因此,积极借鉴国外高校开展创业教育的有益经验就显得尤为重要。

首先,我国高校创业学课程建设相对薄弱,缺乏作为一门学科应有的严谨性和系统性。澳大利亚高校创业教育课程体系相对健全,主要体现在澳大利亚政府积极实行高校创业教育课程的改革与调整,开发出了 4 套着重培养学生创业能力的模块化教材。[14]我国高校创业教育的开展应该结合自身的学科和专业特点优化设计创业教育的课程体系。既要考虑突出专业知识和技能,又要兼顾创业类知识和技能的学习以及创业精神的培养。应建设好每一门创业教育的相关课程,并使之有机结合,最终构成一个完善的高校创业教育课程体系。其次,我国高校创业教育的教育方式及教学方法比较单一。从实际出发可以选择采用以下方案:一是专业课堂加第二课堂的教学方式,即创业教育不要仅限制在本专业课堂范围内,同时还可以通过开设传授相关知识和社会实践的第二课堂进行;二是专业课堂加创业实践的教学组织形式,引导学生围绕所学专业积极进行创业探索,重视学生的创新精神以及创业能力的培养,组织学生开展创业实践活动;三是"3+1"的培养方式,即学生在大学期间的前 3 年中完成所有理论课程的学习,在大学 4 年级以准工作人员的身份进入学校创办的创业中心,参与到创业实践活动中去。[15]再次,创业教育的开展离不开高水平的师资。

我国在创业教育的师资培养上,一方面,可以聘请经验丰富的成功创业者、企业家、技术专家作为高校创业基地的兼职教师;另一方面,应该制定较为完善的激励措施,加强对创业骨干教师的在职培训,提高其专业素质,同时应鼓励教师深入到创业一线做兼职,在实践中学习成功的创业经验,甚至可以有计划地选派有实力的教师开展创业实践。最后,要积极改变传统思想观念,在校内外营造浓厚的创业氛围。在高校培养并造就大批具备创业能力的高素质人才是知识经济时代的重要发展趋势,也是一国经济持续健康发展的重要基石,更是提高综合国力的重要武器。长期以来,传统的教育观念认为本科生毕业面临的选择只有被动就业、考研或者出国。与此相应,大学的人才培养目标也只停留在研究型人才和应用型人才上,忽视了创业型人才的培养。因此,必须尽快转变我国高校传统的教育观念,营造高校创业教育的浓厚氛围,把培养创业型人才纳入高校人才培养目标,逐步树立起既可就业也可以自主创业、创业不仅是大学生就业的重要途径、更是大学生成才的重要方式的新观念。

参考文献:

[1][12] Murdoch University, Entrepreneurship and Innovation [EB/OL]. http://www. murdoch. edu. au/Courses/Entrepreneurship－and－Innovation/,2010—01—08.

[2] RMIT University. Entrepreneurship[EB/OL]. http://www. rmit. edu. au/courses/Entrepreneurship/,2010—01—15.

[3][4] University of the Sunshine Coast, Entrepreneurship[EB/ OL]. http://www. usc. edu. au/ Students/ Handbook/ Courses/ Entrepreneurship/, 2010—01—26.

[5] University of Canberra, Minor in Entrepreneurship[EB/OL]. http://www. canberra. edu. au/courses/index. cfm? action＝de-tail& electiveid, 2010—01—21.

[6] 刘益春. 澳大利亚大学教师管理、培训的特点与启示[J]. 外国教育研究,2006,(1):73—75.

[7] Swinburne University of Technology (TAFE Division), Entrepreneurship [EB/OL]. http://www. tafe Swinburne. edu. au/ coursefinder/,2010—01—21.

[8][13] Adelaide Institute of TAFE, Entrepreneurship[EB/OL]. http:// www. studyinadelaide. com/adelaide—tafe. php,2010—01—10.

[9][10][15] 常建坤,李时椿. 发达国家创业活动和创业教育的借鉴与启示[J]. 山西财经大学学报,2007,10(3):42,42,43.

[11]刘福军,成文章.高等职业教育人才培养模式[M].北京:科学出版社,2007.93.

[14]席升阳.我国大学创业教育的观念、理念与实践[M].北京:科学出版社,2008.61.

（本文发表于《比较教育研究》2010 年第 10 期。作者李文英,时属单位为河北大学教育学院国际与比较教育研究所;作者王景坤,时属单位为河北大学教育学院）

十五、创业型大学是如何组织创业教育的？

——以荷兰特温特大学为例

创业型大学的根本特征是其创造或传授的知识能得到快速的商业化，进而在地区经济和社会发展中扮演"引擎"的角色。[1][2]大学知识商业化的关键行动者有两类：一类是大学教员，另一类是大学在校生或毕业生。两者的创业动机与强度一方面受外部、尤其是大学创业氛围的影响；另一方面也受自身创业能力的制约。要增加两类行动者的创业"概率"，有效地"干预"两方面的因素至关重要。而合理高效的创业教育体系是塑造大学创业氛围的"基石"，亦是提高两类行动者创业胜任力的重要途径。因此，创业教育在创业型大学的建设过程中扮演着十分基础的角色。可以说，创业型大学的建设是离不开创业教育的，成功的创业型大学在创业教育上自然存在可取之处。那么，国际上领先的创业型大学是如何组织其创业教育的？有哪些值得借鉴的先进经验？这一问题值得探究。本文以荷兰特温特大学（University of Twente）为例，揭示创业型大学创业教育组织的特点，并提炼若干可资借鉴的经验，供国内大学尤其是研究型大学参考。

（一）特温特大学创业教育发展进程

特温特大学位于荷兰东部，成立于20世纪60年代，虽年轻但教学质量却被认为是荷兰最好的大学之一，同时也被教育学家伯顿·克拉克（Bruton R. Clark）选为欧洲五所典型的创业型大学之一。[1]自20世纪80年代以来，"创业"一直是特温特大学相关政策关注的焦点。[3]迄今，特温特大学已经培育了700多家新创企业。[4]总体上看，该校的创业教育经历了起步、发展和成熟三个发展阶段。

20 世纪 80 年代是该校创业教育的起步阶段。当时,在地方政府和社会各界的要求下,特温特大学肩负起推动地区创业和创新的重任。为此,1982 年,特温特大学首先在其周边建立了一个校外的孵化器,1984 年又启动了自己的大学生创业孵化项目。[5] 为了满足孵化器和衍生企业对于创业知识和培训的需求,1984 年特温特大学的技术与管理学院开发出该校第一个创业培训课程——《成为你自己的老板》——培训学员如何撰写和展示商业计划书。这成为特温特大学创业教育的起点。[6] 20 世纪 90 年代末,特温特大学的创业教育进入了较快的发展阶段。1999 年,特温特大学在校内启动了"创业辅修专业"。[7] 它标志着特温特大学真正开启了创业教育。特温特大学规定三年级学生必须选择一个创业辅修专业。"创业辅修专业"的推出,为该校学生增加了一个新的选择。

21 世纪以来,特温特大学的创业教育进入了成熟阶段。尤其是从 2007 年起,特温特大学在其 MBA 教育中增加了一个"创业硕士项目",以创新和创业管理的教学为重点。[8] 自此,创业教育渗透到了研究生层次。

总的来说,特温特大学创业教育的起步以坚实的"市场需求"为基础,是在校外孵化器的建立、大量衍生企业的不断出现以及创业基础设施成熟之后逐步建立和完善的,经历了一个从最初的"校外培训"到后来的"校内教学"的独特过程。随着时间的推移,特温特大学的创业教学逐步渗透到各个教学层次,并且日臻完善。

在长期的创业教育过程中,特温特大学确立了一个基本的理念:"只有当教师从事了真正的创业活动,才可以从事创业教学。"这一理念保证了理论和实践的紧密结合,不仅丰富了教学素材、提高了创业教育和培训的质量,而且也反过来推动了创业实践的发展。

(二) 特温特大学的"创业生态系统"

创业学习很大程度上是一种经验性的学习,需要"干中学"的配合。因此,出色的创业教学不仅需要优良的师资、完备的教学和科研机构,还需要孵化器、创业园和新创企业等一系列能为学生提供感性认识和实践机会的组织。当上述要素相互联系、相互作用形成"创业生态系统"之后,创业教育就拥有了优越的发展条件。

特温特大学的创业教育就是在这样一个有机的"创业生态系统"中孕育和成长的。除了创业教育外,这一系统主要还包括物理设施、衍生企业和商业网络、创业孵化项目和创业研究等,既有物理的要素,也有制度和政策等非物理的要素。

1. 物理设施

物理设施主要是指创业活动所需的基础设施,包括孵化器、创业园和科技园等。这些物理设施都是从 20 世纪 80 年代开始建立的。第一个孵化器——"商业和技术中心"(Business and Technology Center,简称 BTC)——成立于 1982 年,吸引了众多中小企业,尤其是特温特大学毕业生创办的企业入驻。[9] 商业和技术中心后来发展成"商业和科学园"(Business & Science Park, B&SP),其面积超过了 40 公顷,紧邻特温特大学。21 世纪以来,特温特大学又重组了商业和科学园,组建了"知识园"(Knowledge Park),专门培育和孵化高科技企业,地理范围又得到进一步的扩大,不仅包括商业和科学园,而且还纳入了特温特大学的一部分以及周边区域。[10]

2. 创业孵化项目

1984 年,特温特大学推出第一个大学生创业孵化项目——"临时创业安置"(temporary entrepreneurial positions,简称 TOP)——吸引毕业生以及其他的创业者在学校的帮助下创办企业。[11] 在"临时创业安置"中,特温特大学为创业者提供为期一年的创业支持,包括无息贷款、办公场所、网络和培训等。

到了 20 世纪 90 年代,特温特大学的学生会与"临时创业安置"项目的管理层合作,推出了针对在校大学生的创业孵化项目——"大学在校生创业"(University Student Enterprises,简称 USE),通过提供创业培训、网络和办公设施等支持特温特在校大学生创业。[12]

在 20 世纪 90 年代,特温特大学还以"临时创业安置"项目(TOP)为基础,推出了一个新的创业孵化项目——"成功做你自己的老板"(Successfully your own Boss)。[13] 这个创业孵化项目的受众面更大,面向各层次的群体,尤其是服务于社会上的未就业人员,鼓励其开展创业活动。这个项目非常成功,大约 70% 的参与者后来成为创业者或者成功地找到了工作,获得了经济上的独立。

3. 衍生企业与网络

随着创业孵化项目各种政策的落实以及孵化器和创业园等创业物理设施的发展,特温特大学周边的新创企业和衍生企业逐渐集聚,形成了一个"群落"。在特温特大学的协调下,这些衍生企业自发组成了一个有机的商业网络,成为"创业生态系统"的核心要素之一。

4. 创业研究

为了满足创业教育与培训的需要,在 20 世纪 80 年代中期,特温特大学的技术与管理学院建立了"创业研究中心"。2002 年,该中心又改组为荷兰知识密集创业研究所(the Dutch Institute for Knowledge-intensive Entrepreneurship,简称 Nikos),为创业教育提供基础研究的支撑。[14]

从历史角度来看,商业和技术中心(BTC)、"临时创业安置"项目(TOP)以及新创企业之间所形成的商业网络是特温特大学"创业生态系统"的三个重要基础。从 20 世纪 90 年代起,其他要素陆续加入进来,并且相互影响和相互促进,最终生成了"系统"的形态,如图 1 所示。创业教育与其他所有要素之间均存在双向的互动关系。例如,创业教育向各种物理设施提供培训和咨询服务,促进其发展;而后者又为前者提供了实际的需求,并向前者提供"实践知识",推动其教学培训水平的提高。可见,创业教育与"创业生态系统"其他要素形成了正向反馈,为创业教育提供了发展的动力与平台。

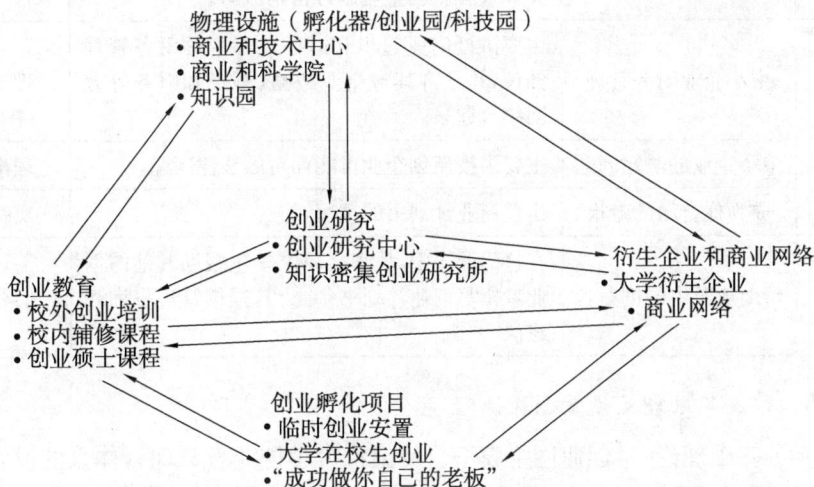

图 1　特温特大学的"创业生态系统"

（三）特温特大学创业课程体系设计

除了"创业生态系统"外，特温特大学的创业课程体系设计也存在众多"最佳实践"。

1. 设计涵盖创业全过程的课程体系

最初，《成为你自己的老板》是特温特大学唯一的创业课程。这种局面持续了很多年，直到 20 世纪 80 年代末，特温特大学才开发出第二门实践性的创业课程——《帮助成长中的创业者》。到了 20 世纪 90 年代末，创业教育在特温特大学内部全面铺开，创业课程的数量快速增加，涵盖的内容日益丰富和全面。[15]例如，在"创业辅修专业"教学项目中，学生需要完成五门课程，如表 1 所示。这些课程不仅涉及创业准备阶段的知识和技能，如商业计划书的撰写，也涵盖了新创企业的营销管理、财务管理和法律问题，因此覆盖了创业活动的各个阶段，从而为学生提供了较为全面的创业相关知识与技能。

表 1　特温特大学"创业辅修专业"主干课程

序号	课程名称	课程教学内容	课程性质
1	市场导向的创业	要解决的核心问题是机会的识别以及营销。学生会学到营销学的基本知识，并且为自己的企业或者新创企业制订营销战略。	理论
2	中小企业财务管理	主要讲授创业起步和运作过程中的财务管理知识，并且将其与企业战略、融资和财务等方面结合起来。	理论
3	中小企业的法律问题	主要讲授新创企业可能面对的法律问题。	理论
4	成为你自己的老板	讲授商业计划书的撰写。	实践
5	帮助成长中的创业者	在这门课当中，教师会要求学生帮助其他的创业者撰写商业计划书，并为其提供管理咨询和建议。	实践

2. 依据基础理论设置创业课程

（1）基础理论一：创业网络模型。特温特大学创业教学课程体系的设置以荷兰知识密集创业研究所（Nikos）开发的"创业网络模型"为重要理论基础，如图 2 所示。这个模型整合了创业的两个重要视角——创业过程视角[16]和社会系统视角。[17]前者强调创业活动始于机会的识别与创意的形成,经过"创业准备"阶段,最终过渡到机会的利用,即建立新的企业或业务。后者则强调创业者嵌入在人际网络关系中,并通过与其他主体的交换和互动,获得创业所需的资源和信息。创业者是否能顺利沿着上述三个阶段推进,取决于创业者是否拥有相应的"资本"。具体而言,包括战略资本、文化资本、经济资本和社会资本四类。例如,一个创业者能否有效识别机会,是否能整合创业所需的资源并成功创业,受其自身社会资本的制约。因此,立志创业的人要为自己"组装"这些资本,而创业课程的设计者则须考虑如何通过创业教学来增加创业者的"资本"存量。

在设计创业课程的过程中,特温特大学比较充分地考虑了这一点。首先,所有课程都有助于增加学生的文化资本,即有关创业和创业过程的知识。其次,《中小企业财务管理》和《市场导向的创业》这两门课可以增加创业者的战略资本。再次,《中小企业财务管理》课程还有助于增加创业者的经济资本。最后,《成为你自己的老板》和《帮助成长中的创业者》这两门实践课程均有助于增加创业者的社会资本。[18]

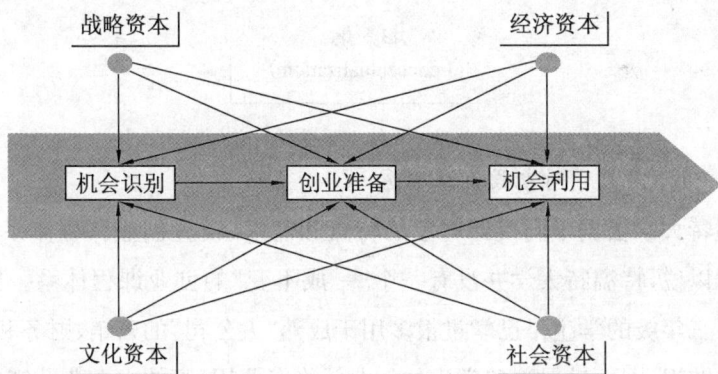

图 2　创业网络模型[19]

(2)基础理论二：Kolb 的学习循环理论。另一个重要理论基础是 Kolb (1984)的学习循环理论,[20]如图 3 所示。Kolb(1984)的学习循环模型包括实际体验(concrete experience)、反思(reflection)、概念化(conceptualization)和反复实践(experimentation)四个阶段。[21]实际体验要求学生去"做"和"感知";反思阶段要求能对做过的事情进行回忆和思考;概念化阶段要求学生将自己的思考抽象为知识和行为规则；反复实践阶段则是学生将总结的知识和规则付诸实践并加以改进。Kolb(1984)强调，学生学习的成效取决于是否可以完整地经历这些阶段。[22]特温特大学同样比较好地运用了 Kolb(1984)的这一理论，在创业课程设置中不仅考虑理论性的课程，也加入了实践性的课程。理论性的课程在课堂上进行讲授，实践性的课程则要求学生在"现场"与创业者互动并完成作业、任务。学生可在与创业者的互动过程中获得"实际体验"，而课后的作业和任务则起到了触发学生反思的作用。学生可以通过反思形成自己的"心得"，并可将其用于未来的创业实践中。

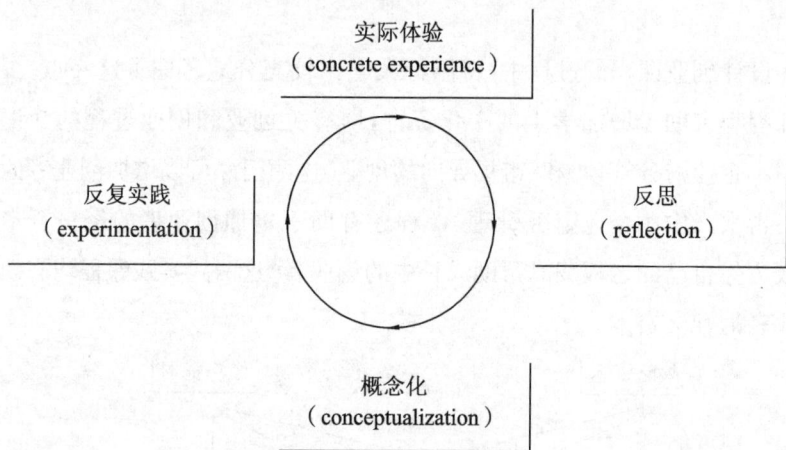

图3　Kolb 的学习循环理论

3. 针对不同教学对象设置课程

特温特大学根据不同授课对象的特点和需求，设置创业课程体系，如表2所示。可以说，特温特大学并没有一个"一成不变"的创业课程体系。例如，考虑到商科三年级的学生早已学过很多用于成熟"大公司"的营销、财务和商业法律方面的知识，因而针对这些学生的创业辅修专业用《高技术企业营销》这门课替代了《市场导向的创业》，用《知识开发与保护》这门课替代了《中小企业的法律问题》。[24]

特温特大学的创业硕士课程也是为满足实际创业活动的需求而设的，其中有四门必修课程和两门专业方向(track-specific)课程。在创业硕士课程的教学组织方面，特温特大学与丹麦的艾伯格大学(University of Aalborg)合作，推出了联合培养创业硕士项目。这一项目学制两年，两校的学生分别在各自学校和合作院校内获得相应的学分。[25]

表 2　特温特大学的创业课程体系

序号	授课对象	课程体系/内容	教学层次
1	非商科学生	《市场导向的创业》《中小企业财务管理》《中小企业的法律问题》《成为你自己的老板》《帮助成长中的创业者》	本科
2	商科专业学生	《高技术企业营销》《中小企业财务管理》《知识开发与保护》《成为你自己的老板》《帮助成长中的创业者》	本科
3	科学硕士	四门必修课程和两门专业方向课程（《网络背景下的企业发展》《创业原理》）	硕士
4	MBA 学生	四门必修课程和两门专业方向课程（《网络背景下的企业发展》《创业原理》）	硕士
5	校外学员	为中学五年级学生(17 岁)开设《创业导论》；为所有本科和硕士生开设《创业险途》。	中学、本科和硕士

此外，为了满足社会对于创业培训的需要，特温特大学还推出了两个校外（extracurriculum）教学课程。第一门课程为《创业导论》——始于 2009 年，是专门为中学五年级学生(17 岁)准备的，涵盖创业的基础理论、创业实践和创业研究这三个关键内容。第二门课程叫做《创业险途》，是为其他院校的所有本科生和硕士生设计的。[26]

4. 依据环境变化动态开发创业课程

特温特大学的创业课程体系处在动态调整当中，会依据学生的情况和商业环境的变化灵活地调整课程设置，从而做到"与时俱进"。例如，随着社会经济的发展和进步，服务业的创业活动越来越多，因此特温特大学开发了《服务创意的商业化》这一课程，讲授如何在服务业领域形成自己的创意并成功进行创业。再如，面对女性创业者日益增多的趋势，特温特大学将在未来针对女性开发高科技领域的创业课程。

5. 将创业渗透到非商科学生的课程体系

特温特大学是一所创业型大学，创业已成为其立身之本，即便是非经济管理类的系科也认识到创业教育对学生的重要意义，并要求其学生修读创业的相关课程。例如,"技术科学"专业将创业辅修专业的课程作为专业学生的必修课,"工业设计"专业将创业辅修专业中的《市场导向的创业》作为该专业的必修课。此类例子还有很多。可以说,创业课程已几乎全面渗透到特温特大学的所有系科。

(四) 对我国大学创业教育的启示

我国的创业教育起步较晚,具体模式正在探索之中。荷兰特温特大学作为创业型大学的典型代表,其创业教育的经验不仅对我国研究型大学和创业型大学有直接的指导意义,而且也值得其他类型大学参考借鉴。

1. 构建大学"创业生态系统"

创业教育的最大特点是实践性与经验性。为有效开展创业教学,创业教师有必要依照 Kolb(1984)的学习循环模式,让学生进入一个"经验性学习"或"干中学"的过程。特温特大学的实践表明,优质的创业教育不是脱离"创业生态系统"而独立存在的。为此,大学应依据自身条件,构建科技园、创业园或孵化器等基础设施,推动大学衍生企业的形成,或与学校周边创业园区和新创企业建立战略性的合作关系,从而构建起相对完善的"创业生态系统",为创业教育提供基础平台。

2. 培育具有实际创业经验的师资力量

特温特大学强调只有具备创业经验的教师才能开展有效的创业教学。这一理念有其合理性,因为拥有创业经验,才能道出创业的不易,才能将创业过程中诸多的缄默知识显性化,才能建构创业教师本身的"合法性",进而获得学生的认可。为此,大学应帮助创业教师直接或间接地获得实际的创业经验,探索可行的办法提高"实战"型创业教师的比例。

3. 通过创业辅修专业普及创业教育

在特温特大学的创业教育体系中,创业辅修专业占据着举足轻重的地位。可以说,创业教育在该大学的广泛普及,此辅修专业是最重要的一个"工具"。目前,我国大学创业教育的普及主要依托一两门全校选修课,其教学效果或难与"创业辅修专业"等量齐观。因此,我国高校可借鉴特温特大学的经验,有效利用辅修专业这一机制,全方位渗透创业教育并提高教学培训效果。

4. 鼓励其他系科重视创业教育

在特温特大学,创业的文化已全面渗透到大学的各个系科,创业学习并不是商科学生的"专门任务",而是几乎所有系科学生的任务。不仅管理学院重视创业教育,其他学科门类也同样将创业教育视为专业教育的重要组成部分。这一点无疑也值得我国大学学习。我国大学要在宏观层面塑造创业文化,将创业精神和创业教育的意识"植入"全体大学教员和学生当中。

5. 基于基础理论设置创业课程

在特温特大学,创业教育是一个涵盖多门课程的"全面"体系,不仅涵盖新企业的创办,而且还包括新创企业的运营与管理。同时,特温特大学针对不同的教学层次和不同的学生,定制创业课程体系。特别值得称道的是,其创业课程体系的设计是以基础理论为依据的,这样就增加了整个体系的科学性和合理性。反观我国大学,创业课程仅有一门,远未形成一个体系,更谈不上针对不同学生或根据外部环境变化和学生需求调整这一体系。而创业课程的设计主要是照搬了国外的做法或依据自己的经验,并没有太多理论基础。从这个角度来讲,我国大学的创业教育还远未成熟,需要我们加强教学研究和课程开发,尽快形成基于基础理论同时又适合我国国情的创业课程体系。

6. 采用"联合培养"的方式开展创业教育

特温特大学与国外院校共同开展创业教育、联合培养学生的做法尤其值得我国大学借鉴。联合培养不仅有利于整合与共享各方的资源与师资力量,提高创业教育的水平,而且还有利于为学生提供更多的国际化的学习经历,形成更为丰富的学习生活体验,从而为未来的创业活动打下更好的基础。我国创业教育起步晚,创业教育的经验相对不足,联合培养尤其是与先进国家的院校合作对我国大学具有重要意义。

7. 提高对外提供创业培训的能力

我国大学也应像特温特大学那样,不断增强社会服务的能力,要能为社会各界提供定制化的创业培训。比如,要能为政府创办的科技园或企业孵化器当中的企业提供与创业相关的咨询、教育和培训。这样做不仅可以更好地发挥大学的社会服务功能,而且还可以促使创业教师与业界互动获得更多的创业实践经验,提高教学水平,并最终提高校内创业教育的有效性。

参考文献：

[1] Clark，B. R. Creating Entrepreneurial Universities：Organizational Pathways of Transformation. Issues in Higher Education[M]. New York，NY：Elsevier Science Regional Sales，1998.

[2] Shane，S. A. Academic Entrepreneurship：University spinoffs and wealth creation[M]. Cheltenham，UK：Edward Elgar Publishing，2004.

[3][5][6][7][8][9][10][11][12][13][14][15][24][25][26]Sijde，P. v. d.，Ridder，A. Entrepreneurship Education in Context：A Case Study of the University of Twente. In：P. v. d. Sijde & A. Ridder & G. Blaauw & C. Diensberg(ed.). Teaching Entrepreneurship：Cases for Education and Training[M]. Berlin Heidelberg：Physica-Verlag，2008. 53—61.

[4] The University of Twente. Organization[EB/OL]. http://www. utwente. nl/en/organization/. 2013—01—31.

[16][19] Veen，M.，Wakkee，I. Understanding the Entrepreneurial process[J]. Arpent，2004. 2：114—152.

[17][18]Kirwan，P.，van der Sijde，P.，Groen，A. Assessing the Needs of New Technology Based Firms （NTBFs）：An in-vestigation among Spin-off Companies from Six European Universities[J]. International Entrepreneurship and Man-agement Journal，2006，2(2)：173—187.

[20][21][22][23]Kolb，D. A. Experiential Learning：Experi-ence as the Source of Learning and Development[M]. New York：Prentice Hall，1984.

（本文发表于《比较教育研究》2014 年第 2 期。作者戴维奇，时属单位为浙江财经大学工商管理学院）

十六、日本大学创业教育的发展与特点

20 世纪 60 年代,美国人发现了创业教育和创业精神这个美国经济奇迹的"秘密武器"。从美国德克萨斯州立大学学生"创业计划竞赛"的星星之火,到现在世界范围内大学生创业热潮的燎原之势,创业和创业教育成为世界各国政界和教育界高度关注的重要课题。创新成为经济的推动力。在这场"没有硝烟"的战争中,谁占有更多的信息资源,拥有更多的"创新头脑",就相当于拥有了战胜对手的"新型武器"。20 世纪 90 年代以来,美国、英国、法国、日本、韩国、澳大利亚、新加坡等国政府纷纷将创业教育作为培养未来富有挑战性人才的战略,积极部署高等教育及基础教育阶段创业教育的实施计划。为了培养能在未来社会驰骋的青年一代,日本政府从环境、教育、制度等方面积极推进创业教育,积极配合产业结构调整人才培养战略,探索创业人才培养的优秀方案。创业教育,特别是大学创业教育在日本呈现高涨的势头。日本国内针对创业教育也展开了激烈的讨论,并在创业教育的大学模式、大学风险企业、创业教育的社会支援体系、创业教育的地区发展模式以及创业教育的课程开发体系等方面展开了研究。日本创业教育的发展和特点对我国具有一定的借鉴意义。

(一) 日本大学创业教育的发展

创业教育又称"企业家教育",这个概念来源于美国。用日语表示为"起业家教育",片假名表示为"アントレプレナー教育",也有的翻译成"企业家教育"(Entrepreneurship Education)。[1]作为一种崭新的教育理念,创业教育本身的历史没有多长时间,日本引进并发展创业教育也只有十几年的历史。

1. 大学、企业各负其责阶段

20 世纪 60 年代，日本经济发展急需高科技人才和熟练技术工人，日本大学的重点放在培养应用型的理工类专科人才上，因此大力发展"五年一贯制"高等专科学校，并与企业开展了多种形式的"产学合作教育"。但大学主要的注意力集中在为产业部门培养高级技术人才与技术员方面。日本高等教育在原有的基础上学生数增长了 141％，其中短期大学学生数增加了 2 159％，高等专科学校学生数增加了 1 213％。[2] 当然也有一些传统的商业大学、工学院等职业学校提供零星的关于如何帮助技术拥有者实现创业的课程，但无论是在层次还是范围上都很有限。

而关于企业所要求的管理、经营等知识则更多的是由企业设立的培训机构来进行的。日本许多大企业都拥有自己专门的培训机构，给员工提供企业内培训，如自我启发、工作中学习（OIT）、脱产学习（OFFJT）等形式。同时，国家和各都、道、府、县设置了大量职业培训设施，如"职业能力开发促进中心"（"工艺中心"）、"生涯职业能力开发促进中心"（"才艺园"）、"职业能力开发大学校"（工艺学院）、"职业能力开发校"等。[3] 日本通产省提供经费设立中小企业大学校，以中小企业的管理者和技术人员为对象进行培训。国家、地方政府、中小企业联合设立的高等技术研修所，采取不脱产的形式培训在职人员。此外，日本的各个社团组织也采取研修讲座、学术活动的形式来培训中小企业的在职人员。失业者、在职者都可以听课，学费原则上免除。而且根据有关规定，他们还可能领到雇用保险的失业补贴（基本津贴、学习津贴、交通津贴）。这些机构为有志创业者的学习提供了平台。

2. 大学提供管理培训阶段

20 世纪 70 年代以后，日本企业发展突飞猛进，企业的发展对人才提出了更高的要求，即大学要为企业提供管理、经营、营销的培训。大学为了扩大资金来源、扩展社会服务，也开设了面向企业人员的 MBA、市场营销等课程。许多大学将职业规划教育的理念纳入学校教学、学生的学习和生活实践中，将职业规划教育的总体指导和个别咨询相结合，积极和相关企业及社会机构合作，开展联合讲座、专业实践、实习等活动，以学生理解专业教育并能在社会中灵活运用为重点，构筑以语言能力、跨文化交流能力为特色的职业规划教育体系。学校与企业、事业单位、行政机构合作,开设"业界分析""国际化企业合作讲座""政府行政事业单位合作讲座"等职业开发方面的正规课程,让学生对职业、工作有更详细具体的了解,使学生逐步明确职业目标。[4]由于企业外的培训与企业内的教育在针对性上毫无优势可言,社会对公共职业训练的评价不高,产业界只希望通过企业内的职业训练来形成熟练技能。所以学校开展的企业人员继续教育一直没能占有很大优势。

3. 创业教育导入阶段

20世纪90年代以来,日本泡沫经济破灭,日本的传统产业失去了昔日辉煌的地位,为了实现经济的持续发展,产业界十分需要活跃经济的因素。中小企业以其便利灵活的优势取代了大型企业,传统产业要想在竞争中取得胜利也必须在创新上取得优势。风险企业作为日本未来经济的催化剂,正以强劲的势头发展起来。特别是大学的风险创业企业,利用高校的知识资源和人才优势,把高校的存量基础研究转变为市场化产品。风险企业的诞生和发展实现了高校与产业的良性互动。各大学围绕建立风险企业,提出了创业家人才计划,并努力加以实践。

1998年以后,作为职业教育的一环,为培养学生的职业观念和劳动观念,高校开始实行"企业见习制度"(日语为インターンシップ)。企业见习制度就是学生在企业现场针对自己学习的内容进行就业体验。部分学校还导入了"德国职业教育双重制",主要是为了培养学生的职业选择能力,培养职业意识,防止毕业生离职。但这种短暂的经历教育(2~3天)还不能对学生有显著的效果和持续的效力,社会需要更高水平的职业观和劳动观教育。

2000年,日本教育改革国民会议上提出了创业家精神的概念,强调创业教育应培养学生的创业家精神、生存能力和思维方式。理科大学、研究生院积极完善风险企业、研究室、共同研究中心等基础设施,将大学与核心和地域的特色产业结合起来。高校从面向大学生、研究生教育的视角出发,通过实施社会人特别选拔制度、定员编入制度、昼夜开讲制度、科目辅修制度等灵活的导入制度,支援社会人士创业。例如,早稻田大学针对社会人士推出"傍晚集中讲座",利用晚间时间上课三个月,授课内容包括行销、经营计划等。此外,日本攻击手商业学校推出"事业计划立案讲座",东京商工会议所举办"创业塾"等。以培养学生创新、创业精神为目的的创业课程在大学吸引了许多有志创业的学生。部分文科大学、研究生院为适应现实社会的需求，也推出创业培养讲座。

4. 创业教育理念践行阶段

法人化改革后，日本大学为了在竞争中取得优势，必须学会在市场中生存，因此许多大学将创设新企业作为目标，开始争取创设风险企业的机会。中央教育审议会将"大学风险企业创设"作为突破口，通过"创业教育激励计划"（Entrepreneurial Stimulation Project，ESP）的平台，改善学校环境，构建一个适应创业教育的三维体系。这一体系由 5 个相互交叉的部分构成，中间交叉的部分是大学风险企业，构成了一个完整的创业教育理念框架。[5] 下面就"ESP 计划"的框架作以简要说明。

学生创业教育（Entrepreneurial Business Education）：开展以大学生和研究者为对象的商业教育计划，该计划主要通过要求学生必修一定科目的课程、邀请国内外著名企业家到校讲学、到国内外开展创业计划设计大赛等途径加以实施。

大学校园内的指定空间（Dedicated Space on-Campus）：通过开放校园的方式，为研究室、研究者、学生、企业人士提供社交性质的论坛，通过学科交叉、文理互动、交流创业计划等广泛的形式开展活动，实现大学资源的综合利用，在师生之间建立一个广泛的网络，形成一个包括校友在内的创业互助体系。

提供服务网络（Service Provider Network）：为创业者的创业实践构筑服务体系，如通过校内企业孵化设施、创业辅导机构、种子资金服务机构等，为创业者提供咨询、服务，为比较有潜力的创业计划提供种子资金和运营资金。

社会力量（Social Gathering）：通过利用学校的校友网络、地域性企业支援机构、非营利机构等社会资源，实现学校和企业、社会的对接，共同完成学校创业基础设施的完备、创业课程教材的设计、创业风险资金的融资，同时，积极反馈社会，促进地域经济的发展。

数据库资源和信息网络（Database Resources Information Network）：建立关于创业管理经营的专门数据库，为广大创业者提供创业知识的资源库。与此同时，建立针对风险企业的程序库，把握风险企业的发展动向。

这一模型的构想有两个支撑点：一是基于官、产、学密切配合的支撑体系。

离开了产学合作、官产学互动,创业教育不但缺少了支持的动力,也缺少了实质的内容。许多措施,必须通过企业和大学之间的协调来实现,例如学生的企业见习制度、创业风险支援、创业风险资本融资等;二是不同的学校开展创业教育时存在着理念定位或者说培养目标上的差异。

从总体上来说,日本大学的创业教育定位分为 5 个层次,分别为创业重视型、地域连接型、全球战略型、日本本土型、理论活用型,如表 1 所示。

表 1　日本大学创业教育的人才培养理念定位一览表

定位类型	人才培养理念内容	典型学校
创业重视型	提供创业教育必要的科目以及学生创业的支援体系	政法大学、早稻田大学、日本大学
地域连接型	培养振兴地域产业的人才	关西学院大学、龙谷大学、大阪大学
全球战略型	全球化世界中活跃的经营型人才	青山大学、一桥大学、庆应大学
日本本土型	适合日本企业和产业的经营型人才	神户大学、筑波大学、一桥大学
理论活用型	理工学部的理论和技术的活动	大阪大学

资料来源:[日]大和総研.拡充すすむ大学の起業家教育.[R]新規産業レポート.

(二)日本大学创业教育的特点

在日本,创业教育作为一个崭新的教育理念已得到广泛的传播,并形成了独特的发展模式。在分析日本大学创业教育发展的基础上,本文试图总结出日本创业教育的一些特点。

1. 官、产、学密切配合的社会性

日本政府将官、产、学合作视为提高国家创新能力的一个关键因素,希望通过促进产学合作来提高经济效率。在开展创业教育时,政府、产业界和社会从不同方面为创业教育的顺利开展创造条件,充分体现了整个社会对创业教育的重视。

在政府方面,经济产业省、文部科学省、厚生劳动省将创业教育作为国家发展的重要课题,共同研究、共同思考、共同行动。从"青年自立挑战计划"的"政策联合部署"到《技术专业促进法》的颁布,从教育科研体制的系统改革到创业教育研究的"国际参与",日本政府在创业教育系统中扮演了指导者、推动者和协助者的角色。近些年,日本政府又在简化新公司申请程序和广泛的资金援助方面出台政策,为大学创业教育的开展提供良好的服务。

在产业界方面,许多大企业和中介机构为大学创业教育作出了突出贡献,从向学校提供人才需求意见,为学校学生见习提供"实习基地潜力创业计划"提供"风险资金",到企业和大学联合开发创业教育教材、课程,设计创业型人才的培养方案和实施方案,企业以更加主动的姿态出现在大学校园之中。与此同时,许多中介机构在将创新成果转化为产品的商业运作中扮演了桥梁的角色。例如,整合技术与企业需求的产业合作办公室、促进大学研究成果专利化与技术授权的技术转移机构、提供商业层面支持的创业辅导机构、提供作业场地与商业设施的科学园区以及风险投资、人力中介及律师服务等,为创业者提供全方位的保障。

在大学方面,在政府和产业界的密切配合下,大学不断更新创业教育、研究理念,甚至引入了全新的办学思想。各大学在原有基础设施的基础上,加强创业孵化器、创业辅导机构等创业基础设施的建设,加强与校友的广泛联系。同时,各大学还在原有管理和经营学基础上结合本校特色,开展工科创业计划,开设广泛的创业课程;结合本校特色开设交叉学科。比如高知工业大学的创业工学、立命馆大学的创业管理学;在创业师资方面导入了具有优秀创业家资质和创业经历的"双师",通过建立与企业的双向交流制度,提升创业教育质量。

总之,日本大学创业教育的开展得到了社会各方面的广泛援助和配合,真正体现了大学创业教育的社会参与性。

2. 致力地方经济发展的地域性

20 世纪 70 年代初期,日本经济从高速增长时期进入到平稳增长时期,经济管理体制从传统中央集权模式向地方分权模式转变,经济发展进入"地域经济时代"。与此相对应,日本中小企业也由高速增长时期进入平稳发展时期。为了活跃地域经济、实现地域经济的平衡发展,政府采取内发式经济发展方式,以促进地域经济的特色发展作为国家的重要战略。地域原有产业和新的发展空间无不给大学创业教育的开展提供了绝好的"练兵场"。

为了充分挖掘利用地域经济资源,日本大学尤其是地方私立大学在开展创业教育时,很注意和地域特色产业的联系,许多大学将结合本地域产业优势、振兴地方经济发展作为大学人才培养的目标。例如,大阪商业大学的发展目标是"为社会作贡献",成为一所"扎根地方、学习地方、贡献地方"的大学。每一位学生的思想中都有把自己培养成一个对社会有用之人的责任感。[6] 又如,濑户内海沿岸地区是钢铁和化学等日本传统产业集中的地区,当地政府借助广岛大学和香川大学的研究技术,为地区的养鸡业和制糖业提供了改进思路,大学的技术也得到了相应的应用。这种合作很好地发挥了地域和高校的资源优势,实现了与地域同步发展。

在创业实践中,大学学生还为本地区企业开展市场调查,寻找企业优势,开拓市场空间。他们利用自身知识为中小企业开展咨询,通过处理具体问题达到企业升级、创新管理的目的。这样,大学的创业教育对地方经济起到实际的推动作用,也就容易获得地方政府的支持和地方企业的资助。

此外,各地方工商联合团体、金融机构、非营利机构(NPO)、经营团体、地方大学还设立了创业推进协议会,共同推进创业计划;开设创业中心,使有关机构人员、打算创业的人士、企业代表在此交流意见,形成促进地域经济发展的共同愿景。与此同时,创业中心通过"创业塾制度"为女性和高龄者开展短期(30天左右)的创业技能培训,紧密围绕地域经济发展主题,开设企业设立、财务、经营等讲座。现在许多日本新创企业多是挖掘地域产业的成功案例,为地域经济发展作出了重要贡献。

3. 学校体系的相互衔接性

在开展创业教育的过程中,日本政府很重视学生创业教育的衔接问题,对学生开展连贯性的创业教育,在不同的教育阶段对学生开展不同形式的创业教育,从学生一生的创新能力发展出发,为学生规划不同阶段的教育,提升学生不断适应社会的能力。

从小学开始,日本就很注重学生创业意识的教育。1998年,文部省和通产省合作在小学开始实施创业教育。例如,利用早上课前的二三个小时搞勤工俭学,给人送报纸、餐饮等,目的是培养学生的就业、创业心理意识和意志品质。学校可以自行开发能让学生掌握自我负责原则和投资意识、风险意识的课程体系,有的学校通过学生手工制作、理财教育等启发学生对创业的认识。在中学阶段,文部科学省通过新的课程改革,在"综合学习时间"内开设"商店街活动""创业发明大王""动手练习"等活动和课程,为学生提供了开展模拟创业的广阔空间。各职业教育机构,尤其是工程方面的高等专科学校、短期大学,开展了丰富多彩的创业教育活动,通过创业技能的培训使同学实现创业梦想。在大学阶段,创业教育的课程设置、开设对象、学习程度更加深入和广泛。与此同时,各大学还非常注重与小学、初中、高中之间的校际合作。

可以说,创业教育在日本是一个从小学到大学的连贯体系。通过不同形式、不同阶段的创业教育使学生想创业、会创业、能创业,避免了创业技能与创业意识之间的失调,为大学创业教育的顺利开展奠定了基础。

人类生存环境的多样性使文化呈现出千姿百态的差异。这种差异既是国家和民族间相互冲突的原因,又为不同文化间的相互交流和学习提供了可能。日本人总是从"落伍者""危机者"的角度来关注世界,虽然落后国家被迫学习发达国家,但发达国家并不是按相同的秩序和速度来选择发展道路的,历史落伍者可以根据前车之鉴,选择捷径式的发展。中国在发展创业教育方面是落伍者,通过有针对性的学习和借鉴,相信在不久的将来中国创业教育会取得显著的成绩。

参考文献:

[1]原宪一郎.アントレプレナーシップ概念試論[J].经营学论集,2002(7):44—57.

[2]文部科学省学校基本调查(指定统计第 13 号)[EB/OL]http://www.mexlgo.jp/b,2008—3—21/2008—4—30.

[3]饶从糖,梁忠义.当代日本职业训练[M].太原:山西教育出版社,1997.127—131.

[4]魏能涛.立命馆亚洲太平洋大学的职业规划教育[N].中国教育,

2007—11—19(8).

[5]渡部俊也.大学における起業家育成の新しいセプト[R].年次学术大会讲演要旨集,2002.(10):310—313.

[6]大阪商业大学.地域や高校と連携した起業家育成特色ある大学教育支援[R].大阪商业大学,2004.

（本文发表于《比较教育研究》2009年第3期。作者李志永,时属单位为浙江大学教育学院）

十七、日本创业教育的演进、经典案例及启示

(一) 日本创业教育的历史演进

1. 初创阶段——简单化、短期学制的创业教育初探

20世纪80年代，日本在高校内开设创业教育讲座，以培养学生的创新创业能力。20世纪90年代，日本高校创立了见习制度，类似于我国学生的学工，这对培养学生的职业观念和工作能力有着一定的帮助，但其培训时间较短，涉及程度较浅，因此，并不能够带来显著和持续的效果。这是日本创业教育的雏形。

2. 发展阶段——单一的、集中性的创业教育培训

2000年以后，日本教育改革国民会议正式提出了"创业家精神的概念"。这期间高校主要针对社会人士和在校学生分别开办创业教育课程，以提高民众的创业能力，其课程内容较为灵活，持续时间也较短。例如早稻田大学开设的"傍晚集中讲座"，主要针对社会人士，内容包括行销、经营计划等。[1]

此时，日本国内大约有30多所高校开设此类讲座，有5所学校开设创业专业。但在数量方面，与美国还存在一定的差距。[2]

3. 成形阶段——系统化、连贯性的创业教育体系

近年来，日本高校的创业教育逐渐形成了产、官、学的协同体制。在开展创业教育时，日本充分调动社会各界的资源，形成以政府（经济产业省、地方公共团体、产业振兴团体）、受托或独立进行创业教育的组织（企业和非营利组织）及

高校本身的创业教育三者协同，以提高创业教育的效率，为创业教育的顺利开展提供必要的条件。

（1）产——企业为创业教育提供有效资源支持。企业的主要作用是为学生提供经济和技术支持。2003 年，日本京都成立创业能力开发中心。作为非营利组织，该中心在培养具有创业能力的年轻人的同时，进行一定的创业支持，其目的是通过产、官、学各阶层联合，学校以及地域协同，进行创业人才开发与教育，增强日本经济的活力。

（2）官——政府为创业教育提供切实政策支持。政府主导创业教育的方向及发布相关的政策。2000 年，日本经济产业省将"企业家精神涵养教材开发普及事业"委托给民间企业，在各地由民间主导进行运营。2003 年，由文部科学大臣远山敦子、厚生劳动大臣坂口力、经济产业大臣平泽赳夫和经济财政政策大臣竹中平藏 4 名内阁大臣联合发表的《青年自立·挑战计划》是日本政府促进青年创业的指导性文件。[3]

日本政府对创业的重视，使其在近年来出台了一系列措施来保证创业型企业的成功开设及运作，在法律方面、资金方面和管理方面都给予充分的支持，具体内容如表 1 所示。

表 1　日本对创业企业的支持政策[4]

	支持方法	内　容
法律方面	中小企业新事业活动促进法	平成 17 年（2005 年）实行的新体系主要整理了近年来与创业、经营改革等相关的政策；该法律以促进创业为主，制定包括设备投资减税、天使税制、创业关联担保、投资扶植等一系列创业支持政策
	修改公司法	修改后的公司法于平成 18 年（2006 年）5 月实施，废止最低资本金制度。新制度的实施意味着只要 1 日元即可成立公司，即原规定开设公司所需要的 1 000 万日元最低资本金制度由此废止

续表

	支持方法	内　容
资金方面	直接资金	由新事业开拓出资事业(中小企业基本设备机构)、中小企业投资育成公司出资等
	间接资金	新创业融资制度、女性·年轻人·年长者创业家支援资金、小规模企业设备资金制度
	信用补足	由信用保证协会进行保证的制度
	补助金	由新事业开拓补助金、中小企业基础人才确保补助金方式等进行补助
管理方面	研究·研讨会	举办创业学校、创业研讨会、创业讲座
	经营支援体制	由中小企业支援中心、商工会·商工会议所提供的各种信息和与专家面谈的机会
	市场开拓	市场投机事业、合法投机事业开辟销路的支持

（3）学——高校协同中小学校发挥创业教育主体作用。高校作为创业教育的主体，近年来进行理念更新，加强软件与硬件的配合，结合地域优势，体现各校特色，通过学习政府政策和加强与企业交流，不断提高创业教育的质量，以适应社会的需求。

日本的创业教育对象主要分为社会人士、在校大学生和中小学生，其中对于中小学生的创业教育是日本的特色之一。日本的中小学教育存在着考试至上的问题，为了从小培养学生的挑战精神和创新创业精神，日本政府率先从教师意识入手，强化中小学创业教育的重要性。其后，通过编写专门的教材，利用中小学生休假及周末的时间，开展学习讲座，通过招聘社会讲师来创造学生与企业家接触的机会等。

（二）日本高校创业教育经典案例剖析

2008年，日本经济产业省发布高校创业教育调查报告，统计出日本536所高校中有247所开展创业教育，占46.1%。比2000年的139所增加近77%左右。其中，以创业教育作为教学重点、开设创业专业的院校达59所，具体如表2所示。[5]

表2　日本以创业教育为教学重点的高校分布(部分)[6]

所在地	代表高校·专业	高校数
北海道	小樽商科大学研究生院商学研究科创业专业、北海道情报大学研究生院、经营情报学研究科经营情报专业等	3所
本州	立命馆大学商学院商学科创业系、大阪产业大学研究生院工学研究科创业专业等	49所
九州	佐贺大学研究生院经济学研究科、VBL九州共立大学经济学院企业·继任者课程等	5所
四国	高松大学经营学院创业课程、高知工科大学研究生院工学研究科创业课程等	2所

在进行创业教育普及的过程中,各高校又充分挖掘自身特点,结合学生需求和地域优势,进行专业化的特色教育。在培养模式上主要可以分为本科院校创业教育、研究生院校创业教育以及以创业计划大赛为载体的创业教育,其代表性高校分别为大阪商业大学、小樽商科大学和东京大学。

1. 本科院校创业教育案例——大阪商业大学

大阪商业大学是一所私立学校,地处"中小企业胜地"的东大阪市,是拥有经营学部和综合经营学部的商业学校,其教学理念是"培养对世界有用的人才"。其创业教育不只以培养企业家为目标,更注重在创业教育中培养学生发现问题、解决问题的能力。大阪商业大学从"二战"后就开始从事创业教育,目前已经有近70年的历史,与我国的许多高校都有联系,是日本创业教育的先驱者。[7]

大阪商业大学认为,"所谓的企业家精神,就是创造新事业的原动力"。其创业教育的宗旨就是要培养具有丰富创业家精神、自由的想象力和表现力的人才。大阪商业大学的创业教育主要分为三个方面:面向高中生和高中教师的创业教育、面向在校生的创业教育和与当地政府及行业协会合作的创业培训。

(1)面向高中生和高中教师的创业教育。大阪商业大学非常注重创业教育的一贯性,因此和高中也保持着密切的联系。每年大阪商业大学都会举办"创业教育研究会",与各个高中的教师就创业教育的教学方法和成果进行经验交流,目前已经举办了14届。通过"全国高校商务甲子园""外出讲座"等,在高中阶段就开始培养学生的创新、创造能力。"全国高校商务甲子园"是面向高中生所举办的商务创业大赛,2009 年募集到将近 5 832 件作品。2010 年,大阪商业大学分别在"兵库县立姬路商业高等学校"等高中举办"SWOT 法的概要及分析方法"等 5 场讲座。2009 年度举办了 12 场讲座。[8]

(2)面向在校生的创业教育。大阪商业大学创业教育中最为成功的就是创业先锋班(OBP)。OBP 是紧随社会的动向、及时更新学习内容的课程学习班,同时增加了创业、企业经营管理等实践类科目,通过开设独立的课程,使学生可以活学活用,培养能灵活应对商务挑战的通用型人才。

该校对 OBP 课程的学员要求非常严格,每年从 1 年级新生中选出 25 名富有创业意愿的学生,第 1 年在学习自己专业的同时学习 OBP 课程;第 2 年导入目标管理制度(MBO),通过学习《日经商务》、参加其他学校的研讨会,培养学生领导、计划、交流的能力;第 3 年,通过夏季实习来体验企业生活,在与社会交流的过程中,理解企业运作,以拓宽学生的视野;第 4 年,学生进一步与社会接触,发现创业机遇,实现创业。OBP 主要课程如下:

1 年级:OBP 商务基础、OBP 创业论、OBP 商务游戏、BP 会计Ⅰ、BP 信息Ⅰ、BP 英语Ⅰ、创业设计入门;

2 年级:OBP 管理创新研究、OBP 商务计划、OBP 人力资源管理、BP 会计Ⅱ、BP 信息Ⅱ、BP 英语Ⅱ、国际语言演练、创业设计应用;

3 年级:OBP 实践项目Ⅰ、OBP 企业实习、BP 会计Ⅲ、BP 信息Ⅲ、BP 英语Ⅲ;

4 年级:OBP 实践项目Ⅱ。[9]

为了使学生有充分的时间学习,学校规定 1 年级的学生最多选 48 个学分(学生本身专业与 OBP 课程的学分之和)。OBP 课程注重在实践中培养学生的创新力,在 4 年的系统化指导过程中,充分利用案例进行教学,学生有机会进行实地调查,直接与社会进行沟通。学校还专门为其成立工作小组,负责 OBP 的教学交流工作。每年会与学生共同确定学年目标,进行目标管理。该校 OBP 工作人员有 11 名,每年的学生数量控制在 25 名左右,因此教师能够充分跟踪学生的情况,保证创业教育的质量。[10]

除此之外,大阪商业大学举办的"商务创意大赛"鼓励学生主动开发新产品和服务及建立商务模式,2009 年募集到 695 件作品;该校还主编了《大学生创业能力入门》教材,通过各种形式的课程,来培养学生的创业能力。[11]

(3) 与当地政府和行业协会合作的创业培训

这类创业培训主要是针对以创办企业为目标的社会人士,在制度上主要体现在产、官、学协同,即加深学校与地区企业的联系,利用社会资源进行产学交流并得到资金支援。其模式主要是由学生进行策划,政府提供资金支持,商业团体提供场地,从而实现创业教育的实践活动。

在资金支持方面,该校最多会给予所需总资金的一半,作为学生的创业支持,而这些因接受资助而成立的企业会招收本校的学生前来实习,为学生提供实践学习和接触创业企业的渠道。

综合大阪商业大学创业教育体系可以总结出如下特点:

连贯制的教学模式。不仅注重本科生的创业教育,同时,利用高校资源加强地域联系,在中小学校中普及创业教育。

丰富多彩的课程体系。课程体系中加入了如 OBP 创业论、OBP 商务游戏等,丰富了创业教育的内容。

应用型的培养思路。学校的资金支持帮助大学生创业者突破创业资金的瓶颈。注重"培养对世界有用的人才"是大阪商业大学的育人之本。

2. 研究生院校创业教育案例——小樽商科大学

小樽商科大学位于日本北海道小樽市,是一所以经济管理为特色的国立大学。为了强化日本国民的创新能力、加大创业型企业的比例,小樽商科大学在研究生院内专门开设了创业专业,以培养专业化的创业人才。

小樽商科大学创业专业旨在培养能够开发新事业、制订企业成长战略、进行组织革新的人才。具体来说,通过学习有关企业管理类最前沿的知识,培养学生制订商业计划书以及发现问题和解决问题的能力。

小樽商科大学认为,培养创业人才和进行创业教育,就像建造房子一样,因此他们将整个创业专业课程设计成一种房屋的体系,并将五大课程模块,即基本科目、基础科目、发展科目、实践科目和企业实习分别比喻成坚实的地基、完整的墙壁、笔直的房梁以及巨大的屋顶。

在各个模块中,又有相应的课程作为支撑,内容丰富全面,基本科目、实践科目以及企业实习为必修科目,而基础科目和发展科目则采取选修的形式,学生可以根据自己的兴趣和需求进行选择。其课程内容主要如表 3 所示。

表 3　小樽商科大学创业专业课程内容[12]

课程模块	课程名称(学分)		课程性质
基本科目 (10 学分)	管理和战略(2 学分)	市场营销(2 学分)	掌握经营所需的最基本的知识
	企业会计基础(2 学分)	信息管理(2 学分)	
	组织行为学(2 学分)		
基础科目 (12 学分)	创业与领导学(2 学分)	商务法务基础(2 学分)	作为 MBA 学生所必须掌握的知识
	统计学(2 学分)	经营战略与创新(2 学分)	
	预算管理与评价(2 学分)	客户管理(2 学分)	
	创业企业(2 学分)	公共管理(2 学分)	
	初级商务英语(2 学分)	商业计划书(2 学分)	
	战略财务管理(2 学分)	商务经济学(2 学分)	
发展科目 (8 学分)	企业流程构建(2 学分)	北海道经济和地域战略(2 学分)	强化创业的专业化知识
	企业财务和税收(2 学分)	IR 战略(2 学分)	
	国际法务战略(2 学分)	预判技术(2 学分)	
	金融系统构架(2 学分)	知识财产评价(2 学分)	
	商务技术创新(2 学分)	环境经营战略(2 学分)	
	技术革新(2 学分)	国际管理(2 学分)	
	公司设立和财务(2 学分)	中级商务英语(2 学分)	
	市场营销技巧(2 学分)	特殊课程 I(2 学分)	
	生产管理(2 学分)	特殊课程 II(2 学分)	
	组织意图(2 学分)	特殊课程 III(2 学分)	
实践科目 (8 学分)	商务计划 I(2 学分)	案例分析 I(2 学分)	周末的集中性讲座
	商务计划 II(2 学分)	案例分析 II(2 学分)	
企业实习 (3 学分)	企业实习(3 学分)		将理论知识运用于实际

综合小樽商科大学创业专业教育体系可以总结出如下特点:

堆叠式的课程体系。由浅入深,将学科知识进行剖析,在学习的不同阶段进行教学。

渐进式的教学模式。循序渐进,将课程内容模块化,从基础教学逐渐向实践应用发展。实践式的学习内容。案例教学,在理论基础上引入企业案例,帮助学生理解和掌握。

3. 以"创业计划大赛"为载体的创业教育案例——东京大学

东京大学是日本创办最早的国立大学,在国内外享有较高的知名度。学校创立于 1877 年,定位于具有丰富构思能力的"承担世界发展使命的知识基地",旨在培养具有开阔视野同时兼备高度的专业知识和理解力、洞察力、实践力、想象力且拥有国际性和开拓者精神的各领域领导性的人才。[13]

东京大学的创业教育主要体现在"创业道场"(アントレプレナー道場)上,类似于我国的"创业计划大赛",在这里学生能够学习到如何将自己的创意变成现实的方法,锻炼创新精神,培养企业家能力。

"创业道场"并不只是一个比赛,它是通过一系列的讲座和课程,来教会学生如何进行创业,对于学生来说,这样的创业教育更加贴近实际情况。目前创业道场"已经举办 6 期,2011 年的活动已于 4 月 19 日至 10 月 15 日举行完毕,活动内容涉及理念讲座、优秀作品分析、商务演示等。[14]

"创业道场"活动对所有东京大学的在校生开放,因此可以说东京大学的创业教育是面向全体学生的通识教育。学生既可以个人名义参加,也可以组队参加。初级课程参加者在所有的报名者中选出,此后,经过一轮轮的选拔,最终学生可以参加高级课程。

综合东京大学"创业道场"的教育体系可以总结出如下特点:

时间跨度较长。每轮的"创业道场"需历时 7 个月左右,持续性地进行创业教育。

等级分布明确。课程分为初级、中级、高级,以适应不同能力的学生。

赛程制度创新。将大赛与课程相融合,寓教于乐,将理论知识即时运用到实践中。

（三）日本创业教育对我国的启示

1. 以高校为主体，充分调动社会资源服务于创业教育

日本创业教育以高校为主体，充分调动社会资源，目的是提高创业教育的效率，为其顺利展开提供必要的条件。例如，在小樽商科大学开设的创业专业研究生班，学校每年都会针对毕业生、在校生和社会人士进行问卷调查，如果发现课程有修改的必要，会及时进行讨论商榷。高校利用社会资源及时发现社会需求，调整教学方向，体现出创业教育的灵活性。

作为创业教育的补充力量，日本高校引入校友会的资源。校友会形成的社会团体对高校的创业教育进行有效扶植。一方面，校友会给予学生创业指导，为学生的创业发展提出宝贵意见；另一方面，校友会能够提供资金援助，为大学生创业解决燃眉之急。例如日本的庆应义塾大学的"三田校友会"举世闻名，当然它也成为高校创业教育资源所不可或缺的一部分。除了提供义务讲座和资金援助之外，校友会的成员还可以提供实习岗位。如此一来，往届的学生能够给在校的学生创造源源不断的实践机会，从而形成创业的良性循环。

2. 重视中小学校的创业教育，从小培养学生创新意识

在一个对职工家庭孩子的调查中发现，在早期（初中）接触到投资等内容的学生中，有 35% 的学生回答希望能够创业，但是问起那些到大学才接触到投资等内容的学生时，却几乎没有人回答愿意创业。尽早地进行创业教育，让学生意识到存在创业这一项选择，将会增加他们的创业意愿。[15] 因此，日本非常注重对于中小学生的创业教育。

在我国，高校的创业教育已经逐渐普及，但中小学的创业教育却未见雏形。及早地进行创业教育，将创业教育植入中小学教育中，不仅可为大学期间进行专业化的创业教育打好基础，进而增强学生日后创业的动机与能力，同时能在成长期间帮助学生尽早建立创新意识，树立正确的人生观和价值观。

要在我国实现中小学创业教育，可以分三步走：第一，由高校牵头，鼓励中小学教师多接触创业教育；第二，加强中小学创业教育软硬件配套设施，通过教师将创业教育融入中小学教育中；第三，以高校为主体，由中小学校协同教育，例如组织高校师生定期去中小学校举办创业讲座，举行中小学层面的创业计划

大赛等。

3. 超越"受雇者"角度,培养主动解决问题的全局视角

在日本,问题认知类的课程比较多,但真正让学生作为主体、去解决问题的课程很少,创业教育弥补了这一空白,能让学生自己掌控风险,在一定地域内,调动人力、物力和财力来服务于自身所要解决的问题。[16]

在我国,同样存在着这一类的问题,高等教育往往是从培养"受雇者"的角度出发,而以培养学生承担风险、调动社会资源的能力为目的课程相对较少。培养学生全局化的视角需要高校进行地域化的创业教育,以地域为单位,通过发挥地域特长,激励学生主动发现地区资源,解决地区的典型问题,培养学生的"主人翁"心态。

进一步来说,高校可以通过和地方政府联系,重点发展区域经济,在创业教育上突出一定的侧重点。培养学生全局性视角,鼓励学生将创业方向定位于地方特色产业,从而得到当地的认可,甚至可以有机会参加高层次的项目投标,获得政府订单,增加企业的生命力。这样一来,学生可以跳出"受雇者"的圈子,转而以"创业者"的姿态,高瞻远瞩地看待问题。

参考文献:

[1]李志永.日本大学创业教育的发展与特点[J].比较教育研究,2009,(3):40—44.

[2][日]アントレプレナー教育研究会.起業家精神を有する人材輩出に向けて[R].日本:通商産業省新規産業課,1998:3—4.

[3]蒋将.日本《青年自立·挑战计划》的研究及启示[J].职教论坛,2007,(1):56—59.

[4][日]中小企業庁編.2007年度版中小企業施策利用ガイドブック.2007:3—4.

[5][日]日本经济产业省.「大学院起業家教育データベース」はじめました[R].日本:経済産業政策局新規産業室,2009,(4):3.

[6]根据经济产业省「大学大学院起業家教育データベース」报告整理而

成. 2009,(4).

[7][8][11][日]南方建明. 大阪商業大学における起業教育[R]. 日本:起業教育研究会. 2011:4—6.

[9][10][日]大阪商业大学网站[EB/OL]. http://ouc. dais—hodai. ac. jp/,2011—07—06.

[12][日]小樽商科大学大学院商学研究科. 小樽商科大学大学院ビジネススクール案内[M]. 小樽:小樽商科大学,2011:3—9.

[13][日]东京大学. 东京大学概况[EB/OL]. http://www. u-tokyo. ac. jp/index_c. html. 2011—08—11.

[14][日]东京大学. 東京大学アントレプレナー道場[EB/OL]. http:// www. ducr. u-tokyo. ac. jp/jp/venture/dojo/in-dex. html. 2011—07—13.

[15][日]大江建. 大学・大学院におけるアントレプレナー教育[R]. 东京:早稲田大学アントレプレヌール研究会,2009:13—14.

[16][日]原田纪久子. 地域連携型アントレプレナーシップ教育とその効果[J]. The Journal of Economic Education,2011,9(29):82—83.

(本文发表于《比较教育研究》2012 年第 11 期。作者张昊民、陈虹、马君,时属单位为上海大学管理学院)

十八、韩国高校创业教育发展与创新
——以五所"创业研究生院"为例

(一) 韩国高校创业教育的兴起与发展

韩国高校创业教育的历史可上溯至 20 世纪 80 年代初,可分为正规课程与非正规课程两大类。所谓正规课程是指由大学或研究生院开设、纳入学位课程中、与毕业直接挂钩的有关创业类课程。非正规课程是指由大学开设、与学位无关的选修类课程以及由社会培训机构组织开设的各类创业方面的讲座。

正规课程始于 1987 年。当年东国大学产业工学系将题为"创业与项目分析"的讲座纳入正规课程中,并出版了同名著作,就韩国创业教育的理论背景与实践内容进行了阐释。此后,韩国高校创业类课程如雨后春笋般涌现出来。直至 1999 年,韩国崇实大学和湖西大学在本科阶段首次招收了创业教育专业学生,由此开启了韩国高校创业教育专业化的序幕。其中,崇实大学在"风险投资中小企业学部"新设了"中小企业学"与"风险投资创业学"两个专业。课程设计以实用主义为理念,主要开设与中小企业创业及经营相关的实务型科目。例如,创业的决定性因素、项目创意的发掘与评价、项目计划书的制作等。

韩国高校创业教育正规课程的发展大致经历如下两个阶段:第一阶段是在财经类高校或学部开设少数科目予以实施;第二阶段是在致力于推进创业教育专业化发展的学部或研究生院内开设一系列课程,实行系统化教育。截至 2007 年,共有 164 所高校开设了正规课程类创业讲座。[1]

在韩国高校创业教育的发展过程中,中小企业厅与教育部无疑发挥了重要的助推作用。韩国中小企业厅依据 1986 年推出的《中小企业创业支援法》与

1998 年推出的《关于创业企业的特别法》对高校创业教育给予了财政支持。进入 2000 年之后,包括庆尚大学在内的共计 51 所高校在中小企业厅的支援下,面向本科阶段的 3 739 名学生实施了创业教育。[2] 2000 年,韩国教育部则提出在未来 3 年投入 1 900 亿韩元,以推进创业教育发展的宏伟计划。[3]

　　总体上说,韩国高校本科阶段的创业教育多以非正规课程为主。除少数大学设有本科阶段创业教育专业之外,更多的学校将创业教育课程纳入社会学科,在经济学等专业里作为拓展内容加以实施。另外,针对理工类学生的技术性创业指导尚显匮乏。不过,韩国在研究生阶段的创业教育上却走出了一条独具特色的道路。

(二) 韩国创业研究生院运营现状与特点

　　面对创业教育需求的不断扩大,韩国政府于 2004 年将全国划分为首都圈、京畿·江源圈、忠清圈、庆尚圈、全罗圈五大区域,在每个区域中各选取 1 所高校创建了创业研究生院。当年共有 50 多所高校提出申请,经过激烈竞争,最终指定湖西大学、中央大学、大田大学、晋州产业大学、艺园艺术大学为创业研究生院事业高校(见表 1)。

表 1　韩国创业研究生院创建情况一览表

区分		创建时间	名称	下设学系(专业)
区域	大学			
首都圈	湖西大学	2005.3	国际化创业研究生院	创业学系
京畿·江源圈	中央大学	2004.9	产业创业经营研究生院	创业经营专业;创业咨询专业;信息经营专业;经营专业;流通经营专业;文化艺术经营专业;房地产经营专业
忠清圈	大田大学	2005.3	创业经营研究生院	技术经营专业;金融经济学系;财会信息学系;创业学系
庆尚圈	晋州产业大学	2005.3	风险投资创业研究生院	经营学系;财会信息学系;创业学系;电子商务学系;产业经济学系
全罗圈	艺园艺术大学	2005.3	文化传媒创业研究生院	文化传媒创业专业

资料来源: 김정호. 신산학협력 패러다임 관점에서 본 창업대학원 사업의 실태
　　　　조사 연구—전국 5 개 창업대학원 사례연구를 중심으로[D]. 한밭대학교

此举不仅使创业教育走向高层次专业化发展的道路,更重要的是对实现区域均衡发展与综合竞争力的整体提升有所推动。

1. 切实的政策支持与充分的财政保障

上述 5 所创业研究生院的建立以韩国《中小企业创业支援法》第 8 条为依据。这条法规规定:"中小企业厅厅长要依据《高等教育法》第 29 条的有关规定,在研究生院中选定专门培养创业领域人才的研究生院,并在预算范围内给予运营所需经费和必要的支援;中小企业厅厅长要将创业研究生院的选定与支援等事项列入业务范围之内。"在该法的支持下,韩国中小企业厅于 2004 年 4 月发布了《创业研究生院开设计划》,作为创业研究生院创建的指导性政策。该计划针对创业研究生院的开设形态、经营方向、政府财政支援等方面进行了简明扼要的说明。如:明示了创业研究生院的学制为 2~2.5 年;授课时间主要利用周末或晚间;招生人数控制在 30 人左右;毕业后授予硕士学位;对于优秀毕业生给予创业启动基金;入驻创业孵化中心时给予优先考虑等。

在财政保障上,韩国政府在建院之初前两年向每所学校每年给予 4 亿韩元的财政拨款;其后根据发展情况,适当进行增减;5 年后便不再给予拨款,交由学校自行筹款。不过随着该项事业的顺利推进以及社会对创业研究生院教育的需求不断扩大,2009 年韩国政府决定延长对创业研究生院的财政支持,直至 2013 年。当年韩国政府投入了 18 亿韩元。[4]另据韩国《第二次国家人力资源开发计划》的相关统计表明,2006 年~2010 年间,韩国政府拟投入 60 亿韩元来保障创业研究生院的运营。[5]

2. 开放的招生态度与良好的社会效益

韩国创业研究生院在招生对象上呈现出多元化态势,凡具有大学本科学历、致力于创业者均可参与应试。入学人群可分为准创业者、企业经理人、创业咨询师及教师等 3 种类型。

准创业者包括对创业充满兴趣、具有一定创业设想的大学在校生、谋求创业机会的企业在职人员、试图开展技术创业的研究所研究人员、预备在国外进行创业的国际化创业者、退休后准备投身于创业的企事业单位退休或提前离职人员等。据韩国创业经济新闻报道,截至 2008 年末,共有 41 名毕业生在毕业后 3 年创造了共计 490 亿韩元的惊人产值,并为社会增加了 282 个就业岗位。[6]

在企业竞争日趋激烈、风险莫测的今天,对于已经成功的企业经理人而言,同样需要不断加强自身的专业知识,吸收全新的创业资讯及理念,方能在日益激烈的竞争中立于不败之地。创业研究生院显然在创业课程、创业网络的建立等方面具有一定优势,可为企业经理人提供更广、更高的发展平台。据韩国创业经济新闻报道,截至 2008 年,69 个企业的管理者在接受创业研究生院教育后,将平均年产值由 3.8 亿韩元提高到 8.9 亿韩元。[7]

创业咨询师与专职创业教育教师作为新兴职业,不仅可以协助创业人员实现成功创业,还可为社会提供新的就业岗位,对于缓解就业压力有着积极意义。创业咨询师具体包括中小企业咨询公司从业者、小工商业主支援中心咨询师、企业经营及技术指导人员、创业孵化中心的创业孵化经理人、商业银行创业业务从业者等。上述人员均可向创业研究生院提出申请,接受相关教育。此外,诸如中小学经济教育教师、服务类职业高中的科任教师、大学创业教育专职教师、企业及研究所内创业教育从业者,均有必要通过接受创业研究生院的教育来不断提升专业化水平,实现质的飞跃。

3. 个性化培养目标与特色化课程设置

韩国创业研究生院的教育计划以培养具有国际视野的创新型创业者为目标。课程设计着眼于培养学生的企业家精神、扎实的创业知识、统帅能力等创业所需的必要素养。为实现这一目标,每所创业研究生院均开设了诸如企业家精神、事业计划书、阶段性的资金调节、经营者的作用等创业所需基本课程,并与实习相结合,实现理论与实践的有机结合。韩国中小企业厅为更好地引导 5 所创业研究生院的运营,特别提出了课程设计范本(见表 2)。

表 2　创业研究生院课程设计范本

分类	课程名称	分类	课程名称
创业环境分析	企业家精神与经营原理	创业理论	税务制度
	知识经营与环境变化		创业与营销信息
	创业环境与创业竞争战略		企业文化与革新
创业机会设计	创业过程与步骤	创业文化开发	创业精神与领导力
	求变意识与创意的产出		社会企业与家族企业
	项目计划书与项目妥当性评价		海外研修
	市场预测与项目选定		相关产业见习
创业力理论	创业与企业运营		商业研讨
	创业与市场营销		现场实习
	人力资源与知识产权管理		现场体验及事业计划书发表大会

资料来源：중소기업청(2007), 전국5개 대학 창업대학원 개설 보도자료

创业研究生院的教育课程，主要由专业课（35％）和实习（65％）构成。授课教师70％来自校外，主要采取研讨会、合作教学等以学生为中心的方式。实习课程主要采取现场实习、专家演示、海外研修等方式。韩国创业研究生院的教学设计具有如下两大特点：

第一，定位明确，强调特色化发展。5 所创业研究生院在中小企业厅设计的课程范本下，结合自身特点与区域特色，各自建构了一套独具个性的课程计划。湖西大学国际化创业研究生院依据首尔国际化发展的战略思路，将人才培养目标定位于"培养世界一流创业人才"上。其下设的技术型风险投资管理专业，旨在传授学生可以应对 21 世纪知识经济挑战的各类创业技术与理论知识，进而培养其战略性思维，实现高效的创业、成功的经营。课程由基础课程、专业必修、专业选修三类课程组成。

中央大学产业创业经营研究生院主要以培养农业、制造业、服务业等产业的创业者为目标。课程以创业经营环境、创业资源管理、CEO 领导力等为核心内容。除常规课程之外，该院还特别设立了"人参最高专家"和"保险 MBA"等课程。所谓"人参最高专家"课程，主要面向从事人参种植、加工、药品开发、贸易等方面的预备创业人员。课程内容包括人参栽培技术、人参产品加工、市场开发等不同领域的专业知识。"保险 MBA"课程旨在培养可应对全球化挑战的国际一流保险业专业人才,具体包括保险市场开发战略、客户管理、MBA 人性教育等内容。

大田大学创业经营研究生院以"创造创业神话"为教育理念,主推技术创业与金融、财会类创业课程。例如:技术管理理论、革新与创意性管理、科学技术政策管理理论、消费者行动研究等科目。技术管理创业作为该院首屈一指的专业,主要源于该院所在大田市对此类人才的迫切需求。大田作为韩国新兴科技之都,吸引了众多科技型企业及风险投资公司。这类企业对于技术管理类人才有着旺盛的需求。该院结合上述实际情况,设立上述专业,培养相关人才,充分彰显了产与学有机结合的积极效应。

晋州产业大学风险投资创业研究生院在课程设置上以风险投资企业的创建、服务范本开发、商业计划书的制定等实用性课程为主。除常规课程之外,该院还创立了以 2 年级学生为对象的"快速投资"(Rocket Pitch)活动。该活动的操作模式为:要求学生在 3 分钟内阐述自己的事业构想,对于表现优异者给予一定数额的创业种子基金。此项活动旨在培养学生迅速而准确地表明自身创意的能力,同时期望通过此项活动为预备创业者、投资者和提供创业服务的有关人员搭建沟通交流的平台,进而形成创业团队,开启创业之路。

艺园艺术大学的文化传媒创业研究生院主要以文化传媒领域的创业为核心,建立了一套与此领域相关的教育计划。课程设计同样着眼于国内外文化传媒企业发展的成功经验,从宏观及微观的视角把控当代传媒发展的特点及市场开拓的可能性,力求通过学习相关课程,寻找新的突破口,进而实现成功创业或成为该领域专业的咨询师。课程具体包括:世界数字技术咨询企业比较研究、文化传媒市场分析及创业机会发现、文化传媒产业资源的立体化研究等。除常规课程外,该院还开设为期 1 年的"文化传媒创业专家"和"创业咨询专家"等短期课程,主要提供与创业经营及咨询相关的最新创业理论和实务教育。

第二,课程设计贯穿创业始终,富有可持续性。创业本身就是一项艰巨而漫长的实践过程。创业不仅需要做好事前准备,更应加强过程及事后管理。韩国创业研究生院在课程配置上引入美国巴比森商学院设计的创业前、创业时、创业后三阶段课程实施模式。

所谓创业前课程主要以创业理论为主,创业时课程则强调实际操练,创业后课程则以企业管理类课程为核心。上述三类课程的比例分配如表3所示。5校平均创业时课程占总科目数的56.8%,创业前课程和创业后课程分别占13.6%和29.5%。整个课程结构紧紧围绕创业实务教育这一中心,以创业过程中的课程为主,兼顾创业前后的相关理论与技巧。

由于韩国创业研究生院在课程设计上紧随时代步伐,因此得到了学生的普遍认同。据韩国《第2次国家人力资源开发计划(2007年)》调查结果显示,学生对创业研究生院课程的满意度2005年上半年为63.3%,下半年为74.7%,2006年上半年为85.5%,呈现出持续向上的态势。

表3　韩国创业研究生院课程配置现状(2007年)

学校＼分类	总科目数	创业前		创业时		创业后		实例研究与实习指导
		科目数	%	科目数	%	科目数	%	
湖西大学	23	3	13	14	60.9	6	26.1	
中央大学	13	2	15.4	5	38.5	6	46.1	
大田大学	25	2	15.4	17	68	6	24	实习师徒制
晋州产业大学	13	2	15.4	7	53.8	4	30.8	创业大赛等
艺园艺术大学	14	3	21.4	7	50	4	28.6	
合计	88	12	13.6	50	56.8	26	29.5	

资料来源: 정헌배, 대한민국 창업대학원의 발전적 진로[A], 전국창업대학원 성과발표회[C], 전국창업대학원협의회,2007:85

(三) 启示

1. 结合区域产业特色,创建创业学专业

创业研究生院的创建标明了韩国在发展创业教育上逐步走向专业化发展。同时,创业研究生院在人才培养上也注重与区域特色产业相结合,实现了资源的有效利用,避免了人才培养规格的趋同化,实现了多元发展。我国在创业教育上可借鉴上述经验,结合不同区域的产业特色,开设创业学专业,培养相关领域的创业人才。

2. 在实施创业教育时,加强与区域企事业单位的合作与联系

创业教育要植根于本土,应依据区域经济产业特色,开设相应课程。其途径之一便是与区域企业加强联系,由此获取相关企业的经济、教学等方面的支持。首先应选取相关地方合作机构,共同构建以需求者为中心的创业教育课程。与此同时,通过建立有效的合作平台,实现创业教育机构与相关地方机构间的良性互动,构建由大学、企业、研究所、地方政府组成的产学合作网络体系。

3. 加强创业后教育与管理

创业教育不能止于校园,而应延伸至日后的创业活动中,即创业教育也需要继续教育。如湖西大学国际化创业研究生院为指导毕业生毕业后的创业活动,特别组建了由创业研究生院教师、毕业生组成的"同窗会"。通过定期聚会,交流相关信息,与教授展开面对面的咨询活动,解决创业过程中的实际困难。同时,邀请成功创业的毕业生走进校园开设讲座,此外,该院还为毕业生设置了"事后管理指导教师"制度,即为毕业生的创业给予必要的帮扶和指导。另外,鼓励毕业生随时走进课堂,参与由该院主持的各类创业教育计划。这种注重创业后教育及管理的办学思路,值得我国参考。

参考文献:

[1]김주미, 오상훈, 양재경. 우리나라 창업교육 현황 및 발전 방향에 관한 연구–창업대학원을 중심으로[R]. 중소기업연구원, 2007,32

[2]김용태. 창업교육의 효과 및 개선방안에 관한 실증적 연구[D]. 안성: 중앙대학교 산업창업경영대학원, 2009:17.

[3] 안승권. 대학 창업교육 현황과 개선방안에 관한 연구[D]. 안성: 중앙대학교 산업창업경영대학원, 2009:34—35.

[4][6][7] 전한솔. 창업대학원 5년 연장, 올해 18억 투입[N/OL]. 창업경영신문. 2009-03-10. http://www.sbiznews.com.

[5]대한민국정부. 제2차 국가인적자원개발기본계획[인재강국 코리아, Creative Korea' 06-'10]2008년도 시행계획[R]. 대한민국정부, 2008,628.

(本文发表于《比较教育研究》2013 年第 5 期。作者林钟鹤,时属单位为西华师范大学教育学院)

十九、印度高校创业教育发展动因与模式

20 世纪 80 年代以来，为了推动大学生创业、促进高校知识成果转化、加强高校与企业间的合作，印度政府启动了一系列创业教育计划，通过设立创业项目、提供资金保障、建立管理机构、开展教学研究、服务大学生创业等措施推动创业教育的发展。分析印度高校创业教育情况，对我国高校创业教育的开展具有借鉴意义。

（一）印度高校创业教育的发展动因

印度发展创业教育的背景非常复杂，其中人口与经济是推动印度大力推进高校创业教育的两个关键因素。

1. 人口激增与高失业率的困扰

印度就业状况的严峻，集中表现在就业数量与就业质量方面。《世界人口展望》报告认为，到 2050 年前，世界人口将超过 90 亿，其中印度人口将达到15.93 亿。根据印度计划委员会的报告，印度劳动力处于自我就业状态，将近30% 的人从事临时性工作，十分贫穷。

适龄工作人口的快速增长，对印度的资源、环境和经济发展造成巨大压力。根据人口年龄层分布（20～29 岁）的增长曲线，大学生就业问题亟待解决。如何通过开展印度高校创业教育，缓解印度社会就业压力、稳定社会、增强印度经济和社会发展备受关注。

2. 培养青年人创业精神的需要

2003 年，经合组织商务产业咨询委员会（Business and Industry Advisory

Committee to the Organization for Economic Cooperation and Development)指出:"培育创业精神的政策是创造就业机会和促进经济增长的关键。"在创业经济被认为是创新经济的重要模式的背景下,提高社会成员的创业激情是发展创业经济的动力。全球创业观察报告显示:对于政府来说,创业精神是在各类社会中刺激经济增长和创造就业机会的一个必要因素。在发展中国家,成功的小企业是创造就业机会、增加收入和减少贫困的主要动力。对于个人来说,创业精神有利于加速个体的成长,提高个体的责任感,提升个体的生活品质,营造努力向上的生活氛围。在社会成员的创业期望方面,印度的现状不容乐观。根据调查,在全球普遍高期待创业的成年人口(18~64 岁)群体参与率调查中,世界平均比例为 0.66%。印度则仅为 0.25%,不足世界平均比例的一半;远低于中国高期待创业的成年人口所占比例(1.75%)。若干国家有关数据情况如图所示:

高期待创业的成年人（18~64岁）比例

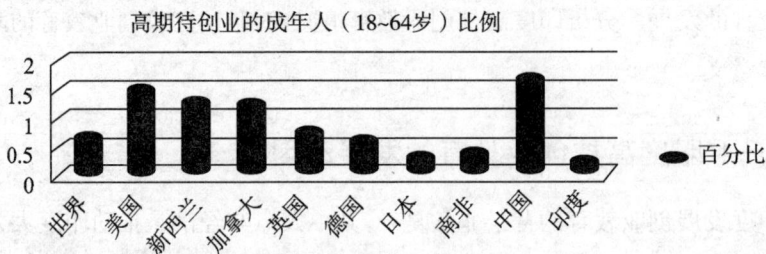

图 1　高期待创业的成年人比例

资料来源:全球创业观察报告(GEM,2007)

显然,印度成人期待创业率明显低于全球平均期待创业率,印度创业精神培养力度有待加强。倡导印度青年创业精神与提高印度青年积极参与创业的热情势在必行。正是在这种背景下,2005 年 4 月 6 日《印度斯坦时报》(The Hindustan Times)发表了印度总统阿普杜勒·卡拉姆(Dr. A. P. J. Abdul Kalam)关于开展高校创业教育的声明:学校和学院开设创业科目,引导学生创办企业,培养他们创新、自由和创造财富的能力。

3. 印度经济增长的迫切需要

如表 1 所示,2008 年,在根据经济发展水平进行分组参与教育和培训专题的全球创业观察国家中,印度属于因素—驱动型国家。与效率—驱动型和创新—驱动型两类经济发展水平不同,因素—驱动型的经济发展国家的特点集中表现为:国家基本需求,如基础设施建设、宏观经济环境、卫生与初等教育、高等教育等水平较低。在 2010～2011 年度世界经济论坛 139 个国家排名中,印度卫生与初等教育排在 104 位、高等教育与培训排名为 85 位。[1]如何使印度快速改变现有经济水平,跻身发达国家行列是印度经济突破困境所面临的难题,大规模开展创业教育成为印度经济发展的先行方案之一。

表 1　2008 年参与教育和培训专题全球创业观察国家分布图

因素—驱动型	效率—驱动型	创新—驱动型
玻利维亚	阿根廷	比利时
波斯尼亚—黑塞哥维那(十)	巴西	丹麦
哥伦比亚(十)	智利(十)	芬兰
厄瓜多尔(十)	克罗地亚	法国
埃及	多米尼加共和国	德国
印度	匈牙利(十)	希腊
	伊朗	爱尔兰
	牙买加	以色列
	拉脱维亚	意大利
	马其顿王国	日本
	墨西哥	韩国
	秘鲁	斯洛文尼亚
	罗马尼亚	西班牙
	塞尔维亚	英国
	南非	
	土耳其	
	乌拉圭	

　　"十"代表该国家正在向下一个经济发展水平过渡

　　资料来源:全球创业观察报告(GEM,2010 年)

(二) 印度高校的创业教育组织模式

印度高校试图通过多种类型的创业教育以打造更多具备潜力的未来创业者或企业家，其创业教育组织模式呈现出多样性、多层次、多元化等特征，大致可分商学院模式、独立自治模式及创业中心模式。

1. 商学院模式——印度商学院(Indian School of Business, ISB)

印度商学院创业教育包括开设创业课程、创办创业发展中心，致力于为印度培养未来的工商管理人才。这类学院开设了多种类型的创业教育项目，如创业研究生文凭课程，学制为 9 个月，学习对象为本科毕业生；创业管理研究生文凭，要求学生具备中层管理经验，学制 9 个月；面向本科毕业生的 6 个月创业管理研究生文凭课程。[2]此外，还有国际贸易物流证书课程、工商学管理硕士课程(MBA)、行政管理研究生项目、国际贸易行政硕士、中小企业管理硕士文凭、管理研究计划(博士)等专业学历、学位课程等。[3]另外，商院同时创建了创业孵化中心，如：印度海德拉巴商学院的瓦德瓦尼创业发展中心(Wadhwani Center for Entrepreneurial Development)。

印度管理学院的创业教育模式与商学院相似。印度艾哈迈达巴德管理学院(The premier Indian Institute of Management Ahmedabad, IIMA)在开设选修课"创业与新创业规划"(Entrepreneur-ship and New Venture Planning)之后，启动了"创业动机实验室"(Laboratory on Entrepreneurial Motivation)课程，作为研究生课程的另外一门选修课，并于 2001 年成立了创新、孵化和创业中心(the Center for Innovation、Incubation and Entrepreneurship, CIIE)。印度加尔各答管理学院(Indian Institute of Management Calcutta, IIMC)设立创业和创新中心(Center of Entrepreneurship and Innovation)，开展宣传活动，提升、培训和孵化创业企业。孟买索买亚管理研究学院(Mumbai's K J Somaiya Institute of－Management Studies and Research)成立了创业卓越中心(the Center of Excellence in Entrepreneurship)。[4]

2. 独立自治模式—印度创业发展学院(Entrepreneurship Development Institute of India, EDI)

印度创业发展学院属于独立自治的非营利组织模式，致力于创业教育、研究及培训。EDI 现为世界公认的资源中心,参与创业教育、科研和培训,实现国家和国际水平创业。该机构被选定作为联合国经济和社会委员会(亚太经社会)(the UN Economic and Social Commission for Asia and the Pacific, ESCAP)亚洲及太平洋成员,负责该地区人力资源开发研究和培训,积极推动创业、提高全国及国际水平的经济效益。它提供丰富的短期和中期计划项目,包括新企业创建、家族企业、继任(接班人)计划和创业的连续性、商业机会和鉴定、集群发展、人力资源开发、能力建设等方案。EDI 还为发展中国家提供诸如创业见习、工业项目准备和考核方案。

在创业课程方面,EDI1988 年在印度率先开设创业教育课程。其 2 年全日制企业创业和管理毕业文凭(Post Graduate Diploma in Business Entrepreneurship and Management, PGDBEM)课程为学生提供量化的、分析的、战略的技能,涵盖商业与管理实践,享有国际知名度。[5]EDI 开设创业课程的专业包括:新企业创建(New Enterprise Creation)、家族企业管理(Family Business Management)、农业创业和服务管理(Agri—Entrepreneurship and Services Management),约 75%的学生成功创业。[6]EDI 也为社会部门提供非政府组织管理研究生文凭(Post Graduate Diploma in Management of NGOs, PGDMN)。

3. 创业中心模式—印度德里理工学院(Indian Institute of Technology, IITs)

被称为印度"科学皇冠上的瑰宝"的印度德里理工学院由 7 所自治工程与技术学院组成,是印度最顶尖的工程教育与研究机构。为充分提供学生创业机会,其创业中心致力于鼓励和产生创新、创业生态系统,帮助学生和目标创业者实现梦想、开创和拥有自己的企业。创业中心全年组织不同活动,旨在提高和促进学生创业精神,推进国家创新。其创业教育活动类型如表 2 所示:

表 2　印度德里理工学院创业中心创业活动概览

活动名称	目的	对象	内容	备注
创业启动展	提供思想碰撞、互动与展现的平台	个人或群体	展现初创公司;创业观点分享和技能展示	一日活动
黑色系列	提供与高端专业人士面对面交流的机会	个人或群体	分享经验并为未来致力于成为领导的年轻人提出建议	经验丰富的演讲者
德里理工学院"泰德"讲堂	推崇泰德精神"值得推广的想法"	社区、组织和个人	与有"泰德"般经验的人士对话	现场主持"泰德"演讲视频录像
电子峰会	实现人人各取所需,开启创业生态系统	学生、企业家、初创企业风险资本家	讲座、工作坊、小组讨论、游戏	2 天/年
"权力赋予"大赛	鼓励年轻人将技能作为持续发展的机会;开发和支持创新创业模式;建立种子基金、孵化创新技能模式	商学院(19 所)研究生院(8 所)工程学院(7 所)其他高校(6 所)	选择熟悉创业的教育机构开展竞赛;利用网络为竞赛的不同级别提供指导;知名人士评估;监督初创企业发展过程并辅助发展	由印度工业联合会和国家技能发展公司共同主办的技能企业计划大赛
与总裁共度 90 分钟	创造开发新技术研究、为萌芽企业家创造完善的商业机会;提供品牌宣传	学生、企业家	企业家一生之旅;初创企业品牌建设;大公司与初创公司差异;未来企业家形象	座谈
商业模拟比赛	提供仿真平台,考验经营理念	学生 3 人团队	虚拟市场管理与业务开展;提供实时反馈	与企业合作

资料来源:根据印度德里理工学院创业中心网站内容进行整理。

创业中心通过创业工作坊提高学生创业意识,通过为学生提供创业必要资源——监督、咨询、种子资金、网络等,支持未来的创业者。[7]以创业中心为主导的创业教育模式已被越来越多的高校所采纳。

(三) 经验与启示

20 世纪 80 年代以来,印度高校创业教育的兴起与开展有助于解决印度人口增长带来的就业压力,并在很大程度上推动了印度经济和社会的发展,其经验对我国高校开展创业教育具有参考价值。

1. 积极拓展高校创业教育模式

印度高校已经打破了印度商学院与管理学院独揽创业教育的局面,印度创业发展学院在创业教育中发挥了重要作用。另外,印度技术与管理学院,如国家设计学院(National Institute of Design,NID)、印度对外贸易研究学院(Indian Institute of Foreign Trade,IIFT)、尼荷马管理学院(Nirma Institute of Management)为学生提供类似创业课程,激发学生开展创业生涯。目前,印度大部分知名院校在研究生 2 年级至少开设 1 门与创业相关的选修课,学生的学习兴趣很高。[8]

为了鼓励创业教育多样化,《印度 2010～2011 年度报告》又提出了一些新的创业教育改革方案:大学拨款委员会(UGC)支持印度高校开设以开创事业为目标、以市场为导向、以强化技能为途径、有利于学生就业、实现自我雇用的创业课程;颁发相关学位/学历/高级文凭,同时授予传统文、理、商学位证书;持续 5 年为人文、商业、理工学科提供种子基金;2010～2011 年度开始,大学/学院最多可开设 3 门与创业相关的课程。[9]

2. 加强高校创业中心作用

印度高校创业中心通过为本校、其他合作院校及社会各层面人员提供相应的创业教育课程,逐渐帮助在校学生形成创业意识、培养创业能力。通过开展基本的创业技能实践活动,为致力于创业的学生个人及群体提供广阔的平台,营造印度社会良好的创业氛围。事实上,印度商学院、管理学院、创业发展学院、印度理工学院的创业中心已经成为印度高校开展创业教育实践的平台,为高等院校的学生创业提供了多元化的途径,为企业技术开发搭建了良好的沟通平台,成功实现了高校、企业的双重合作。

3. 充分发挥政府与非政府组织的参与力度

为了推动创业教育发展,印度政府与非政府组织协力合作,发挥各自的独特作用。2005 年,印度总统阿普杜勒·卡拉姆在"雇用与收入安全"(Employment and Income Security)国际会议上明确提出:银行必须积极支持年轻创业者通过创新产品成为创造财富的一代。印度政府"十一五"(2007～2012 年)工作计划指出:创业教育应在社会各个层面展开。[10]中央、地方政府创业发展部门为印度创业发展学院(EDI)提供资金支持,包括非常规性的设施建设、设备维护与其他服务投入,与 EDI 的资金投入达到 50%配比。[11]此外,非政府组织也积极推动创业教育,如由瓦德瓦尼基金会成立的非营利性组织——国家创业网(National Entrepreneurship Network,NEN)致力于启发、教育和支持下一代印度企业家/创业者。国家创业网堪称印度教育校园创业教育的催化剂,努力帮助创业者实现理想,并希望通过初创企业实现数以千计的就业职位。

参考文献:

[1]WEF. The Global Competitiveness Report 2010—2011[R]. World Economic Forum,2010:182.

[2]Sarma, RamachandranK. Entrepreneurship-Education-in-India [EB/OL]. http:/www. ieec. co. uk/2006/docs/Creating _ Forum _ for _ Entrepreneurship 2011—10—10.

[3]Indian Education Entrepreneurship Courses and Qualifications[EB/OL]. http://indianeducationinfo. wordpress. com/category/entrepreneurship—courses,2011—10—10.

[4][6][8]Rajiv Joshi and B Ganapathi. Current Status of SMEs and Entrepreneurship Education and Training:Intervention in Select South and South—East Asian Countries[J]. The Icfai 36 Journal of Entrepreneurship Development,2008,5(1):42—43.

［5］Post Graduate Diploma in Management-Business Entrepreneurship（PGDM－BE）［EB/OL］http://www. ediindia. ac. in/PGDM－BE. asp 2011—10—10.

［7］Introduction of IITD［EB/OL］. http://www. iitd. ac. in/ 2011—11—30.

［9］AnnualReport2010/11［EB/OL］http://www. rbi. org. in/scripts/AnnualReportPublications. aspx,2011:100. 2011—11—30.

［10］Eleventh Five Year Plan2007—12［R］. Planning CommissionGovernment of India，New Delhi. Vol1,85.

［11］Ministry of Finance（2006），Economic Survey 2005—06. ［EB/OL］http://www. rbi. org. in/scripts/FAQView. aspx? Id=8 2012—02—20.

（本文发表于《比较教育研究》2013 年第 5 期。作者徐小洲、李娜，时属单位为浙江大学教育学院）

二十、印度高校创业教育：发展
中国家的个案

印度是一个创业活动较活跃的发展中国家。2006 年，印度全国创业观察显示，每 10 万个印度人就有一个参与过创业活动，在参加"全球创业观察活动"的 37 个国家中，印度的创业活跃程度排名第三。[1]也有资料显示，印度成年人口(18～64 岁)中，大约 13％的人都在创业起步阶段接受过相应的培训。其中志愿参加的 54％，被迫参加的 23％，两种兼有的 11％；动机不明的 12％。[2]2010 年，大约有 44 500 人接受过创业教育和训练。[3]种种迹象表明，印度创业教育走在发展中国家的前列，[4]形成了由中央和邦政府、金融机构、企业协会、高等院校和 NGO 组织等多元主体共同参与的创业教育系统。[5]在这个系统中，高等院校地位特殊、作用显著，成为不可或缺的角色。因此，本文试图对印度高校的现状和问题进行考察、分析和概括，从而帮助人们加深理解和认识印度高校创业教育作为发展中国家典型的个案。

(一) 印度高校创业教育的缘起与成因

印度高校创业教育发展大体经历了两个阶段。第一阶段始于 20 世纪 50、60 年代，直到 90 年代，属于印度高校创业教育的萌芽期。从 50 年代起，美国、英国、西德和苏联开始在联合国教科文组织的领导下，对包括印度在内的亚洲国家实施援助，其中教育援助是一个重要方面。印度政府利用这些项目先后建立了许多新型高等教育机构，如印度理工学院(IITs)和印度工商管理学院(IIMs)等。[6]当时，印度政府已经明确提出要发展中小型企业，鼓励大学毕业生自主就业(Self-employment)。因此,成立不久的 IITs 和 IIMs 义不容辞地承担起部分帮助学生就业和创业的责任。然而,在 20 世纪 90 年代以前,受计划经济模式的影响,印度的中小型企业和企业家精神受到一定程度的限制。此时的创业教育活动基本都由政府创办的一些专门机构,如 1962 年建立的"小型企业拓展训练研究所"(Small Industry Extension Training Institute),或者由金融机构创办的培训机构,如 1983 年印度四家最大银行(IDBI、ICICI、IFCI 和 SBI)联合创建的"印度创业开发研究院"(Entrepreneurship Development Institutes of India,简称"EDIs")承担。多数高校,包括 IITs、IIMs 在内都很少系统地开设创业教育课程。多数情况下,开设创业教育都是基于教授的个人兴趣和爱好。[7]

第二个阶段始于 20 世纪 90 年代,一直持续迄今,是印度高校创业教育从非制度化到制度化发展的时期。1991 年,印度启动了倾向于"自由化""全球化"和"私有化"方向的经济社会改革。其效果之一是印度的私有企业获得较大发展,其中有塔塔(TATAS)、印孚瑟斯(INFROSYS)、信实工业有限(Reliance Industry limited)和威普罗(Wipro)这样大的私有企业,也有无数不知名的中小型企业。[8]伴随中小型企业迅速发展,企业家精神得到全社会的肯定,鼓励学生自主就业和创业逐渐成为一种趋势。在这种情况下,人们对创业高校创业教育的认知和态度有了较大改变,开始相信"创业,或者创业的某些方面是可以被教授和训练的……商学教授和专业人员可以介入孕育企业家产生神话之中"。[9]与此同时,政府也鼓励和支持各类高等院校,尤其是 IITs 和 IIMs 这类技术和商业类院校开发创业教育课程、设置相关专业、授予专门学历学位、培养创业专业人才。创业教育不再仅仅是为满足某些教授的学术偏好,开始成为高校正式的课程。这标志着印度高校创业教育完成了从准制度化向制度化的转换。

那么,是什么原因促使印度高校创业教育完成这种转变呢?

首先,经济社会发展和中小型企业的快速成长,以及由此产生的对创业型人才之旺盛需求是重要原因之一。《印度创业教育报告》(Entrepreneurship Education of India:A Perspective,2012)指出:"印度创业教育的兴起是伴随经济增长同时进行的。过去十年,印度创业活动水平在不断提升,而这一趋势背后的原因是自由主义、经济改革、全球化和人口变化等因素在发挥作用。"[10]20

世纪 90 年代,伴随一系列有利于私有中小型企业发展的政策出台,如《推迟支付法》(Delayed Payment Act,1991)和《微型、中小型企业法》(Micro,Small and Medium Enterprises Act,2006)等,印度自主创业的社会条件和环境得到较大改善。越来越多的人选择自主创业,使得私有小型企业的数量急剧增长。以软件行业为例,20 世纪 90 年代初,印度软件公司仅有 50 多家,但 2004 年,数量达到 7 500 多家。[11](NASSCOM,2004)。

其次,各级政府大力支持和扶持高校创业教育。一方面,政府充当了"政策制定者"角色,例如在印度《国家十一五规划,2007～2012 年)》(Eleventh Five Year Plan:2007～2012)中,政府明确提出"要加大投入,加速培养创业人才""争取实现接受创业教育的人数从 250 万增加到 1 000 万""实现新建'农村发展和自主就业培训学院'(Rural Development and Self Employment Training Institute)600 所"和"设立一所新的创业教育专门学院,开展本科生和研究生教育"等发展目标。[12]另一方面,政府还扮演"环境营造者"角色。例如科技部和人力资源部大力支持高等院校建立"创业发展培育中心"(Entrepreneurship Development Cell,简称"EDC")和"科技创业园区"(Science and Technology Entrepreneurship Park,简称"STEP")。到 2009 年,印度高校 EDC 的数量达到 61 个,STEP 达到 45 个。[13]

再次,人口急剧增长、高等教育大众化,以及由此产生的就业"难题"等压力是高校创业教育兴起的重要原因。目前,印度是世界第二人口大国,每年净增人口 1 500 万左右。激增的人口进一步加剧了劳动力市场的紧张局势。另外,由于近 20 年印度大学毛入学率以每年 5％的速度增长,使就业市场雪上加霜。[14]面对严峻的就业形势,政府鼓励人们从自主就业到主动创业。这在客观上也为高校创业教育的兴起创造了条件。

(二) 印度高校创业教育的现状与问题

1. 现状

目前,印度高等院校数量之多位居世界各国之首。2009 年统计数据显示,印度高校数量为 20 676 所,其中有权授予学位文凭的高校 483 所。[15]虽然有 90％以上的院校或多或少地开展了一些创业教育活动,但从严格的意义上讲,真正开设创业教育课程的院校仅约 100 多所。[16]其中马杜来·卡姆拉爵大学（Madurai Kamraj University）、EDIs、萨达尔·帕特尔（Sardar Vallabhbhai Patel）大学 SEM－COM 附属学院和 SP 耆那教徒管理与研究学院、IIM 艾哈迈达巴德分校（Ahmedabad）、IIM 班加罗尔分校、IIM 加尔各答分校、IIM 卢克诺（Lucknow）分校、Xavier 劳动关系学院（Labor Relation Institute）、Xavier 管理和创业学院（Institute of Management and Entrepreneurship）以及 Xavier 工商管理学院等是开展创业教育较成功的院校。重要的标准是：将创业教育纳入正规学校教育系统；设置创业专业，开设创业课程；举行创业活动，以此确立高校创业教育的"合法地位"。

首先，从学制上看，印度高校创业教育的类型有两种：全日制和非全日制。其中以非全日制为主，全日制为辅。全日制主要为在校生开设。学员选拔的方式为：公布课程名额、学生报名申请，公开面试，择优录取。教育和训练目的是选拔具有创业潜质的学生，培养未来的企业家。非全日制是面向社会开设的教育课程，招收对象中 90％的学员是高科技公司的在职员工。多数人有 5 年以上的工作经验。[17]印度高校创业教育学制灵活，大体有三种选择：① 基于项目设立的教育课程，一般需要 10～15 周的学时；② 长期的教育课程，一般需要 1～3年不等，毕业生可以获得商学学士、管理学士或者电子商务硕士等学位；③ 短期教育课程，一般 1～2 周。[18]

其次，从内容上看，主要课程有：《公司风险投资》（Corporate Venturing）、《新风险企业融资》（New Venture Financing）、《新风险投资公司组织建设问题》（Organization Issues in New Venture）、《社会创业》（Social Entrepreneurship）、《农村创业》（Rural Entrepreneurship）、《成就动机训练》（Achievement Motivation Training）、《创业中的项目开发》（Pro-gram Development in Entrepreneurship）、《创业启动与项目开发技术》（Start your business and Developing Program）、《创业与风险投资孵化》（Entrepreneurship Venture Incubation）和《家庭商务管理》（Family Managed Business）等。[19]一些课程重点讲授有关创办公司和管理企业的理论和知识；介绍创办中小型企业所需的法律和政策；针对中小型企业，尤其是家族企业的特殊需要，围绕"企业成长周期"规律，对学生进行有针对的训练和培养；另外，还讲授如何形成创业动机、培养自信以及健康的创业心态相关的知识。[20]

再次,从组织方式上看,除了正常的课堂教学之外,各种教育手段和方法运用广泛。其中主要的方式有:创业入门讲座、商业计划大赛、研究和咨询项目、孵化器模拟、网络交流、会议、研讨会和工作坊、杂志、简报和公开发表等。[21]在教育教学过程中,创业课程教师十分重视理论联系实际,重视实践性教学,尽可能地让学生接触实际,增强创业的意识,激发创业激情。经常用的方式方法有:① 接近成功的企业家,了解其创业经历,学习其创业经验,增加对企业和创业的感性认识;② 接触政策制定者,进一步理解创业的重要性,了解创业所需的外部条件和环境;③ 跟随企业家共同工作一段时期,如担任临时助理和员工,观察企业处理事务的方式和思维方法;④ 聆听讲座,学习和研究成功的案例,增加创业知识和技能;⑤ 与启动资金的投资者互动,了解创业的要求和风险性;⑥ 与创业教育和培训组织的人员进行互动,及时获得创业的指导和建议等。[22]

最后,从保障措施上看,这些高校重视自身职能的转变,争创创业型大学。一般来说,他们与企业和社会之间有着非常紧密的联系,共同创建很多校企联合体和创业中心。它们通常称之为诸如"技术商业孵化器"(Technology Business Incubation Unit)、"SIDBI 革新和孵化中心"(SIDBI－ Innovation and Incubation Centre)或者"革新与开发学会"(the Society for Innovation and Development)等。[23]这些机构的主要任务是:① 协调、组织和管理在校园举办的各种创业活动、项目以及相关资源分配;② 举办各种创业项目活动,营造良好的创业教育环境。例如 IIM(班加罗尔校区)"NS Raghavan 创业学习中心"与伦敦商学院、波士顿学院、EMK 基金会一起发起"全球创业观察"项目(The Global Entrepreneur-ship Monitor),这是亚洲最有影响力的顶级赛事。还有印度工商学院加尔各答孵化中心和美国耶鲁大学耶鲁创业学会(Yale Entrepreneurial Society)联合举办"国际商业计划书大赛"(International Business Plan Contest),是全球最大规模之一的创业和商业计划活动大赛;[24] ③ 对从事高校创业教育的教师提出较高的要求,一方面要求他们懂创业理论;另一方面又要求他们不断丰富自身的创业经验,即不仅能够讲授有关创业的知识,同时还可以为学生创业提供帮助。如海得拉巴的国际商学院的创业教师就基本属于这种"双师型"。[25]除此之外,印度高校还经常邀请著名企业家担任讲座教师,让他们与任课教师共同承担教学任务。其中高校教师主讲理论部分,讲座教师负责案例分析和模拟教学。

2. 面临的主要问题

尽管印度高校创业教育已经开展 20 多年,取得了很多有益的经验,但由于受社会经济发展水平等因素的限制,印度高校创业教育与西方发达工业国家,尤其是开展高校创业教育较早的美国相比,仍然还有差距。其自身所遇到的困难和阻力仍然很大。如印度学者指出:"印度创业教育比发达国家所包含的内容更加丰富、影响更加长久,因此也可能变得更加复杂,需要做的工作也更加繁重。"[26]

第一,印度独特的文化对高校创业教育的影响。印度文化古老而悠久,尽管曾经被英国殖民,语言上获得了很大的优势,但印度文化总体上呈现保守性和宗教性。有学者指出:"为受教育的年轻人举办创业教育仅有几年的历史,但是发展的速度很快。就业压力使印度高校创业教育变得至关重要。但是文化因素和许多实际困难阻碍了创业教育的发展。"[27]在这种文化背景下,很多印度人愿意接受,一部分印度人安于现状、不思进取,祈求来世,听从命运安排。人们普遍认为,平和的心态可以通过精神上的平静来获得,而不是物质上的追求。印度人也更注重家庭生活,愿意与家人厮守,不愿牺牲个人时间在外创业。这样的文化在印度大学教师和学生身上都有所反映,影响了印度高校创业教育文化的发展。有学者批评指出,印度目前大学的文化可能会对印度创业者整体素质发展产生消极影响。[28]

第二,创业教育与工商管理教育之间的关系尚未明确,经常发生矛盾和冲突。其结果导致一些工商管理教育强调的各种能力,如沟通、领导力、新产品开发、创造性思维、技术革新能力等没有得到重视。反之在创业教育所强调的各种能力,如捕捉机遇能力、处理人际关系能力、设计能力、组织协调能力、制定策略能力,以及企业家精神和责任感等也没有在管理教育中得到很好的体现。印度高校创业教育课程多半还不是真正意义的创业课程,多数课程只属于一般性质的商业课程或者商业管理课程。这些课程基本属于工商管理教育课程,虽然与创业有一定关系,但两者之间存在很大的差别。如有学者指出,一般的工商管理教育对创业偏好没有太大的影响。印度本土学者古塔的调查也得出同样的发现:管理教育并不是创业态度形成的重要驱动力。因此,要求为扩展学生创业知识和经验而专门设计课程的愿望显得尤为迫切。[29]

第三,现有的创业教育模式存在明显缺陷。一般来说,创业者和企业家在不同阶段所需要的教育是完全不同的。按照不同对象的需要划分,创业教育项目类型至少应该包括五种:对不固定受众群体的;对抱有创业理想型的创业者的;对寻找机遇创业者的;对开始创业者的以及已经成功创业者的。但目前印度的创业教育项目主要为基于需要和开始创业者设计的;而对其他三种类型的需要完全忽视。另外,印度高校中的创业教育项目设计,重视短期项目,缺少长期整体设计。尽管印度创业教育项目分成短期、长期和中期三种,但事实上长期项目的数量有限,表明印度实施创业教育的急功近利的工具主义需求导向。例如,2003 年,EDI 开展了一项调查活动显示:如果大学生能够得到合适的训练,他们有机会改变工作,成为创业者,但问题是很多印度大学开始的创业课程并没有完全满足学生的实际需要。学生不满足于大学在帮助他们创办企业过程中所谓"手把手"(HAND-ON)的扶持,相反,他们更希望大学能够通过"选拔＋激励＋训练＋支持"的训练模式,让他们自己得到锻炼。[30]

(三) 结语

高校创业教育是印度创业教育体系中的重要组成部分,源于 20 世纪 50 年代和 60 年代,兴起于 90 年代。其发生发展具有深刻的社会背景和原因。一方面,高校创业教育发展旨在满足印度经济社会改革和中小企业发展的需要;另一方面,也是迫于高校扩招、人口增长加剧与劳动力市场岗位增加缓慢之间矛盾的压力,旨在解决大学生就业困难,实现从"自我就业"到"主动创业",从劳动力市场的"工作寻找者"向"岗位创造者"的角色转变。

自 20 世纪 90 年代以来,印度高校创业教育作出了许多有益的尝试,积累了丰富的经验,也有一些教训。目前,印度高校创业教育的理念基本确立,并在实践上形成了独特的模式。首先,印度高校创业教育试图纳入正规的课程体系,尤其是在一些著名的 IIMs 和 IITs 中,注意到与原有课程体系的联系和区别。其次,通过课堂教学和课外活动之间的联系、学校与企业之间的配合,加强理论联系实际。与此同时,在实施过程中,课程安排灵活多样,注意针对不同教育对象,根据不同人群的需求,设计了以项目为基础的课程、发放文凭和学位的长期课程以及解决实际问题的短期课程。

同样,印度高校的创业教育发展也受到自身经济发展水平、宗教文化以及高等教育自身发展问题的阻碍。尽管人们意识到创业型大学环境是开展实施创业教育的必要前提,但也认识到建立创业型大学所面临的困难和阻力。

更需要指出的是,印度毕竟是一个发展中国家,其高校创业教育的水平不仅与西方发达国家高校创业教育之间存在一定差距,即使与处于相近发展水平的我国高校创业教育相比,也很难说有多么先进。印度高校创业教育植根于印度社会经济,而且创业教育系统之中必然打上很深的文化烙印,印度高校创业教育及其独特性,只是在世界创业教育的框架中呈现了一个发展中国家的个案。

参考文献:

[1]任泽中,李洪波. 印度高校创业教育研究[J]. 教育与职业,2111,(3):97.

[2][3][7][12][26]Piya Bahadur. Entrepreneurship Education in India: A Perspective[J]. Indian School of Business, Hyderabad, India, 2012, 14, 15, 15, 18, 19.

[5]左泉. 印度创业政策简介[J]. 科技创业月刊, 2011, (14):28—29.

[6] Kim Patrick Sebaly The Assistance of Four Nations in the establishment of the Indian Institutes of Technology, 1945—1970[R], Malloy Lithoprinting Inc. Ann Arbor, Michigan, 1972, 1—11.

[8]Zhang Minqiu. Outstanding Entrepreneurs in India, 389, in Klaus Gerhaeusser et. , Resurging Asian Gianrts: Lesson form the people's Republic of China and India, Asian De-velopment Bank Publication Stock 2010[R]. No. BBK 090140.

[13][22]Sahay * and A. Nirjar. Entrepreneurship Paradigm Shift in

pedagogy［EB/OL］. http:///newwindow＋1&q＝en－trepreneurship＋A＋Paradigm＋shift&safe＝strictPDF,2013—10—24.

［14］张立艳.印度大学创业教育的缘起与发展特色［J］.教育评论,2005,(3):96.

［15］瓦德·波尔卡斯.印度高等教育:应对当前的挑战［A］.施晓光,严军.全球知识经济中的高等教育［C］.北京:北京大学出版社,2011:121.

［18］［19］［20］［21］K Ramachandran Entrepreneurship Education in India. Entrepreneurship & Strategy Indian School of Business,PPT.

［16］［23］［24］［25］［27］［28］［29］［30］Zhang Liyan. Entrepreneurship Education within India's Higher Education System,2003,［EB/OL］. http://libra. msra. cn/Publication/ 1672498/entrepreneurship-education-within-india-s-higher-education-system,PDF,2013—12—10.

［26］Asha Gupta（1992）Entrepreneurial University:India's Response, Research & Occasional Paper Series:CSHE. 2. 08,University of California, Berkeley［EB/OL］. http://cshe. berkeley. edu. 5. PDF,2013—12—10.

（本文发表于《比较教育研究》2014 年第 2 期。作者施晓光,时属单位为北京大学教育学院）

英文目录
(Contents)

Entrepreneurship Education

后记

　　《比较教育研究》(Comparative Education Review)(原名《外国教育动态》)创刊于 1965 年,是受中央宣传部委托创办的新中国第一本教育学术专业刊物。半个世纪以来,《比较教育研究》虽历经坎坷,但不断成长。1966 年,《外国教育动态》在创刊仅一年之后就被迫停刊。在党和国家领导人的关怀下,1972 年,《外国教育动态》作为内部资料重新得到编辑,1980 年正式复刊,并公开发行。1992 年,《外国教育动态》更名为《比较教育研究》,2001 年由双月刊改为月刊。《比较教育研究》现兼作中国教育学会比较教育分会会刊,多年来一直是 CSSCI 来源期刊、全国中文核心期刊、中国人文社会科学核心期刊、教育类核心期刊。2013 年,《比较教育研究》成为国家社科基金首批资助期刊。

　　50 年来,《比较教育研究》共发表了近 5 000 篇文章,它"立足中国,放眼世界",引介国外重要的教育理论与思想,追踪世界各国的教育政策与实践,持续关注我国比较教育学科的发展,促进比较教育学领域学者的成长,助力我国教育改革。2015 年,《比较教育研究》创刊 50 年,我们根据刊物多年关注的重点,以及当前我国教育改革的热点,选编了这套"中国比较教育研究 50 年"丛书。

　　本套丛书选编历时一年,是教育部人文社会科学重点研究基地北京师范大学国际与比较教育研究院各位同仁集体合作的成果。2014 年 9 月至 12 月,《比较教育研究》编辑部成员对 50 年来所刊文章进行了阅读与分类,提出了丛书选题建议,又经过顾明远教授、王英杰教授、曲恒昌教授等专家反复讨论,并征求出版社意见后,编委会最终确认了现有的 12 本分册主题。2014 年年底,确认各分册主编。2015 年年初到 6 月,各分册主编完成选稿工作。

《比较教育研究》创刊50年,不同时期的稿件编辑规范不同,这给本套丛书的选编带来巨大困难。除参与选编的老师外,北京师范大学国际与比较教育研究院的众多学生也加入到这一工作中,牺牲了宝贵的寒暑假和休息时间,为此付出了艰辛的劳动。在此,特别感谢以下同学(以姓氏笔画为序):

丁瑞常　卫晋津　马　鹜　马　瑶　王玉清　王向旭　王苏雅

王希彤　王　珍　王　贺　王雪双　王琳琳　尤　铮　石　玥

冯　祥　宁海芹　吕培培　刘民建　刘晓璇　刘　琦　刘　楠

孙春梅　苏　洋　李婵娟　吴　冬　位秀娟　张晓露　张爱玲

张梦琦　张　曼　陈　柳　郑灵臆　赵博涵　荆晓丽　徐　娜

曹　蕾　蒋芝兰　韩　丰　程　媛　谢银迪　蔡　娟

在丛书即将出版之际,我们衷心感谢山东教育出版社对本套丛书的出版给予的最热忱的支持。

特别感谢国家社科基金对《比较教育研究》的资助!

本套丛书的选编难免存在一些瑕疵,敬请专家和读者批评指正!

"中国比较教育研究50年"丛书编委会

2015年10月